教育部高等学校文科计算机基础教学指导分委员会立项教材
数据挖掘与人工智能在会计、金融领域的理论创新及应用研究 编号：18PT02
全国高等院校计算机基础教育研究会项目 编号：2019-AFCEC-100
教育部2018年第二批产学合作协同育人项目（“智能会计运营”特色课程） 编号：201802366005

互联网+制造企业信息化应用微课系列教程

丛书主编 李吉梅

企业财务会计应用

——基于用友ERP产品微课教程

李吉梅 李丛
主 编

章秋瑜 姚琼 赵利洲 侯雅晴 李竞宇
副主编

清华大学出版社
北京

内容简介

本书基于用友 ERP-U8 V10.1 软件，将企业的财务业务活动从头至尾进行了一体化案例设计，力争使读者在虚拟场景中掌握企业财务及相关业务的信息化处理技能，更好地理解企业财务与业务的关系以及企业的业务流、资金流与信息流集成性、实时性和共享性的内涵。

本书是一本适于移动学习的互动图书，是以工业企业的日常经济业务和财务活动为原型设计的。本书以"强化实践、培养技能"为目标，通过配套的教学网站支持微学习和无缝学习，突出"利用碎片时间学习，在场景中理解业务，利用虚拟机掌握操作"的理念。

本书可作为高等院校（含高职）会计、管理、物流、电子商务、信息管理与信息系统等专业的企业财务会计类课程的教学用书，用友 ERP 认证系列和相关技能竞赛的实验用书，以及企业财务人员、业务人员、管理人员以微学习的方式了解企业信息系统实务的参考书。

图书在版编目（CIP）数据

企业财务会计应用：基于用友 ERP 产品微课教程/李吉梅，李丛主编. —北京：清华大学出版社，2020.2
互联网＋制造企业信息化应用微课系列教程
ISBN 978-7-302-52463-2

Ⅰ. ①企…　Ⅱ. ①李…　②李…　Ⅲ. ①财务软件－教材　Ⅳ. ①F232

中国版本图书馆 CIP 数据核字(2019)第 043563 号

责任编辑：汪汉友
封面设计：常雪影
责任校对：时翠兰
责任印制：沈　露

出版发行：清华大学出版社
网　　址：http://www.tup.com.cn，http://www.wqbook.com
地　　址：北京清华大学学研大厦 A 座　　**邮　　编**：100084
社 总 机：010-62770175　　**邮　　购**：010-62786544
投稿与读者服务：010-62776969，c-service@tup.tsinghua.edu.cn
质量反馈：010-62772015，zhiliang@tup.tsinghua.edu.cn
课件下载：http://www.tup.com.cn，010-83470236
印 刷 者：北京富博印刷有限公司
装 订 者：北京市密云县京文制本装订厂
经　　销：全国新华书店
开　　本：185mm×260mm　　**印　张**：19　　**字　　数**：457 千字
版　　次：2020 年 2 月第 1 版　　**印　　次**：2020 年 2 月第 1 次印刷
定　　价：59.00 元

产品编号：075929-01

本教材出版得到以下项目资助和支持

教育部高等学校文科计算机基础教学指导分委员会立项教材

数据挖掘与人工智能在会计、金融领域的理论创新及应用研究　编号：18PT02

全国高等院校计算机基础教育研究会项目　编号：2019-AFCEC-100

教育部2018年第二批产学合作协同育人项目（“智能会计运营”特色课程）　编号：201802366005

编写委员会

序　言

本丛书是适于移动学习的互动图书，是根据教育部高等教育司组织、由高等学校文科计算机基础教学指导委员会编写的《高等学校文科类专业大学计算机基本要求(第6版，2011年版)》有关企业信息系统(EIS)的基本要求，以及教育部高等学校管理科学与工程类学科专业教学指导委员会与国际信息系统协会中国分会课题组编制的《中国信息系统学科课程体系2011》有关EIS原理及应用的教学要求编写而成的。

EIS是一种系统全面的企业资源规划(ERP)与管理的系统，它将企业的物流、资金流和信息流统一起来进行管理，对企业所拥有的人力、资金、材料、设备、方法(生产技术)、信息、时间等各项资源进行综合平衡和充分考虑，最大限度地利用企业现有的资源以取得更大的经济效益，科学有效地管理企业人、财、物、产、供、销等各项具体工作。目前，绝大多数跨国企业、国内大中型企业都在使用或实施EIS。用友ERP-U8是一款国内企业广泛使用的EIS软件，有多达2700所高校在利用该产品进行EIS应用类的课程教学。

在高等教育中，应用性实践教学是巩固理论知识和加深对理论认识的有效途径，是培养具有创新意识的高素质工程技术人员的重要环节，是理论联系实际地培养学生掌握科学方法和提高动手能力的重要平台。我国在《国家中长期人才发展规划纲要(2010—2020年)》《国家中长期教育改革和发展规划纲要(2010—2020年)》，以及《教育部、财政部关于"十二五"期间实施"高等学校本科教学质量与教学改革工程"的意见》(教高〔2011〕6号)中，明确指出要"大力加强实验、实践教学改革""以强化实践教学为重点，整合各类实验实践教学资源"，所以本系列教程强调实践性和软件应用性，进行基于用友ERP-U8的企业业务信息化处理。

为了帮助读者理解企业业务以及业务与软件操作之间的关系，本丛书模拟现代商业社会环境中企业的经营与管理，对典型业务进行了虚拟场景设计。

随着移动互联网的发展和泛在学习的普及，碎片化、可视化学习越来越受大家的关注，所以本丛书实现了互动性，将企业业务在用友ERP-U8中的应用操作按知识点和业务场景录制了微视频。

总之，本丛书突出"利用碎片时间学习，在场景中理解业务，利用虚拟机掌握操作"的理念，以"强化实践实训，突出技能培养"为目标，将企业经营活动的业务，先以情景剧的形式体现，然后在业务分析和知识点讲解的基础上，以用友ERP-U8为工具，进行处理方法和操作流程的讲解，并给出了相应的操作录屏(10分钟以内的微视频)，使读者可以在虚拟现实中可视化地学会使用信息化手段处理企业业务的技能，更深入地理解企业的业务流、资金流和信息流的集成性、实时性和共享性的内涵。

本丛书的教辅网站支持学员的微学习、无缝学习和自适应学习，支持教师的在线开课和学习管理。

丛书编委会

2019年8月于北京

前　言

本书以工业企业的日常经济业务和财务活动为原型，将企业的财务及一体化业务活动案例贯穿始终，重点讲解了在信息化管理环境下工业企业财务会计的典型业务，在用友ERP-U8 V10.1环境中的处理方法和处理流程，涉及总账、应收、应付、采购、销售、库存、存货核算、固定资产、薪资管理和UFO报表等功能模块。

由于用友公司的ERP软件体现了业务流程的思想，所以在进行各项任务的信息化处理时常常涉及多个模块和多项功能命令的使用、权限管理和岗位分工。本书对企业在现代商业社会环境中经营管理的典型业务流程进行了虚拟场景设计，把企业业务在用友ERP产品中的应用操作按知识点和业务场景进行分解并配以微视频进行演示，降低了学习难度。

本书配套的微视频全部按照业务流程和虚拟场景的顺序，存放在本书的教学网站上。教学网站支持无缝学习和微学习，学员可在网站上自主地选择学习，通过搜索知识点进行精准学习或参加教师的课程进行系统学习。教师可基于本书的在线资料和微视频进行在线授课、课程管理和学员的学习管理。

为了更好地支持教与学活动和移动学习，本书还提供了可在个人计算机上运行的配套实验环境和按章存放的账套备份文件，以提高读者的实验环境搭建效率和业务操作的效率与效果。

本书共分8章，第1章主要讲解实验环境的搭建、案例企业的管理体系和账套管理；第2章说明案例企业的基础档案以及应付、应收和总账的期初设置；第3章讲解了总账月初业务、常规的凭证管理与出纳处理；第4章首先讲解了采购、库存、存货核算系统的期初设置，然后讲解采购与应付业务的处理；第5章首先讲解销售管理系统的期初设置，然后讲解销售与应收业务的处理；第6章讲解固定资产的期初设置与业务处理；第7章讲解薪资管理的期初设置与业务处理；第8章讲解总账月末业务处理、财务与业务各个模块的月末处理以及企业财务报表的编制。

本书中的业务操作任务，根据企业实际按岗位分工的不同设计了12个岗位13个操作员，包括账套主管、财务主管、会计、出纳、采购主管、采购员，销售主管、销售部批发销售员、销售部零售销售员，仓库主管、仓库管理员(2个操作员)和人力资源主管。

本书的主体写作模式为预备知识、虚拟业务场景、业务描述，以及操作指导。

以4.5节(预付冲应付)为例，其预备知识中讲解预付账款的概念，以及预付冲应付的作用。

4.5节的虚拟业务场景中包括：

- 人物设计，例如曾志伟(财务主管)、张兰(财务部会计)和罗迪(财务部出纳)。
- 场景事件，例如“场景1：应付票据的填制、审核与制单”。
- 对话设计，例如“曾志伟：罗迪，今天发出的一张银行承兑汇票，你做应付票据管理了吗？罗迪：我马上做！(填制应付票据完成)”。

4.5节的业务描述为：2017年4月17日，太阳镜已验收入库，财务部当日开出银行承兑汇票(票号31856821)全额支付尾款301 000元，付款报告书从略，汇票的原始单据如

图 4-35 所示。

4.5 节的操作指导中，按场景给出微视频所在的网页地址及其二维码、操作任务说明，以及按岗位切分的操作任务和操作步骤。以 4.5 节的场景 1 为例，其相关内容如下。

1. 场景 1 的操作步骤

确认系统时间和操作日期为 2017 年 4 月 17 日。

视频观看：手机扫描二维码可观看相关操作。

任务说明：应付票据的填制、审核与制单。

1）财务部出纳罗迪填制银行承兑汇票

（1）打开“票据管理”页签。登录“企业应用平台”，在“业务导航视图”的“业务工作”导航条中选中“财务会计”|“应付款管理”|“票据管理”，弹出“查询条件选择”对话框，直接单击“确定”按钮，打开“票据管理”页签。

（2）填制汇票。单击工具栏中的“增加”按钮，打开“应付票据”页签，选择“票据类型”为“银行承兑汇票”，“票据编号”为 31856821，“结算方式”为“银行承兑汇票”，“出票日期”为“2017-4-17”，“到期日”为“2017-5-17”，“付款人银行”为“中国工商银行昌平支行”，“收款人”为“大运公司”，“金额”为“301 000”，“票据摘要”为“支付女士高端太阳镜 1000 副尾款”，其他项默认，如图 4-34 所示。

（3）保存。单击工具栏中的“保存”按钮，保存该单据。

（4）退出。单击“应付票据”和“票据管理”页签的“关闭”按钮，关闭页签。

由上可知，本书的每个步骤，还都提炼了主要功能或目标（如打开“…”窗口、保存、审核、退出），以利于读者快速了解本步骤的目标。

总之，本书突出“利用碎片时间学习、在场景中理解业务、利用虚拟机掌握操作”的理念，以“强化实践实训、突出技能培养”为目标，注重提高读者的使用效率与效果。

本书的授课时间建议为 36～64 课时，业余时间与课堂的学时比例至少为 2∶1，建议进行混合模式教学，即学生业余时间通过微视频学习操作，课堂进行理论讲解、实操经验交流和完成作业与测验。

本书由北京语言大学信息科学学院的李吉梅教授和海南师范大学的李丛任主编，章秋瑜、姚琼、赵利洲、侯雅晴和李竞宇任副主编，参与本书编写的人员还有：杜美杰、刘大斌、赵慧周、张忠伟、李康、任凯、孟先进、王若慧、黄金丽等（排名不分前后）。本书的微视频后期制作与相关网页编辑，由北京神州明灯教育科技有限公司完成。全书最后由李吉梅教授统稿和审定。

在本书的编写过程中，得到了新道科技股份有限公司的技术支持与帮助，清华大学出版社编辑的全方位协助，本书获数据挖掘与人工智能在会计、金融领域的理论创新及应用研究（编号：18PT02）、全国高等院校计算机基础教育研究会项目（编号：2019-AFCEC-100）和教育部 2018 年第二批产学合作协同育人项目（“智能会计运营”特色课程）（编号：201802366005）的资助，在此一并表示感谢！

李吉梅

2019 年 12 月于北京

教辅资料与网站说明

欢迎使用《企业财务会计应用——基于用友 ERP 产品微课教程》!

本书的作者在百度网盘空间，存放并共享了实验环境——用友 ERP-U8 V10.1 新道教学版的虚拟机软件和数据文件（网盘地址：https://pan.baidu.com/s/1kWTtuaN，密码：rn89），案例企业的按章保存的账套备份文件和业务操作的微视频访问说明等资料（网盘地址：http://pan.baidu.com/s/1nuEQJ7j，密码：h7gs）。

另外，本书的教辅网站（网站地址：http://mdwx.mdmuke.com/course/view.php?id=79），支持无缝学习和微学习，支持教师在网站上开课和教师间的资料共享，可支持学员的多终端在线个性化学习和学员间的讨论与分享。

1. 用友 ERP-U8 V10.1 实验环境

本书是在用友 ERP-U8 V10.1 新道教学版软件中操作的，必须要有实验环境才能进行实验操作。该实验环境可用以下两种方式搭建：

- 安装用友 ERP-U8 V10.1 新道教学版软件。
- 安装虚拟机软件，然后在虚拟机中导入用友 ERP-U8 V10.1 新道教学版的数据文件。

在一般学校的用友 ERP 实验室中教学用机上都安装有此软件，其安装方法不再赘述。若需要在个人计算机上使用，因用友 ERP-U8 V10.1 的安装步骤和所需要的组件较多，而且对计算机上的其他软件限制较多，所以本系列教程给出了利用虚拟机软件搭建实验环境的方法（详见《企业供应链高级应用——基于用友 ERP 产品微课教程》或丛书中其他教程的第 1 章），百度网盘空间中的"seentao101 虚拟机"文件夹中包括以下 3 个文件。

- VirtualBox.exe：虚拟机软件，V5.0.16 绿色版。
- VirtualBoxHelp.pdf：虚拟机软件的安装说明和帮助手册。
- seentao101.ova：用友 ERP-U8 V10.1 新道教学版的虚拟机数据文件。

2. 数据账套使用方法

百度网盘空间中的"实验账套数据"文件夹中，账套备份文件均为压缩文件。

使用前，需要首先将相应的压缩文件从网盘中下载到本地硬盘上，再用解压缩工具进行解压（建议用 WinRAR 3.42 或以上版本），得到可以引用的相应账套数据文件。

可以在做实验前引入相应的账套，然后在引入的账套上进行业务操作；或者将实验的结果与备份账套核对，以验证实验的正确性。

3. 微视频观看方法

本书配套的微视频，通过手机扫描案例的二维码即可观看，具体说明可扫描此二维码。

目　　录

第1章 系统管理与账套创建

本书是在用友 ERP-U8 V10.1 软件中操作的，所以必须要有实验环境才能完成本书中的实验任务。该实验环境有两种搭建方式，一是安装用友 ERP-U8 V10.1 新道教学版软件；二是安装虚拟机软件，然后在虚拟机软件中导入用友 ERP-U8 V10.1 新道教学版的数据文件，以虚拟机的方式运行。

在学校的用友 ERP 实验室中，教学用机上一般都安装有用友 ERP-U8 V10.1 软件，因此安装方法在此不再赘述。本章的账套数据文件，存放在百度网盘空间（网盘地址：http://pan.baidu.com/s/1nuEQJ7j，密码：h7gs）。

用友 ERP-U8 软件由多个产品组成，各个产品之间相互联系、数据共享，共同实现财务业务一体化的管理。对于企业资金流、物流、信息流的统一管理提供了有效的方法和工具。由于用友 ERP-U8 软件所含的各个产品是为企业、事业单位或独立核算部门等同一个主体的不同层面服务的，因此就要求这些产品具备如下特点：

(1) 具备公用的基础信息；

(2) 操作员和操作权限集中管理，并且进行角色的集中管理；

(3) 业务数据共用一个数据库。

本书 1.3 节将简介本书的案例公司（北京亮康眼镜有限公司）的基本情况、公司所采用的内部会计制度，以及企业员工的岗位分工情况。

本书 1.3 节的主要任务是建立企业账套的公用基本信息以及对账套信息进行管理，并在“系统管理”功能模块中进行相关操作。系统管理的主要功能包括新建账套、新建年度账、账套修改和删除、账套备份，根据企业经营管理中的不同岗位职能建立不同角色、新建操作员，以及权限的控制与分配等功能。

本书 1.3 节主要包括以下内容。

(1) 账套建立。账套指的是一组相互关联的数据，每个企业或每个独立核算部门的数据，在用友 ERP-U8 中都表现为一个账套。一个账套的基本信息包括账套信息、单位信息、核算类型、基础信息、编码方案、数据精度等方面。可以根据企业的基本情况、内部会计制度及企业员工信息建立账套。

(2) 用户及权限设置。为了保证系统数据的安全与保密，系统管理提供了用户及其功能权限的集中管理。但在进行权限设置之前，首先要添加系统用户信息，然后企业管理者可以根据用户的不同岗位分工来设置其操作权限。这样一方面可以避免与业务无关的人员进入系统进行非法操作，另一方面可以按照企业需求对各个用户进行管理授权，保证人员各负其责、工作流程清晰顺畅。

(3) 账套管理。账套建立后，可以根据实际情况进行修改完善，灵活地对账套进行引入、输出等备份操作。

需要说明如下：

(1) 因网盘中的账套备份文件均为压缩文件，所以在下载完成后引入之前，需要用解压缩工具进行解压(建议用 WinRAR 3.42 或以上版本),得到相应可以引入的账套数据文件。

(2) 本章的所有业务实验操作都有配套的微视频,可以通过扫描二维码或者到指定的网页去观看,本书配套的微视频均存放在网盘中。

1.1 会计电算化与手工账

会计电算化的核算需要注册管理员和操作人员(具体职责分工见 1.2 节的预备知识部分),根据《企业内部控制基本规范》的规定:不相容的岗位要相互分离,对各个操作员的权限要做出明确限制,分别建立企业账套,对各类信息要进行设置、输入、审核。在财务部门处理时,业务流程包括编制记账凭证、审核凭证、记账、结账和编制会计报表等环节,如图 1-1 所示。

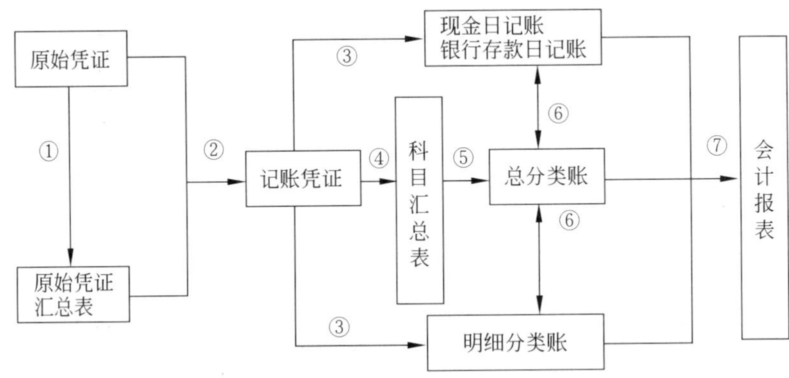

图 1-1　财务会计基本流程

手工账与会计电算化的基本流程对比如表 1-1 所示。

表 1-1　手工账与会计电算化的基本流程比较表

流　　程	手　工　账	电　算　化
期初建账	录入余额	期初设置+录入余额
审核原始凭证	审核真实合法	审核真实合法
登记记账凭证	根据原始凭证登记	根据原始凭证登记
平行登记明细账	手工填写	自动生成
科目汇总表	手工填写	自动生成
登记总账	手工填写	自动生成
期末结账	手工填写	手工填写+自定义结转
报表	手工填写	自动核算

在处理时,手工账与会计电算化的制单、复核等环节需要不同的人审核签字,与电算化相比,手工账没有那么严格的权利限制,所以管理上没有会计电算化严格、规范。会计电算与手工核算的联系如表 1-2 所示。

表 1-2　会计电算与手工核算的联系

序号	联　　系	说　　明
1	目标相同	会计工作的开展无论是会计电算化还是手工账，其最终目标仍然是为了提供会计信息，参与经营决策，提高经济效益
2	遵守会计法规及财经制度	会计电算化和手工账都必须严格地执行财经法规
3	会计档案的保管	会计档案是会计的重要的历史资料，必须按规定妥善保管。会计电算化的档案保存的方式发生了变化，但其信息资料必须和手工账一样必须加以保存
4	编制会计报表	会计报表是企业财务状况与经营成果的综合反映，也是国家实现宏观经济管理的依据之一。会计电算化应当同手工会计一样编制出符合要求的会计报表
5	遵循基本的会计理论与会计方法	会计理论是会计学科的结晶，会计方法是会计工作的总结。会计电算化会引起理论与方法的变革，但是建立会计电算化系统应当遵循基本的会计理论与方法

传统会计档案包括原始凭证、记账凭证、日记账、明细账、总账以及报表。一个单位每个会计期间的会计档案都要按一定的要求排列，连同各种附件定期加具封面，装订成册，耗费了大量的时间和空间，在查找数据时，要花费大量时间，十分不便，易于毁坏账本。在会计电算化中，档案都存放在软盘或硬盘等设备中，查询速度快、检索能力强，可以快速传递会计信息，极大地简化了计算的强度。

1.2　系统管理

【预备知识】

系统管理是对整个系统的公共任务进行统一管理，例如，基础信息的设置，企业账套的建立、修改、删除和备份，操作员的建立，角色的划分和权限的分配，等等。

1. 系统管理功能介绍

系统管理模块主要能够实现的功能如表 1-3 所示。

表 1-3　系统管理模块的主要功能

序号	功　　能	说　　明
1	对账套的统一管理	包括建立、修改、引入和输出(恢复备份和备份)
2	对操作员及其功能权限实行统一管理	设立统一的安全机制，包括用户、角色和权限设置
3	允许设置自动备份计划	系统根据这些设置定期进行自动备份处理，实现账套的自动备份，有效地避免数据的丢失
4	对系统任务的管理	包括查看当前运行任务、清除指定任务、清退站点等

2. 人员角色与功能实现

在会计电算化中，人员角色大概分为两类：管理员和会计岗位。

管理员可分为系统管理员(admin)与安全管理员(sadmin)，两者为系统自带的用户，主要负责会计软件运行环境的建立以及系统建立时的各项初始化工作；软件日常运行管理工作；监督、保证系统的有效、安全、正常地运行；对系统进行定期的正确性、安全性检测，保证系统软件、硬件、网络、数据库的正常运行；在系统发生故障时，负责及时组织有关人员恢复系统运行，针对系统事故找到故障原因；对系统各类人员进行分工、管理操作，协调他们之间的工作关系；及时进行新成员的增加注册、离岗成员的操作处理、人员分工权限的授权管理等用户管理工作。管理员用户是企业根据人员分工而自设的人员，负责企业数据信息的保管与维护工作，账套主管一般为负责财务工作的主管人员。详细功能如表 1-4 所示，Y 为可以操作，N 为不允许，实际动手操作中呈灰色的文字其功能不可实现。

表 1-4　管理员主要功能

<table>
<tr><th>主要功能</th><th>详细功能 1</th><th>详细功能 2</th><th>系统管理员(admin)</th><th>安全管理员(sadmin)</th><th>管理员用户</th><th>账套主管</th></tr>
<tr><td rowspan="17">账套操作</td><td rowspan="2">账套建立</td><td>建立新账套</td><td>Y</td><td>N</td><td>N</td><td>N</td></tr>
<tr><td>建立账套库</td><td>N</td><td>N</td><td>N</td><td>Y</td></tr>
<tr><td>账套修改</td><td></td><td>N</td><td>N</td><td>N</td><td>Y</td></tr>
<tr><td rowspan="2">数据删除</td><td>账套数据删除</td><td>Y</td><td>N</td><td>N</td><td>N</td></tr>
<tr><td>账套库数据删除</td><td>N</td><td>N</td><td>N</td><td>Y</td></tr>
<tr><td rowspan="2">账套备份</td><td>账套数据输出</td><td>Y</td><td>N</td><td>N</td><td>N</td></tr>
<tr><td>账套库数据输出</td><td>N</td><td>N</td><td>N</td><td>Y</td></tr>
<tr><td rowspan="3">设置备份计划</td><td>设置账套数据备份计划</td><td>Y</td><td>N</td><td>N</td><td>N</td></tr>
<tr><td>设置账套库数据备份计划</td><td>Y</td><td>N</td><td>Y</td><td>Y</td></tr>
<tr><td>设置账套库增量备份计划</td><td>Y</td><td>N</td><td>Y</td><td>Y</td></tr>
<tr><td rowspan="2">账套数据引入</td><td>账套数据引入</td><td>Y</td><td>N</td><td>N</td><td>N</td></tr>
<tr><td>账套库数据引入</td><td>N</td><td>N</td><td>N</td><td>Y</td></tr>
<tr><td>升级 SQL Server 数据</td><td></td><td>Y</td><td>N</td><td>Y</td><td>Y</td></tr>
<tr><td>语音扩展</td><td></td><td>N</td><td>N</td><td>N</td><td>Y</td></tr>
<tr><td>清空账套库数据</td><td></td><td>N</td><td>N</td><td>N</td><td>Y</td></tr>
<tr><td>账套库初始化</td><td></td><td>Y</td><td>N</td><td>N</td><td>Y</td></tr>
<tr><td rowspan="4">操作员、权限</td><td>角色</td><td>角色操作</td><td>Y</td><td>N</td><td>Y</td><td>N</td></tr>
<tr><td>用户</td><td>用户操作</td><td>Y</td><td>N</td><td>Y</td><td>N</td></tr>
<tr><td rowspan="2">权限</td><td>设置普通用户、角色权限</td><td>Y</td><td>N</td><td>Y</td><td>Y</td></tr>
<tr><td>设置管理员用户权限</td><td>Y</td><td>N</td><td>N</td><td>N</td></tr>
</table>

续表

主要功能	详细功能 1	详细功能 2	系统管理员(admin)	安全管理员(sadmin)	管理员用户	账套主管
其他操作	安全策略		N	Y	N	N
	数据清除及还原	日志数据清除及还原	N	Y	N	N
		工作流数据清除及还原	Y	N	N	N
	清除异常任务		Y	N	Y	N
	清除所有任务		Y	N	Y	N
	清除选定任务		Y	N	Y	N
	清退站点		Y	N	Y	N
	清除单据锁定		Y	N	Y	N
	上机日志		Y	Y	Y	N
	视图	刷新	Y	Y	Y	Y

会计岗位主要分为主管会计、出纳和记账会计,各个岗位的具体职责分工如表 1-5 所示。

表 1-5　会计岗位的具体职责清单

岗位	职　　责
主管会计	在董事会和总经理的领导下,总管公司会计、报表和预算工作,负责对各项财务、会计工作的布置检查;组织初始建账工作,各种原始凭证、记账凭证和会计报表的审核;负责编制资产负债表、利润表、现金流量表和所有者权益变动表等会计报表的工作;负责财务分析工作;负责总账的编制和档案管理
出纳	保管库存现金、有价证券,并保管财务专用章;负责空白支票和支票、银行结算票据备查簿、有价证券、借款备查簿的填写和管理;负责登记现金、银行存款日记账
记账会计	负责往来账款的管理,各种明细表的登记工作;负责财产物资的清查、银行对账工作;负责编制各种税收申报表和养老保险申报表,并缴纳各种税费;负责开具发票,固定资产、无形资产的卡片账记录和保管

【业务描述】

注册系统管理员(admin)。

【操作指导】

视频观看:手机扫描二维码可观看相关操作。

任务说明:登录系统管理窗口。

(1) 启动系统管理。双击桌面的“系统管理”快捷方式,打开“系统管理”窗口。

(2) 打开注册界面。在“系统管理”窗口中选中“系统”|“注册”菜单项,打开系统管理的“登录”对话框,如图 1-2 所示。

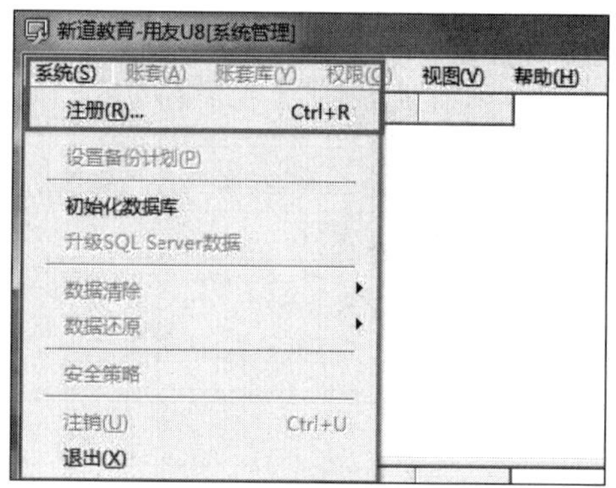

图 1-2 “系统管理”窗口

(3) 以系统管理员(admin)身份注册。编辑或确认“操作员”为“admin”，密码为空，然后单击“登录”按钮，返回“系统管理”窗口，如图 1-3 和图 1-4 所示。

图 1-3 “登录”对话框

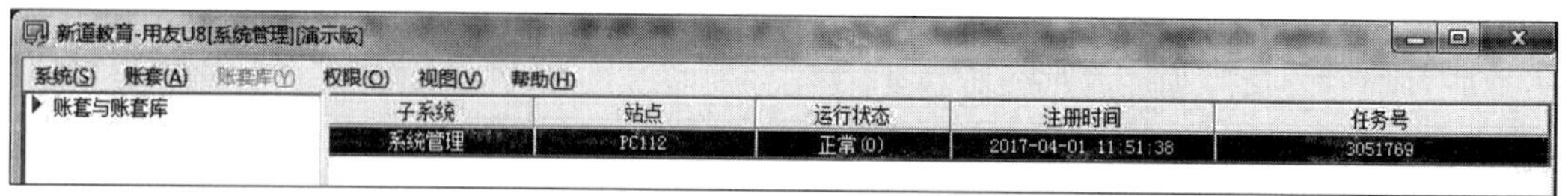

图 1-4 注册后系统管理窗口示意图

小贴士

- “系统管理”窗口的使用者为企业的信息管理人员，包括系统管理员(admin)、安全管理员(sadmin)、管理员用户和账套主管，首次使用时由于没有注册管理员用户和账套主管，只能由 admin 和 sadmin 登录。
- 系统管理员(admin)的密码默认为空，若需要修改，则在登录时，在密码栏中先输入正确的密码，然后选中“修改密码”复选框，单击“确定”按钮，在弹出的消息框中输入并确定新密码。

1.3 建账与账套备份

【预备知识】

案例企业于 2017 年 4 月实施 ERP 系统，因此账套建立时间为 2017 年 4 月 1 日，本书以 2017 年 4 月发生的业务为背景，各子系统启用时间为 2017 年 4 月 1 日。企业在建立过程中一方面要登记企业的相关信息，另一方面要设置工作人员信息，明确各自的分工和权限，后续信息有变更或新进人员可随时更改。

【业务描述】

1. 添加操作员

添加账套主管。本案例企业的操作员，如表 1-6 所示。

表 1-6 软件应用人员分工及权限分配表

<table>
<tr><th>编码</th><th>人员姓名</th><th colspan="2">隶属部门</th><th>职务</th><th>操作权限</th><th>所属角色</th><th>功能权限修改</th></tr>
<tr><td>0100</td><td>李吉棕</td><td colspan="2">经理办公室</td><td>总经理</td><td>系统初始设置、所有业务单据审核与批复</td><td>账套主管</td><td></td></tr>
<tr><td>0200</td><td>曾志伟</td><td colspan="2">财务部</td><td>财务主管
会计主管</td><td>会计业务主管签字，审核凭证、发票与收付款单，对账，结账，编制会计报表、财务指标分析</td><td></td><td>公共单据、总账、应收、应付、UFO 报表、销售管理</td></tr>
<tr><td>0201</td><td>张兰</td><td colspan="2">财务部</td><td>记账会计</td><td>编制记账凭证、记账、固定资产折旧及增减变动业务、工资分摊、银行对账，缴纳各种税费</td><td></td><td>公共单据、公共目录设置、总账、应收、应付、固定资产、销售管理、存货核算、薪资管理</td></tr>
<tr><td>0202</td><td>罗迪</td><td colspan="2">财务部</td><td>出纳</td><td>填制收款单和付款单、出纳签字</td><td></td><td>总账、应收、应付</td></tr>
<tr><td>0300</td><td>赵飞</td><td rowspan="3">销售部</td><td rowspan="2">批发部</td><td>销售主管</td><td>销售管理、单据审核</td><td></td><td>销售管理</td></tr>
<tr><td>0301</td><td>夏于</td><td>销售员</td><td>销售管理</td><td></td><td>销售管理</td></tr>
<tr><td>0302</td><td>李华</td><td>门市部</td><td>销售员</td><td>零售日报管理</td><td></td><td>销售管理</td></tr>
<tr><td>0400</td><td>刘静</td><td colspan="2">采购部</td><td>采购主管</td><td>采购管理、单据审核</td><td></td><td>采购管理</td></tr>
<tr><td>0401</td><td>张新海</td><td colspan="2">采购部</td><td>采购员</td><td>采购管理</td><td></td><td>采购管理</td></tr>
<tr><td>0500</td><td>李莉</td><td colspan="2">仓管部</td><td>仓库主管</td><td>库存管理</td><td></td><td>公共单据、公共目录设置、库存管理、存货核算</td></tr>
<tr><td>0501</td><td>赵林</td><td colspan="2">仓管部</td><td>仓管员</td><td>库存管理</td><td></td><td>库存管理、公共单据、公共目录设置</td></tr>
</table>

续表

编码	人员姓名	隶属部门	职务	操作权限	所属角色	功能权限修改
0502	李东	仓管部	仓管员	库存管理		库存管理
0600	王军	人力资源部	人力资源主管	人员增减变动、工资变动、辅助系统初始设置		薪资管理

注：操作员的初始密码均为空，用户类型均为“普通用户”。操作员的数据权限如下：

- 在“数据权限控制设置”窗口的“记录级”选项卡中不选中“是否控制”栏的“用户”复选框，单击“确定”按钮，则单据不受用户控制。
- 在“数据权限分配”窗口，若设置“王军”和“张兰”为“工资类别主管”，则“王军”和“张兰”登录“企业应用平台”即可操作薪资模块。此设置在薪资账套建立后才可设置成功。

2. 建立案例企业的账套

依据下面的资料，在用友 ERP-U8 中建立案例企业的账套，并启用相应的功能模块，包括采购管理、销售管理、库存管理、存货核算、固定资产、薪资管理、应收款管理、应付款管理、总账系统。具体如下。

本案例企业账套的账套号为“917”，账套名称为“北京亮康眼镜有限公司”，账套路径默认为“C：\u8soft\admin\”，启用会计期为“2017-04”。

(1) 公司简介。

简介：北京亮康眼镜有限公司（简称亮康公司）是专门从事眼镜生产、批发和零售的制造企业，位于北京市昌平区。

公司开户银行：中国工商银行北京市昌平支行

人民币账号：1102020526782987908

纳税登记号：210019995461202

电话：010-60228226

邮箱：liangkang@163.com

(2) 组织结构。公司的注册类型为有限责任公司，股东由 3 个自然人组成。其中，李吉棕出资额占 70%，担任公司的董事长兼总经理，是公司的法人代表；赵飞和刘静各占 15%，均为董事会成员。总经理下设 4 位部门主管，其中赵飞担任销售主管，刘静担任采购主管，曾志伟担任财务主管，陈虹担任行政主管，组织结构图如图 1-5 所示。

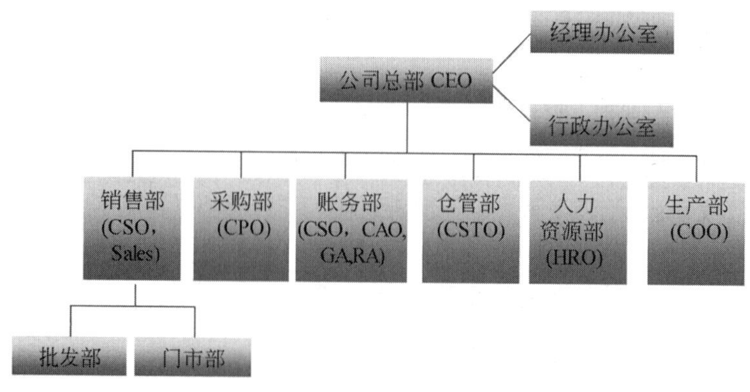

图 1-5 案例企业组织结构图

(3) 会计科目设置规定。

① 会计科目编码。会计科目编码采用 4-2-2 方式，即一级科目 4 位字长，二级科目 2 位字长，三级科目 2 位字长。

② 会计科目设置要求。“库存现金”科目是现金日记账科目；“应付账款”科目下设“暂估应付账款”和“一般应付账款”两个二级科目，其中一般应付账款设置为受控于应付款系统，暂估应付账款科目设置为不受控于应付款系统。类似地，其他一级科目的辅助账类型设置要求、二级科目的增加和辅助账类型设置要求，以及三级科目的增加和辅助账类型设置要求详见第 2 章。

③ 项目核算。设置在途物资、库存商品、主营业务收入和主营业务成本这 4 个项目核算科目。项目的大类名称为“商品项目管理”，项目分类定义为太阳镜和老花镜，项目目录分为男士高端、女士高端等(详见第 2 章)，该项目由上述 4 个科目进行核算。本企业对生产眼镜所用的原材料采用计划成本法，因此实际采购成本所用的科目为“材料采购”，验收入库转入“原材料”账户。

3. 内部会计政策

(1) 会计核算的基本规定。企业采用科目汇总表账务处理程序，每月月末编制科目汇总表并登记一次总账；公司采用复式记账，按单一格式填制凭证。会计凭证按月连续编号；公司开设总分类账、明细分类账、现金和银行存款日记账及银行结算票据备查簿；公司按规定编制资产负债表、利润表、现金流量表和所有者权益变动表。

(2) 货币资金的核算方法。每日终了，对库存现金进行实地盘点，确保现金账面余额与实际库存相符。银行存款每月根据银行对账单进行核对清查，若发现不符，及时查明原因，做出处理。公司采用的结算方式包括现金、现金支票、转账支票、银行承兑汇票、商业承兑汇票、电汇、同城特约委托收款等。

(3) 存货的核算方法。企业存货包括各种眼镜(包括太阳镜和老花镜)、包装物，以及办公用品类的低值易耗品；各类存货采用永续盘存制，按照实际成本核算；在核算过程中，存货采用移动平均法计算成本。

(4) 固定资产的核算方法。公司的固定资产包括房屋及建筑物、机器设备、交通运输设备和电子设备均为正在使用状态。按照企业会计准则规定，按月计提折旧当月增加的，自下月开始计提折旧；当月减少的，当月照提折旧。公司采用平均年限法计提折旧，净残值率按不同类别设置为 2%、3%和 5%，使用年限依据税法规定设置。

(5) 职工薪酬的核算方法。按照有关规定，由单位承担并缴纳的养老保险、医疗保险、失业保险、工伤保险和住房公积金，分别按照本月职工应发工资的 20%、9.55%、1%、1%和 12%计算；职工个人承担的养老保险、医疗保险、失业保险、住房公积金分别按照本人本月应发工资的 8%、2%、0.2%、12%计算；按照国家有关规定，单位代扣个人所得税，单位按本月职工应发工资总额的 2%计提工会经费，2.5%计提职工教育经费。

(6) 税务的会计处理。本公司为增值税一般纳税人，2017—2017 账套库的购销货物税率为 17%，运费税率 11%，手续费税率 6%，按月缴纳；企业所得税采用资产负债表债务法，除应收账款外，假设资产、负债的账面价值与其计税基础一致，未产生暂时性差异。企业所得税的计税依据为应纳税所得额，税率为 25%，按月预计，按季预缴，全年汇总清缴。按当期应交增值税的 7%、3%和 2%，计算城市维护建设税、教育费附加和地方教育费附加。

(7) 利润分配规定。根据公司章程，公司税后利润按以下顺序及规定分配：A 弥补亏损；B 按 10%提取法定盈余公积；C 提取任意盈余公积；D 向投资者分配利润。

(8) 财产清查的要求。公司每月上旬对存货进行清查，年末对固定资产进行清查，根据盘点结果编制“盘点表”，并与账面情况进行比较，报经主管领导审批后进行处理。

(9) 坏账损失的核算方法。除应收账款外，其他的应收款项不计提坏账准备。每年年末，按应收账款余额百分比法计提坏账准备，提取比例为期末余额的 0.5%。对于可能成为坏账的应收账款应当报告有关决策机构，由其进行审查和确认；发生的各种坏账应查明原因，及时做出会计处理；注销的坏账应当进行备查登记，做到账销案存，已注销的坏账又收回时应当及时入账。

(10) 月末将各损益类账户余额转入本年利润账户，收入和支出分别制单。

【操作指导】

确认系统时间和操作日期为 2017 年 4 月 1 日。

视频观看：手机扫描二维码可观看相关操作。

任务说明：建账与账套备份。

1. 增加操作员

(1) 在“系统管理”窗口中选中“权限”|“用户”菜单项，弹出“用户管理”窗口。

(2) 在“用户管理”窗口中单击“增加”按钮，弹出“操作员详细情况”对话框。

(3) 在对话框中增加“李吉棕”用户。根据表 1-6 的人员分工及权限分配情况，输入“李吉棕”的编号、姓名、用户类型(已默认为普通用户)、口令(即密码，初始密码设置为空)和所属角色等信息(“操作员详细情况”设置结果如图 1-6 所示)，最后单击“增加”按钮。

小贴士

- 只有“账套主管”角色需要在此时设置，其他操作员角色将在 1.5 节中设置。
- 由于还未建账套，所以无法录入功能权限，此步骤只增加相应操作员并设置角色。

(4) 重复步骤(3)，按照表 1-6 完成其他操作员(即用户)的编辑工作，其“所属角色”为空。

(5) 退出。单击对话框的“取消”按钮，系统退出对话框返回“用户管理”窗口，再单击其“退出”按钮，返回“系统管理”窗口。

2. 为案例企业创建账套

(1) 打开“创建账套”向导。在“系统管理”窗口中，选中“账套”|“建立”菜单项，弹出“创建账套”对话框，然后根据向导操作完成账套资料的录入。

(2) 在“创建账套”对话框的“建账方式”页面中，默认为“新建空白账套”，单击“下一步”按钮，显示“账套信息”页面，编辑“账套号”为“917”，“账套名称”为“北京亮康眼镜有限公司”，确认“启用会计期”为 2017-04，其他项默认。

(3) 单击“下一步”按钮，显示“单位信息”页面，编辑“单位名称”为“北京亮康眼镜有限公司”(在此应输入企业的全称，以便打印发票时使用)，“机构代码”为“168306659”，“单位简称”为“亮康公司”，“单位地址”为“北京市昌平区”，“法人代表”为“李吉棕”，“邮政编码”为“100022”，“联系电话”为“400812345678”，“电子邮件”为“liangkang@163.com”，“税号”为

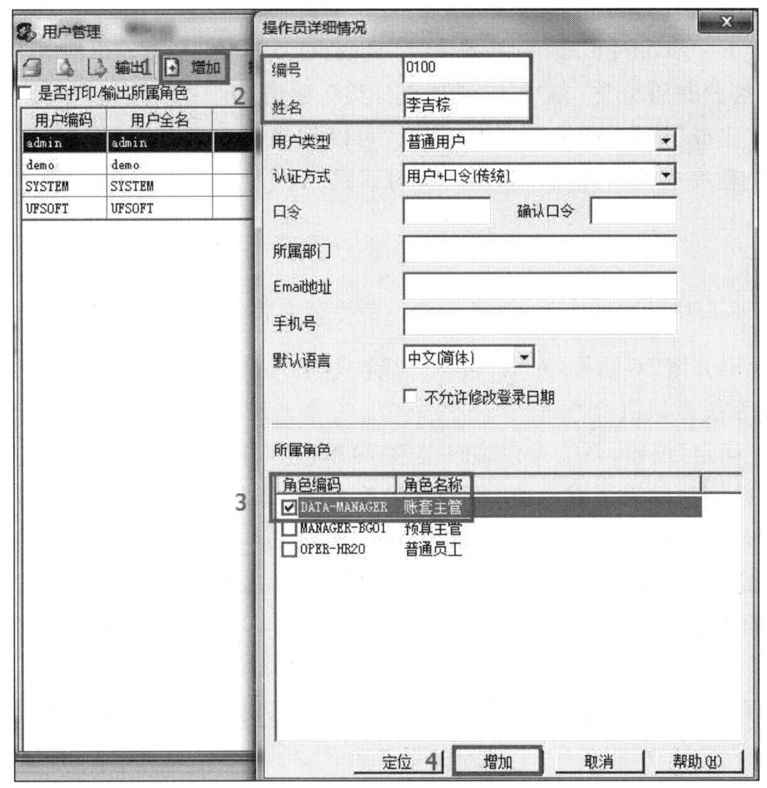

图 1-6 “操作员详细情况”对话框

“1101082121202”,“备注一”为“眼镜生产”,“备注二”为“眼镜批发与零售”,单位信息设置结果如图 1-7 所示。

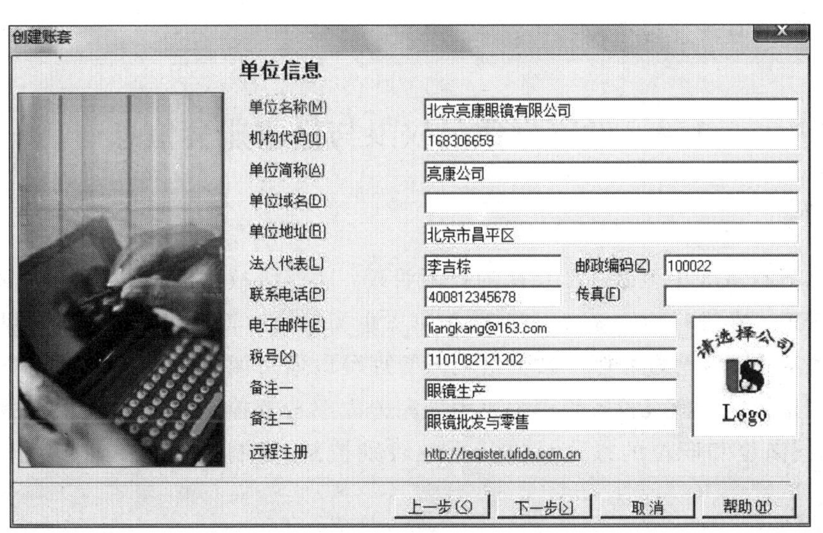

图 1-7 “创建账套”对话框的“单位信息”页面

(4) 单击“下一步”按钮,显示“核算类型”页面,编辑“本位币”为“RMB”(人民币),“企业类型”为“工业”;“行业性质”为“2007 年新会计制度科目”,“账套主管”为“0100”,并选中

“按行业性质预置会计科目”。

(5) 单击“下一步”按钮，显示“基础信息”页面，继续选中“有无外币核算”，确认选中“存货是否分类”“客户是否分类”和“供应商是否分类”，单击“下一步”按钮，显示“开始”页面。

(6) 单击“完成”按钮，弹出消息框，询问“可以创建账套了么?”，单击“是”按钮，即可创建账套，初始创建完成之后弹出“编码方案”对话框。

小贴士

此处建立账套时间可能过长，期间尽量不要进行其他操作，防止程序无响应。

(7) 在“编码方案”对话框，对“科目编码级次”，录入第 2 级和第 3 级的位长为 2，其他的编码分类采用系统默认值。

(8) 单击“确定”按钮，系统保存编码设置，再单击“取消”按钮，弹出“数据精度”对话框。

(9) 数据精度全部采用默认值，所以直接单击“取消”按钮，系统退出该对话框，此时系统创建账套成功，并弹出消息框，询问“现在进行子系统启用的设置吗?”

(10) 单击“是”按钮，弹出“系统启用”对话框，选中“总账”“应收款管理”“应付款管理”“固定资产”“销售管理”“采购管理”“库存管理”“存货核算”“薪资管理”复选框，即可开始启用，启用时间均为“今天”。

(11) 在“系统启用”和“创建账套”对话框中单击“退出”按钮，返回“系统管理”窗口。

小贴士

在弹出消息框询问“现在进行子系统启用的设置吗?”时，若单击“否”按钮，则系统直接返回“系统管理”窗口。如果需要启用或修改启用结果，应以账套主管李吉棕的身份登录“企业应用平台”，在“业务导航视图”的“基础设置”导航条中选中“基本信息”|“系统启用”，然后在“系统启用”窗口进行编辑。

1.4 设置操作员权限与修改账套信息

【预备知识】

在用友 ERP-U8 中可做 3 个层次的权限管理：功能级权限管理、数据级权限管理和金额级权限管理。在进行功能级权限管理时，可以更为细致地管理功能级权限，包括各功能模块相关业务的查看和分配权限。数据级权限管理可以通过两个方面进行权限控制与分配：字段级和记录级。金额级权限管理主要用于完善内部金额控制，实现对具体金额数量划分级别，对不同岗位和职位的操作员进行金额级别控制，限制他们制单时可以使用的金额数量。

【业务描述】

1. 设置操作员的功能权限和数据权限

本任务是依据表 1-1 的资料设置操作员的功能权限和数据权限。

2. 修改账套信息

账套主管李吉棕在“系统管理”中修改账套信息。

【操作指导】

确认系统时间和操作日期为 2017 年 4 月 1 日。

视频观看：手机扫描二维码可观看相关操作。

任务说明：设置操作员权限与修改账套信息。

1. 设置操作员的功能权限

（1）打开“操作员权限”窗口。在“系统管理”窗口中选中“权限”|“权限”菜单项，弹出“操作员权限”窗口。

（2）在“操作员权限”窗口的左窗格中选中操作员“曾志伟”，在工具栏中单击“修改”按钮，接着在窗口右侧选中或确认账套为“[917]北京亮康眼镜有限公司”，年度为“2017-2017”。依据表 1-1 中的功能权限修改需要的功能模块名称。曾志伟的功能权限设置结果如图 1-8 所示。

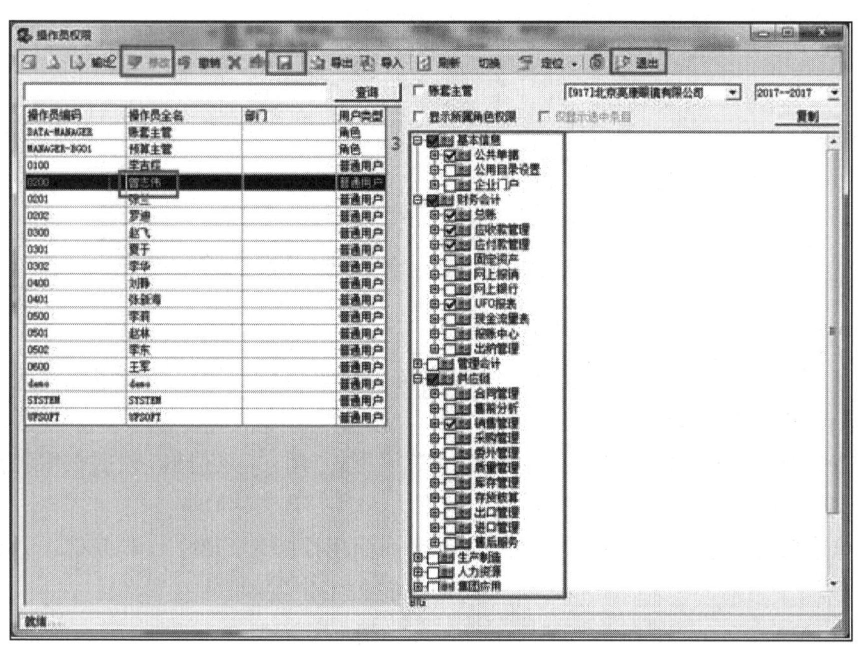

图 1-8 “操作员权限”窗口

（3）单击“保存”按钮，重复步骤（2），依据表 1-6 完成其他操作员的功能权限修改。

（4）退出。在“操作员权限”窗口的工具栏中单击“退出”按钮，返回“系统管理”窗口。

小贴士

- 在选择权限之前注意先单击“修改”选项。
- 当找不到权限按钮时，可以使用“定位”选项。
- 账套主管拥有所有模块的权限。由于在建立账套时已经指定“李吉棕”为账套主管，所以无须重复设置。

- 功能级权限分配应在“系统管理”窗口中完成。在为用户赋予权限时，若一次性选中父模块，即可实现所有的子模块权限的赋予。
- 数据权限和金额权限的分配可在“企业应用平台”窗口“系统服务”选项卡的“数据权限”栏中进行。数据级权限和金额级的设置必须是在系统管理的功能权限分配之后才能进行。

2. 操作员的数据权限控制设置

(1) 打开“企业应用平台”窗口。在桌面双击“企业应用平台”图标，打开“登录”对话框，在其中可设置“操作员”为“0100”，密码为空，“账套”为“[917...]”，如图 1-9 所示。单击“登录”按钮，显示“企业应用平台”窗口。

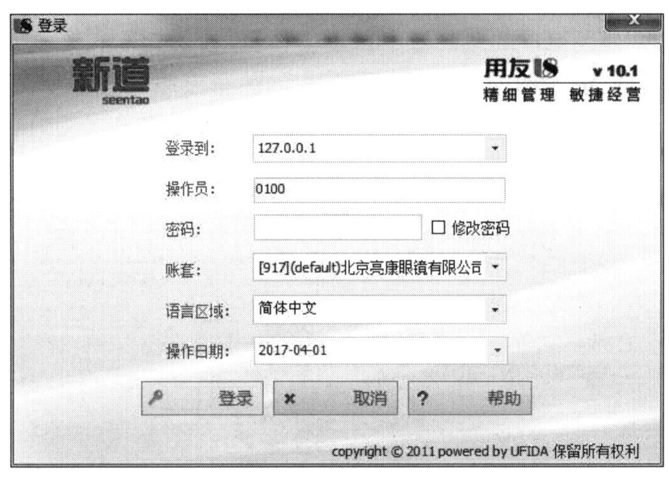

图 1-9 “登录”窗口

(2) 在“业务导航视图”的“系统服务”导航条中选中“权限”|“数据权限控制设置”，弹出“数据权限控制设置”窗口。

(3) 在“记录级”选项卡中，不选中“是否控制”列的“用户”复选框，数据权限控制设置结果如图 1-10 所示。

(4) 单击“确定”按钮，结束操作。此时数据不受用户控制。例如，财务部会计张兰在登录到企业应用平台后，可以查阅和审核张新海填制的销售发票。

小贴士

通过“数据权限控制设置”窗口，可以设置“业务对象”(例如用户、业务员、货位)是否被控制；通过对数据权限进行分配，可以设置一个操作员对另一个操作员录入数据(例如填制的单据)的操作权限(例如查看、审核、编辑)，账套主管不参加数据权限分配。

3. 账套主管注册系统管理

(1) 在“系统管理”窗口中，选中“系统”|“注销”菜单项，可以注销系统管理员身份的注册。

(2) 选中“系统”|“注册”菜单项，可以打开“系统管理”的登录界面。

(3) 以账套主管“李吉棕”的身份注册并管理系统。编辑“操作员”为“0100”或“李吉

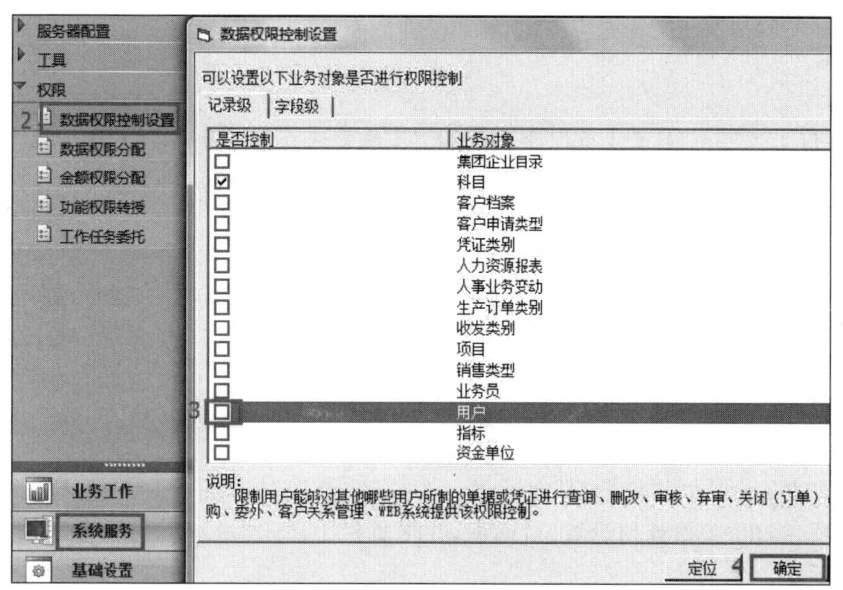

图 1-10 “数据权限控制设置”窗口

棕”，密码为空，选择“账套”为“[917]北京亮康眼镜有限公司”，“操作日期”为“2017-04-01”。

(4) 单击“登录”按钮，返回“系统管理”窗口，窗口菜单中显示为黑色字体的部分为账套主管可以操作的功能。

4. 账套主管修改账套信息

(1) 在“系统管理”窗口中，以“账套主管”登录，选中“账套”|“修改”菜单项，打开“修改账套”对话框，可以修改的账套信息以白色显示，不可修改信息显示为灰色。

(2) 类似于创建账套，在此按照向导逐步完成账套信息的修改，最后单击“完成”按钮，弹出消息框，询问“确认修改账套了?”。

(3) 单击“是”按钮，并在“分类编码方案”和“数据精度”对话框中单击“取消”按钮，完成账套修改。

 小贴士

此时只有账套主管可以修改已建立的账套，修改时与建立时填写相同，若建立时没有填写错误，则无须修改。

1.5 账套备份

【业务描述】

设置系统自动备份计划，固定时间自动备份。

为了能让每次实验具有连续性，以完成完整的流程操作，建议每完成一节或一章的实验之后，将实验结果备份保存在虚拟机的E盘，然后复制到自己的U盘或上传到网盘。

为此，需要在每次实验之后，先进行企业账套的输出，并将输出的结果压缩后保存。然

后在下次实验前，再将上次的操作结果引入系统。

小贴士

自动备份工作可由“账套主管”(李吉棕)或“系统管理员”(admin)在“系统管理”中完成。

【操作指导】

确认系统时间和操作日期为 2017 年 4 月 1 日。

视频观看：手机扫描二维码可观看相关操作。

任务说明：账套备份。

1. 自动备份

(1) 在 E 盘上新建“账套备份”文件夹。

(2) 打开“备份计划详细情况”对话框。在“系统管理”窗口中，选中“系统”|“设置备份计划”菜单项，弹出“备份计划设置”对话框，在工具栏中单击“增加”按钮，弹出“备份计划详细情况”对话框。

(3) 编辑备份计划。编辑“计划编号”为“2017-917”，“计划名称”为“917 亮康眼镜”，选择“发生频率”为“每周”，录入“开始时间”为“00：00：00”，“发生天数”为“1”(表示每周周日 0 点开始备份)。

(4) 选择保存路径。单击对话框中的“增加”按钮，弹出“请选择账套备份路径”对话框，选择“E：\账套备份”文件夹为备份路径。单击“确定”按钮返回，此时在“请选择备份路径”区中增加了一行，其右侧出现“浏览”按钮，单击后可打开“请选择账套备份路径”对话框。

(5) 选择备份账套。在“请选择账套和年度”区中选中“917”账套，备份结果如图 1-11 所示。

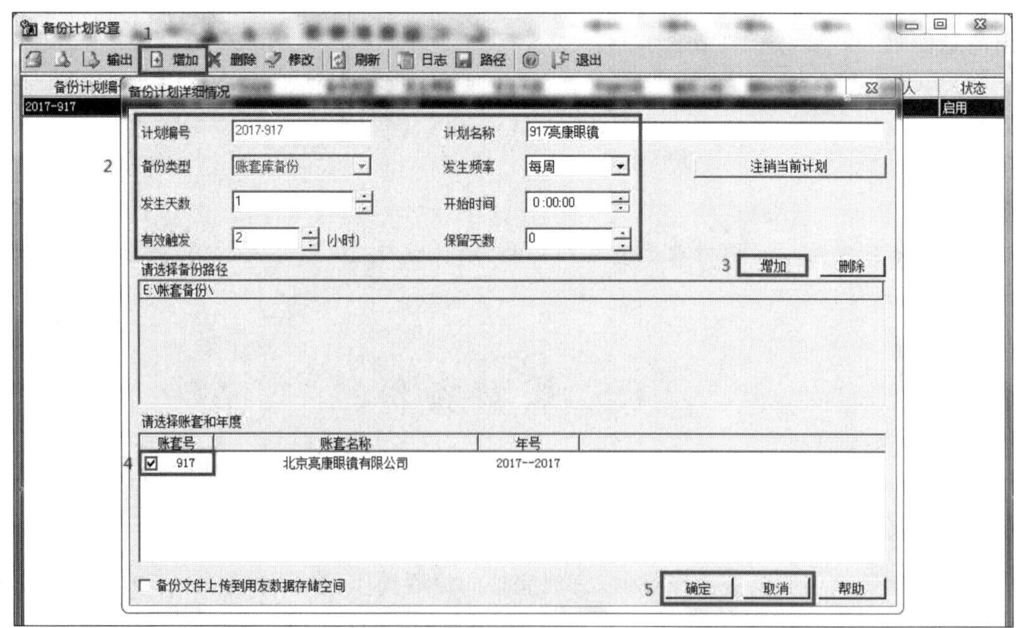

图 1-11 “备份计划详细情况”对话框

(6) 确认并保存备份计划。单击对话框底部的“增加”按钮，完成该备份计划的设置。

(7) 退出。单击“取消”按钮，返回“备份计划设置”窗口。单击“退出”按钮，返回“系统管理”窗口，备份计划设置完成后结果如图 1-12 所示。

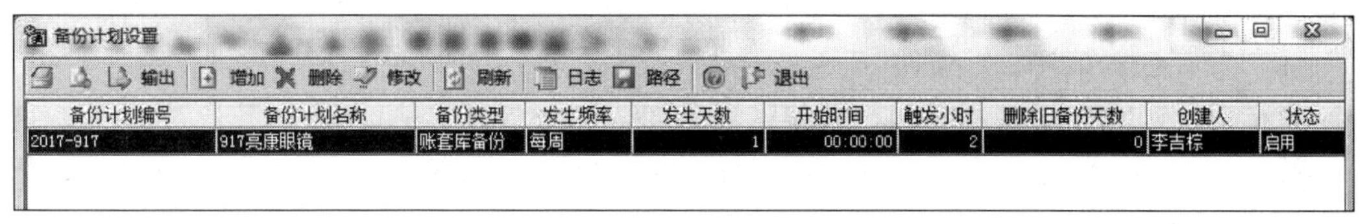

图 1-12　备份计划完成

2. 账套输出

(1) 以系统管理员身份注册并打开“系统管理”窗口。若“系统管理”窗口没有打开，可双击桌面上的“系统管理”图标；若已经打开，则先选中“系统”|“注销”菜单项，再选中“系统”|“注册”菜单项，打开“登录”对话框，最后以系统管理员(admin)身份注册(注册信息编辑结果如图 1-12 所示)并打开“系统管理”窗口。

(2) 在“系统管理”窗口中，单击“账套输出”按钮，打开“账套输出”对话框；选中“账套号”和“输出文件位置”并取消选中“删除当前输出账套”复选框，如图 1-13 所示。

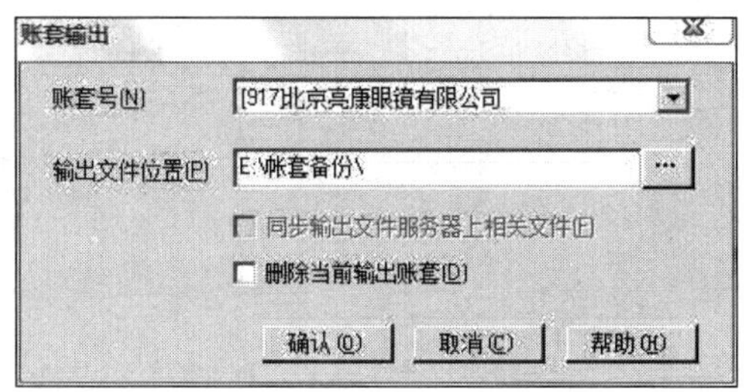

图 1-13　“账套输出”对话框

(3) 单击“确认”按钮，一般等待 3 分钟左右，系统自动完成账套输出的任务并弹出消息框，单击其“确定”按钮完成账套输出。

(4) 在资源管理器中，打开“账套备份”文件夹，将列出两个文件：UFDATA.BAK (1.5GB 左右)和UfErpAct.Lst (1KB)，将这两个文件压缩成一个包(150MB 左右)然后发送到自己的 U 盘或网盘进行保存。

小贴士

- 只有系统管理员(admin)才能“输出”账套。
- 账套输出只是做了账套备份，现有的账套还在 ERP 系统中，可继续操作；但若删除了账套，则下次必须“引入”账套后才能继续操作。
- 账套删除和账套输出的操作基本一样，区别只是在“账套输出”对话框中，需要选中“删除当前输出账套”复选框，且在弹出消息框询问“真要删除该账套吗?”时进行确认操作，若按“取消”键，则不删除当前输出的账套，下次可继续使用该账套。
- 正在使用的账套，系统的“删除当前输出账套”是灰颜色的，不允许选中。

3. 引入(恢复)账套

(1) 启动系统管理,以系统管理员(admin)身份注册。

(2) 在"系统管理"窗口中,选中"账套"|"引入"菜单项,弹出"请选择账套备份文件"对话框。

(3) 在该对话框中,选择"E:\账套备份\UfErpAct.Lst"文件,如图 1-14 所示。单击"确定"按钮,弹出"系统管理"消息框,提示账套引入的默认路径。

(4) 单击"确定"按钮,弹出"请选择账套引入的目录"对话框,选择"C:\U8SOFT"文件夹,"系统管理"消息框中将会显示更改后的结果,如图 1-15 所示。

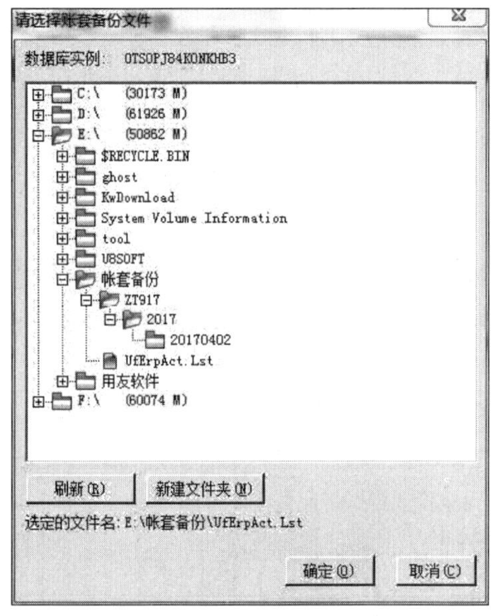

图 1-14 选择备份文件夹

图 1-15 "账套引入"消息框

(5) 单击"确定"按钮,弹出"账套引入"消息框。

(6) 一般等待 3 分钟左右,弹出消息框,提示账套"引入成功"。

(7) 单击"确定"按钮,退出该消息,返回"系统管理"窗口。

小贴士

只有系统管理员(admin)才有"引入"账套的权限。

第 2 章　企业基础信息与总账期初设置

有关企业基础信息的操作是在“企业应用平台”中进行的。“企业应用平台”是用友 ERP-U8 的集成应用平台，它是进行企业账套管理的唯一入口，在其中可以进行企业基础档案和基础数据的设置与维护，以及信息的沟通、传输、统计分析等操作。

本章的主要内容是设置企业的基础档案信息和会计科目。

设置企业的基础档案就是设置用友 ERP-U8 的各个子系统中公用的基础档案信息，主要包括企业部门及人员档案、客商信息、存货档案、财务信息、收付结算信息等。

设置会计科目就是编辑一级科目的科目属性(例如辅助账类型、受控系统)，以及新增二级、三级科目，例如在应付账款科目下增加一般应付账款和暂估应付账款。

本章的操作，应该是在系统日期 2017-04-01、以账套主管“李吉棕”身份登录“企业应用平台”，并在第 1 章案例的基础上进行操作。在实验操作前，需要将系统时间调整为 2017 年 4 月 1 日。如果没有调整系统时间，则在登录“企业应用平台”时需要修改“操作日期”(即业务时间)为 2017 年 4 月 1 日；如果业务日期与账套建账时间之间的跨度超过 3 个月，则该账套在演示版状态下不能执行任何操作。

如果没有完成第 1 章的建账和设置权限的任务，可以到百度网盘空间(网盘地址：http://pan.baidu.com/s/1nuEQJ7j 访问密码：h7gs)的“实验账套数据”文件夹中，将“01 新建账套.rar”下载到计算机上，然后引入到 ERP-U8 中。此外，本章完成的账套，其输出压缩的文件名为“02 基础档案.rar”。

需要说明如下：

(1) 因网盘中的账套备份文件均为压缩文件，所以在下载完成后引入之前，需要用解压缩工具进行解压(建议用 WinRAR 3.42 或以上版本)，得到相应可以引入的账套数据文件。

(2) 本章的所有业务实验操作都有配套的微视频，可以通过扫描二维码或者到指定的网页去观看。本书配套的微视频均存放在网盘中。

本章的内容将按照系统中基本档案的信息设置的先后顺序依次展开。

2.1　机构人员档案设置

【预备知识】

用友 ERP-U8 中的“部门”，是指账套主体(例如案例企业)下属的需要进行独立财务核算或业务管理要求的单元体，它可以是实际中的部门机构，也可以是虚拟的核算单元。用友 ERP-U8 中的“人员”，是指企业各职能部门中需要进行独立财务核算和业务管理的职员信息。不论是新成立的企业还是正在运行的企业，都应该先设置所需要的部门，然后招兵买马，千万不能因人设岗。因此，此部分的设置要先设置部门档案，然后再增加人员，增加人员时先明确其身份。

【业务描述】

1. 部门档案与人员档案的设置

根据表 2-1 中信息设置机构人员档案。

表 2-1 部门档案与人员档案

一级部门	二级部门	人员类别	人员编码及姓名	性别	雇佣状态	银行及银行账号	是否操作员	是否业务员
1 公司总部	101 经理办公室	企管人员	0100 李吉棕	女	在职	工行 6222020220332016001	是	
	102 行政办公室	企管人员	0101 陈虹	女	在职	工行 6222020220332016002		
2 财务部		企管人员	0200 曾志伟	男	在职	工行 6222020220332016003	是	
		企管人员	0201 张兰	女	在职	工行 6222020220332016004	是	
		企管人员	0202 罗迪	女	在职	工行 6222020220332016005	是	
3 销售部	301 批发部	销售人员	0300 赵飞	男	在职	工行 6222020220332016006	是	是
		销售人员	0301 夏于	男	在职	工行 6222020220332016007	是	是
	302 门市部	销售人员	0302 李华	男	在职	工行 6222020220332016008	是	是
4 采购部		采购人员	0400 刘静	女	在职	工行 6222020220332016009	是	是
		采购人员	0401 张新海	男	在职	工行 6222020220332016010	是	是
5 仓管部		企管人员	0500 李莉	女	在职	工行 6222020220332016011	是	
		企管人员	0501 赵林	男	在职	工行 6222020220332016012	是	
		企管人员	0502 李东	男	在职	工行 6222020220332016013	是	
6 人力资源部		企管人员	0600 王军	男	在职	工行 6222020220332016014	是	
		企管人员	0601 梁京	女	在职	工行 6222020220332016015		
7 生产部		生产人员	0700 刘正	男	在职	工行 6222020220332016016		
		生产人员	0701 李江	男	在职	工行 6222020220332016017		是

2. 人员类别的设置

人员类别的设置如表 2-2 所示。

表 2-2 人员类别

人员类别	档案编码	档案名称
101 正式工	1011	企管人员
	1012	采购人员
	1013	销售人员
	1014	生产人员
102 合同工		
103 实习生		

【操作指导】

确认系统时间和操作日期为 2017 年 4 月 1 日，由账套主管李吉棕登录“企业应用平台”，并在第 1 章完成的基础上进行操作。

视频观看：手机扫描二维码可观看相关操作。

任务说明：机构人员档案设置。

1. 设置部门档案

（1）打开“部门档案”窗口。登录“企业应用平台”，在“业务导航视图”的“基础设置”导航条中选中“基础档案”|“机构人员”|“部门档案”，打开“部门档案”页签。

（2）编辑与保存部门档案。单击工具栏中的“增加”按钮，录入部门编码为“1”、部门名称为“公司总部”，最后单击工具栏中的“保存”按钮。

（3）完成部门档案设置。重复步骤(2)，依据表 2-1 完成其他部门档案的设置，如图 2-1 所示。

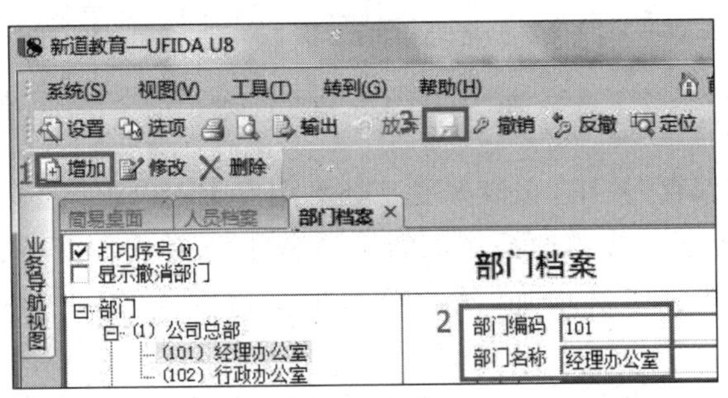

图 2-1 “部门档案”页签

（4）退出。单击“部门档案”页签的“关闭”按钮，关闭页签。

小贴士

如果部门信息输入有误，将光标定位到要修改的部门编号上，单击“修改”按钮。这时界面即处于修改状态，除“部门编号”不能修改外，其他信息均可修改。单击左边目录树中要删除的部门，背景显示蓝色表示已选中，单击“删除”按钮，即可删除此部门。注意，若部门被其他对象引用后就不能被删除。

2. 设置人员类别

(1) 打开"人员类别"。登录"企业应用平台",在"业务导航视图"的"基础设置"导航条中选中"基础档案"|"机构人员"|"人员类别",打开"人员类别"窗口。系统默认 3 类人员:101 正式工、102 合同工、103 实习生。

(2) 单击左窗格的"正式工",然后单击工具栏中的"增加"按钮,弹出"增加档案项"对话框。其中蓝字部分为必录,然后单击"确认"按钮结束一条信息的录入。依次增加,最后单击"退出"按钮。

3. 设置人员档案

(1) 打开"人员档案"。每个员工都隶属于一个部门,以李吉棕为例,李吉棕隶属于经理办公室,人员编码如表 2-1 所示。登录"企业应用平台",在"业务导航视图"的"基础设置"导航条中选中"基础档案"|"机构人员"|"人员档案",打开"人员档案"页签,选中"公司总部"下的"经理办公室",然后单击"增加"按钮。

(2) 编辑"人员档案"。编辑"人员编码"为"0100","人员姓名"为"李吉棕","性别"为"女","行政部门"为"101 经理办公室","雇佣状态"为"在职","人员类别"为"企管人员","银行"为"中国工商银行","账号"为"6222020220332016001",同时选中"是否操作员"复选框,人员档案录入结果如图 2-2 所示。

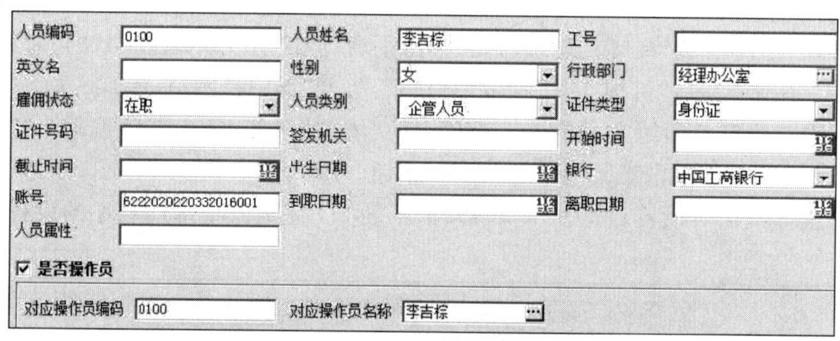

图 2-2 "人员档案"页签

(3) 保存。单击"保存"按钮,若该人员已经是用友 ERP 软件的操作员,则弹出消息框,询问"人员信息已改,是否同步修改操作员的相关信息?",单击"是"按钮,系统保存人员信息并新增一张人员档案表。依次增加,然后单击工具栏中的"退出"按钮,返回"人员档案"页签。

(4) 退出。单击"人员档案"页签的"关闭"按钮,关闭页签。

小贴士

- "操作员"是指此人是否有权操作用友 ERP-U8 产品。如果将新增的人员设置为操作员,则在关联操作员或修改人员时,系统将弹出消息框,询问"人员信息已改,是否同步修改操作员的相关信息?",如果单击"是"按钮,则将操作员的所属行政部门、E-mail 地址、手机号等信息输入用户档案中(可在"系统管理"窗口的用户列表中查看)。
- 如果部门人员"是"操作员,则同时保存到操作员表时,其密码默认为操作员编码,角色默认为"普通用户"角色。

- 如果修改人员为"业务员",则需要添加"业务或费用部门";若在增加时设置为"业务员",则有与其"行政部门"相同的默认部门。
- 业务及费用归属部门是指此人员作为业务员时所属的业务部门或当他不是业务员但其费用需要归集到业务部门。该栏目参照部门档案生成,只能输入末级部门。
- 凡是蓝色字的为必须填写的项目,人员编码必须唯一,人员姓名可以随意修改,其他为参照选择。保存成功后,人员编码不能修改,人员的名称可随时修改。

2.2 地区分类及供应商、客户档案设置

【预备知识】

客户地区分类:企业可以从自身管理要求出发,对客户、供应商的所属地区进行相应的分类,建立地区分类体系,以便对业务数据的统计、分析。使用用友 ERP-U8 的采购管理、销售管理、库存管理和应收应付款管理系统都会用地区进行分类。地区分类最多有五级,企业可以根据实际需要进行分类。例如,可以按区、省、市进行分类,也可以按省、市、县进行分类。

供应商和客户分类:企业可以根据自身管理的需要对供应商进行分类管理,建立供应商分类体系。可将供应商按行业、地区等进行划分,设置供应商分类后,根据不同的分类建立供应商档案。同理,企业可以根据自身管理的需要对客户进行分类管理,建立客户分类体系。可将客户按行业、地区等进行划分,设置客户分类后,根据不同的分类建立客户档案。

企业设置往来供应商的档案信息,有利于对供应商资料管理和业务数据的统计与分析。在用友 ERP-U8 中建立供应商档案,主要是为企业的采购管理、委外管理、库存管理、应付账款管理服务的。在填制采购入库单、采购发票和进行采购结算、应付款结算和有关供货单位统计时都会用到供货单位档案,因此必须先设立供应商档案。在输入单据时,如果单据上的供货单位不在供应商档案中,则必须在此建立该供应商的档案。如果在建立账套时选择了供应商分类,则必须在设置完成供应商分类档案的情况下才能编辑供应商档案。

建立客户档案主要是为企业的销售管理、库存管理、应收账款管理服务的。在用友 ERP-U8 中,客户档案功能用于设置往来客户的档案信息,以便于对客户资料管理和业务数据的录入、统计、分析,例如在填制销售发货单、销售发票和进行应收款结算时,都会用到客户档案。在输入单据时,如果单据上的采购单位不在客户档案中,则必须在此建立该客户的档案;如果在建立账套时选择了客户分类,则必须在设置完成客户分类档案的情况下才能编辑客户档案。

【业务描述】

1. 为北京亮康眼镜有限公司设置地区分类

北京亮康眼镜有限公司设置地区分类如表 2-3 所示。

表 2-3　地区分类

分类编码	分类名称	分类编码	分类名称
01	华北地区	03	西北地区
02	华东地区		

2. 为北京亮康眼镜有限公司设置客户和供应商分类

北京亮康眼镜有限公司设置客户和供应商分类如表 2-4 所示。

表 2-4　客户分类与供应商分类

类别名称	一级分类编码与名称	二级分类编码与名称
供应商	01 主要供应商	01001 商品供应商
		01002 材料供应商
	02 委外商	
	03 固定资产	
	04 其他供应商	
客户	01 代销商	
	02 批发商	02001 山西省批发商
		02002 北京市批发商
		02003 上海市批发商
	03 零售商	
	04 其他客户	

3. 设置供应商档案、客户级别与档案

供应商档案、客户级别与档案的设置如表 2-5～表 2-7 所示。

表 2-5　供应商档案

供应商编码与名称	供应商简称	所属地区	所属分类	税号	开户银行与账号	邮编与地址	电话
001 北京大运眼镜公司	大运公司	01	01001	200106653865211	工行朝阳支行 1102020526782987123	100045 北京朝阳十里堡 8 号	010-82282263
002 上海吉祥眼镜公司	吉祥公司	02	02	310115549876477	工行浦东支行 1102020526782987135	200332 上海浦东新区东方路 1 号	021-62338258
003 北京塑料二厂	塑料二厂	01	01002	200106756865001	招行昌平支行 6225880126782987908	100046 北京昌平区大新路 33 号	010-80228229
004 宁夏螺钉厂	螺钉厂	03	01002	100106539465724	工行银川支行 1102020526782985703	333571 宁夏银川市和信区富民路 23 号	0951-5122822
005 河北硅胶三厂	硅胶三厂	01	01002	300106224160365	工行燕郊支行 1102020526782987351	100050 河北省燕郊经济开发区 20 号	010-61598220
006 河北极速商贸公司	极速公司	01	03	300106224160389	工行燕郊支行 1102020526782987379	100050 河北省燕郊经济开发区 25 号	010-61598228

续表

供应商编码与名称	供应商简称	所属地区	所属分类	税号	开户银行与账号	邮编与地址	电话
007 北京光明眼镜公司	光明公司	01	01001	200106653865885	工行海淀支行 6227000526782987908	100077 北京海淀学院路 1 号	010-62338229
008 上海顺风速递有限公司	上海顺风速递	02	04	310125549876478	工行浦东支行 1102020526782987155	200332 上海浦东新区东方路 11 号	021-54658233

备注：

- 所有供应商的结算币种均为人民币。
- 供应商属性(采购/委外/服务/国外)均为“采购”。
- 在录入“开户银行”时，其“所属银行”为“开户银行”所在银行，例如“工行海淀支行”的“所属银行”为“中国工商银行”。

表 2-6　客户级别

客户级别编码	名　　称	客户级别编码	名　　称
01	VIP 客户	03	一般客户
02	重要客户		

表 2-7　客户档案

客户编码与名称	客户简称	所属地区	所属分类	客户级别编码	税号	开户银行与账号	邮码与地址	电话	信用额度
001 北京光明眼镜公司	光明公司	01	02002	01	200106653865885	工行海淀支行 6227000526782987908	100077 北京海淀学院路 1 号	010-62338229	250 万
002 上海雪亮眼镜公司	雪亮公司	02	02003	03	310104712121774	工行徐汇支行 1102020526782987158	200032 上海徐汇天平路 8 号	021-84658236	50 万
003 北京同方眼镜公司	同方公司	01	02002	02	200121554863995	光大银行海淀支行 6227000526782987973	100088 北京海淀成府路 3 号	010-82338278	170 万
004 山西华飞眼镜公司	华飞公司	01	02001	03	411135871135557	光大银行太原支行 6227000526782987984	250001 山西太原天桥区成府路 3 号	0351-4019813	50 万
006 山西明乐贸易公司	明乐公司	01	02001	03	411135871135687	工行晋城支行 6227000526030287586	250001 山西晋城汉王路 8 号	0351-7019816	50 万
900 零散客户	零散客户		04						

备注：

- 所有客户的结算币种均为人民币；属性均为“国内”。
- 表 2-7 中的“开户银行”均是默认的结算银行。
- 在录入“开户银行”时，需要单击“增加客户档案”对话框工具栏中的“银行”按钮，然后在打开的对话框中录入相关信息，其“所属银行”为“开户银行”所在银行，例如“工行海淀支行”的“所属银行”为“中国工商银行”。

【操作指导】

确认系统时间和操作日期为 2017 年 4 月 1 日。

视频观看：手机扫描二维码可观看相关操作。

任务说明：地区分类及供应商、客户档案设置。

1. 设置地区分类

(1) 打开“地区分类”窗口。登录“企业应用平台”，在“业务导航视图”的“基础设置”导航条中选中“基础档案”|“客商信息”|“地区分类”，打开“地区分类”窗口。

(2) 新增一个地区类别。单击工具栏中的“增加”按钮，输入分类编码为“01”，分类名称为“华北地区”，最后单击“保存”按钮进行保存。

(3) 完成地区分类编辑。依次增加完成地区分类信息的输入工作后退出。

小贴士

- 地区分类编码必须唯一，不允许重复。要注意分类编码字母的大小写。类别名称可以是汉字或英文字母，不能重复，也不能不填。
- 新增的地区分类的分类编码必须与“编码原则”中设定的编码级次结构相符。例如，编码级次结构为“××-×××”，那么，“001”是一个错误的地区分类编码。
- 地区分类必须逐级增加。除了一级地区分类之外，新增的地区分类的分类编码必须有上级分类编码。例如，编码级次结构为“××-×××”，那么“01001”这个编码只有在编码“01”已存在的前提下才是正确的。
- 如果要修改已完成的地区分类，则应在选中要修改的地区分类后单击“修改”按钮。注意，这时只能修改类别名称，不可修改类别编码。将光标移到要删除的地区分类上，单击“删除”按钮，即可删除当前分类，已经使用的地区分类不能删除。非末级地区分类也不能删除。

2. 设置供应商分类与客户分类

(1) 打开“供应商分类”窗口。登录“企业应用平台”，在“业务导航视图”的“基础设置”导航条中选中“基础档案”|“客商信息”|“供应商分类”，打开“供应商分类”窗口。

(2) 新增一个供应商分类。单击工具栏中的“增加”按钮，录入分类编码为“01”，分类名称为“供应商”，最后单击“保存”按钮。依次增加，然后退出。注意要符合编码方案。供应商分类最终设置如图 2-3 所示。

图 2-3 供应商分类

客户分类设置与供应商分类设置基本一致，在此不再赘述。

3. 设置供应商档案

(1) 打开“供应商档案”页签。登录“企业应用平台”，在“业务导航视图”的“基础设置”导航条中选中“基础档案”|“客商信息”|“供应商档案”，打开“供应商档案”页签。

(2) 增加供应商档案。单击“增加”按钮，增加一张供应商档案，编辑供应商档案的“基本”和“联系”信息，包括编码、名称、简称、分类、币种、所属地区等。其中蓝字部分为必填内容。

(3) 保存并新增。单击“保存并新增”按钮，系统将保存该供应商信息并增加一张供应商档案。依次增加，最后退出。供应商档案设置如图 2-4 所示。

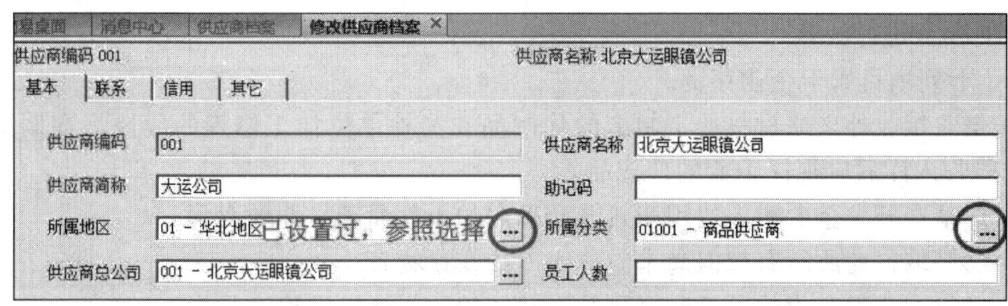

图 2-4 “修改供应商档案”页签的“基本”选项卡

小贴士

已停用的供应商(即供应商档案的停用日期小于当前单据日期的供应商)，输入单据时不能再参照，否则系统提示“此供应商已停用，请选择其他供应商”。在进行单据或账表查询时，已停用的供应商仍可继续查询。

客户档案设置与供应商档案设置基本一致，此处不再赘述。

4. 客户级别及档案

(1) 打开“客户级别”窗口。登录“企业应用平台”，在“业务导航视图”的“基础设置”导航条中选中“基础档案”|“客商信息”|“客户级别”，打开“客户级别分类”窗口。

(2) 新增 VIP 客户类别。单击工具栏中的“增加”按钮，编辑客户级别的相关信息，以表 2-6 第 1 行为例，在表体中录入客户级别编码为“01”，客户级别名称为“VIP 客户”，单击“保存”按钮完成操作。

小贴士

- 客户级别是客户细分的一种方法，企业可以根据自身管理需要进行客户级别的分类。例如，某销售公司按照客户给企业带来的销售收入，将客户细分为 VIP 客户、重要客户和普通客户。客户级别设置以后，将在客户档案和统计分析结点中使用。在客户档案录入过程中，指定客户所属的客户级别；在统计分析结点中，可以进行客户级别的分布统计或者分析某一级别客户的行为和特征。
- 客户级别编码是系统识别不同客户级别的唯一标志，所以编码必须唯一，不能重复。
- 客户级别名称可以是汉字或英文字母，不能为空，不能重复。
- 级别说明是对客户级别的描述信息。

2.3 存货与仓库信息设置

【预备知识】

存货是指企业在日常活动中持有的以备出售的产成品或商品、处在生产过程中的在产品、在生产过程或提供劳务过程中耗用的材料、物料等。

特别注意下列物资的确认。

(1) 由于为建造固定资产而储备的各种材料属于材料不符合存货的定义，所以不能作为企业的存货进行核算。

(2) 下列项目属于企业存货。

① 企业接收外来原材料加工制造的代制品和为外单位加工修理的代修品在制造和修理完成验收入库后应视同企业的产成品。

② 房地产开发企业购入的用于建造商品房的土地属于企业的存货。

③ 已经取得商品所有权但尚未验收入库的在途物资。

④ 已经发货但存货的风险和报酬并未转移给购买方的发出商品。

⑤ 委托加工物资。

⑥ 委托代销商品。

(3) 在符合定义情况下，同时满足下列条件的存货，才能予以确认。

① 与该存货有关的经济利益很可能流入企业。

② 该存货的成本能够可靠地计量。

用友 ERP-U8 中的存货功能主要用于设置企业在生产经营中使用到的各种存货信息，以便对这些存货进行资料管理、实物管理以及业务数据的统计和分析。企业的存货需要有计量单位和存放的仓库，多数会有存货分类。

仓库是用来存储存货的场所，企业应根据存货的性质分别设立仓库，例如原材料库、半成品库、产成品库、受托商品库等。如果企业各种性质的存货数量多、品种繁杂，则应当在不同的仓库中设立货位。同一仓库的不同货位应存放同一性质、不同品种的存货。例如原材料仓库可以设置不同的货位，分别存放镜片、镜架和镜脚。

【业务描述】

1. 为亮康眼镜公司设置存货计量单位组和存货计量单位

亮康眼镜公司存货计量单位组的设置如表 2-8 所示，存货计量单位的设置如表 2-9 所示。

表 2-8 存货计量单位组

计量单位组编码	计量单位组名称	计量单位组类别
01	副	固定换算率
02	无固定换算率	无换算率

表 2-9　存货计量单位

计量单位编码	计量单位名称	计量单位组	主计量单位标志	换算率
01	副	01 副	是	1
02	盒	01 副	否	10
03	对	02 无固定换算率		
04	颗	02 无固定换算率		
05	个	02 无固定换算率		
06	千克	02 无固定换算率		
07	次	02 无固定换算率		
08	台	02 无固定换算率		

2. 为亮康眼镜公司设置仓库档案

亮康眼镜公司仓库档案的设置如表 2-10 所示。

表 2-10　仓库档案

仓库编码	仓库名称	部门	计价方式	仓库属性	参与 MRP 运算 参与 ROP 计算	计入成本	资产仓
0010	大运仓库	5 仓管部	移动平均法	普通仓	否、否	是	否
0020	原材料仓库	5 仓管部	移动平均法	普通仓	是、是	是	否
0030	半成品仓库	5 仓管部	移动平均法	普通仓	是、是	是	否
0040	产成品仓库	5 仓管部	移动平均法	普通仓	是、是	是	否
0050	固定资产仓库		个别计价法	普通仓	否、否	否	是

3. 为亮康眼镜公司进行存货分类并设置存货档案

亮康眼镜公司存货分类如表 2-11，存货档案的设置如表 12-12 所示。

表 2-11　存货分类

一级分类编码与名称	二级分类编码与名称
01 商品	0101 太阳镜
	0102 亮康眼镜
02 生产	0201 原材料
	0202 半成品
03 劳务	
04 固定资产	

表 2-12　存货档案

基　　本						成　　本			
存货编码	存货名称	主计量组/单位	税率（%）	存货分类	存货属性	参考成本/元	参考售价/元	主要供货单位	默认仓库
00001	男士高端太阳镜	01/副	17	0101	内销、外购	350	420	大运公司	大运仓库
00002	女士高端太阳镜	01/副	17	0101	内销、外购	300	360	大运公司	大运仓库
00003	男士普通太阳镜	01/副	17	0101	内销、外购	90	108	大运公司	大运仓库
00004	女士普通太阳镜	01/副	17	0101	内销、外购	80	96	大运公司	大运仓库
00005	运输费	02/次	11	03	应税劳务				
00006	联想电脑	02/台	17	04	外购、资产	6000		极速公司	固定资产仓库
10000	亮康眼镜	01/副	17	0102	内销、自制	160	200		产成品仓库
11000	镜片	02/对	17	0202	生产耗用、委外	80		吉祥公司	半成品仓库
12000	镜架	02/个	17	0202	生产耗用、自制	50			半成品仓库
12100	镜框	02/对	17	0202	生产耗用、自制	12			半成品仓库
12200	镜腿	02/对	17	0202	生产耗用、自制	12			半成品仓库
12210	塑料	02/千克	17	0201	外购，生产耗用	1000		塑料二厂	原材料仓库
12220	镜片树脂	02/千克	17	0201	外购，生产耗用	6000		塑料二厂	原材料仓库
12300	鼻托	02/对	17	0202	生产耗用、自制	20			半成品仓库
12310	硅胶	02/千克	17	0201	外购，生产耗用	1600		硅胶三厂	原材料仓库
13000	螺钉	02/颗	17	0201	外购、生产耗用	1		螺钉厂	半成品仓库

备注：“联想电脑”的规格型号为“天逸 5050 台式机”。

【操作指导】

确认系统时间和操作日期为 2017 年 4 月 1 日。

视频观看：手机扫描二维码可观看相关操作。

任务说明：存货与仓库信息设置。

1．设置存货计量单位组和计量单位

（1）打开“计量单位”窗口。登录“企业应用平台”，在“业务导航视图”的“基础设置”导航条中选中“基础档案”|“存货”|“计量单位”，打开“计量单位”窗口。

(2) 打开“计量单位组”对话框。单击工具栏中的“分组”按钮，弹出“计量单位组”对话框。

(3) 新增计量单位组“副”。在“计量单位组”对话框的工具栏中单击“增加”按钮，输入“计量单位组编码”为“01”，“计量单位组名称”为“副”，选中“计量单位组类别”为“固定换算率”，然后在工具栏中单击“保存”按钮，计量单位组的设置结果如图 2-5 所示。

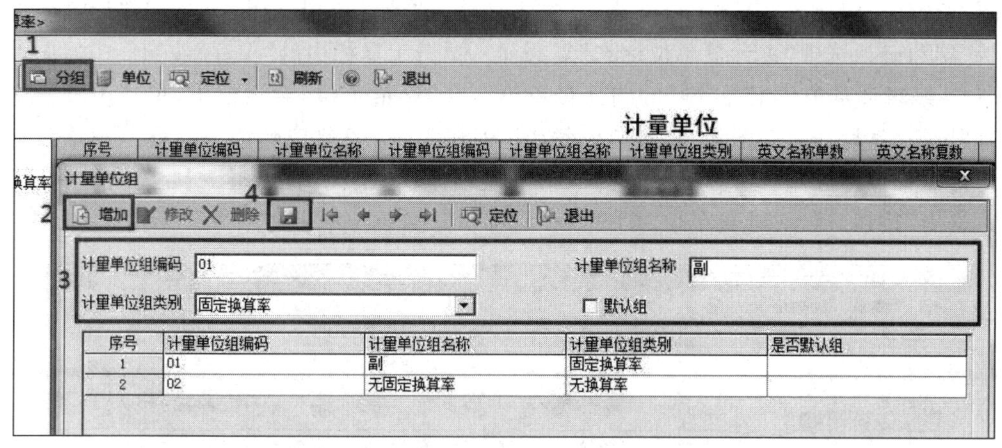

图 2-5 设置计量单位组

(4) 完成计量单位组的编辑。在输入、保存后，单击工具栏中的“退出”按钮，返回“计量单位”窗口。

小贴士

- 在编辑计量单位时，应先通过“分组”定义计量单位组，即先增加计量单位组，再增加组下的具体计量单位内容。计量单位组是对计量单位大的分类，同一单位组的计量单位具有同一属性，计量单位是对存货计量的具体换算。
- 计量单位组分为无换算、浮动换算、固定换算 3 种类别，每个计量单位组中应至少有一个主计量单位、一个或多个辅助计量单位，另外，还应设置主辅计量单位之间的换算率。
- 无换算计量单位组：在该组下的所有计量单位都以单独形式存在，各计量单位之间不需要输入换算率，系统默认为主计量单位。
- 浮动换算计量单位组：设置为浮动换算率时，可以选择的计量单位组中只能包含两个计量单位。此时需要将该计量单位组中的主计量单位、辅计量单位显示在存货卡片界面上。
- 固定换算计量单位组：设置为固定换算率时，可以选择的计量单位组中可以包含两个及以上的计量单位，且每一个辅计量单位对主计量单位的换算率不为空。此时需要将该计量单位组中的主计量单位显示在存货卡片界面上。
- 存货档案中每一种存货只能选择一个计量单位组，计量单位组保存后不可修改。已经使用过的计量单位组，不能修改其已经存在的计量单位信息。已经有数据的存货，不允许修改该存货的计量单位组。

(5) 打开“计量单位”窗口。登录“企业应用平台”,在“业务导航视图”的“基础设置”导航条中选中“基础档案”|“存货”|“计量单位”,打开“计量单位”窗口。

(6) 打开计量单位组为“副”的“计量单位”对话框。选中左窗格的“计量单位组”为“副”。单击工具栏中的“单位”按钮,弹出“计量单位”对话框。

(7) 编辑计量单位组为“副”的主计量单位。单击“增加”按钮,新增一张表单,此时“计量单位组编码”默认为“01”(不可修改)。在表头输入“计量单位编码”为“01”,“计量单位名称”为“副”,确认选中“主计量单位标志”复选框。单击工具栏中的“保存”按钮。

(8) 编辑计量单位组为“副”的副计量单位。在“计量单位”对话框中,单击工具栏中的“增加”按钮,然后在表头输入“计量单位编码”为“02”,“计量单位名称”为“盒”,确认没有选中“主计量单位标志”复选框,换算率为“10”(1 盒有 10 副眼镜)。单击工具栏中的“保存”按钮和“退出”按钮,返回“计量单位”窗口。设置存货计量单位结果如图 2-6 所示。

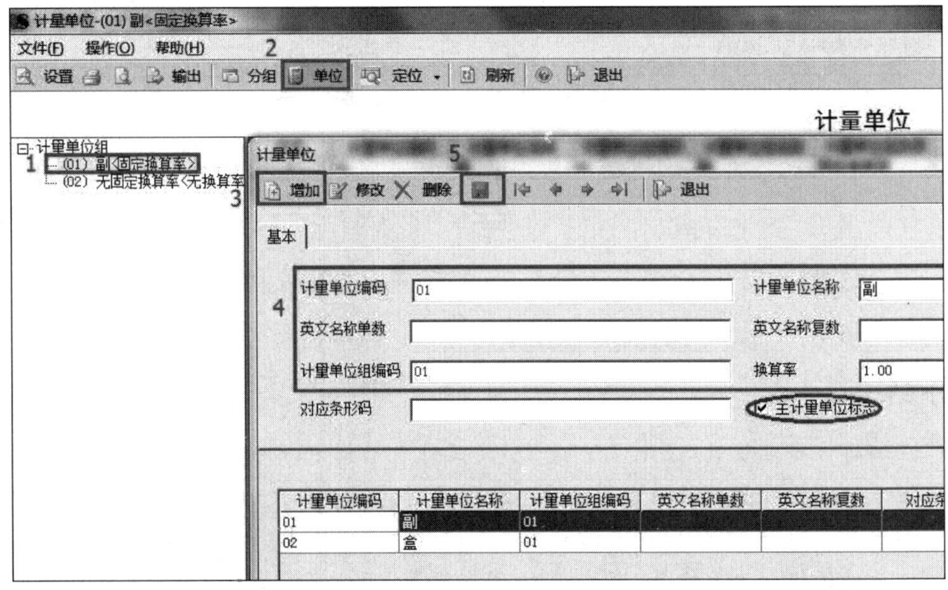

图 2-6 设置存货计量单位

(9) 编辑计量单位组“无固定换算率”的所有计量单位。重复步骤(2)~(4),参照任务依次增加,单击“计量单位”对话框工具栏中的“退出”按钮,返回“计量单位”窗口。

(10) 退出。单击“计量单位”窗口工具栏中的“退出”按钮,退出窗口。

小贴士

- “换算率”是辅计量单位和主计量单位之间的换算比,例如,一箱啤酒为 24 听,则 24 就是辅计量单位箱和主计量单位之间的换算比。
- 主计量单位的换算率自动置为 1。
- 固定换算的计量单位组,辅计量单位的换算率必须输入。
- 无换算计量单位与固定换算率的界面不同,不可输入换算率。
- 浮动换算的计量单位组,可以输入也可以为空。
- 数量(按主计量单位计量)=件数(按辅计量单位计量)×换算率。例如,1 盒眼镜 10

副，则 10 是辅计量单位“盒”和主计量单位“副”之间的换算比。

2. 设置仓库档案

(1) 打开“仓库档案”页签。登录“企业应用平台”，在“业务导航视图”的“基础设置”导航条中选中“基础档案”|“业务”|“仓库档案”，打开“仓库档案”页签。

(2) 新增一个仓库。单击工具栏中的“增加”按钮，在弹出的“增加仓库档案”页签中输入“仓库编码”为“0010”，“仓库名称”为“大运仓库”，选中“部门编码”为“5 仓管部”，“计价方式”为“移动平均法”，“仓库属性”为“普通仓”，不选中“参与 MRP 运算”“参与 ROP 计算”和“资产仓”复选框。单击工具栏中的“保存”按钮进行保存。

(3) 完成仓库编辑。依次增加，然后单击“增加仓库档案”页签的“关闭”按钮，关闭页签。

(4) 退出。单击“仓库档案”页签的“关闭”按钮，关闭页签。

小贴士

- 用友 ERP-U8 提供了 6 种计价方式：工业企业的有计划价法、全月平均法、移动平均法、先进先出法、后进先出法、个别计价法。每个仓库必须选择一种计价方式。
- 计划价：期末处理计算差异率时，要根据此仓库的同种存货的差异、金额计算的差异率计算出库成本。
- 全月平均：期末处理计算出库成本时，要根据该仓库同种存货的金额和数量计算的平均单价计算出库成本。
- 移动平均：计算出库成本时要根据该仓库的同种存货按最新结存金额和结存数量计算的单价计算出库成本。
- 先进先出、后进先出：出库单记账时(包括红字出库单)，计算出库成本时，只按此仓库的同种存货的入库记录进行先进先出或后进先出选择成本，只要存货相同、仓库相同则将入库记录全部大排队进行先进先出或后进先出选择成本。
- 个别计价：计算成本的方法不变。
- “仓库属性”可选择普通仓、现场仓、委外仓，默认为普通仓。普通仓用于正常的材料、产品、商品的出入库、盘点的管理；现场仓用于生产过程的材料、半成品、成品的管理；委外仓用于发给委外商的材料的管理。

3. 设置存货分类

(1) 打开“存货分类”窗口。登录“企业应用平台”，在“业务导航视图”的“基础设置”导航条中选中“基础设置”|“基础档案”|“存货”|“存货分类”，打开“存货分类”窗口。

(2) 新增一个存货分类。单击“增加”按钮，在右窗格中输入“分类编码”为“01”，“分类名称”为“商品”，然后单击窗口中的“保存”按钮。

(3) 完成存货分类的编辑。依次增加，然后退出。

小贴士

如果企业在建立账套时“存货是否分类”没有选中，此处无须设置。

4. 设置存货档案

(1) 打开“存货档案”页签。登录“企业应用平台”,在“业务导航视图”的“基础设置”导航条中选中“基础设置”|“基础档案”|“存货”|“存货档案”,打开“存货档案”页签。

(2) 新增一张存货档案。单击工具栏中的“增加”按钮,打开“增加存货档案”页签,新增一张存货档案单据。

(3) 编辑存货档案。在新增的单据中做如下编辑,其中蓝字部分为必填。在“增加存货档案”页签的“基本”选项卡中,根据表 2-12 编辑存货档案相关信息,包括存货编码、存货名称、主计量单位组、主计量单位、存货分类和存货属性,其他值默认。“增加存货档案”页签中“基本”选项卡的设置如图 2-7 所示。

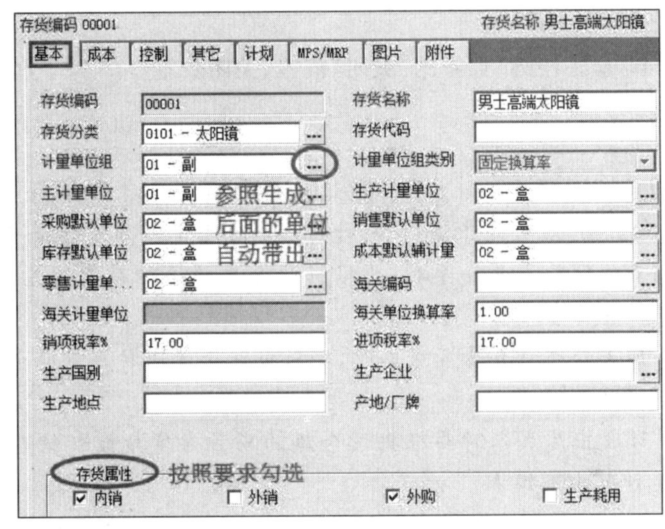

图 2-7 “增加存货档案”页签中“基本”选项卡的设置

注意:太阳镜的主计量单位默认为“01-副”,其采购、库存等的默认单位为辅助计量单位“02-盒”。在“成本”选项卡中输入参考成本、参考售价、主要供货单位和默认仓库,其他值默认。存货档案中“成本”选项卡的设置如图 2-8 所示。

存货编码 00001　存货名称 男士高端太阳镜

基本　成本　控制　其它　计划　MPS/MRP　图片　附件

计价方式　费用率%
计划价/售价　最高进价
参考成本 350.00　最新成本
最低售价　参考售价 420.00
主要供货单位 001 - 北京大运眼镜公司　采购员
默认仓库 0010 - 大运仓库　零售价格
销售加成率%
仓库参照生成,前提是之前已按照要求设置过仓库

图 2-8 “增加存货档案”页签中“成本”选项卡的设置

(4) 保存并新增。单击工具栏中的“保存并新增”按钮,系统保存该存货信息,并新增一张表单。

(5) 完成存货档案编辑。重复步骤(3)和步骤(4),依据表 2-12 将存货档案全部输入并保存。

(6) 退出。单击“存货档案”页签的“关闭”按钮，关闭页签。

2.4 收付结算信息设置

【预备知识】

结算方式是对因商品交易、劳务供应、资金调拨等经济往来引起的货币收付关系进行清偿的办法。在我国，根据不同经济往来的特点、形式及需要，可分为转账结算和现金结算两种结算方式。转账结算又可分为支票、汇票等方式，随着互联网的高度发展，网银结算成为最为流行的结算方式。

企业在销售业务中大多数是赊销，对销售方而言希望早日收回货款，因此一般设立付款条件。付款条件也叫现金折扣，是指企业为了鼓励客户偿还货款而允诺在一定期限内给予的规定的折扣优待。这种折扣条件通常可表示为 4/10，2/20，*n*/30，它的意思是客户在 10 天内偿还货款，可得到 4% 的折扣，只付原价的 96% 的货款；在 20 天内偿还贷款，可得到 2% 的折扣，只要付原价的 98% 的货款；在 30 天内偿还贷款，则须按照全额支付货款；在 30 天以后偿还货款，则不仅要按全额支付贷款，还可能要支付延期付款利息或违约金。付款条件将主要在采购订单、销售订单、采购结算、销售结算、客户目录和供应商目录中引用。

【业务描述】

1. 设置亮康眼镜公司进行结算方式和付款条件

亮康眼镜公司结算方式的设置如表 2-13 所示，付款条件的设置如表 2-14 所示。

表 2-13　结算方式

结算方式编码	结算方式名称
1	现金
2	支票
201	现金支票
202	转账支票
3	商业汇票
301	银行承兑汇票
302	商业承兑汇票
4	电汇
5	委托收款

表 2-14　付款条件

付款条件编码	付款条件名称	信用天数	优惠天数 1	优惠率 1	优惠天数 2	优惠率 2	优惠天数 3	优惠率 3
01	4/10，2/20，*n*/30	30	10	4	20	2	30	0
02	*n*/60	60						

2. 设置银行档案

本案例企业的开户银行是中国工商银行，设置其个人账号的定长为 19 位，输入时自动带出账号 17 位；企业账户长度为 19 位。

3. 设置本单位开户银行

本单位开户银行的设置如表 2-15 所示。

表 2-15　本单位开户银行

编码	银行账号	账户名称/币种	开户银行	所属银行编码	签约标志
01	1102020526782987908	人民币	中国工商银行昌平支行	01 中国工商银行	检查收付款账号
02	1102020526782987337	美元	中国工商银行昌平支行	01 中国工商银行	检查收付款账号

【操作指导】

确认系统时间和操作日期为 2017 年 4 月 1 日。

视频观看：手机扫描二维码可观看相关操作。

任务说明：收付结算信息设置。

1. 设置结算方式

(1) 打开“结算方式”窗口。登录“企业应用平台”，在“业务导航视图”的“基础设置”导航条中选中“基础设置”|“基础档案”|“收付结算”|“结算方式”，打开“结算方式”窗口。

(2) 新增一个结算方式。单击“增加”按钮，在其右窗格中输入“结算方式编码”为“1”，“结算方式名称”为“现金”，然后单击“保存”按钮。

(3) 完成结算方式的编辑。重复步骤(2)，依据表 2-13 将结算方式全部输入并保存。

(4) 退出。单击“结算方式”窗口工具栏的“退出”按钮，退出该窗口。

2. 设置付款条件

(1) 打开“付款条件”窗口。登录“企业应用平台”，在“业务导航视图”的“基础设置”导航条中选中“基础档案”|“收付结算”|“付款条件”，打开“付款条件”窗口。

(2) 新增一个付款条件。单击窗口工具栏中的“增加”按钮，在表中填制付款条件编码为“01”，信用天数为“30”，优惠天数 1 为“10”，优惠率 1 为“4”，优惠天数 2 为“20”，优惠率 2 为“2”，优惠天数 3 为“30”，优惠率 3 为“0”，单击“保存”按钮，此时付款条件名称自动填写为“4/10，2/20，*n*/30”；

(3) 完成付款条件编辑。依次增加，然后单击“付款条件”窗口的“退出”按钮，退出该窗口。

3. 设置银行档案

(1) 打开“修改银行档案”窗口。登录“企业应用平台”，在“业务导航视图”的“基础设置”导航条中选中“基础档案”|“收付结算”|“银行档案”，打开“银行档案”窗口。双击“中国工商银行”所在的行，打开“修改银行档案”窗口。

(2) 编辑信息。选中“个人账户规则”区域的“定长”前的复选框，并修改“账号长度”为“19”，“自动带出账号长度”为“17”。选中“企业账户规则”区域的“定长”前的复选框，并修改“账号长度”为“19”。修改银行档案结果如图 2-9 所示。

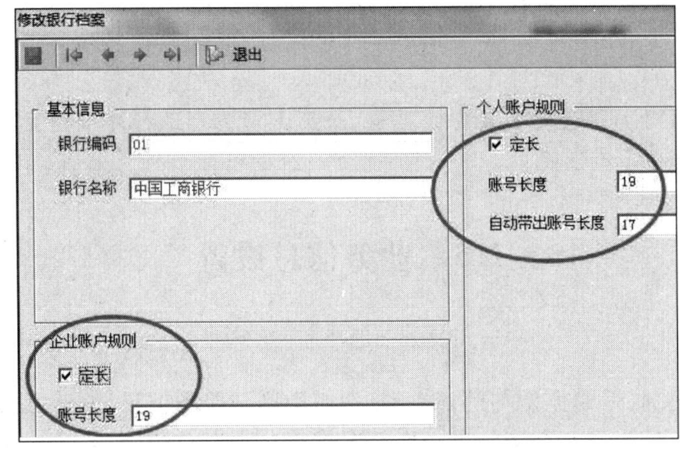

图 2-9 “修改银行档案”对话框

(3) 保存并退出。单击窗口工具栏中的“退出”按钮，弹出消息框，询问“是否保存对当前档案的编辑?”，单击“是”按钮完成设置，退出“修改银行档案”窗口；在“银行档案”窗口中，单击窗口工具栏中的“退出”按钮，退出该窗口。

4. 设置本单位开户银行信息

(1) 打开“本单位开户银行”窗口。登录“企业应用平台”，在“业务导航视图”的“基础设置”导航条中选中“基础档案”|“收付结算”|“本单位开户银行”，打开“本单位开户银行”窗口。

(2) 编辑本单位人民币开户行信息。单击“增加”按钮，弹出“增加本单位开户银行”窗口，录入“编码”为“01”，“银行账户”为 1102020526782987908，“币种”为“人民币”，“开户银行”为“中国工商银行昌平支行”，选择“所属银行编码”为“01 中国工商银行”，“签约标志”为“检查收付账号”，单击窗口工具栏中的“保存”和“退出”按钮，返回“本单位开户银行”窗口。

(3) 编辑本单位美元开户行信息，如图 2-10 所示。

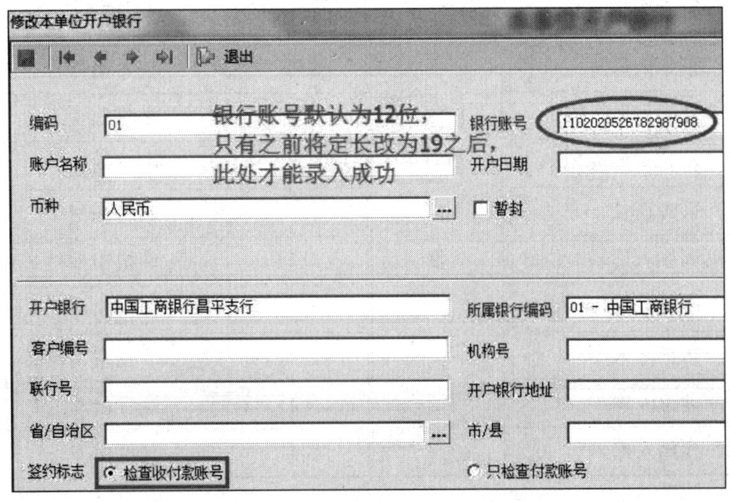

图 2-10 设置本单位开户银行

(4) 退出。单击窗口工具栏中的"退出"按钮，退出该窗口。

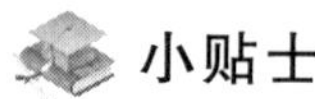

小贴士

在设置本单位开户银行的美元账户之前，必须先对美元进行外币设置，具体操作步骤同2.6节的任务7中的外币设置。

2.5 业务信息设置

【预备知识】

本节从收发类别、采购类型与销售类型、费用类别与费用项目、发运方式展开讲解。

设置收发类别是为了对存货的出入库情况进行分类汇总统计，表示材料的出入库类型。用友ERP-U8规定，收发类型只有收和发两种，编辑时单选确定。注意，入库的"收发类别标志"为"收"，出库的"收发类别标志"为"发"。

采购类型是为了统计不同的采购类型而设置的，例如从国外购进、国内纯购进、从省外购进、从本地购进、从生产厂家购进、从批发企业购进、为生产采购、为委托加工采购、为在建工程采购等。采购类型是由用户根据企业需要而自行设定的，用户在使用用友采购管理系统填制采购入库单等单据时，会涉及采购类型栏目。采购类型不分级次，企业可以根据实际需要进行设立。同理，在处理销售业务时，可以根据自身的实际情况自定义销售类型，便于按销售类型对销售业务数据进行统计和分析。

【业务描述】

1. 设置收发类别

收发类别的设置如表2-16所示。

表2-16 收发类别

收发类别编码	收发类别名称	收发类别标志	收发类别编码	收发类别名称	收发类别标志
1	正常入库	收	3	正常出库	发
11	商品采购入库		31	销售出库	
12	材料采购入库		32	赠品出库	
13	采购退货		33	销售退货	
14	调拨入库		34	调拨出库	
15	产成品入库		35	领料出库	
2	非正常入库		4	非正常出库	
21	盘盈入库		41	盘亏出库	
22	其他入库		42	其他出库	

2. 设置采购与销售类型

采购与销售类型的设置如表2-17所示。

表 2-17 采购与销售类型

采购类型编码	采购类型名称	入库类别	是否默认值	是否是委外默认值	是否列入MPS/MRP计划	销售类型编码	销售类型名称	出库类别	是否默认值	是否列入MPS/MRP计划
01	商品采购	11(商品采购入库)	是	否	是	01	批发销售	31(销售出库)	是	是
02	材料进货	12(材料采购入库)	否	否	是	02	门市零售	31(销售出库)	否	是
03	采购退回	13(采购退货)	否	否	是	03	销售退回	33(销售退货)	否	是

3. 设置费用项目

费用项目的设置如表 2-18 所示。

表 2-18 费用分类及其项目

分类编码	分类名称	费用项目编码	费用项目名称
1	购销	01	运输费
		02	装卸费
		03	包装费
2	管理	04	业务招待费

4. 设置发运方式

发运方式的设置如表 2-19 所示。

表 2-19 发运方式

发运方式编码	发运方式名称	发运方式编码	发运方式名称
01	公路	03	航空
02	铁路	04	水运

【操作指导】

确认系统时间和操作日期为 2017 年 4 月 1 日。

视频观看:手机扫描二维码可观看相关操作。

任务说明:业务信息设置。

1. 设置收发类别

(1) 打开“收发类别”窗口。登录“企业应用平台”,在“业务导航视图”的“基础设置”导航条中选中“基础档案”|“业务”|“收发类别”,打开“收发类别”窗口。

(2) 新增一个收发类别。单击“增加”按钮,在右窗格中编辑收发类别相关信息。以表 2-16 中第 1 行为例,输入“收发类别编码”为“1”,“收发类别名称”为“正常入库”,并选中“收”单选按钮,然后单击窗口工具栏中的“保存”按钮,进行保存。

(3) 完成收发类别的编辑。依次增加,然后单击窗口工具栏中的“退出”按钮。收发类别设置如图 2-11 所示。

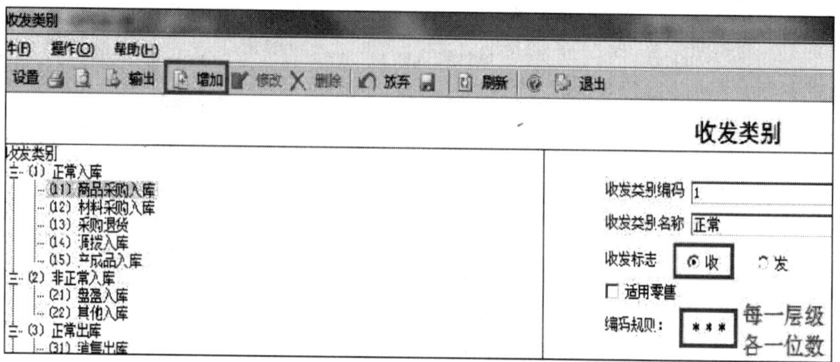

图 2-11　收发类别设置

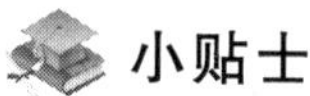小贴士

采购退货属于"收",因为其是伴随采购入库业务而产生的,如果入库后验收不合格可能产生退货现象,如果没有采购入库也就不会产生采购出库。同理,销售退库属于"发"。

2. 设置采购与销售类型

(1) 打开"采购类型"窗口。登录"企业应用平台",在"业务导航视图"的"基础设置"导航条中选中"基础档案"|"业务"|"采购类型",打开"采购类型"窗口。

(2) 新增一个采购类型。单击工具栏中的"增加"按钮,编辑采购类型相关信息,包括采购类型编码、名称及入库类别。以表 2-17 左侧第 1 行为例,在表体中填制"采购类型编码"为"01","采购类型名称"为"商品采购",选择"入库类别"为"11(商品采购入库)","是否默认值"为"是",然后单击窗口工具栏中的"保存"按钮。依次增加,然后单击窗口工具栏中的"退出"按钮,保存设置,如图 2-12 所示。

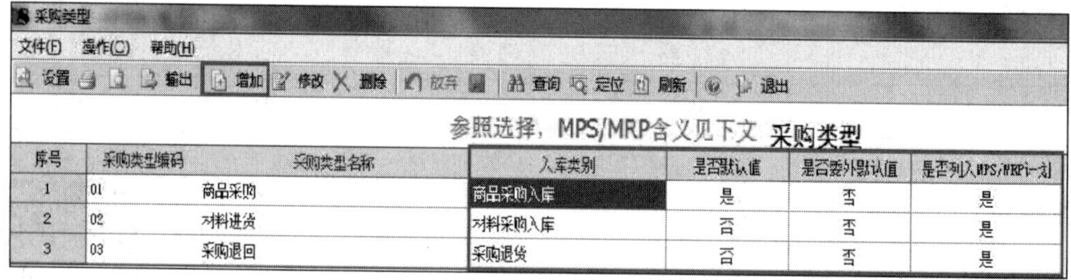

图 2-12　"采购类型"窗口

销售类型设置与采购类型设置相似,不再赘述。

小贴士

- MPS(主生产计划)是确定每一种型号最终产品在每个时间段内的生产计划。这里的最终产品是指对于企业来说最终完成要出厂的成品,它要具体到产品的品种、型号。这里的时间段,通常是以周为单位,在有些情况下,也可以是日、旬、月。主生产计划详细规定了生产什么、什么时段应该产出,是独立的需求计划。主生产计划根据客户合同和市场预测,把经营计划或生产大纲中的产品系列具体化,使之成为展开物料需求计划的主要依据，起到了从综合计划向具体计划过渡的承上（销售订单、预测订单）启下（做需求计划）作用。

- MRP（物料需求计划）是以物料计划人员或存货管理人员为核心的物料需求计划体系，它的涵盖范围仅仅为物料管理这一块。主要用于非独立性需求（相关性需求）性质的库存控制。

3. 设置费用分类与项目

（1）打开“费用项目分类”窗口。登录“企业应用平台”，在“业务导航视图”的“基础设置”导航条中选中“基础档案”|“业务”|“费用项目分类”，打开“费用项目分类”窗口。

（2）新增一个费用项目分类。单击窗口工具栏中的“增加”按钮，然后编辑费用项目分类相关信息，包括分类编码和名称。以表 2-18 中第 1 行为例，在右窗格中输入“分类编码”为“1”，“分类名称”为“购销”，单击窗口工具栏中的“保存”按钮，保存设置。以此类推，依次增加。

（3）增加费用项目。在“费用项目”窗口中单击工具栏中的“增加”按钮，然后编辑费用项目相关信息，包括费用项目编码、名称及分类名称。以表 2-18 中第 1 行为例，在右窗格的费用项目表体中输入“费用项目编码”为“01”，“费用项目名称”为“运输费”，选择“费用项目分类名称”为“购销”，再单击窗口工具栏中的“保存”按钮保存设置。依次增加，然后退出。

4. 设置发运方式

（1）打开“发运方式”窗口。登录“企业应用平台”，在“业务导航视图”的“基础设置”导航条中选中“基础档案”|“业务”|“发运方式”，打开“发运方式”窗口。

（2）新增一个发运方式。单击工具栏中的“增加”按钮，输入“发运方式编码”为“01”，“发运方式名称”为“公路”，然后单击窗口工具栏中的“保存”按钮保存设置。依次增加，然后退出。

2.6 财务信息设置

【预备知识】

（1）会计科目。会计科目是填制会计凭证、登记会计账簿、编制会计报表的基础。会计科目是对会计对象的具体内容分门别类进行核算所规定的项目。会计科目是一个完整的体系，它是区别于流水账的标志，是复式记账和分类核算的基础。会计科目设置的完整性影响着会计过程的顺利实施，会计科目设置的层次深度直接影响会计核算的详细、准确程度。用友 ERP-U8 中自带会计科目（前提是账套启用时已经按行业性质进行了预设，如图 2-13 所示，否则账套中没有会计科目）。在会计科目使用前一定要检查系统预置的会计科目是否满足需求，如果不能满足则要增加或修改的会计科目包括各级会计科目。如果预设的科目不需要也可以删除。

特别提醒：《财政部关于印发〈增值税会计处理规定〉的通知》（财会〔2016〕22 号）规定：全面试行营业税改征增值税后，“营业税金及附加”科目名称调整为“税金及附加”科目，该科目核算企业经营活动发生的消费税、城市维护建设税、资源税、教育费附加及房产税、土地使用税、车船使用税、印花税等相关税费；利润表中的“营业税金及附加”项目调整为“税金及附

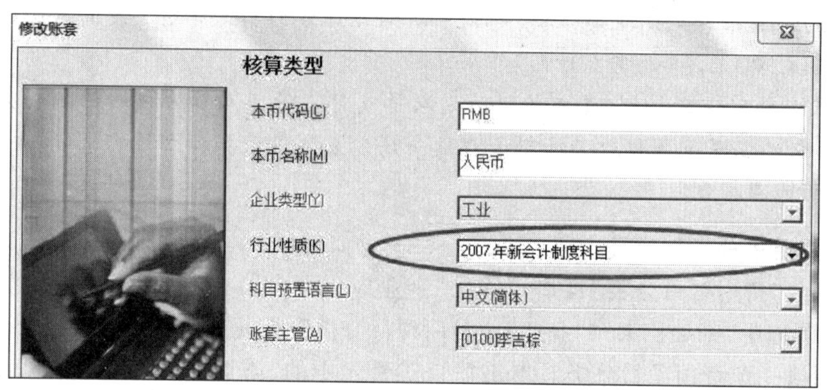

图 2-13　行业性质设置

加”项目。(以前房产税、车船税、土地使用税、印花税在“管理费用”等科目核算,不在“税金及附加”科目核算)。

(2) 计提时的账务处理。

借:税金及附加

　贷:应缴税费(应交消费税、城市维护建设税、资源税、教育费附加及房产税、土地使用税、车船使用税、印花税等)

(3) 缴纳时的账务处理。

借:应缴税费(应交消费税、城市维护建设税、资源税、教育费附加及房产税、土地使用税、车船使用税、印花税等)

　贷:银行存款

(4) 收到返还的消费税等原记入本科目的各种税金。

借:银行存款

　贷:税金及附加(实际收到的金额)

(5) 企业收到返还的增值税。

借:银行存款

　贷:营业外收入

(6) 指定会计科目。在会计科目设置时,一般要指定“现金总账科目”与“银行总账科目”,只有指定现金及银行总账科目才可以进行出纳签字操作,才能查询现金日记账与银行存款日记账。指定会计科目时必须是一级科目,二级科目自动继承了一级科目的指定设置。

(7) 应收受控。应收受控是指与应收项目(例如应收账款、应收票据)相关的业务只能在应收系统中生成,在总账系统中无法完成。客户往来是在企业销售业务中与买方发生业务时使用的,因此它与应收项目相关,如果想实现应收受控,必须在辅助核算中选中“客户往来”。相应的,应付受控是指与应付项目(应付账款、应付票据)相关的业务只能在应付系统中生成,在总账系统中无法完成。供应商往来是企业在采购业务与卖方发生业务时使用的,因此如果要想实现应付受控,必须在辅助核算中选中“供应商往来”。

(8) 项目目录。由于一个单位的项目核算种类很多,因此可以将具有相同核算特征的一类项目定义成一个项目大类,对这些项目实行分类管理和核算。例如,企业自产 A、B、C 这 3 种产品(可以把自产产品的成本作为项目分类,名称为自产产品)要核算所有自产产品的成本(则可以把这 3 种自产产品的生产成本设置为项目大类,名称为生产成本核算),A、B、C 这 3 种产品分别按直接材料、直接人工、制造费用 3 个会计科目核算。

(9) 凭证类别是企业为了便于管理或填写记账凭证而设置的,各单位的分类方法不尽相同,用友 ERP-U8 中提供了“凭证类别”功能,企业可以根据需要进行选择。常用的有以下两种。

① 记账凭证:对借贷方的科目没有限制。

② 收款、付款、转账凭证:收款凭证借方一定要有库存现金或银行存款科目,付款凭证贷方一定要有库存现金或银行存款科目,转账凭证借方和贷方不涉及库存现金或银行存款科目。

(10) 外币设置:企业有可能发生外币业务,此时要在“基础档案”|“财务”|“外币设置”中提前设置需要使用到的外币。在用友 ERP-U8 的“外币设置”功能中,可以对本账套所使用的外币进行定义(设置界面如图 2-17 所示),其中主要参数含义如下。

① 外币折算方式:分为直接汇率与间接汇率两种,直接汇率即“外币×汇率=本位币”,间接汇率即“外币/汇率=本位币”。

② 汇率:分为固定汇率与浮动汇率,选“固定汇率”即可录入各月的月初汇率,选“浮动汇率”即可录入所选月份的各日汇率。

③ 记账汇率:是在平时制单时系统自动显示的。如果用户使用固定汇率(月初汇率),则记账汇率必须输入,否则制单时汇率为 0。

④ 调整汇率:即月末汇率,在期末计算汇兑损溢时使用,平时可不输入,等到期末可输入期末汇率,用于计算汇兑损溢,本汇率不作其他用途。

在用友 ERP-U8 中,在“填制凭证”中所用的汇率应先在此进行定义,以便制单时调用,减少录入汇率的次数和差错。当汇率变化时,应预先在此进行定义,否则制单时不能正确录入汇率。对于使用固定汇率(即使用月初或年初汇率)作为记账汇率的用户,在填制每月的凭证前,应预先在此录入该月的记账汇率,否则在填制该月外币凭证时,将会出现汇率为 0 的错误。对于使用浮动汇率(即使用当日汇率)作为记账汇率的用户,在填制当天的凭证前,应预先在此录入该天的记账汇率。外币设置结果如图 2-14 所示。

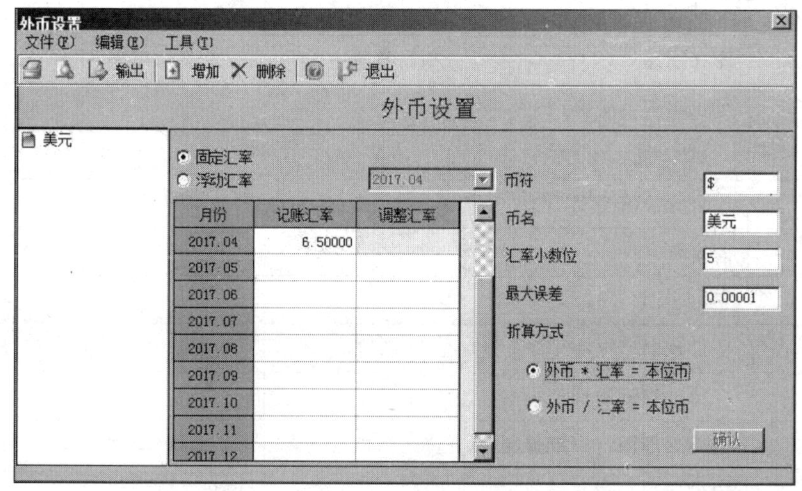

图 2-14 外币设置

【业务描述】

1. 设置会计科目

会计科目的设置如表 2-20 所示。

表 2-20　会计科目设置

科目编码	科目名称	辅助核算	受控系统	计量单位	余额方向
1001	库存现金	日记账			借
1002	银行存款				借
100201	工行存款	银行账、日记账			借
100202	中行存款	银行账、日记账			借
1121	应收票据	客户往来	应收系统		借
112101	银行承兑汇票	客户往来			借
112102	商业承兑汇票	客户往来			借
1122	应收账款	客户往来	应收系统		借
1123	预付账款	供应商往来	应付系统		借
1221	其他应收款				借
122101	个人往来	个人往来			借
122102	单位往来	客户往来	应收系统		借
1231	坏账准备				贷
1402	在途物资	项目核算			借
1403	原材料				借
140301	塑料	数量核算		千克	借
140302	镜片树脂	数量核算		千克	借
140303	硅胶	数量核算		千克	借
1405	库存商品	项目核算			借
1503	可供出售金融资产				借
150301	成本				借
150302	公允价值变动				借
1601	固定资产				借
1602	累计折旧				贷
1901	待处理财产损溢				借
190101	待处理流动资产损溢				借
190102	待处理固定资产损溢				借
2201	应付票据		应付系统		贷

续表

科目编码	科目名称	辅助核算	受控系统	计量单位	余额方向
220101	银行承兑汇票	供应商往来	应付系统		贷
220102	商业承兑汇票	供应商往来	应付系统		贷
2202	应付账款				贷
220201	一般应付账款	供应商往来	应付系统		贷
220202	暂估应付账款	供应商往来			贷
2203	预收账款	客户往来	应收系统		贷
2211	应付职工薪酬				贷
221101	工资	部门核算			贷
221102	社会保险费	部门核算			贷
221103	住房公积金	部门核算			贷
221104	工会经费	部门核算			贷
221105	职工教育经费	部门核算			贷
221106	非货币性福利	部门核算			贷
2221	应交税费				贷
222101	应交增值税				贷
22210101	进项税额				贷
22210102	进项税额转出				贷
22210103	销项税额				贷
22210104	已交税金				贷
22210105	转出未交增值税				贷
222102	未交增值税				贷
222103	应交所得税				贷
222104	应交个人所得税				贷
222105	应交城市维护建设税				贷
222106	应交教育费附加				贷
222107	应交地方教育费附加				贷
222108	应交土地使用税				贷
222109	应交房产税				贷
222110	应交车船税				贷
2241	其他应付款				贷
224101	应付社会保险费				贷

续表

科目编码	科目名称	辅助核算	受控系统	计量单位	余额方向
224102	应付住房公积金				贷
224103	个人往来	个人往来			贷
224104	单位往来	供应商往来			贷
4001	实收资本				贷
4101	盈余公积				贷
4103	本年利润				贷
4104	利润分配				贷
410401	提取法定盈余公积				贷
410402	提取任意盈余公积				贷
410403	应付现金股利或利润				贷
410404	转作股本的股利				贷
410405	盈余公积补亏				贷
410406	未分配利润				贷
5001	生产成本				借
500101	直接生产成本				借
50010101	直接人工				借
50010102	直接材料				借
500102	制造费用				借
5101	制造费用				借
6001	主营业务收入	项目核算			贷
6301	营业外收入				贷
6401	主营业务成本	项目核算			借
6403	税金及附加				借
6601	销售费用				借
660101	职工薪酬				借
660102	折旧费				借
660103	包装费				借
660104	广告促销费				借
660105	差旅费				借
660106	其他				借
6602	管理费用				借

续表

科目编码	科目名称	辅助核算	受控系统	计量单位	余额方向
660201	职工薪酬				借
660202	折旧费				借
660203	办公费				借
660204	业务招待费				借
660205	差旅费				借
660206	其他				借

2. 设置项目目录

项目目录的设置如表 2-21 所示。

表 2-21　项目目录

项目设置步骤	设置内容 1	设置内容 2	设置内容 3	设置内容 4
项目大类	商品项目管理	商品项目管理	商品项目管理	商品项目管理
核算科目	在途物资	库存商品	主营业务收入	主营业务成本
项目分类	1 太阳镜 2 老花镜	1 太阳镜 2 老花镜	1 太阳镜 2 老花镜	1 太阳镜 2 老花镜
项目目录	101 男士高端 102 女士高端 103 男士普通 104 女士普通 201 亮康眼镜	101 男士高端 102 女士高端 103 男士普通 104 女士普通 201 亮康眼镜	101 男士高端 102 女士高端 103 男士普通 104 女士普通 201 亮康眼镜	101 男士高端 102 女士高端 103 男士普通 104 女士普通 亮康眼镜

3. 设置凭证类别

凭证类别的设置如表 2-22 所示。

表 2-22　凭证类别

类别字	类别名称	限制类型	限制科目
记	记账凭证	无限制	无

4. 外币设置

需要增加美元（$）外币，按固定汇率设置 2017.04 的记账汇率为“6.5”。

【操作指导】

确认系统时间和操作日期为 2017 年 4 月 1 日。

视频观看：手机扫描二维码可观看相关操作。

任务说明：财务信息设置。

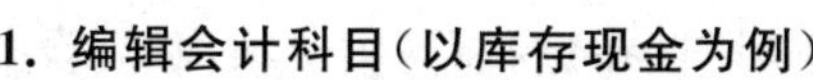

1. 编辑会计科目（以库存现金为例）

（1）打开“会计科目”窗口。登录“企业应用平台”，在“业务导航视图”的“基础设置”导航条中选中“基础档案”|“财务”|“会计科目”，打开“会计科目”窗口。

（2）编辑库存现金的辅助账类型。首先双击预修改的会计科目，例如“1001”（库存现金）；然后在弹出的“会计科目”对话框中单击“修改”按钮，再编辑会计科目相关信息，例如选中“日记账”复选框，以设置“库存现金”的辅助账类型为“日记账”，最后单击“确定”按钮，保存退出。再依次设置，然后退出。

小贴士

由于“营改增”的缘故，6403“营业税金及附加”科目名称要修改为“税金及附加”。

2. 新增会计科目（以银行存款为例）

（1）打开“会计科目”窗口。登录“企业应用平台”，在“业务导航视图”的“基础设置”导航条中选中“基础档案”|“财务”|“会计科目”，打开“会计科目”窗口。

（2）编辑库存现金的辅助账类型。首先双击预修改的会计科目，例如“1002”（银行存款，此科目下有两个二级科目），然后在弹出的“会计科目”对话框中单击“增加”按钮，编辑“工行存款”会计科目相关信息，选中“日记账”和“银行账”复选框，最后单击“确定”按钮，保存退出。“银行存款”科目设置如图 2-15 所示。

图 2-15 “银行存款”科目设置

3. 指定会计科目

（1）打开“会计科目”窗口。登录“企业应用平台”，在“业务导航视图”的“基础设置”导航条中选中“基础档案”|“财务”|“会计科目”，打开“会计科目”窗口。

（2）指定会计科目。在“会计科目”窗口选中“编辑”|“指定科目”菜单项，然后设置“现金科目”为“库存现金”，“银行科目”为“银行存款”，单击“确定”按钮，完成指定科目并返回“会计科目”窗口。指定会计科目如图 2-16 所示。

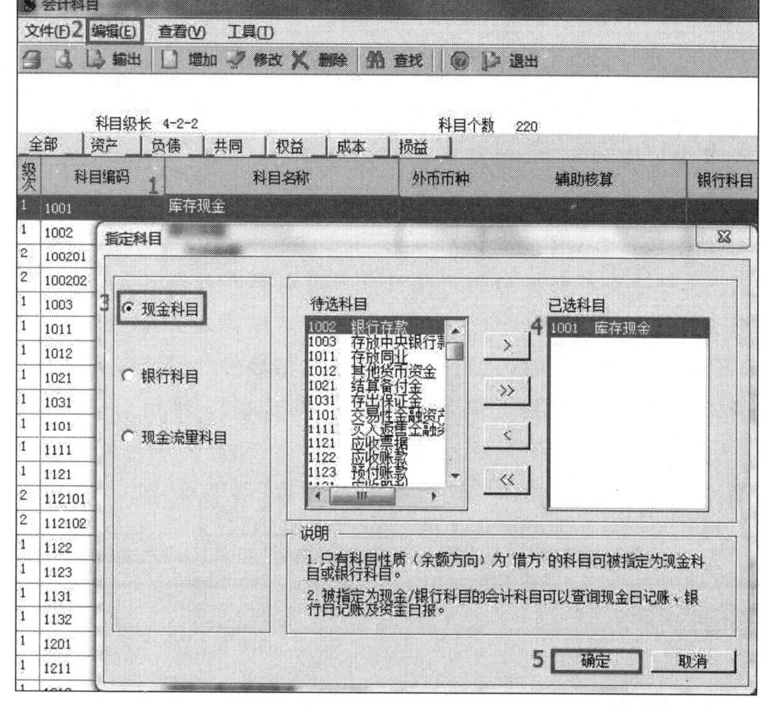

图 2-16　指定会计科目

4. 受控科目设置(以应收账款为例)

应收账款科目与库存现金科目设置相似,不同之处在于应收账款是企业在销售业务中产生的,要在辅助核算中选中“客户往来”,受控系统会自动带出“应收受控”,如图 2-17 所示。

新增会计科目

科目编码 1122
科目名称 应收账款
科目英文名称
科目类型 资产
账页格式 金额式
助记码
自定义类型
外币核算
币种
数量核算
计量单位
汇总打印
汇总到
封存
科目性质(余额方向) 借方 贷方
辅助核算 部门核算 个人往来 客户往来 供应商往来 项目核算
自定义项1 自定义项2 自定义项3 自定义项4 自定义项5 自定义项6 自定义项7 自定义项8
自定义项9 自定义项10 自定义项11 自定义项12 自定义项13 自定义项14 自定义项15 自定义项16
日记账 银行账
受控系统 应收系统
如果上面客户往来不勾选，下面受控系统无法显示。如果希望在总账中录入应收业务，此处可以选择空白。
确定 取消

图 2-17　应收账款科目设置

小贴士

- 非末级科目和已使用的末级科目，不能再修改科目编码，已使用末级的会计科目不能再增加下级科目。
- 在科目设置中定义的客户、供应商核算的科目时，系统将自动设置该科目为应收应付系统的受控科目，此时可根据需要修改其是否受控。
- 科目增加下级科目时，自动将原科目的所有设置全部转移到新增的下级科目中，此操作不可逆，同时要求新增加的下级科目所有科目属性与原上级科目一致。
- 实际中常遇到无法增加会计科目，可能的原因是编码方案没有设置，此时要在"基础设置"导航条中选中"基本信息"|"编码方案"，然后修改科目编码级次。
- 如果企业有外币核算，还要选中"外币核算"如图 2-18 所示。如果是灰色代表不能被选中，则说明账套在建立时没有设置外币核算，此时如果想修改，可以以账套主管的身份登录"系统管理"，选中"账套"|"修改账套"菜单项。

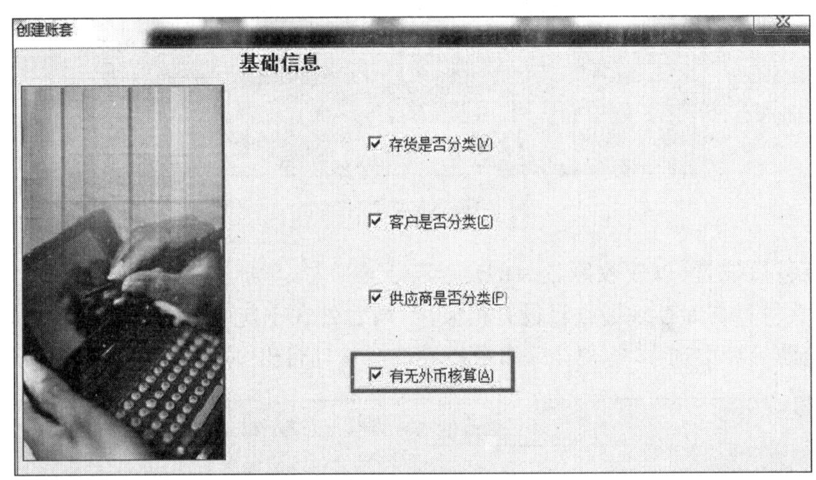

图 2-18　修改账套设置信息

5. 设置项目目录

(1) 打开"项目档案"窗口。登录"企业应用平台"，在"业务导航视图"的"基础设置"导航条中选中"基础档案"|"财务"|"项目目录"，打开"项目档案"对话框。

(2) 定义项目大类。在"项目档案"对话框中，单击工具栏中的"增加"按钮，系统打开"项目大类定义-增加"对话框，输入"新项目大类名称"为"商品项目管理"，单击"下一步"按钮，其他设置均采用系统默认值，最后单击"完成"按钮返回"项目档案"对话框。定义项目大类如图 2-19 所示。

(3) 指定核算科目。在"项目档案"对话框中选中"核算科目"选项卡，选择"项目大类"为"商品项目管理"，单击"＞＞"按钮将左边所有的科目(如果科目为空是因为前面没有做辅助项设置)转到右边，最后单击"确定"按钮。指定核算科目如图 2-20 所示。

小贴士

- 如果不小心项目大类选错了，可以撤回，单击第 4 项"＜＜"，核算科目回到"待选科

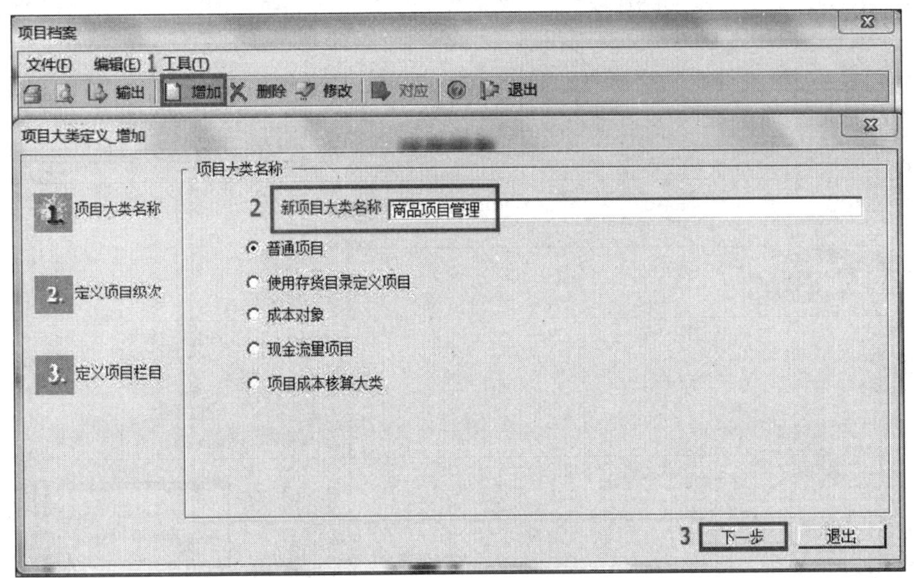

图 2-19 定义项目大类

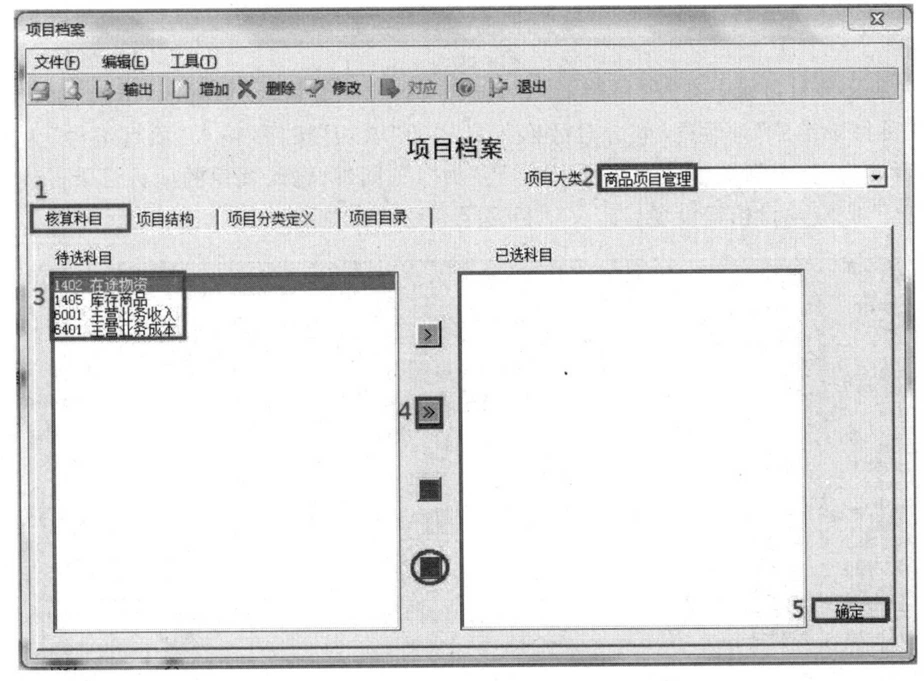

图 2-20 指定核算科目

目”重新按正确的处理。

- 如果在“核算科目”下找不到待选的科目可能是设置会计科目时没有选中“项目核算”。

(4) 定义项目分类。在“项目档案”对话框中选中“项目分类定义”选项卡，单击对话框中的“增加”按钮，输入“分类编码”为“1”，“分类名称”为“太阳镜”，并单击“确定”按钮；继续定义参数为“2”，“分类名称”为“老花镜”。定义项目分类如图 2-21 所示。

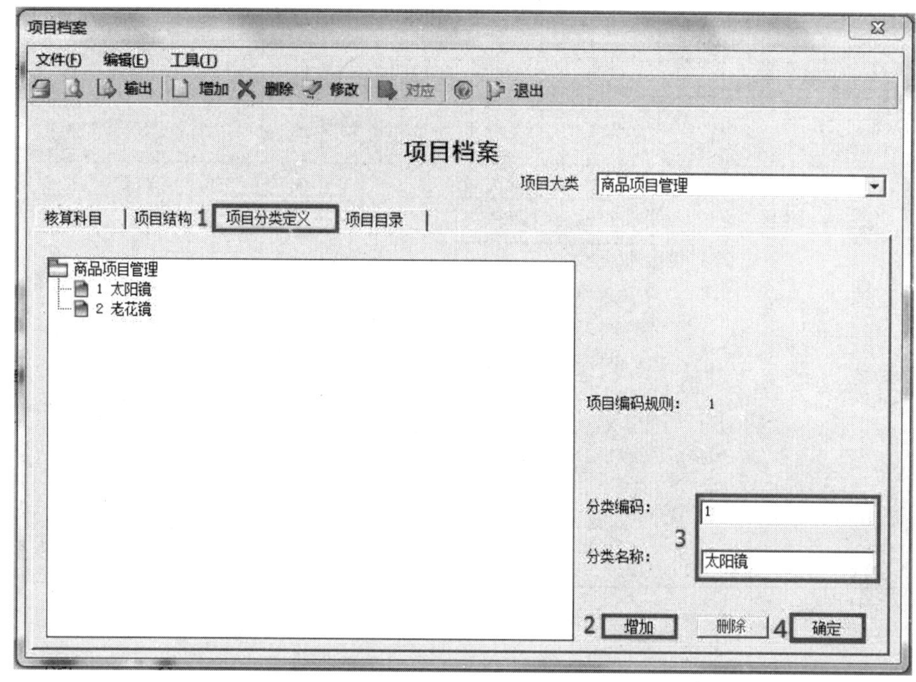

图 2-21　定义项目分类

(5) 定义项目目录。在“项目档案”对话框中选中“项目目录”选项卡，单击“维护”按钮，进入“项目目录维护”对话框，单击对话框工具栏的“增加”按钮，输入“项目编号”为“101”，“项目名称”为“男士高端”，选择“所属分类码”为“1”；同理，输入其他的项目目录，依次增加，然后退出。完成项目档案设置。定义项目目录如图 2-22 所示。

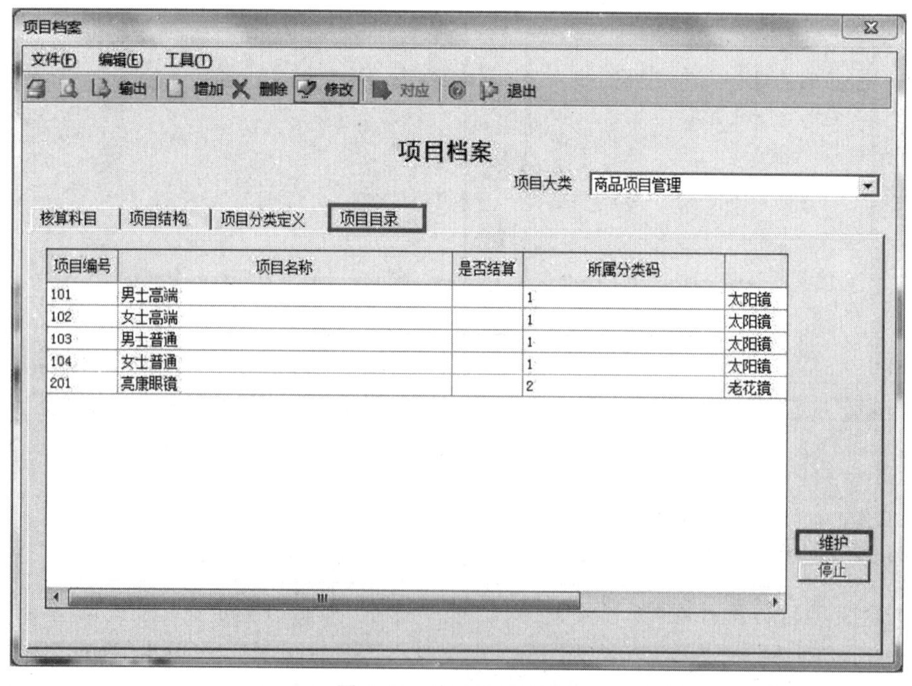

图 2-22　定义项目目录

6. 设置凭证类别

(1) 打开“凭证类别预置”对话框。登录“企业应用平台”,在“业务导航视图”的“基础设置”导航条中选中“基础档案”|“财务”|“凭证类别”,打开“凭证类别预置”对话框。

(2) 打开“凭证类别”对话框。在“凭证类别预置”对话框中选中“分类方式”栏中“记账凭证”单选按钮,单击“确定”按钮,打开“凭证类别”对话框。

(3) 确认并退出。确认该对话框的表体中“类别字”为“记”,“类别名称”为“记账凭证”,“限制类型”为“无限制”,单击工具栏的“退出”按钮,退出对话框。

7. 外币设置

(1) 打开“外币设置”对话框。登录“企业应用平台”,在“业务导航视图”的“基础设置”导航条中选中“财务”|“外币设置”,打开“外币设置”对话框。

(2) 设置外币的币符和币名。在“外币设置”对话框中将“币符”设置为“$”,“币名”设置为“美元”,单击“确认”按钮。

(3) 设置汇率。选中“固定汇率”单选按钮,然后在“2017.04”的“记账汇率”栏中录入“6.5”,单击其他区域以保存汇率设置,然后退出。

2.7 单据设置与常用摘要设置

【预备知识】

企业在处理日常业务数据时,在输入单据或凭证的过程中,因为业务的重复发生,经常会有许多摘要完全相同或大部分相同,如果将这些常用摘要存储起来,在输入单据或凭证时随时调用,必将大大提高业务处理效率。调用常用摘要可以在输入摘要时直接输入摘要代码或按 F2 键或参照输入。

【业务描述】

(1) 删除销售普通发票表头项目“销售类型”。

(2) 设置销售普通发票编号为完全手工编号。

(3) 常用摘要的设置如表 2-23 所示。

表 2-23 常用摘要

常用摘要编码	常用摘要正文	常用摘要编码	常用摘要正文
01	缴纳税费(地税)	08	银行放贷
02	缴纳税费(国税)	09	代发上月职工工资
03	预支差旅费	10	支付本月贷款利息
04	报销差旅费	11	结转销项税额
05	预支房租费	12	结转进项税额
06	报销房租费	13	结转进项税额转出
07	缴纳社会保险费和住房公积金	14	结转转出未交增值税

续表

常用摘要编码	常用摘要正文	常用摘要编码	常用摘要正文
15	盘盈转营业外收入	18	计算本月企业所得税
16	盘亏转营业外支出	19	固定资产清理转营业外支出
17	计算城市维护建设税教育费附加	20	提取备用金

【操作指导】

确认系统时间和操作日期为2017年4月1日。

视频观看：手机扫描二维码可观看相关操作。

任务说明：单据设置与常用摘要设置。

1. 删除"销售类型"

(1) 打开"单据格式设置"页签。登录"企业应用平台"，在"业务导航视图"的"基础设置"导航条中选中"单据设置"|"单据格式设置"，打开"单据格式设置"页签。在"单据类型"窗格中选中"销售管理"|"销售普通发票"|"显示"|"销售普通发票"，页签中会显示出"销售普通发票"。

(2) 删除"销售类型"。找到表头中的"销售类型"，单击工具栏中的"删除"按钮，弹出消息框，询问"是否删除当前选择项目?"，单击"确定"按钮，完成删除任务，单击工具栏中的"自动布局"按钮，在弹出的"自动布局"对话框中调整格式后，单击"确定"按钮，进行重新布局，如图2-23所示。

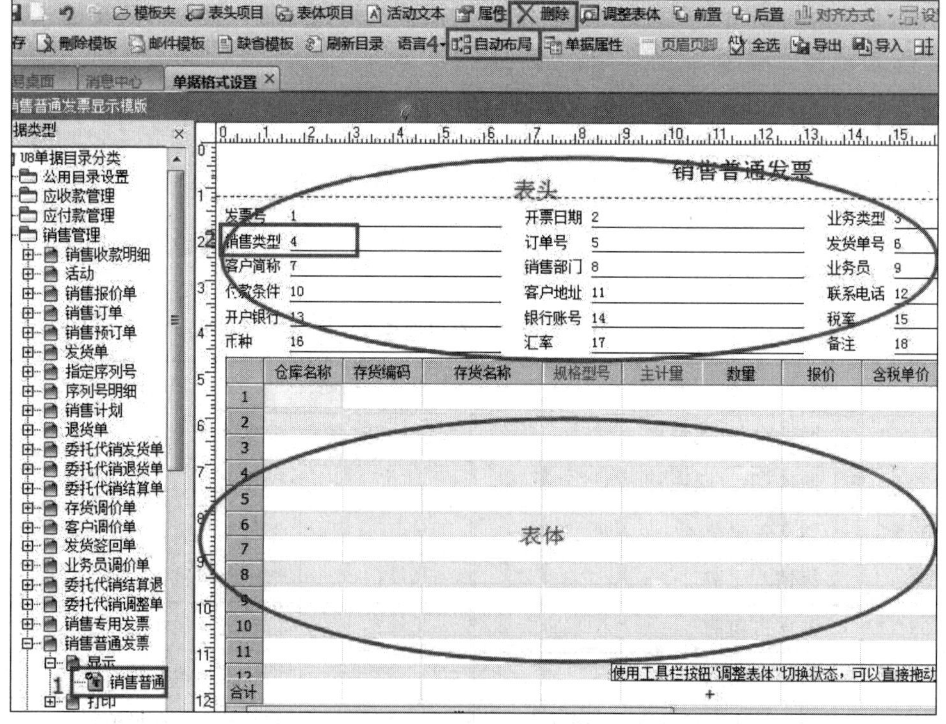

图2-23　单据格式设置

2. 销售普通发票手工编号

(1) 打开"单据编号设置"对话框。登录"企业应用平台",在"业务导航视图"的"基础设置"导航条中选中"单据设置"|"单据编号设置",打开"单据编号设置"对话框。

(2) 在"单据编号设置"对话框的左侧窗格选中"单据类型"|"销售管理"|"销售普通发票",单击对话框工具栏中的"修改"按钮,选中"完全手工编号"复选框,单击对话框工具栏中的"保存"按钮,然后单击"退出"按钮,弹出消息框,询问"单据标号已经修改,是否保存?",单击"是"按钮,完成设置,如图 2-24 所示。

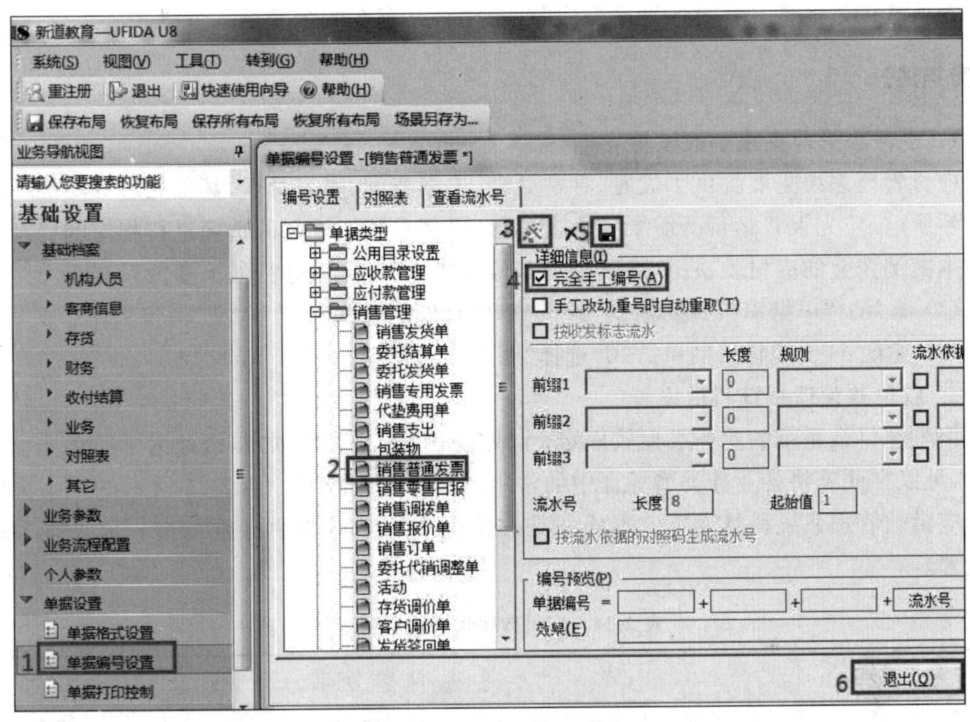

图 2-24 单据编号设置

3. 设置常用摘要

(1) 打开"常用摘要"窗口。登录"企业应用平台",在"业务导航视图"的"基础设置"导航条中选中"基础档案"|"其他"|"常用摘要",打开"常用摘要"窗口。

(2) 编辑。依据表 2-23,输入摘要编码和摘要内容,共 20 条记录。

(3) 退出。单击"常用摘要"窗口工具栏的"退出"按钮,退出该窗口。

2.8 应付款管理设置

【预备知识】

应付账款是在企业购货业务中发生的,为了准确核算企业赊购业务产生的债务,用友 ERP-U8 中有专门的模块对其进行管理,本节主要就应付款的期初设置进行讲解。

在应付款管理系统参数设置中,如果选择"单据日期",则在单据处理功能中进行单据审核时，自动将单据的审核日期(即入账日期)记为该单据的入账日期。如果选择“业务日期”，则在单据处理功能中进行单据审核时，自动将单据的审核日期(即入账日期)记为当前业务日期(即登录日期)。

如果选择“明细到单据”，当一个供应商的多笔业务合并生成一张凭证时，系统会将每一笔业务形成一条分录。这种设置的目的是在总账系统中也能查看到每个供应商的每笔业务的详细情况。

应付账款的期初余额是企业在启用用友 ERP-U8 之前已经存在的应付未付的款项，为了保持业务的连续性和核算的准确性，期初必须将已存在的余额录入系统。

【业务描述】

1. 应付款管理系统参数设置

应付管理系统主要提供了设置、日常处理、单据查询、账表管理、其他处理等功能。在运行本系统前，应先设置运行所需要的账套参数，以便系统按设定的选项进行相应的处理。

本案例企业的应付款系统，除了系统默认设置之外，还需进行如下参数设置。

(1) 常规：“单据审核日期依据”选择“单据日期”。

(2) 凭证：“受控科目制单方式”选择“明细到单据”。

2. 应付款管理系统科目设置

由于应付款系统的业务类型较固定，生成的凭证类型也较固定，因此为了简化凭证生成操作，可以在此处将各业务类型凭证中的常用科目预先设置好。表 2-24 所示的是本案例企业的应付款管理系统科目设置。本任务是按照表 2-24 完成案例企业的应付款管理系统科目设置。

表 2-24　应付款管理系统科目设置

科目类别	设置方式
基本科目设置	应付科目(人民币)：220201 一般应付账款
	预付科目(人民币)：1123 预付账款
	采购科目(人民币)：1401 材料采购
	税金科目(人民币)：22210101 进项税额
产品科目设置	0101 太阳镜　采购科目：1402 在途物资；税金科目：22210101 进项税额
	0201 原材料　采购科目：1402 在途物资；税金科目：22210101 进项税额
	0202 半成品　采购科目：1408 委托加工物资；税金科目：22210101 进项税额
	03 劳务　采购科目：1402 在途物资；税金科目：22210101 进项税额
	04 固定资产　采购科目：1402 在途物资；税金科目：22210101 进项税额
结算方式科目设置	结算方式为现金；币种为人民币；科目为 1001 库存现金
	结算方式为现金支票；币种为人民币；科目为 100201 工行存款
	结算方式为转账支票；币种为人民币；科目为 100201 工行存款
	结算方式为银行承兑汇票；币种为人民币；科目为 220101 银行承兑汇票

续表

科目类别	设置方式
结算方式科目设置	结算方式为商业承兑汇票；币种为人民币；科目为220102 商业承兑汇票
	结算方式为电汇；币种为人民币；科目为100201 工行存款
	结算方式为委托收款；币种为人民币；科目为100201 工行存款

3. 账龄区间与逾期账龄区间设置

为了对应付账款进行账龄内和逾期的账龄分析，应首先设置账期内账龄区间和逾期账龄区间。表2-25所示的是本案例企业的应付款账龄区间与逾期账龄区间。本任务是按照表2-25完成案例企业的应付款管理的账龄区间与逾期账龄区间的设置。

表 2-25 账龄区间与逾期账龄区间设置

账龄区间			逾期账龄区间		
序号	起止天数	总天数	序号	起止天数	总天数
01	0～30	30	01	1～30	30
02	31～60	60	02	31～60	60
03	61～90	90	03	61～90	90
04	91～120	120	04	91～120	120
05	121 以上		05	121 以上	

4. 单据编号设置

将采购管理中采购专用发票、采购普通发票、采购运费发票和采购订单的单据编号，设置为可以自动编号和手动修改两种方式。

5. 单据格式设置

设置“采购订单”的单据格式，在其表头增加“订金”栏目。

6. 期初数据录入与记账

初次使用采购管理系统时，应先输入期初数据。如果系统中已有上年的数据，不允许取消期初记账。采购期初数据如下。

(1) 期初在途物资：将启用采购系统时，已取得供货单位的采购发票，但货物没有入库，而不能进行采购结算的发票输入系统，以便货物入库填制入库单后进行采购结算。

(2) 期初暂估入库：将启用采购系统时，没有取得供货单位的采购发票，而不能进行采购结算的入库单输入系统，以便取得发票后进行采购结算。

本案例企业期初的票到货未到的发票，如表2-26所示。

表 2-26 期初采购订单列表

订单号	单据日期	供应商	存货	数量	原币单价	原币金额	税率(%)
CG0301	2017-03-17	大运公司	男士高端太阳镜	4000	350	1 400 000	17
CG0302	2017-03-20	大运公司	女士高端太阳镜	3000	300	900 000	17

期初的采购发票，除了在采购系统中做期初采购发票输入，还需要在应付款管理中进行期初应付账款的发票输入。本任务是参照表 2-26 对采购增值税专用发票输入，并与总账对账。

需要注意的是，在采购管理中输入的期初采购发票，在应付款管理系统中不能被直接调用，所以需要在应付款管理系统中再次输入，以使其可以在应付款管理中进行相关处理。但由于在采购管理和应付款管理中输入的期初采购发票，存储在同一个数据表中，其发票号不能重复出现，所以在应付款管理中输入期初余额时，不编辑表头的"发票号"。

【操作指导】

确认系统时间和操作日期为 2017 年 4 月 1 日。

视频观看：手机扫描二维码可观看相关操作。

任务说明：应付款管理。

1. 对应付款管理系统进行参数设置

(1) 打开"账套参数设置"对话框。登录"企业应用平台"，在"业务导航视图"的"业务工作"导航条中选中"财务会计"|"应付款管理"|"设置"|"选项"，打开"账套参数设置"对话框。

(2) 常规参数设置。在"账套参数设置"对话框的"常规"选项卡中，单击"编辑"按钮，弹出消息框，提示"选项管理需要重新登录才能生效"。单击"确定"按钮返回对话框，使所有参数处于可修改状态，"单据审核日期依据"选择"单据日期"，其他选项按系统默认设置(其中"应付账款核算模型"默认为"详细核算")。

(3) 凭证参数设置。在"凭证"选项卡的"受控科目制单方式"下拉列表中选择"明细到单据"，其他选项按系统默认设置。

(4) 确定并退出，单击"确定"按钮，保存系统参数的设置，关闭对话框。

2. 对应付款管理系统进行科目设置

(1) 打开应付的"初始设置"页签。登录"企业应用平台"，在"业务导航视图"的"业务工作"导航条中选中"财务会计"|"应付款管理"|"设置"|"初始设置"，打开"初始设置"页签。

(2) 基本科目设置。在"初始设置"页签左侧窗格中选中"设置科目"|"基本科目设置"，单击工具栏中的"增加"按钮，然后在第 1 行的"基础科目种类"中选中"应付科目"，"科目"录入或参照生成"220201"(一般应付账款)，"币种"为"人民币"；根据表 2-24 中的内容，在"基本科目设置"的第 2～4 行进行设置；应付款管理系统"基本科目"参数设置结果如图 2-25 所示。

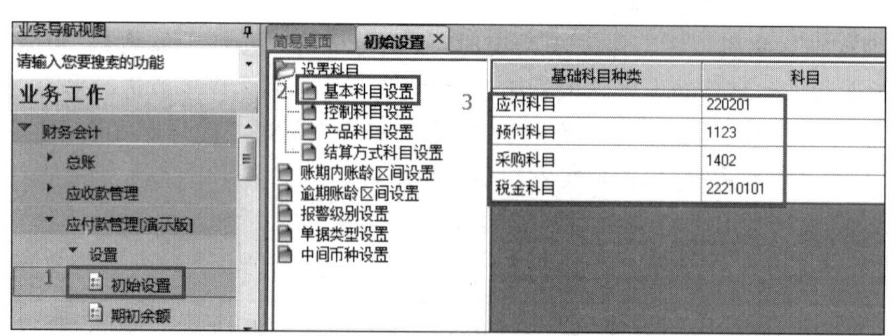

图 2-25　应付款管理系统"基本科目"参数设置

(3) 产品科目设置。在左侧设置科目中选中"产品科目设置"，设置"0101"(太阳镜)的采购科目为“1402”(在途物资),“产品采购税金科目”为“22210101”(进项税额);根据表 2-24 中的内容,设置其他项目的相应科目,如图 2-26 所示。

类别编码	类别名称	采购科目	产品采购税
01	商品		
0101	太阳镜	1402	22210101
0102	亮康眼镜		
02	生产		
0201	原材料	1401	22210101
0202	半成品	1408	22210101
03	劳务	1402	22210101
04	固定资产	1402	22210101

图 2-26　应付款管理系统“产品科目”参数设置

(4) 结算方式科目设置。在左侧设置科目中选中“结算方式科目设置”,选中“结算方式”为“现金”,“币种”为“人民币”,“科目”为“1001”(库存现金),根据表 2-24 中的内容,以此方法依次进行其他行的设置,如图 2-27 所示。

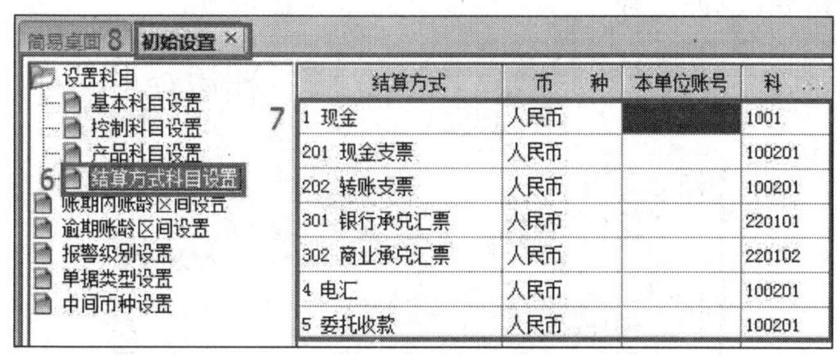

结算方式	币种	本单位账号	科目
1 现金	人民币		1001
201 现金支票	人民币		100201
202 转账支票	人民币		100201
301 银行承兑汇票	人民币		220101
302 商业承兑汇票	人民币		220102
4 电汇	人民币		100201
5 委托收款	人民币		100201

图 2-27　应付款管理系统“结算方式科目”参数设置

(5) 退出。单击“初始设置”页签的“关闭”按钮,关闭页签。

 **小贴士**

- 如果需要为不同的供应商(供应商分类、地区分类)分别设置应付款核算科目和预付款核算科目,则在“控制科目设置”中设置。
- 应付和预付科目必须是已经在科目档案中指定为应付系统的受控科目。

3. 进行账龄区间与逾期账龄区间设置

(1) 打开应付“初始设置”页签。登录“企业应用平台”,在“业务导航视图”的“业务工作”导航条中选中“财务会计”|“应付款管理”|“设置”|“初始设置”,打开“初始设置”页签。

(2) 账期内账龄区间设置。单击“账期内账龄区间设置”选项,然后根据表 2-25 左侧中的内容,在“总天数”栏输入相应的天数,完成对应付款管理账龄区间的设置。“账期内账龄区间”参数设置结果如图 2-28 所示。

(3) 逾期账龄区间设置。单击“逾期账龄区间设置”,然后根据表 2-25 右侧中的内容,在“总天数”栏输入相应的天数,完成对应付款管理逾期账龄区间的设置。

(4) 退出。单击“初始设置”页签的“关闭”按钮,关闭页签。

4. 单据编号设置

下面以“采购专用发票”为例进行设置。

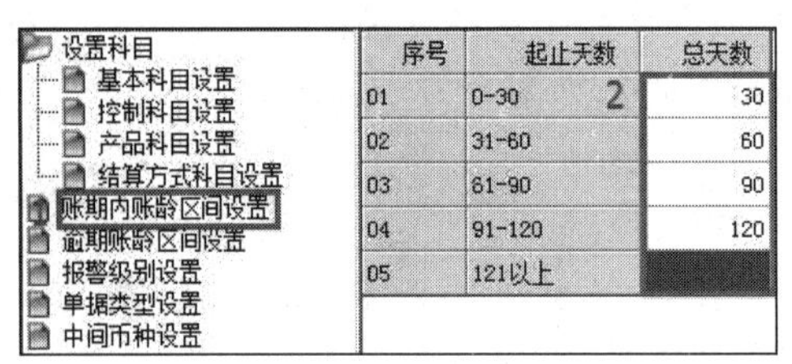

图 2-28　应付款管理系统“账期内账龄区间”参数设置

（1）打开“单据编号设置”对话框。登录“企业应用平台”，在“业务导航视图”的“基础设置”导航条中选中“单据设置”|“单据编号设置”，打开“单据编号设置”对话框。

（2）选中“采购专用发票”单据。在“单据编号设置”对话框左侧选中“单据类型”|“采购管理”|“采购专用发票”即可。

（3）修改“采购专用发票”单据的编号规则。单击对话框工具栏中的“修改”按钮，然后选中“手工改动，重号时自动重取”复选框，如图 2-29 所示。单击“保存”按钮，弹出消息框询问“单据编号已经修改，是否保存?”，单击“是”按钮，完成设置。

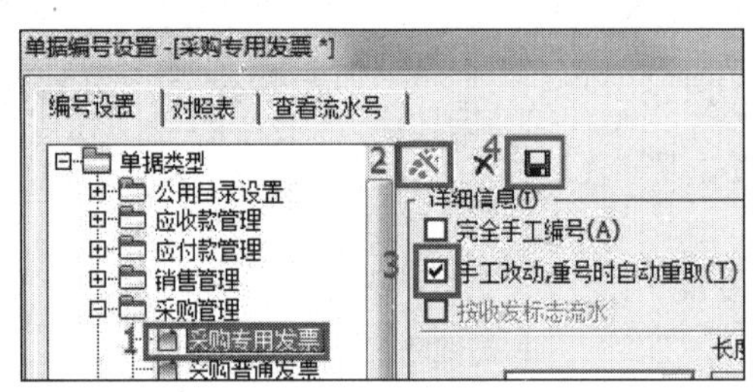

图 2-29　采购专用发票“单据编号设置”对话框

（4）修改其他单据的编号规则。重复步骤(2)～(3)，完成采购普通发票、采购运费发票和采购订单的单据编号设置。

（5）退出。单击“退出”按钮，退出“单据编号设置”对话框。

5. 单据格式设置

（1）打开“单据格式设置”对话框。登录“企业应用平台”，在“业务导航视图”的“基础设置”导航条中选中“单据设置”|“单据格式设置”，打开“单据格式设置”页签。

（2）选中采购订单的显示单据。依次单击对话框左侧窗格的“采购管理”|“采购订单”|“显示”|“采购订单显示模板”，右侧出现“采购订单”“单据格式设置”页签。

（3）增加选中“订金”表头栏目。单击工具栏的“表头项目”按钮，在弹出的“表头”对话框中，选中“41 订金”，单击“确定”按钮返回“单据格式设置”页签。

（4）调整位置并保存。在格式设置界面找到“订金”编辑框，拖曳到合适的地方（例如将“汇率”的编辑栏缩小，然后将“订金”编辑栏拖曳到其右侧），单击工具栏中的“保存”按钮。

（5）退出。单击“单据格式设置”页签的“关闭”按钮，关闭页签。

小贴士

调整单据上项目的位置时，也可以单击工具栏中的“自动布局”按钮，这样系统将对所有项目进行重新排列。

6. 应付账款期初数据录入与记账

(1) 打开应付款管理的"期初余额-查询"对话框。登录"企业应用平台",在"业务导航视图"的"业务工作"导航条中选中"财务会计"|"应付款管理"|"设置"|"期初余额",打开"期初余额-查询"对话框。

(2) 打开"采购发票"页签。在"期初余额-查询"对话框中单击"确定"按钮,打开"期初余额"页签,单击工具栏中的"增加"按钮,弹出"单据类别"对话框,系统默认单据名称为"采购发票",单据类型为"采购专用发票",单击"确定"按钮,进入"采购发票"页签。

(3) 增加一张期初发票。单击"增加"按钮,新增一张采购专用发票,编辑表头的开票日期为"2017-03-17","订单号"为"CG0301","供应商"为"大运公司","部门"为"采购部";编辑表体的"存货编码"为"00001"(男士高端太阳镜),"数量"为"4000"副,"原币单价"为"350",然后单击"保存"按钮。新增期初发票的操作结果如图 2-30 所示。

采购专用发票

打印模版 期初专用发票打印模

表体排序

发票号 0000000001　开票日期 2017-03-17　订单号 CG0301
供应商 大运公司　付款条件　科目 220201
币种 人民币　汇率 1　部门
业务员　项目　备注
税率 17.00

	存货编码	存货名称	E...	税率...	数量	原币单价	原币金额	原币税额	原币价税合计
1	00001	男士高端太阳镜	副	17.0...	4000.00	350.000	1400000.00	238000.00	1638000.00

图 2-30　采购专用发票

(4) 完成期初应付款的编辑。重复步骤(3),完成表 2-26 中第 2 笔业务应付期初余额输入。单击页签的"关闭"按钮,返回"期初余额"页签,再单击工具栏中的"刷新"按钮,系统将本操作中输入的两张发票信息列表显示在"期初余额"页签中。

(5) 对账。单击工具栏中的"对账"按钮,应付款系统与总账管理系统进行对账,打开"期初对账"页签,此时显示"差额"不为零,表示对账不成功,所以需要在总账系统中进行"引入"。

(6) 退出。单击"期初对账"页签和"期初余额"页签的"关闭"按钮,关闭页签。

小贴士

应付账款"对账"目的是实现总账模块与应付模块的一致,确保应付账款期初余额的正确。

2.9　应收款管理

【预备知识】

应收账款是在企业销货业务中发生的,为了准确核算企业赊销业务产生的债权,用友 ERP-U8 中有专门的模块对其进行管理,本节主要就应收款的期初设置进行讲解。

在进行销售日常业务之前，需要做一些基本的设置工作，首先要根据业务情况设置销售系统的参数，还可以进行销限设置；设置信用审批人，以及输入期初单据。本节将对销售管理系统的参数、存货调价单、单据编号与格式进行设置。本节还将对应收款管理系统的参数、科目、账套区间、报警级别、坏账准备等进行设置，以及期初数据的输入与对账。

【业务描述】

1. 应收款管理系统参数设置

在运行应收款系统前，应先设置运行所需要的账套参数，以便系统按设定的选项进行相应的处理。

本案例企业，除系统默认设置之外，还需进行如下参数设置。

(1) 常规："坏账处理方式"选择"应收余额百分比"，选中"自动计算现金折扣"。

(2) 凭证："受控科目制单方式"为"明细到单据"，"销售科目依据"为"按存货分类"。

2. 应收款管理系统科目设置

由于应收款系统的业务类型较固定，生成的凭证类型也较固定，因此为了简化凭证生成操作，可以在此将各业务类型凭证中的常用科目预先设置好。表2-27所示的是本案例企业的应收款管理系统的科目设置。本任务是按照表2-27，完成案例企业的应收款管理系统科目设置。

表2-27　应收款管理系统科目设置

科目类别	设置方式
基本科目设置	应收科目(人民币)：1122 应收账款
	预收科目(人民币)：2203 预收账款
	销售收入科目(人民币)：6001 主营业务收入
	销售退回科目(人民币)：6001 主营业务收入
	代垫费用科目(人民币)：1001 库存现金
	现金折扣科目(人民币)：6603 财务费用
	税金科目(人民币)：22210103 销项税额
结算方式科目设置	结算方式为现金；币种为人民币；科目为1001 库存现金
	结算方式为现金支票；币种为人民币；科目为100201 工行存款
	结算方式为转账支票；币种为人民币；科目为100201 工行存款
	结算方式为银行承兑汇票；币种为人民币；科目为112101 银行承兑汇票
	结算方式为商业承兑汇票；币种为人民币；科目为112102 商业承兑汇票
	结算方式为电汇；币种为人民币；科目为100201 工行存款
	结算方式为委托收款；币种为人民币；科目为100201 工行存款

3. 账龄区间与逾期账龄区间设置

为了对应收账款进行账龄内和逾期的账龄分析，应首先设置账期内账龄区间和逾期账龄区间。表 2-28 所示的是本案例企业的应收款账龄区间和逾期账龄区间，本任务是按照表 2-28 完成案例企业的应收款账龄区间和逾期账龄区间的设置。

表 2-28　账龄区间与逾期账龄区间设置

账龄区间			逾期账龄区间		
序号	起止天数	总天数	序号	起止天数	总天数
01	0～30	30	01	1～30	30
02	31～60	60	02	31～60	60
03	61～90	90	03	61～90	90
04	91～120	120	04	91～120	120
05	121 以上		05	121 以上	

4. 坏账准备设置

坏账初始设置可设置计提坏账准备比率和坏账准备的期初余额，它的作用是系统根据用户的应收账款进行计提坏账准备。

企业应于期末针对不包含应收票据的应收款项计提坏账准备，其基本方法有销售收入百分比法、应收余额百分比法、账龄分析法等。

(1) 销售收入百分比法。用户录入坏账准备期初余额和坏账计提比率。系统根据历史数据确定的坏账损失占赊销总额的百分比，估计当期由于赊销可能发生的坏账损失。

(2) 应收余额百分比法。用户录入坏账准备期初余额和坏账计提比率。系统以应收账款余额为基础，估计可能发生的坏账损失。

(3) 账龄分析法。用户录入坏账准备期初余额、选择账龄区间方案、针对账龄区间方案录入相应账龄区间的坏账计提比率。

在设置应收款系统参数时，本案例企业设置了坏账准备金的计提方法为“应收余额百分比法”，表 2-29 所示的是本案例企业的坏账准备控制参数和期初余额。本任务是按照表 2-29 完成案例企业的坏账准备设置。

表 2-29　坏账准备参数

控制参数	参数设置
提取比例	0.5%
坏账准备期初余额	5852.58
坏账准备科目	1231 坏账准备
对方科目	6701 资产减值损失

5. 报警级别设置

可以通过对报警级别的设置，将客户按照客户欠款余额与其授信额度的比例分为不同的类型，以便于掌握各个客户的信用情况。表 2-30 所示的是本案例企业的应收款报警级别。本任务是按照表 2-30 完成案例企业的应收款报警级别设置。

表 2-30 报警级别

级别	A	B	C	D	E	F
总比率(客户欠款余额占其信用额度的比例)	10%	20%	30%	40%	50%	
起止比率	小于10%	大于10%且小于或等于20%	大于20%且小于或等于30%	大于30%且小于或等于40%	大于40%且小于或等于50%	大于50%

6. 单据编号设置

将案例企业账套的销售专用发票、代垫费用单、销售普通发票和销售订单的单据编号设置为可以自动编号和手动修改方式。

7. 单据格式设置

设置"销售订单"和"委托代销结算单"的单据格式,在"销售订单"的表头增加"定金原币金额"栏目,在"委托代销结算单"的表头增加"发票号"栏目。

8. 应收账款期初数据录入与对账

通过期初余额功能,可将正式启用账套前的所有应收业务数据输入到系统中,作为期初建账的数据。这样既保证了数据的连续性,又保证了数据的完整性。当您初次使用应收款系统时,要将上期未处理完成的单据都输入到本系统,以便于以后的处理。当进入第二年度处理时,系统自动将上年度未处理完全的单据转成为下一年度的期初余额。在下一年度的第一个会计期间里,可以进行期初余额的调整。

本节的任务是录入应收账款期初余额并对账,表 2-31 是销售批发部业务员夏于转来的增值税发票的列表,税率为 17%。

表 2-31 销售部转来的增值税发票列表

单据日期	发票号	客户名称	存货名称	数量	无税单价	价税合计	税率(%)
2017-03-25	81090301	光明公司	男士高端太阳镜	4000	420	1 965 600	17
2017-03-26	81320302	雪亮公司	女士高端太阳镜	3000	360	1 263 600	17
2017-03-28	81890303	华飞公司	女士普通太阳镜	4000	96	449 280	17
2017-03-28	81790304	明乐公司	女士普通太阳镜	400	96	44 928	17

【操作指导】

确认系统时间和操作日期为 2017 年 4 月 1 日。

视频观看:手机扫描二维码可观看相关操作。

任务说明:应收款管理。

1. 应收款管理系统参数设置

登录"企业应用平台",对应付款管理系统进行参数设置(详情参照应付款管理设置)。结果如图 2-31 和图 2-32 所示。

2. 应收款管理系统科目设置

详情参照应付款管理设置。结果如图 2-33 和图 2-34 所示。

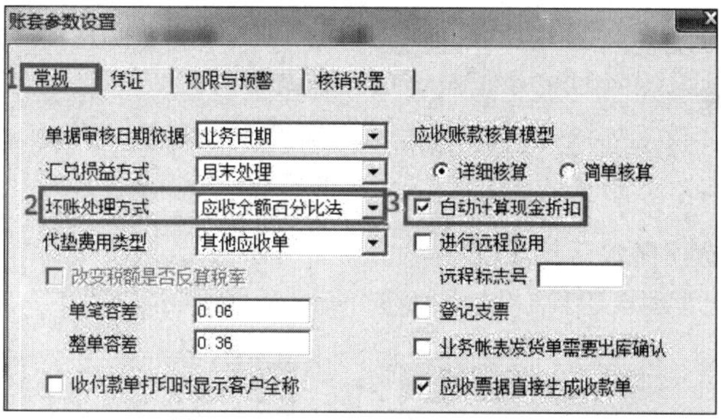

账套参数设置

常规 | 凭证 | 权限与预警 | 核销设置

单据审核日期依据：业务日期
汇兑损益方式：月末处理
坏账处理方式：应收余额百分比法
代垫费用类型：其他应收单
改变税额是否反算税率
单笔容差：0.06
整单容差：0.36
收付款单打印时显示客户全称
应收账款核算模型：详细核算 / 简单核算
☑ 自动计算现金折扣
☐ 进行远程应用
远程标志号
☐ 登记支票
☐ 业务帐表发货单需要出库确认
☑ 应收票据直接生成收款单

图 2-31　应收款管理系统参数设置-常规

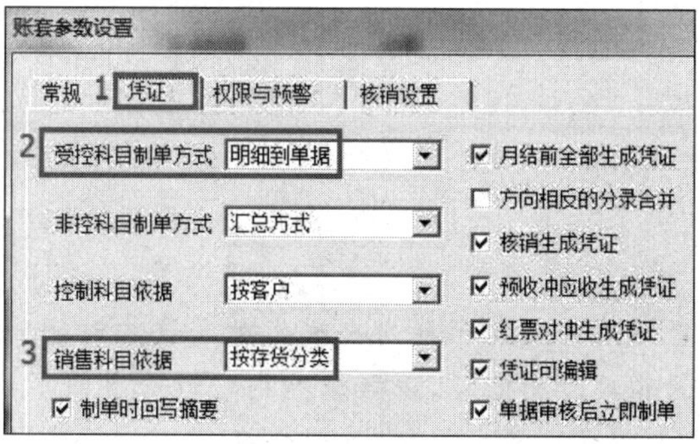

账套参数设置

常规 | 凭证 | 权限与预警 | 核销设置

受控科目制单方式：明细到单据
非控科目制单方式：汇总方式
控制科目依据：按客户
销售科目依据：按存货分类
☑ 制单时回写摘要
☑ 月结前全部生成凭证
☐ 方向相反的分录合并
☑ 核销生成凭证
☑ 预收冲应收生成凭证
☑ 红票对冲生成凭证
☑ 凭证可编辑
☑ 单据审核后立即制单

图 2-32　应收款管理系统参数设置-凭证

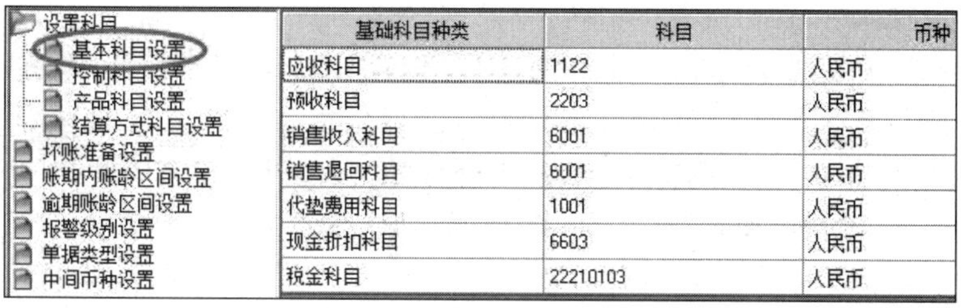

设置科目：基本科目设置、控制科目设置、产品科目设置、结算方式科目设置、坏账准备设置、账期内账龄区间设置、逾期账龄区间设置、报警级别设置、单据类型设置、中间币种设置

基础科目种类	科目	币种
应收科目	1122	人民币
预收科目	2203	人民币
销售收入科目	6001	人民币
销售退回科目	6001	人民币
代垫费用科目	1001	人民币
现金折扣科目	6603	人民币
税金科目	22210103	人民币

图 2-33　应收管理系统基本科目设置

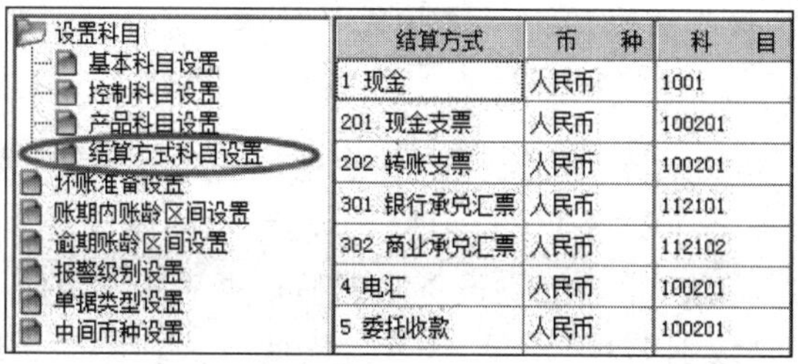

结算方式	币 种	科 目
1 现金	人民币	1001
201 现金支票	人民币	100201
202 转账支票	人民币	100201
301 银行承兑汇票	人民币	112101
302 商业承兑汇票	人民币	112102
4 电汇	人民币	100201
5 委托收款	人民币	100201

图 2-34　应收管理系统结算方式科目设置

小贴士

- 基本科目是用户在核算应收款项时经常用到的科目，用户可以在此处设置常用科目。系统将依据制单规则在生成凭证时自动带入。
- 结算方式科目设置可以为每种结算方式设置一个常用的科目。系统将依据制单规则在生成凭证时自动带入。

3. 账龄区间与逾期账龄区间设置

详情参照应付款管理设置，结果如图 2-35 和图 2-36 所示。

设置科目
基本科目设置
控制科目设置
产品科目设置
结算方式科目设置
坏账准备设置
账期内账龄区间设置
逾期账龄区间设置
报警级别设置
单据类型设置
中间币种设置

序号	起止天数	总天数
01	0-30	30
02	31-60	60
03	61-90	90
04	91-120	120
05	121以上	

图 2-35 应收管理系统账龄区间设置

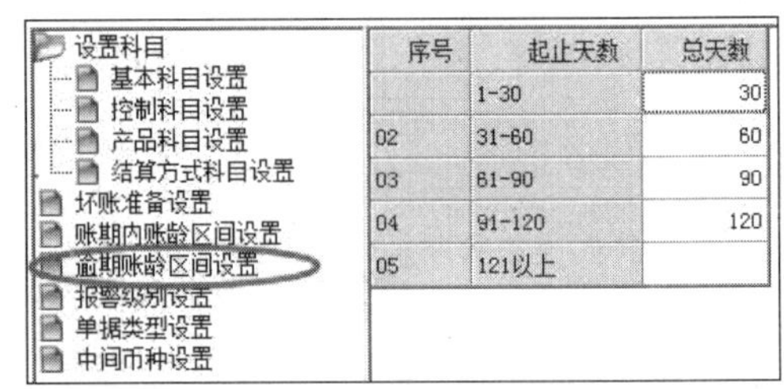

图 2-36 应收管理系统逾期账龄区间设置

小贴士

账期内账龄区间设置指用户定义账期内应收账款或收款时间间隔的功能，它的作用是便于用户根据自己定义的账款时间间隔，进行账期内应收账款或收款的账龄查询和账龄分析，清楚了解在一定期间内所发生的应收款、收款情况。

4. 坏账准备设置

(1) 打开应收款的"初始设置"页签。登录"企业应用平台"，在"业务导航视图"的"业务工作"导航条中选中"财务会计"|"应收款管理"|"设置"|"初始设置"，打开"初始设置"页签。

(2) 坏账准备设置。单击"坏账准备设置"，然后依据表 2-29 的内容填制完成(例如在"提取比例"栏输入"0.5")，然后单击窗口右上部分的"确定"按钮，完成设置。

(3) 退出。单击"初始设置"页签的"关闭"按钮，关闭页签。

小贴士

我国现行行业制度规定，提取坏账准备的企业，采用应收账款余额百分比法，可以于年度终了，按照年末应收账款余额的 3‰～5‰计提坏账准备。

5. 报警级别设置

(1) 打开应收款的"初始设置"页签。登录"企业应用平台"，在"业务导航视图"的"业务工作"导航条中选中"财务会计"|"应收款管理"|"设置"|"初始设置"，打开"初始设置"页签。

(2) 报警级别设置。单击"报警级别设置"，然后依据表 2-30 的内容，在其右窗格第 1 行的"总比率"栏输入"10"，"级别名称"栏录入"A"，依此方法在第 2-6 列中输入相应的级别。"报警级别"参数设置结果如图 2-37 所示。

(3) 退出。单击"初始设置"页签的"关闭"按钮，关闭页签。

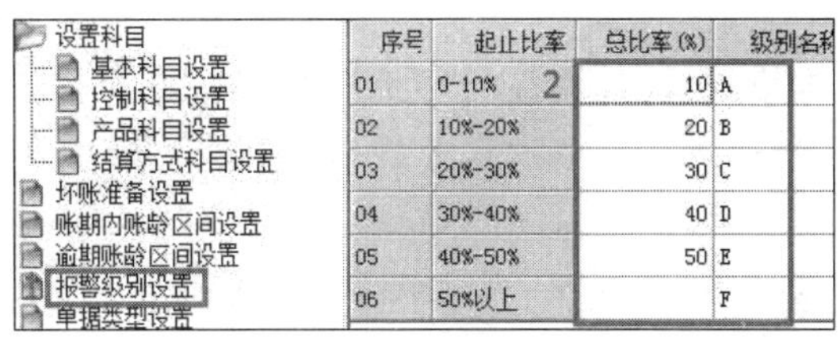

图 2-37　应收款管理的“报警级别”参数设置

小贴士

企业可以通过对报警级别的设置，将客户按照客户欠款余额与其授信额度的比例分为不同的类型，以便于掌握各个客户的信用情况。

6. 单据编号设置

详情参照应付款管理设置，结果如图 2-38 所示。

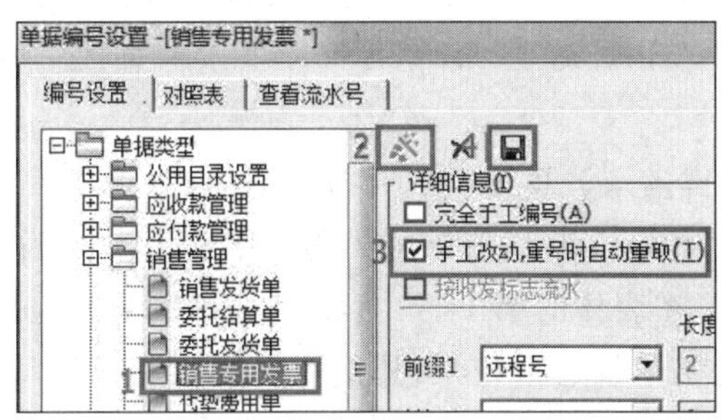

图 2-38　“销售专用发票”的单据编号设置

7. 单据格式设置

(1) 打开“单据格式设置”页签。登录“企业应用平台”，在“业务导航视图”的“基础设置”导航条中选中“单据设置”|“单据格式设置”，打开“单据格式设置”页签。

(2) 选中销售订单的显示单据。在“单据格式设置”页签左边选中“销售管理”|“销售订单”|“显示”|“销售订单显示模板”，右侧出现销售订单的模板。

(3) 增加选中“定金原币金额”表头栏目。单击工具栏的“表头项目”按钮，在弹出的“表头”对话框中，选中“6 定金原币金额”，然后单击“确定”按钮，返回单据格式设置模板。

(4) 调整位置并保存。在格式设置模板找到“定金原币金额”编辑框，拖曳到合适的地方(例如将“汇率”的编辑栏缩小，然后将“定金原币金额”编辑栏拖曳到其右侧)，单击“保存”按钮。

(5) 选中委托代销结算单的显示单据。在“单据格式设置”页签左边选中“销售管理”|“委托代销结算单”|“显示”|“委托代销结算单显示模板”，右侧出现委托代销结算单单据格式模板。

(6) 增加选中“发票号”项目。单击工具栏的“表头项目”按钮，在弹出的“表头”对话框中，选中“31 发票号”，单击“确定”按钮，返回单据格式设置模板。

(7) 保存。在格式设置模板中找到“发票号”编辑框，将其拖曳到合适的地方，然后单击

“保存”按钮。

(8) 退出。单击“单据格式设置”页签的“关闭”按钮，关闭页签。

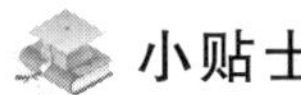

小贴士

若增加之后看不到“发票号”编辑框，则是被其他项挡住了，可通过单击工具栏中的“自动布局”，使其自动排版出来并可见。

8. 应收账款期初数据录入与对账

(1) 打开“期初余额-查询”对话框。登录“企业应用平台”，在“业务导航视图”的“业务工作”导航条中选中“财务会计”|“应收款管理”|“设置”|“期初余额”，打开“期初余额-查询”对话框。

(2) 打开“期初余额”页签。在“期初余额-查询”对话框中直接单击“确定”按钮，打开“期初余额”页签。

(3) 打开“期初销售发票”页签。单击“增加”按钮，弹出“单据类别”对话框，系统默认“单据名称”为“销售发票”，“单据类型”为“销售专用发票”，直接单击其“确定”按钮，打开“期初销售发票”页签。

(4) 编辑一张期初销售发票。单击“增加”按钮后，在新增的发票单据上，修改表头的开票日期为“2017-03-25”，“发票号”为 81090301，“客户名称”为“光明公司”，“销售部门”为“批发部”，“业务员”为“夏于”；在表体的第 1 行“货物编号”栏参照生成“00001”(男士高端太阳镜)，“数量”为“4000”，“无税单价”为“420”，其他栏系统自动计算填充；单击“保存”按钮，完成第 1 张期初销售专用发票的录入。新增的期初发票如图 2-39 所示。

销售专用发票

显示模版 期初专用发票显示模

表体排序

开票日期 2017-03-25	发票号 81090301	订单号
客户名称 光明公司	客户地址 北京海淀学院路1号	电话 010-62338229
开户银行	银行账号	税号 200106653865885
付款条件	税率(%) 17.00	科目 1122
币种 人民币	汇率 1.00000000	销售部门 批发部
业务员 夏于	项目	备注

	货物编号	货物名称	主计…	税率(%)	数量	无税单价	含税单价	税额	无税金额	价税合计
1	00001	男士高端太阳镜	副	17.00	4000.00	420.00	491.40	285600.00	1680000.00	1965600.00

图 2-39　销售专用发票

(5) 完成期初销售发票的编辑。重复步骤(4)，依据表 2-31 完成第 2～4 笔的期初应收业务的输入。

(6) 返回“期初余额”页签。单击“期初销售发票”页签的“关闭”按钮，关闭页签，返回“期初余额”页签，然后单击工具栏中的“刷新”按钮，系统将本操作中输入的 4 张发票信息列表显示在“期初余额”页签中。

(7) 对账。单击工具栏中的“对账”按钮，应收款系统与总账管理系统，根据受控科目进行一一对账，然后打开“期初对账”页签，此时显示“差额”不为零，表示对账不成功，所以需要在总账系统中进行“引入”。

(8) 退出。分别单击“期初对账”页签和“期初余额”页签的“关闭”按钮，关闭页签。

小贴士

- 在“应收款管理”和“应付款管理”模块中设置好期初后在“业务导航视图”中选中“业务工作”|“总账”|“设置”|“期初余额”，打开“期初余额录入”窗口。
- 在“期初余额录入”窗口，选择有往来核算属性的会计科目，双击“期初余额”列，打开“辅助期初余额”窗口，单击“往来明细”按钮，打开“期初往来明细录入”窗口；从科目名称下拉框中选择要引入的末级科目名称，单击窗口工具栏中的“引入”按钮，从应收/应付系统引入选择科目的期初明细。如果期初数据不可修改，则不可使用引入功能。当应收应付系统与总账系统启用日期不同时，不可引入应收应付期初数据，只能在总账中录入。如果科目辅助核算属性在使用中发生变更，例如，在年中变更为有辅助往来核算科目，因应收/应付系统中无期初余额，这时只能在总账中补充录入期初余额。

2.10　总账期初设置

【预备知识】

总账的期初余额是以上期的期末余额为基础，反映了以前期间的交易和上期采用的会计政策的结果。期初已存在的账户余额，是由上期结转至本期的金额或是上期期末余额调整后的金额。期初余额是企业开始使用用友 ERP-U8 时已经存在的余额，如果企业初始建立时就启用了用友 ERP-U8，则无期初余额；如果企业经营几年后在年初启用系统，期初余额等于上年末期末余额；如果企业是已经存续的企业，在年中启用系统，则需要输入启用时的余额及年初至启用时借方和贷方已经发生过的金额，来倒轧年初余额，并与手工账下的年初余额对照查看输入是否正确。

期初余额的输入方式有 3 种：直接输入、参照输入与通过输入下级科目自动得出。一般而言，只有末级科目且辅助账类型不是项目核算和部门核算，而且不需要与其他子系统账簿对账的账户，其期初余额直接输入；需要项目核算或部门核算的末级科目，以及需要与其他账簿对账的末级科目，其账户的期初余额需要参照输入；非末级科目的账户期初余额，是通过输入下级科目的账户期初余额后系统自动得出的。

【业务描述】

1. 参数设置

除系统默认设置之外，还需进行权限参数设置：选中“出纳凭证必须经由出纳签字”，“凭证必须经由主管会计签字”复选框。

2. 录入总账期初余额

依据表 2-32～表 2-35 将总账期初余额录入系统。

表 2-32　会计科目的期初余额

科目编码	科目名称	余额方向	币别/计量	期初余额/元
1001	库存现金	借		22 665
1002	银行存款	借		988 661.44
100201	工行存款	借		348 661.44
100202	中行存款	借		640 000
1122	应收账款	借		3 723 408
1123	预付账款	借		
1231	坏账准备	贷		5852.58
1402	在途物资	借		
1403	原材料	借		26 000
140301	塑料	借		10 000
		借	千克	10
140303	硅胶	借		16 000
		借	千克	10
1405	库存商品	借		3 612 000(详见表 2-33)
1601	固定资产	借		780 000
1602	累计折旧	贷		188 244
1711	商誉	借		47 250
2202	应付账款	贷		2 841 000
220201	一般应付账款	贷		2 691 000
220202	暂估应付账款	贷		150 000(详见表 2-34)
2203	预收账款	贷		
2211	应付职工薪酬	贷		159 659.6
221101	工资	贷		详见表 2-35
221102	社会保险费	贷		详见表 2-35
221103	住房公积金	贷		详见表 2-35
221104	工会经费	贷		详见表 2-35
221105	职工教育经费	贷		详见表 2-35
221106	非货币性福利	贷		

续表

科目编码	科目名称	余额方向	币别/计量	期初余额/元
2221	应交税费	贷		149 710.96
222102	未交增值税	贷		9000
222103	应交所得税	贷		137 500
222104	应交个人所得税	贷		2130.96
222105	应交城市维护建设税	贷		630
222106	应交教育费附加	贷		270
222107	应交地方教育费附加	贷		180
2241	其他应付款	贷		24 064.8
224101	应付社会保险费	贷		11 056.8
224102	应付住房公积金	贷		13 008
4001	实收资本	贷		5 247 408
4101	盈余公积	贷		59 857
4103	本年利润	贷		45 600
4104	利润分配	贷		550 000
410406	未分配利润	贷		550 000
5001	生产成本	借		71 412.5
500101	直接生产成本	借		71 412.5
50010101	直接人工	借		18 662.5
50010102	直接材料	借		52 750

表 2-33 “库存商品”的项目核算

项 目 编 码	项 目 名 称	期初余额/元
201	亮康眼镜	3 200 000
101	男士高端	35 000
103	男士普通	369 000
104	女士普通	8000
总计		3 612 000

表 2-34 暂估应付账款的期初余额

日期	供应商	摘要	方向	金额
2017-03-15	大运公司	采购女士高端太阳镜 500 副，暂估入库	贷	150 000

表 2-35 “应付职工薪酬”的部门核算

部门	工资/元	社会保险费/元	住房公积金/元	工会经费/元	职工教育经费/元
经理办公室	7796	2656.8	972	162	202.5
行政办公室	5992	2000.8	732	122	152.5
财务部	18 593.6	6215.6	2274	379	473.75
批发部	12 813.8	4296.8	1572	262	327.5
门市部	5899.8	1968	720	120	150
采购部	12 272.8	4100	1500	250	312.5
仓管部	17 948.2	5986	2190	365	456.25
人力资源部	12 629.4	4231.2	1548	258	322.5
生产部	12 272.8	4100	1500	250	312.5
总计	106 218.4	35 555.2	13 008	2168	2710

【操作指导】

确认系统时间和操作日期为 2017 年 4 月 1 日。

视频观看：手机扫描二维码可观看相关操作。

任务说明：总账期初设置。

1. 总账参数设置

(1) 登录“企业应用平台”,在“业务导航视图”的“业务工作”导航条中选中“财务会计”|“总账”|“设置”|“选项”,打开“选项”对话框。

(2) 在“权限”选项卡中,先单击“编辑”按钮,使所有参数处于可修改状态,再选中“出纳凭证必须经由出纳签字”,“凭证必须经由主管会计签字”复选框,其他选项设置为默认状态。

(3) 单击“确定”按钮,保存系统参数的设置,关闭该对话框。

2. 期初余额输入

1) 直接输入

可直接输入期初余额的科目(实际操作中系统呈白色底的是直接输入),包括库存现金,工行中行存款,坏账准备,原材料下的明细科目,固定资产,累计折旧,应交税费,未交增值税,应交所得税,实收资本,盈余公积,本年利润,直接人工,直接材料,制造费用。这些科目是末级科目且辅助账类型不是项目核算和部门核算,而且也不需要与其他账簿对账。

(1) 打开总账的“期初余额录入”窗口。登录“企业应用平台”,在“业务导航视图”的“业务工作”导航条中选中“财务会计”|“总账”|“设置”|“期初余额”,打开“期初余额录入”窗口。

(2) 编辑科目期初余额。双击相应科目的“期初余额”栏,然后输入其期初余额值。

(3) 完成期初余额编辑。重复步骤(2),依据表 2-32 编辑完成可直接输入的会计科目期初余额。

(4) 退出。单击“期初余额录入”窗口工具栏中的“退出”按钮,退出该窗口。

2) 参照输入

参照输入(实际操作中系统呈黄色底的是参照输入)分为项目核算的参照输入(如库存

商品),需要与存货核算对账的参照输入(通过总账中的期初往来明细参照输入)和需要与应收应付系统对账的参照输入(先在应收、应付系统中进行期初余额输入,然后在总账中进行期初余额引入)。

(1) 项目核算的参照录入,可在“期初余额”窗口中双击项目核算科目,例如“库存商品”,弹出“辅助期初余额”窗口,逐一输入各个项目的期初余额,然后单击窗口工具栏“退出”按钮,返回“期初余额录入”窗口,该科目的余额将自动带入。

(2) 需要与存货核算对账的参照输入,可在总账系统中通过期初往来明细参照输入,下面以“暂估应付账款”为例进行说明。

① 在总账的“期初余额录入”窗口中,双击“科目名称”为“暂估应付账款”的行,然后在弹出的“辅助期初余额”窗口,单击窗口工具栏中的“往来明细”按钮,弹出“期初往来明细”窗口。

② 单击“增行”按钮,输入“日期”为“2017-03-15”,“供应商”为“大运公司”,“摘要”为“采购女士高端太阳镜500副,暂估入库”,“方向”为“贷”,金额为“150 000”。期初往来明细如图2-40所示。

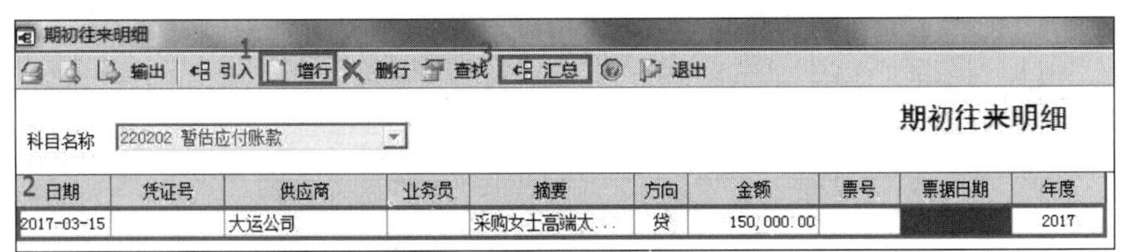

图2-40 期初往来明细

③ 单击“汇总”按钮,弹出消息框,单击“确定”按钮,完成往来明细的汇总,单击窗口工具栏中的“退出”按钮,“辅助期初余额”窗口,再单击窗口工具栏中的“退出”按钮,返回“期初余额”窗口。此时,该科目的余额自动带入。

小贴士

需要与应收应付系统对账的参照输入,通过先在应收、应付系统中进行期初余额输入(相应的操作详见2.8节和2.9节),然后在总账进行期初余额引入。以应收账款期初余额的引入为例,在“期初余额录入”窗口的中列表中双击“应收账款”,打开“辅助期初余额”窗口,接着依次单击“往来明细”“引入”“汇总”和“退出”按钮。

3) 通过输入下级科目自动得出

会计科目的期初余额不需要通过人工输入,系统会依据其下级科目的账户期初余额自动合计。因为有些会计科目之间,存在勾稽关系,系统可以自行处理。例如,原材料科目的账户期初余额,可以通过在输入原材料类的塑料、镜片树脂和硅胶的数量和单价后,系统自动计算给出其期初余额。输入结果如图2-41所示。

4) 期初余额对账

(1) 打开总账系统的“期初余额录入”窗口。登录“企业应用平台”,在“业务导航视图”的“业务工作”导航条中选中“财务会计”|“总账”|“设置”|“期初余额”,打开“期初余额录入”窗口。

科目名称	方向	币别/计量	年初余额	累计借方	累计贷方	期初余额
库存现金	借		22,665.00	白底为直接输入		22,665.00
银行存款	借		988,661.44	灰底为自动生成		988,661.44
工行存款	借		348,661.44			348,661.44
中行存款	借		640,000.00			640,000.00
存放中央银行款项	借		348,661.44			
存放同业	借					
其他货币资金	借					
结算备付金	借					
存出保证金	借					
交易性金融资产	借					
买入返售金融资产	借					
应收票据	借					
银行承兑汇票	借					
商业承兑汇票	借					
应收账款	借		3,723,408.00	黄底为参照生成		3,723,408.00
预付账款	借					

图 2-41　总账期初输入

(2) 对账。单击“对账”按钮，弹出“期初对账”对话框，提示将核对总账上下级“核对总账与辅助账”和“核对辅助账与明细账”，单击“开始”按钮，系统开始对“总账与应付账款、应收账款”“总账与辅助账”和“辅助账与明细账”进行核对，完成之后在“期初对账”对话框中给出对账结果，如图 2-42 所示。

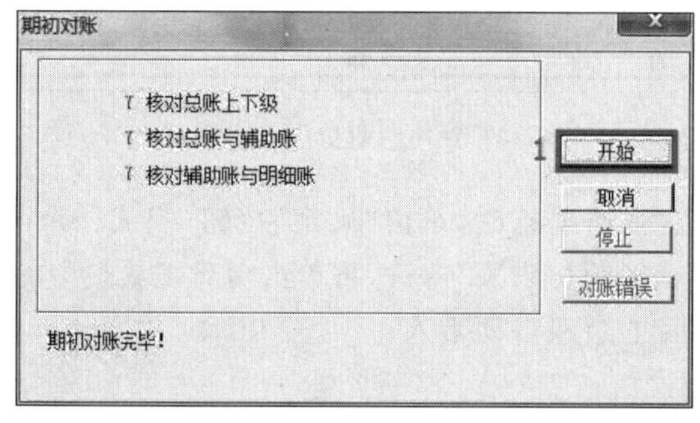

图 2-42　对账

(3) 退出。单击“取消”按钮，返回“期初余额录入”窗口。

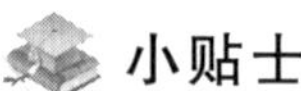

小贴士

如果对账后发现有错误，可单击“显示对账错误”按钮，系统将把对账中发现的问题列出来。

5) 期初试算

(1) 打开总账系统的“期初余额”窗口。登录“企业应用平台”，在“业务导航视图”的“业务工作”导航条中选中“财务会计”|“总账”|“设置”|“期初余额”，打开“期初余额录入”窗口。

(2) 试算。单击“试算”按钮，弹出“期初试算平衡表”对话框，并给出的试算结果如图 2-43 所示。

(3) 单击“确定”按钮，返回“期初余额录入”窗口。

(4) 单击“期初余额录入”窗口工具栏中的“退出”按钮，退出窗口。

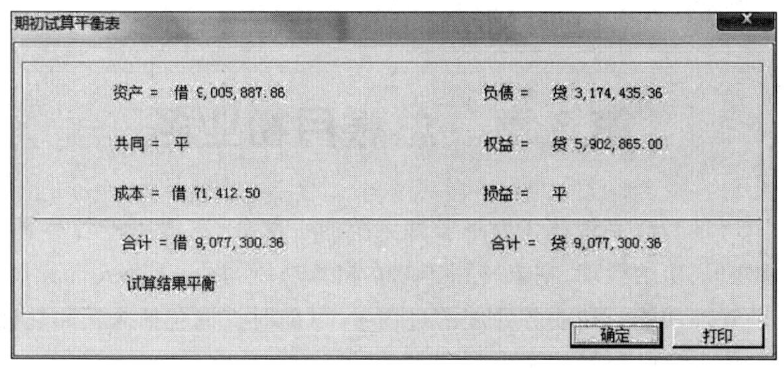

图 2-43　期初试算结果

小贴士

在总账系统中，若有当月凭证记账了，则总账期初余额不能再修改。

第3章　总账月初业务

用友 ERP-U8 的总账系统属于财务管理系统的一部分，它适用于各类企事业单位进行凭证管理、账簿处理、出纳管理、期末转账等基本核算功能，并提供个人、部门、客户、供应商、项目核算等辅助管理功能。在业务处理的过程中，可随时查询包括未记账凭证的所有账表，以满足管理者对信息及时查阅的需求。

在进行本章的操作时，应按照业务描述中的系统日期（例如 2017 年 4 月 1 日）和操作员（例如财务主管曾志伟、会计张兰、出纳罗迪）拥有的权限，在第 2 章完成的基础上，在“总账”管理系统进行。故在实验操作前，需要将系统时间调整为 2017 年 4 月 1 日。如果没有调整系统时间，则在登录“企业应用平台”时需要修改“操作日期”为 2017 年 4 月 1 日；如果操作日期与账套建账时间之间的跨度超过 3 个月，则该账套在演示版状态下不能执行任何操作。

如果没有完成第 2 章的企业基础信息与财务期初设置，可以到百度网盘空间（网盘地址：http://pan.baidu.com/s/1nuEQJ7j 访问密码：h7gs ）的“实验账套数据”文件夹中，将“02 基础档案.rar”下载到计算机上，然后引入用友 ERP-U8 中。此外，本章完成的账套，其输出压缩的文件名为“03 月初业务.rar”。

需要说明如下：

(1) 因网盘中的账套备份文件均为压缩文件，所以在下载完成后引入之前，需要用解压缩工具进行解压（建议用 WinRAR 3.42 或以上版本），得到相应可以引入的账套数据文件。

(2) 本章的所有业务实验操作都有配套的微视频，可以通过扫描二维码或者到指定的网页去观看。本书配套的微视频均存放在网盘中。

【预备知识】

会计与出纳往往负责一个单位的经济、财务管理工作，两者相辅相成，相互制约，目的和出发点都是统一的；同时两者之间的职责又不相容，所以需要分设不同的岗位。会计主要负责参与拟订经济、业务计划，考核、分析预算、财务计划的执行情况；处理会计事项、办理会计手续进行会计核算、会计监督；保管会计档案。出纳主要在会计的率领下负责现金、银行往来账、票据和有价证券等的收付和管理等工作。《中华人民共和国会计法》第三十七条规定：“出纳人员不得兼任稽核、会计档案保管和收入、费用、债权债务账目的登记工作。”也就是说出纳不得兼任会计工作，反之，会计也不能兼任出纳工作。

在现实工作中，有很多单位会计和出纳的工作责任没有分清，产生出纳“越位”现象。一种做法是出纳掌管单位的现金支票、转账支票、银行印鉴等，发生经济业务时，首先由出纳审核并填制记账凭证，办理收付款项手续，然后才给会计记账；另一种做法是出纳留有一定数额的备用金，用以应付日常开支，用完后向会计报账，会计再支款补足定额；还有一种做法是每天由出纳根据原始凭证办理收付款项手续之后，集中起来由会计审核填制记账凭证，登记账簿。这 3 种做法都违背了《中华人民共和国会计法》和会计制度，其共同点是出纳代替了会计的稽核工作，会计只是事后记账。这样会计即使在审核时发现不合法原始凭证，也往往会因“既成事实”、为时已晚或碍于情面而轻轻放过，失去了会计的监督作用。

正确的做法应该是，现金支票、转账支票等由会计保管，每当经济业务发生，首先由主办会计根据财经法规、财务制度以及收支计划等严格审查原始凭证的合法性、正确性，然后据以填制记账凭证，加上凭证编号，才交由出纳办理收付款项业务。

3.1 提取备用金

【业务描述】

2017 年 4 月 1 日提取备用金 1000 元，相应的支票存根示意图如图 3-1 所示。

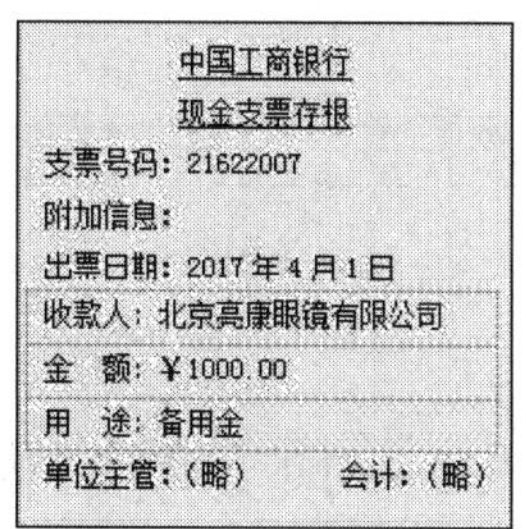
中国工商银行
现金支票存根
支票号码：21622007
附加信息：
出票日期：2017 年 4 月 1 日
收款人：北京亮康眼镜有限公司
金　额：¥1000.00
用　途：备用金
单位主管：（略）　会计：（略）

图 3-1　提取备用金的现金支票存根

【操作指导】

确认系统时间和操作日期为 2017 年 4 月 1 日。

视频观看：手机扫描二维码可观看相关操作。

任务说明：提取备用金。

财务部张兰填制提取备用金的凭证的操作如下：

(1) 打开“填制凭证”页签。登录“企业应用平台”，在“业务导航视图”的“业务工作”导航条中选中“财务会计”|“总账”|“凭证”|“填制凭证”，打开“填制凭证”页签。

(2) 单击工具栏中的“增加”按钮或者按 F5 键。单击凭证类别的参考按钮，选择“记账凭证”。

(3) 修改凭证日期为“2017.04.01”。在摘要栏输入“提取备用金”。按 Enter 键，或单击“科目名称”栏，单击科目名称栏的参照按钮（或按 F2 键），选择“资产”类科目为“1001 库存现金”或者直接在科目名称栏输入“1001”。按 Enter 键，或在“借方金额”栏输入金额“1000”。按 Enter 键（复制上一行的摘要），再按 Enter 键，或单击“科目名称”栏“第二行”，单击科目名称栏的参照按钮（或按 F2 键），选择“资产”类科目“100201 银行存款——人民币”，或者直接在科目名称栏输入“100201”按 Enter 键，弹出“辅助项”对话框，输入“结算方式”为“201”，“票号”为“21622007”，选择“发生日期”为“2017.04.01”，单击

“确定”按钮返回。按 Enter 键，或单击“贷方金额”栏，录入贷方金额“1000”，或直接按“＝”键。

(4) 单击“保存”按钮，提取备用金的记账凭证如图 3-2 所示。

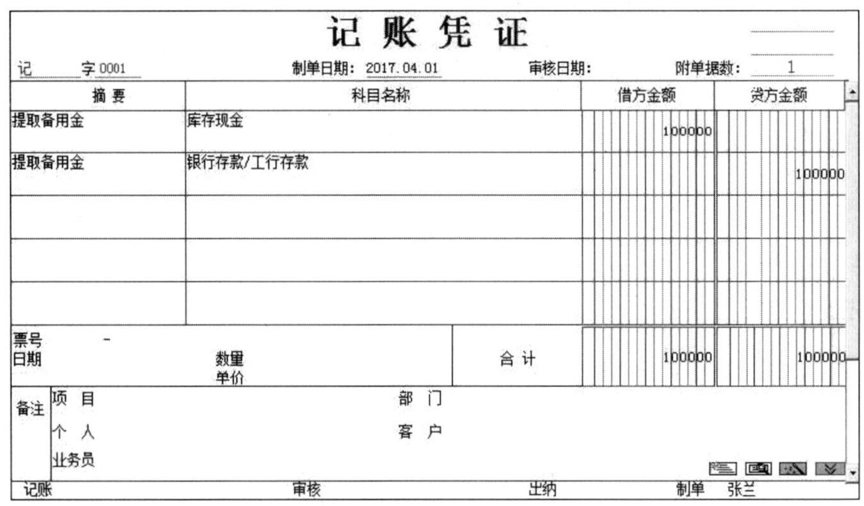

记 账 凭 证

记 字 0001　　制单日期：2017.04.01　　审核日期：　　附单据数：1

摘 要	科目名称	借方金额	贷方金额
提取备用金	库存现金	100000	
提取备用金	银行存款/工行存款		100000
票号 - 日期	数量 单价	合 计 100000	100000

备注　项 目　　部 门

个 人　　客 户

业务员

记账　　审核　　出纳　　制单 张兰

图 3-2　提取备用金的记账凭证

3.2　预支差旅费

【业务描述】

2017 年 4 月 1 日，财务部向批发部夏于预支差旅费 3000 元(借款单据如图 3-3 所示)，现金付讫。

借 款 单

2017 年 4 月 1 日

借款部门	批发部	姓名	夏于	事由	出差开会
借款金额	人民币(大写) 叁仟元整 小写 ￥3000.00				
部门负责人签署	略	借款人签章	略	注意事项	略
单位领导批示	略	财务经理审核意见	略		

图 3-3　借款单示意图

本笔业务是预支差旅费业务，需要通过在总账系统中“填制凭证”进行个人往来应收款的凭证填制。

【操作指导】

确认系统时间和操作日期为 2017 年 4 月 1 日。

任务说明：预支差旅费。

财务部会计张兰填制预支差旅费的凭证的操作如下：

(1) 打开“填制凭证”页签。登录“企业应用平台”，在“业务导航视图”的“业务工作”导

航条中选中“财务会计”|“总账”|“凭证”|“填制凭证”，打开“填制凭证”页签。

(2) 填制销售部夏于预支差旅费的凭证。单击工具栏中的“增加”按钮，打开一张空白的记账凭证，然后做如下编辑。

① 编辑摘要。在其“摘要”栏中参照生成或填入“预支差旅费”。

② 编辑第 1 笔分录。在第 1 行的“科目名称”栏中参照生成或输入“122101”(“资产”|“其他应收款”|“个人往来”)，单击其他区域，系统将弹出“辅助项”对话框，在其“部门”编辑框中参照生成“批发部”，“个人”参照生成“夏于”，然后单击“确定”按钮，返回“填制凭证”页签，在第 1 行的“借方金额”中输入“3000”，然后按 Enter 键。

③ 编辑第 2 笔分录。在第 2 行的“科目名称”栏中输入“1001”(库存现金)，在“贷方金额”栏按“=”键由系统自动填充金额 3000 元。

(3) 保存夏于预支差旅费的凭证。单击工具栏中的“保存”按钮，完成夏于预支差旅费凭证填制，相应的记账凭证如图 3-4 所示。

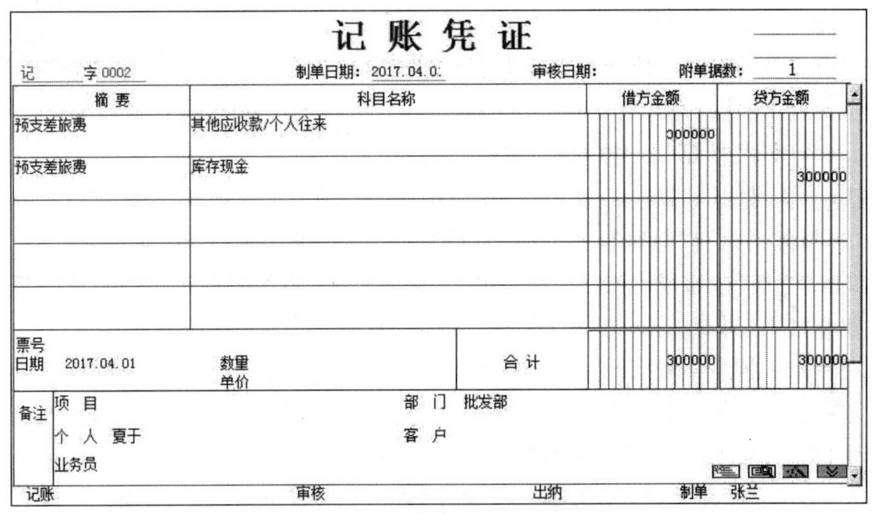

图 3-4　销售批发部夏于预支差旅费的记账凭证

小贴士

若“辅助明细”对话框中的“个人”参照不成功，是基础档案中人员档案的“业务员”属性和“业务”|“费用部门”的设置有问题。

(4) 退出。单击“填制凭证”页签的“关闭”按钮，关闭页签。

3.3　领用原材料

【业务描述】

生产部于 2017 年 4 月 1 日领取塑料 10 千克，镜片树脂 5 千克，硅胶 5 千克。领料单如图 3-5 所示。

领料单　　部门：生产部　　2017年4月1日　　编号:001

材料			单位	金额		成本										会计联
						单价	总价									
编号	名称	规格		请领	实发		百	十	万	千	百	十	元	角	分	
001	塑料		千克	10	10	1000.00			1	0	0	0	0	0	0	
002	镜片树脂		千克	5	5	6000.00			3	0	0	0	0	0	0	
003	硅胶		千克	5	5	1600.00				8	0	0	0	0	0	
合计				20	20			¥	4	8	0	0	0	0	0	

会计主管：　　单位负责人：　　出纳：　　经办人：

图 3-5　领料单

【操作指导】

确认系统时间和操作日期为 2017 年 4 月 1 日。

视频观看：手机扫描二维码可观看相关操作。

任务说明：领用原材料。

财务部会计张兰填制领用原材料的凭证的操作如下：

(1) 打开“填制凭证”页签。登录“企业应用平台”，在“业务导航视图”的“业务工作”导航条中选中“财务会计”|“总账”|“凭证”|“填制凭证”，打开“填制凭证”页签。

(2) 单击“增加”按钮或者按 F5 键。单击“凭证类别”的参照按钮，选择“记账凭证”。修改凭证日期为“2017.04.01”。在摘要栏输入“生产领料”。

(3) 按 Enter 键或单击“科目名称”栏，单击“科目名称”栏的参照按钮(或按 F2 键)，选择“资产”类科目为“50010102 直接材料”或者直接在“科目名称”栏中输入“50010102”。

(4) 按 Enter 键或单击“借方金额”栏，暂时输入借方金额“1”。

(5) 按 Enter 键(复制上一行的摘要)，再按 Enter 键或单击“科目名称”栏(第二行)，单击“科目名称”栏的参照按钮(或按 F2 键)，选择“资产”类科目为“140301 塑料”或者直接在“科目名称”栏输入“140301”。

(6) 按 Enter 键，弹出“辅助项”对话框，选择“项目”为“塑料”，在“单价”栏输入“1000”，“数量”栏输入“10”，单击“确定”按钮返回。

(7) 系统自动根据数量及单价计算“140301 塑料”的金额填列在借方，此时须按空格键调整方向为“贷方”。

(8) 以此方式输入“140302”(数量 5，单价 6000)、“140303”(数量 5，单价 1600)的数量、单价及贷方金额。

(9) 单击“50010102 直接材料”的借方金额，按“=”键，“借方金额”会自动填上“48000”。生产领料的记账凭证如图 3-6 所示。

(10) 单击“保存”按钮或按 F6 键保存凭证，然后退出。

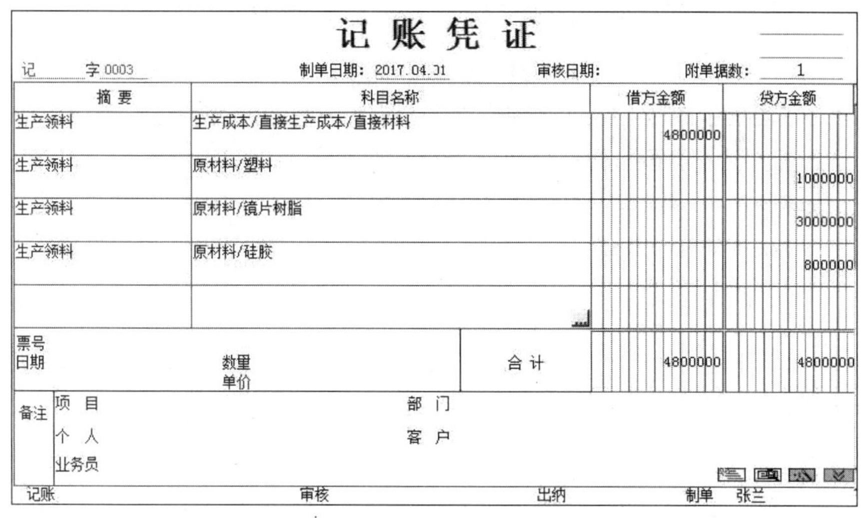

记 账 凭 证

记 字 0003　　制单日期：2017.04.01　　审核日期：　　附单据数：1

摘要	科目名称	借方金额	贷方金额
生产领料	生产成本/直接生产成本/直接材料	4800000	
生产领料	原材料/塑料		1000000
生产领料	原材料/镜片树脂		3000000
生产领料	原材料/硅胶		800000
票号 日期　　数量 单价	合计	4800000	4800000

备注　项目　　部门
个人　　客户
业务员

记账　　审核　　出纳　　制单　张兰

图 3-6　生产领料的记账凭证

3.4　报销差旅费

【业务描述】

4 月 5 日，销售部夏于出差回来报销差旅费 2800 元，因月初预支了 3000 元，故退回现金 200 元。

【操作指导】

确认系统时间和操作日期为 2017 年 4 月 5 日。

视频观看：手机扫描二维码可观看相关操作。

任务说明：报销差旅费。

财务部会计张兰填制差旅费报销凭证的操作如下：

(1) 打开“填制凭证”页签。登录“企业应用平台”，在“业务导航视图”的“业务工作”导航条中选中“财务会计”|“总账”|“凭证”|“填制凭证”，打开“填制凭证”页签。

(2) 填制销售部夏于报销差旅费的凭证。单击工具栏中的“增加”按钮，打开一张空白的记账凭证，在其“摘要”栏中参照生成或填入“报销差旅费”，在第 1 行的“科目名称”栏参照生成或输入“660105”(销售费用/差旅费)，“借方金额”栏输入“2800”，然后按 Enter 键；在第 2 行的“科目名称”栏参照生成或输入“1001”(库存现金)，在“借方金额”栏输入“200”，按 Enter 键；再在第 3 行的“科目名称”栏中参照生成或输入“122101”(其他应收款/个人往来)，单击其他区域，打开“辅助项”对话框，在“部门”编辑框中参照生成“批发部”，“个人”参照生成“夏于”，然后单击“确定”按钮，返回“填制凭证”页签，再在“贷方金额”栏按“＝”键，系统自动填充贷方金额 3000 元。

(3) 保存夏于报销差旅费的凭证。单击工具栏中的“保存”按钮，完成夏于预支差旅费凭证填制，结果如图 3-7 所示。

(4) 退出。单击“填制凭证”页签的“关闭”按钮，关闭该页。

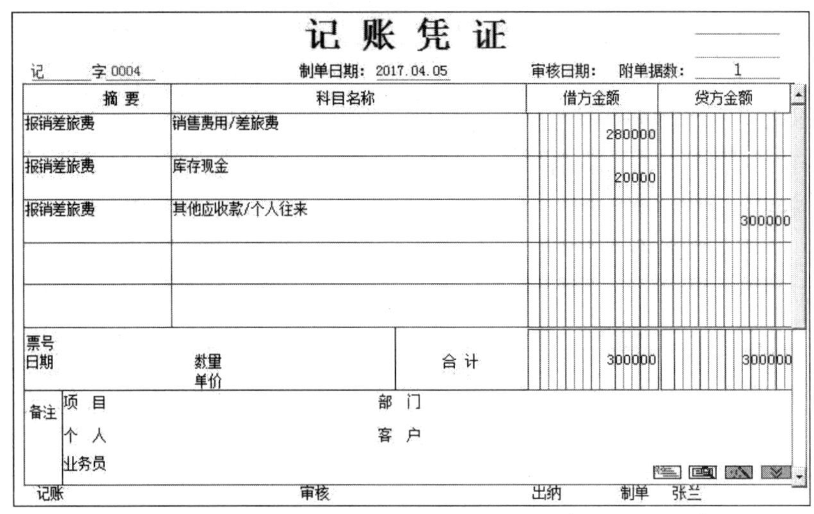

记 账 凭 证

记 字 0004　　制单日期：2017.04.05　　审核日期：　　附单据数：1

摘要	科目名称	借方金额	贷方金额
报销差旅费	销售费用/差旅费	280000	
报销差旅费	库存现金	20000	
报销差旅费	其他应收款/个人往来		300000
票号 日期	数量 单价 合计	300000	300000

备注　项目　　部门

　　　个人　　客户

　　　业务员

记账　　审核　　出纳　　制单　张兰

图 3-7　销售部夏于报销差旅费的记账凭证

3.5 审核凭证

【业务描述】

2017 年 4 月 5 日，财务主管曾志伟对北京亮康眼镜有限公司 2017 年 4 月的 4 笔业务进行审核处理。

【操作指导】

确认系统时间和操作日期为 2017 年 4 月 1 日。

视频观看：手机扫描二维码可观看相关操作。

任务说明：审核凭证。

财务主管曾志伟对凭证进行主管审核的操作如下：

(1) 打开“凭证审核列表”页签。登录“企业应用平台”，在“业务导航视图”的“业务工作”导航条中选中“财务会计”|“总账”|“凭证”|“审核凭证”，打开“凭证审核”对话框。单击“确定”按钮，打开“凭证审核列表”页签。

(2) 会计主管审核。

① 单张审核。在“凭证审核列表”页签中双击第一张凭证所在的行，进入该凭证的“审核凭证”页签，查阅信息无误后单击工具栏中的“审核”按钮，即在凭证下方“审核”处显示“曾志伟”的名字，表示该张凭证审核完成，并且自动打开下一张凭证。

② 成批审核。单击工具栏中的 按钮，查阅所有需要主管审核的凭证，审核信息无误后，单击工具栏中的“批处理”下拉按钮，选中“成批审核凭证”选项，以完成对所有未审核凭证的审核工作。凭证审核列表如图 3-8 所示。

(3) 退出。单击“审核凭证”页签和“凭证审核列表”页签的“关闭”按钮，关闭页签。

凭证共 4张 已审核 4 张 未审核 0 张 ⦿ 凭证号排

制单日期	凭证编号	摘要	借方金额合计	贷方金额合计	制单人	审核人	系统名	备注	审核日期	年度
2017-04-01	记 - 0001	提取备用金	1,000.00	1,000.00	张兰	曾志伟			2017-04-05	2017
2017-04-01	记 - 0002	预支差旅费	3,000.00	3,000.00	张兰	曾志伟			2017-04-05	2017
2017-04-01	记 - 0003	生产领料	48,000.00	48,000.00	张兰	曾志伟			2017-04-05	2017
2017-04-05	记 - 0004	报销差旅费	3,000.00	3,000.00	张兰	曾志伟			2017-04-05	2017

图 3-8　凭证审核列表

3.6　出纳签字

【业务描述】

2017 年 4 月 5 日，对北京亮康眼镜有限公司 2017 年 4 月的 5 笔业务进行出纳签字。

【操作指导】

确认系统时间和操作日期为 2017 年 4 月 5 日。

视频观看：手机扫描二维码可观看相关操作。

任务说明：出纳签字。

财务部出纳罗迪对凭证进行出纳签字的操作如下：

（1）打开“出纳签字列表”页签。登录“企业应用平台”，在“业务导航视图”的“业务工作”导航条中选中“财务会计”|“总账”|“凭证”|“出纳签字”，打开“出纳签字”对话框，单击“确定”按钮，打开“出纳签字列表”页签。

（2）出纳签字。

① 单张签字。在“出纳签字列表”页签中双击第一张凭证所在的行，进入该凭证的“出纳签字”页签，查阅信息无误后单击工具栏中的“签字”按钮，即在凭证下方“出纳”处显示“罗迪”的名字，表示该张凭证出纳签字完成。

② 成批签字。单击工具栏中的按钮，查阅所有未由出纳签字的收付款凭证，审核信息无误后，单击工具栏中的“批处理”下拉按钮，选中“成批出纳签字”选项，以完成对所有未签字凭证的出纳签字工作。出纳签字列表如图 3-9 所示。

凭证共 3张 已签字 3张 未签字 0张 ⦿ 凭证号排序

制单日期	凭证编号	摘要	借方金额合计	贷方金额合计	制单人	签字人	系统名	备注	审核日期	年度
2017-04-0:	记 - 0001	提取备用金	1,000.00	1,000.00	张兰	罗迪			2017-04-05	2017
2017-04-0:	记 - 0002	预支差旅费	3,000.00	3,000.00	张兰	罗迪			2017-04-05	2017
2017-04-05	记 - 0004	报销差旅费	3,000.00	3,000.00	张兰	罗迪			2017-04-05	2017

图 3-9　出纳签字列表

（3）退出。单击“出纳签字”和“出纳签字列表”页签的“关闭”按钮，关闭页签。

3.7　删除凭证

【业务描述】

2017 年 4 月 5 日，删除“917 北京亮康眼镜有限公司”2017 年 4 月的记 0001 号凭证。

【操作指导】

确认系统时间和操作日期为 2017 年 4 月 5 日。

视频观看：手机扫描二维码可观看相关操作。

任务说明：删除凭证。

(1) 由用户“0202 罗迪”取消该凭证的出纳签字。出纳罗迪登录“企业应用平台”，在“业务导航视图”的“业务工作”导航条中选中“财务会计”|“总账”|“凭证”|“出纳签字”，打开“出纳签字”对话框，单击“确定”按钮，打开“出纳签字列表”页签，双击“记-0001”，打开记账凭证，单击工具栏中的“取消”按钮，取消后出纳签字处不再显示姓名。

(2) 由用户“0200 曾志伟”取消对该凭证的审核，参照取消出纳签字。

(3) 由用户“0201 张兰”登录“企业应用平台”，在“业务导航视图”的“业务工作”导航条中选中“财务会计”|“总账”|“凭证”|“填制凭证”，打开“填制凭证”页签。

(4) 找到第 1 张记账凭证，在工具栏单击“作废/恢复”按钮，将该张凭证打上“作废”标志，如图 3-10 所示。

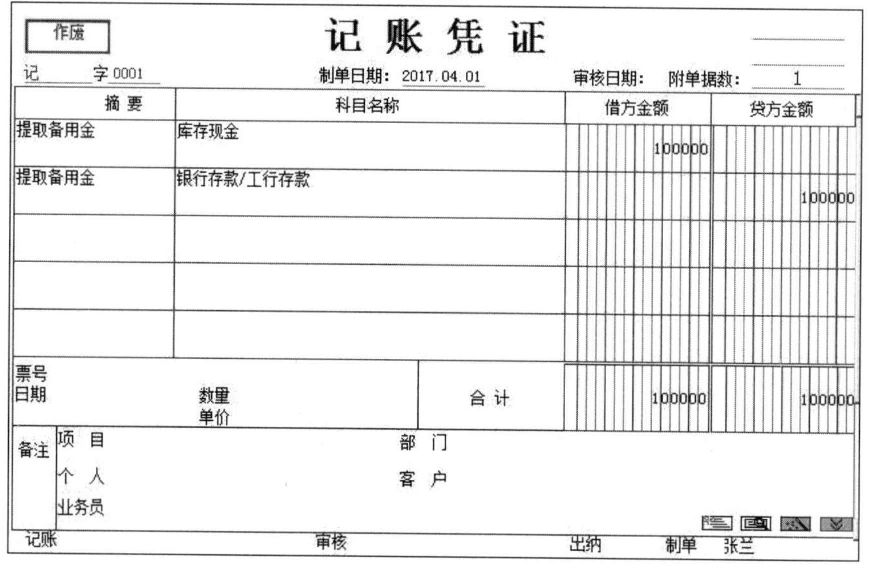

图 3-10　作废凭证

(5) 在工具栏单击“整理凭证”按钮，在弹出的“凭证期间选择”对话框中选择“凭证期间”为“2017.04”，单击“确定”按钮，打开“作废凭证表”对话框。

(6) 双击“作废凭证表”对话框中的“删除?”栏，使之显示“Y”，如图 3-11 所示。

(7) 单击“确定”按钮，弹出“提示”消息框，询问“是否还需整理凭证断号”，如图 3-12 所示。

(8) 选中“按凭证号重排”单选按钮，单击“是”按钮，完成对凭证号的重新整理，结果如图 3-13 所示。

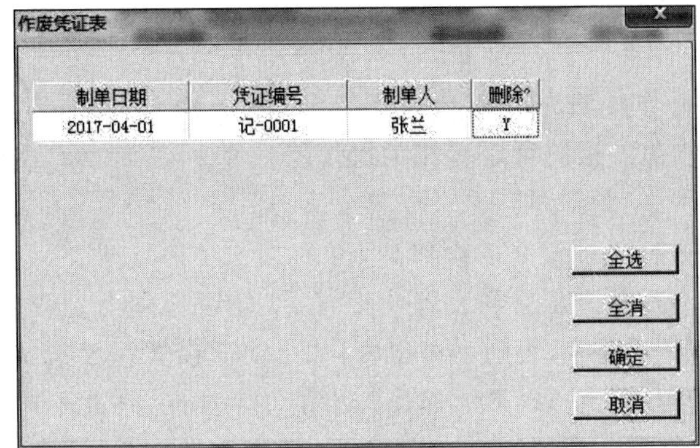

图 3-11　作废凭证表

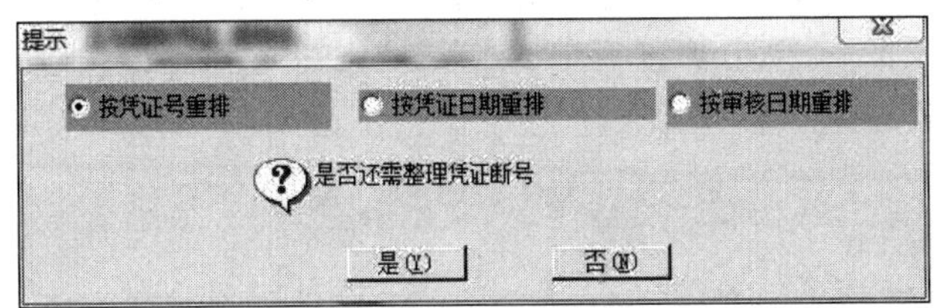

图 3-12　整理凭证断号

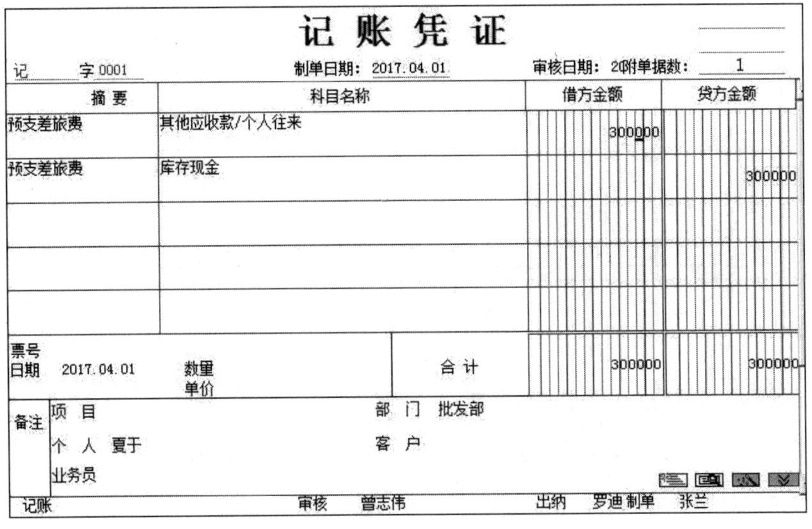

图 3-13　重排预支差旅费的记账凭证

3.8 记　　账

【业务描述】

2017 年 4 月 5 日，对北京亮康眼镜有限公司 2017 年 4 月的业务凭证进行记账处理。

【操作指导】

确认系统时间和操作日期为 2017 年 4 月 5 日。

视频观看：手机扫描二维码可观看相关操作。

任务说明：记账。

财务部会计张兰进行凭证记账的操作如下：

(1) 主管会计签字。由于在总账设置中设置了“凭证必须由主管会计签字”，因此在记账前必须由“0200 曾志伟”签字，否则不可记账；如果前面设置时没有选中，可以不必经会计主管签字。由“0200 曾志伟”登录，具体操作与出纳签字相同，在此不再赘述。

(2) 打开“记账”对话框。登录“企业应用平台”，在“业务导航视图”的“业务工作”导航条中选中“财务会计”|“总账”|“凭证”|“记账”，打开“记账”对话框。

(3) 会计记账。在“记账”对话框中单击“全选”和“记账”按钮，系统自动完成记账工作，并给出消息框和记账报告，单击消息框中的“确定”按钮，返回“记账”对话框，如图 3-14 所示。期初试算平衡表如图 3-15 所示。

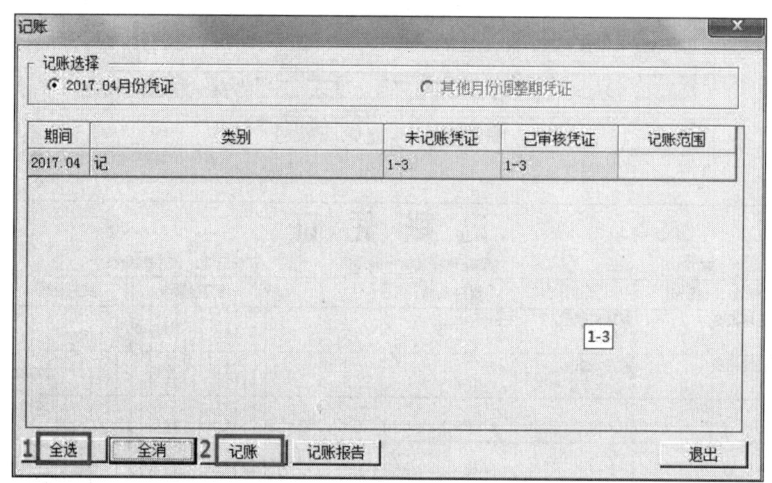

图 3-14　记账选择

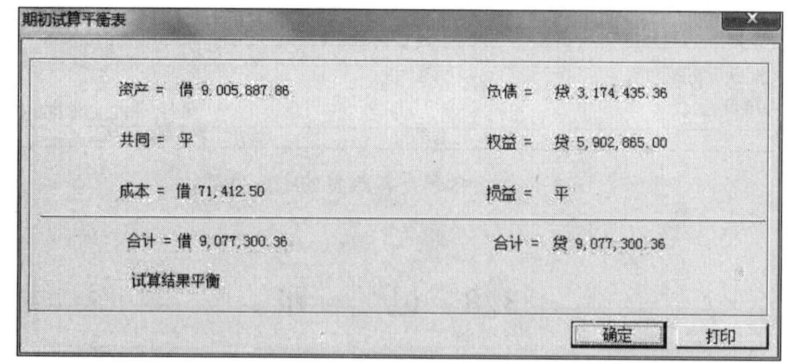

图 3-15　期初记账平衡表

(4) 退出。单击“记账”对话框的“退出”按钮，退出对话框。

3.9 记账后修改凭证

【业务描述】

2017 年 4 月 5 日，修改“917 北京亮康眼镜有限公司”2017 年 4 月的记 0003 号凭证，改为报销差旅费 2700 元，退回现金 300 元。

【操作指导】

确认系统时间和操作日期为 2017 年 4 月 5 日。

视频观看：手机扫描二维码可观看相关操作。

任务说明：记账修改。

1. 财务部会计张兰进行反记账处理

(1) 打开“对账”窗口。登录“企业应用平台”，在“业务导航视图”的“业务工作”导航条中选中“财务会计”|“总账”|“期末”|“对账”，打开“对账”窗口。

(2) 按 Ctrl＋H 键，弹出“总账”消息框，提示“恢复记账前状态功能已被激活”。单击“确定”按钮进行确认。

(3) 在“业务导航视图”的“业务工作”导航条中选中“财务会计”|“总账”|“凭证”|“恢复记账前状态”，弹出“恢复记账前状态”对话框。选中“最近一次记账前状态”单选按钮，如图 3-16 所示。

(4) 单击“确定”按钮，弹出“恢复记账完毕”消息对话框，单击“确定”按钮。

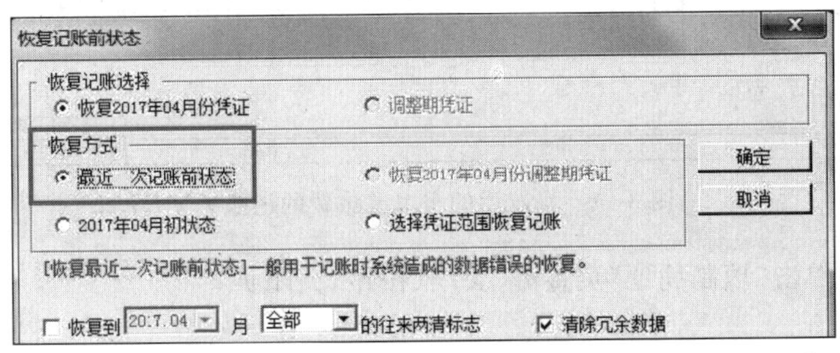

图 3-16 恢复记账前状态

2. 财务主管曾志伟取消凭证审核、主管签字

(1) 打开“凭证审核”窗口。登录“企业应用平台”，在“业务导航视图”的“业务工作”导航条中选中“财务会计”|“总账”|“凭证”|“审核凭证”，弹出“凭证审核”对话框，单击“确定”按钮，打开“凭证审核列表”页签。

(2) 取消审核。在“凭证审核列表”页签中，双击记 0003 号凭证所在的行，进入该凭证的“审核凭证”页签，单击工具栏中的“取消”按钮，取消审核签字，单击“审核凭证”页签的“关闭”按钮，关闭页签。

(3) 与此操作类似，可以取消主管签字。

3. 财务部出纳罗迪取消出纳签字

(1) 打开“出纳签字列表”页签。登录“企业应用平台”，在“业务导航视图”的“业务工

作”导航条中选中“财务会计”|“总账”|“凭证”|“出纳签字”，弹出“出纳签字”对话框，单击“确定”按钮，打开“出纳签字列表”页签。

（2）出纳签字。在“出纳签字列表”页签中，双击记 0003 号凭证所在的行，进入该凭证的“出纳签字”页签，单击工具栏中的“取消”按钮，取消出纳签字，单击“出纳签字”页签的“关闭”按钮，关闭页签。

4. 财务部会计张兰修改凭证

（1）打开“填制凭证”页签。登录“企业应用平台”，在“业务导航视图”的“业务工作”导航条中选中“财务会计”|“总账”|“凭证”|“填制凭证”，打开“填制凭证”页签。

（2）修改凭证。在“填制凭证”页签中，单击按钮，找到记 0003 号凭证，将科目“1001”对应的金额修改为“300”，科目“660105”对应的金额修改为“2700”，然后单击“保存”按钮。报销差旅费的记账凭证如图 3-17 所示。

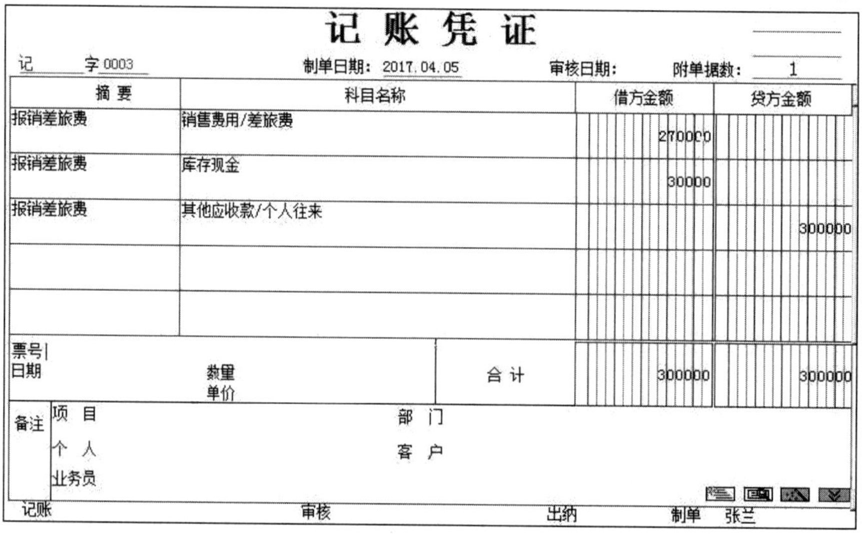

记账凭证

记 字 0003 制单日期：2017.04.05 审核日期： 附单据数： 1

摘要	科目名称	借方金额	贷方金额
报销差旅费	销售费用/差旅费	270000	
报销差旅费	库存现金	30000	
报销差旅费	其他应收款/个人往来		300000
票号 日期	数量 单价 合计	300000	300000

备注 项目 部门
个人 客户
业务员

记账 审核 出纳 制单 张兰

图 3-17 修改后的报销差旅费的记账凭证

（3）退出。单击“填制凭证”页签的“关闭”按钮，关闭页签。

小贴士

- 已结账月份的数据不能取消记账。
- 取消记账后，一定要重新记账。
- 如果退出系统后又重新进入系统或在“对账”时按 Ctrl+H 键，“恢复记账前状态”功能将重新隐藏。

3.10 出纳处理

【业务描述】

2017 年 4 月 10 日，查询北京亮康眼镜公司 2017 年 4 月的现金日记账。

【操作指导】

确认系统时间和操作日期为 2017 年 4 月 5 日。

任务说明：查询现金日记账。

(1) 以“0202 罗迪”的身份登录“企业应用平台”,在“业务导航视图”的“业务工作”导航条中选中“财务会计”|“总账”|“出纳”|“现金日记账”,打开“现金日记账查询条件”对话框。

(2) 单击“确定”按钮,打开“现金日记账”页签。

第4章　采购库存期初设置与应付业务处理

用友 ERP-U8 的业务单据可以在业务流程经过的各系统之间自动生成，同时业务单据可以自动生成对应财务凭证。采购管理系统根据采购订单生成库存系统的采购入库单，根据采购入库单生成采购到货对应的存货凭证，根据采购订单生成采购发票，采购发票经审核后记入应付明细账，并根据采购发票生成应付凭证等。本书中的采购发票，是销售方开具给案例企业的，案例企业为了管理的信息化，需要依据该发票在用友 ERP-U8 系统中填制相应信息，形成电子版的采购发票信息。

为了保证手工业务与软件处理的衔接和各个子系统间数据的连贯，本章首先对已经启用的采购管理系统、库存管理、存货核算系统进行系统参数和业务规则设置，进行期初数据的录入与记账，然后讲解常见的采购业务与应付款业务的简单处理流程。

本章的期初设置操作的日期，应该是“2017-04-01”，以账套主管“李吉棕”的身份登录“企业应用平台”，在第 3 章完成的账套中继续进行操作，所以在实验操作前，需要将系统时间调整为 2017 年 4 月 1 日。如果没有调整系统时间，则在登录“企业应用平台”时需要修改“操作日期”为 2017 年 4 月 1 日。完成期初设置以后的操作，根据业务发生的时间调整系统时间或者在登录时修改“操作日期”。

如果没有完成第 3 章的操作，可以到百度网盘空间（网盘地址：http://pan.baidu.com/s/1nuEQJ7j 访问密码：h7gs）的“实验账套数据”文件夹中，将“03 月初业务.rar”下载到计算机上，然后引入到用友 ERP-U8 中。此外，本章完成的账套，其输出压缩的文件名为“04 采购业务.rar”。

需要说明如下：

（1）因网盘中的账套备份文件均为压缩文件，所以在下载完成后引入之前，需要用解压缩工具进行解压（建议用 WinRAR 3.42 或以上版本），得到相应可以引入的账套数据文件。

（2）本章的所有业务实验操作都有配套的微视频，可以通过扫描二维码或者到指定的网页去观看。本书配套的微视频均存放在网盘中。

4.1　采购系统期初设置

【预备知识】

采购管理系统是用友 ERP-U8 供应链管理系统的一个子系统，具有处理采购与付款业务的强大功能。采购管理系统首次使用应该进行期初设置，包括采购选项和采购期初记账，采购期初记账是在录入期初数据后进行的。

系统选项也称系统参数、业务处理控制参数，是指在企业业务处理过程中所使用的各种控制参数，系统参数的设置将决定用户使用系统的业务流程、业务模式和数据流向，所以用户在进行选项设置之前，一定要详细了解选项开关对业务处理流程的影响，并结合企业的实际业务需要进行设置。系统选项有 4 个页签：业务及权限控制、公共及参照控制、其他业务控制和预算控制。由于有些选项在日常业务开始后不能随意更改，用户最好在业务开始前进行全盘考虑，尤其一些对其他系统有影响的选项设置更要考虑清楚。该选项设置将对采购管理的所有操作员和客户端的操作生效，因此要慎重设定或修改。

账簿应有期初数据，以保证数据的连贯性。初次使用时，应先输入采购管理系统的期初数据并进行期初记账操作。期初记账是将采购期初数据记入有关采购账；期初记账后，期初数据不能增加、修改，除非取消期初记账。如果系统中已有上年的数据，不允许取消期初记账。期初记账后输入的入库单、发票都是启用月份及以后月份的单据，在“月末结账”功能中记入有关采购账。

期初数据包括以下 3 种。

（1）期初暂估入库。启用采购管理系统时，由于没有取得供货单位的采购发票，所以不能把采购结算的入库单输入系统，只能在取得发票后进行采购结算。

（2）期初在途存货。启用采购管理系统时，虽然已取得了供货单位的采购发票，但是货物还没有入库，从而不能把采购结算的发票输入系统，只有在货物入库并填制入库单后才能进行采购结算。

（3）期初受托代销商品。启用采购管理系统时，无法把没有与供货单位结算完的受托代销入库记录输入系统，只有在受托代销商品销售后，才能进行受托代销结算。

当企业采购的货物已经入库，但发票未到时，应进行暂估处理，以使企业的会计信息符合谨慎性原则，即要求企业对交易或者事项进行会计确认、计量和报告时保持应有的谨慎。不应高估资产或者收益，也不应低估负债或者费用。

【业务描述】

1. 采购系统期初设置

企业的采购管理系统选项，除系统默认设置之外，还需要设置业务及权限控制的参数，即将“订单\到货单\发票单价录入方式”设置为“取自供应商存货价格表价格”。

2. 期初采购订单录入

企业期初采购订单如表 4-1 所示。

表 4-1 期初采购订单列表

订单号	单据日期	供应商	存货	数量	原币单价/元	原币金额/元	税率/%
CG0301	2017-03-17	大运公司	男士高端太阳镜	4000	350	1 400 000	17
CG0302	2017-03-20	大运公司	女士高端太阳镜	3000	300	900 000	17

3. 期初采购发票录入

企业期初的采购发票，如表 4-2 所示。

表 4-2 采购增值税专用发票列表

订单号	发票号	单据日期	供应商	存货	数量	原币单价/元	税率/%
CG0301	61060301	2017-03-17	大运公司	男士高端太阳镜	4000	350	17
CG0302	61060302	2017-03-20	大运公司	女士高端太阳镜	3000	300	17

4. 采购管理系统期初记账

对采购管理系统进行期初记账。

【操作指导】

确认系统时间和操作日期为 2017 年 4 月 1 日。

视频观看：手机扫描二维码可观看相关操作。

任务说明：采购管理系统期初设置。

账套主管李吉棕对采购管理系统以下设置如下。

1. 采购管理期初设置

(1) 打开“采购系统选项设置”对话框。登录“企业应用平台”，在“业务导航视图”的“业务工作”导航条中选中“供应链”|“采购管理”|“设置”|“采购选项”，打开“采购系统选项设置”对话框。

(2) 业务与权限控制设置。在“业务与权限控制”选项卡中，在“订单\到货单\发票单价录入方式”栏，选中“取自供应商存货价格表价格”，其他选项按系统默认设置。

(3) 确定并退出。单击“确定”按钮，保存系统参数的设置并关闭“采购系统选项设置”对话框。

小贴士

- 在进行采购选项修改前，应确定系统的相关功能没有被使用，否则系统会显示警告信息。
- 在相关业务已开始后，最好不要随意修改采购选项。

2. 期初采购订单录入

(1) 打开“采购订单”页签。登录“企业应用平台”，在“业务导航视图”的“业务工作”导航条中选中“供应链”|“采购管理”|“采购订货”|“采购订单”，打开“采购订单”页签。

(2) 填制采购订单。在工具栏中单击“增加”按钮，新增一张采购订单，然后做如下编辑。

① 编辑表头。修改表头的“订单日期”为“2017-3-17”，“订单编号”(即合同编号)为“CG0301”，“供应商”为“大运公司”，其他项默认。

② 编辑表体。双击表体第 1 行的“存货编码”栏出现[...]按钮，单击[...]按钮出现“采购存货档案”，在打开的“采购存货档案”窗口中选择“男士高端太阳镜”，然后单击“确定”按钮，完成存货的参照生成，然后在表体第 1 行的“数量”栏输入“4000”，“原币单价”栏输入“350”，单击表体第 1 栏任意处，其他项出现，默认其他项。

(3) 保存和审核。单击工具栏中的“保存”和“审核”按钮，保存审核该单据。期初采购订单输入结果如图 4-1 所示。

(4) 重复步骤(2)～(3)，完成表 4-1 中的第 2 条记录的输入、保存与审核。

(5) 退出。单击“采购订单”页签的“关闭”按钮，关闭页签。

小贴士

在采购管理系统期初记账前，采购管理系统的采购入库，只能输入期初入库单，期初记

图 4-1　期初采购订单

账后，采购入库单需要在库存系统中输入或生成。

3. 期初采购发票输入

(1) 打开“期初专用发票”页签。登录“企业应用平台”，在“业务导航视图”的“业务工作”导航条中选中“供应链”|“采购管理”|“采购发票”|“专用采购发票”，打开“期初专用发票”页签。

(2) 增加发票。在工具栏中单击“增加”按钮，新增一张采购专用发票。

(3) 拷贝信息。单击工具栏中的“生单”|“采购订单”下拉按钮，打开“查询条件选择”窗口，默认系统条件，单击“确定”按钮，打开“拷贝并执行”窗口；双击订单号为 CG0301 行的“选择”栏，使其出现“Y”字样，然后单击工具栏中的“OK 确定”按钮，返回“期初专用发票”页签，并自动带入订单的信息。

(4) 编辑信息。编辑表头的“发票号”为“61060301”，修改“开票日期”为“2017-03-17”，其他项默认。

(5) 保存。单击工具栏中的“保存”按钮，保存该发票。

(6) 重复步骤(2)～(5)，依据表 4-2，增加第 2 张发票。

(7) 退出。单击“期初专用发票”页签的“关闭”按钮，关闭页签，结果如图 4-2 所示。

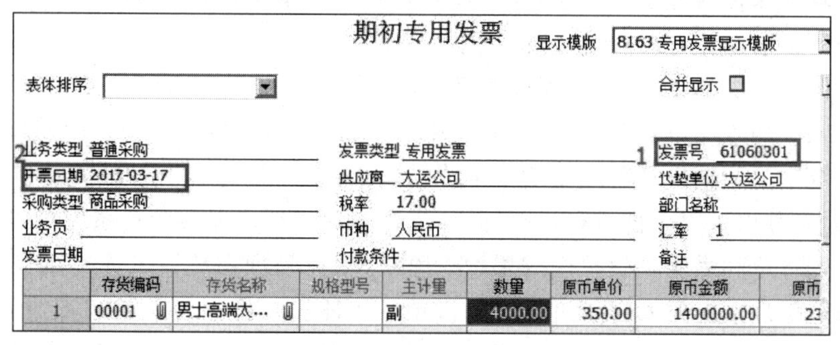

图 4-2　期初采购发票

小贴士

- 启用采购管理系统时，如果采购货物尚未运输至企业但发票已经收到，则录入期初采购发票，表示企业的在途物资，待货物到达企业后，再办理采购结算。
- 如果采购订单没有审核，则无法参照生单。

- 需要注意的是，在应付款管理系统录入的期初采购发票，在采购管理系统中不能被直接调用，所以需要在采购管理系统中再次录入，以使其可以在采购管理中进行相关处理。

4. 采购管理系统期初记账

(1) 打开"期初记账"对话框。登录"企业应用平台"，在"业务导航视图"的"业务工作"导航条中选中"供应链"|"采购管理"|"设置"|"采购期初记账"，打开"期初记账"对话框。

(2) 记账。单击"记账"按钮，弹出"期初记账完毕"消息框。

(3) 退出。在消息框中单击"确定"按钮，完成采购管理系统期初记账。

小贴士

- 采购期初记账是表明采购管理业务的往期数据录入工作已完成，之后进行的业务操作属于当期业务。
- 如果没有期初数据，可以不输入期初数据，但必须执行记账操作。

4.2 库存与存货核算期初设置

【预备知识】

库存管理系统和存货核算系统都是对企业的存货进行管理的系统，库存管理侧重管理存货出入库及结存的数量，满足采购入库、销售出库、产成品入库、材料出库、其他出入库、盘点管理等业务需要，提供仓库货位管理、批次管理、保质期管理、出库跟踪入库管理、可用量管理、序列号管理等全面的业务应用。存货核算系统侧重对企业存货的收发存业务进行核算，掌握存货的耗用情况，及时准确地把各类存货成本归集到各成本项目和成本对象上，为企业的成本核算提供基础数据。库存管理系统为存货核算系统提供各种出入库单据，所有出入库单据均由库存管理系统填制，存货核算系统只能填写出入库单的单价、金额，并可对出入库单进行记账操作，核算出入库的成本。

在供应链子系统的存货核算、库存管理、采购管理、销售管理都启用的情况下，在库存管理系统中录入采购入库单，在销售管理系统中录入发货单，审核后自动生成销售出库单或在库存管理系统中参照销售订单或发货单生成销售出库单，传递到存货核算系统。在存货核算系统中，对各种出入库单据进行记账，并生成出入库凭证。库存管理系统可以参照采购管理系统的采购订单和采购到货单生成采购入库单，库存管理系统将入库情况反馈到采购管理系统。采购管理系统向库存管理系统提供预计入库量。根据企业的选项设置，销售出库单可以在库存管理系统填制、生成，也可以在销售管理系统生成后传递到库存管理系统，再由库存管理系统进行审核。如果在库存管理系统生成，则需要参照销售管理系统的发货单和销售发票。销售管理系统为库存管理系统提供预计出库量。库存管理系统为销售管理系统提供可用于销售的存货的可用量。

本节主要对库存管理系统和存货核算系统的期初设置和期初数据输入进行介绍，便于以后章节对采购业务和销售业务处理的介绍。

【业务描述】

1. 库存管理系统参数设置

除系统默认设置外，亮康眼镜公司的库存管理系统参数还需进行如下参数设置。

(1) 通用设置。确认选中“业务设置”区的“有无委托代销业务”，选中“修改现存量时点”区的“采购入库审核时改现存量”“销售出库审核时改现存量”“产成品入库审核改现存量”“材料出库审核时改现存量”和“其他出入库审核时改现存量”，取消选中“业务校验”区的“审核时检查货位”，其他为默认设置。

(2) 专用设置。选中“业务开关”区的“允许超发货单出库”，在“自动带出单价的单据”区选中“采购入库单”“采购入库取价按采购管理选项”“销售出库单”“产成品入库单”“材料出库单”“其他入库单”“其他出库单”和“调拨单”，其他为默认设置。

(3) 预计可用量设置。将“预计可用量检查公式”设置为“出入库检查预计可用量”，“预计入库量”包括“已请购量”“生产订单量”“采购在途量”“到货/在检量”和“委外订单量”，“预计出库量”包括“销售订单量”“待发货量”“生产未领量”和“委外未领量”，其他为默认设置。

2. 存货核算设置

除系统默认设置外，亮康眼镜公司的存货核算系统参数还需进行如下参数设置。

(1) 核算方式。在“暂估方式”区选中“单到回冲”，“委托代销成本核算方式”为“按发出商品核算”，在“零成本出库”区选中“参考成本”，在“入库单成本”区选中“参考成本”，在“红字出库单成本”区选中“参考成本”，其他为默认设置。

(2) 控制方式。选中“结算单价与暂估单价不一致是否调整出库成本”，其他为默认设置。

3. 存货科目设置

表 4-3 所示的是亮康眼镜公司的存货科目。本任务是按照表 4-3 完成存货科目设置。

表 4-3　存货科目

存 货 分 类	存货编码与存货名称	存货科目编码	存货科目名称
0101 太阳镜		1405	库存商品
0102 亮康眼镜		1405	库存商品
	12210 塑料	140301	塑料
	12220 镜片树脂	140302	镜片树脂
	12310 硅胶	140303	硅胶

4. 存货对方科目设置

表 4-4 所示的是亮康眼镜公司的存货对方科目。本任务是按照表 4-4 完成存货对方科目设置。

表 4-4　存货对方科目

收发类别编码	收发类别名称	对方科目编码与名称	暂估科目编码与名称
11	商品采购入库	1402 在途物资	220202 暂估应付账款

续表

收发类别编码	收发类别名称	对方科目编码与名称	暂估科目编码与名称
12	材料采购入库	1402 在途物资	220202 暂估应付账款
31	销售出库	6401 主营业务成本	
32	赠品出库	6711 营业外支出	
21	盘盈入库	190101 待处理流动资产损溢	
41	盘亏出库	190101 待处理流动资产损溢	

5. 库存期初数据

本任务是依据表 4-5 完成亮康眼镜公司的库存期初数据输入。注意，每个仓库一张期初数据录入单据。

表 4-5 库存期初数据

仓库编码	仓库名称	存货编码	存货名称	数量	单价/元	入库类别
0010	大运仓库	00001	男士高端太阳镜	100	350	商品采购入库
0010	大运仓库	00003	男士普通太阳镜	4100	90	商品采购入库
0010	大运仓库	00004	女士普通太阳镜	100	80	商品采购入库
0040	产成品仓库	10000	亮康眼镜	20 000	160	产成品入库
0020	原材料仓库	12210	塑料	10	1000	材料采购入库
0020	原材料仓库	12310	硅胶	10	1600	材料采购入库

6. 存货核算期初数据的生成与记账

对存货期初数据进行生成和记账。

【操作指导】

确认系统时间和操作日期为 2017 年 4 月 1 日。

视频观看：手机扫描二维码可观看相关操作。

任务说明：库存管理与存货核算期初设置。

账套主管李吉棕对库存管理与存货核算系统进行的设置如下。

1. 库存管理系统参数设置

(1) 打开“库存选项设置”对话框。登录“企业应用平台”，在“业务导航视图”的“业务工作”导航条中选中“供应链”|“库存管理”|“初始设置”|“选项”，打开“库存选项设置”对话框。

(2) 通用设置。在“通用设置”选项卡中选中“业务设置”区的“有无委托代销业务”复选框，“修改现存量时点”区的“采购入库审核时改现存量”“销售出库审核时改现存量”“产成品入库审核改现存量”“材料出库审核时改现存量”和“其他出入库审核时改现存量”复选框，取消选中“业务校验”区的“审核时检查货位”复选框，其他选项为系统默认设置，结果如图 4-3 所示。

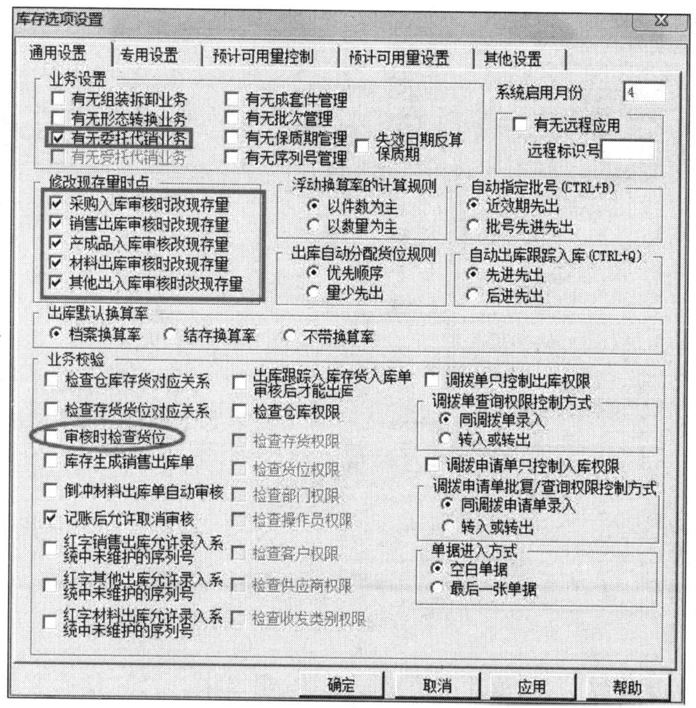

图 4-3　库存管理“通用设置”参数设置

小贴士

- 有委托代销业务时，销售出库单的业务类型增加“委托代销”。可查询“委托代销备查簿”。
- 若选中“审核时检查货位”复选框，则在单据审核时，如果单据表头仓库是货位管理，那么该单据所有记录的货位信息必须填写完整才可审核；若不选中，则审核单据时不进行货位检查，货位可以在单据审核后再指定。
- 根据实际业务的需要，有些单据在单据保存时进行实物出入库，而有些单据在单据审核时才进行实物出入库。为了解决单据和实物出入库的时间差问题，企业可以根据不同的单据制定不同的现存量更新时点。该选项会影响现存量、可用量、预计入库量、预计出库量。根据修改现存量时点设置，系统自动在采购入库审核时、销售出库审核时、产成品入库审核时、材料出库审核时、其他出入库审核时更新存货现存量。

(3) 专用设置。在“专用设置”选项卡的“业务开关”栏选中“允许超发货单出库”复选框，在“自动带出单价的单据”区中选中“采购入库单”“采购入库取价按采购管理选项”“销售出库单”“产成品入库单”“材料出库单”“其他入库单”和“调拨单”复选框，其他选项按系统默认设置，如图 4-4 所示。

小贴士

“允许超发货单出库”复选框默认为不选中，但可以随时修改。选择此项系统在参照发货单时，销售出库单的数量不可超发货单数量。

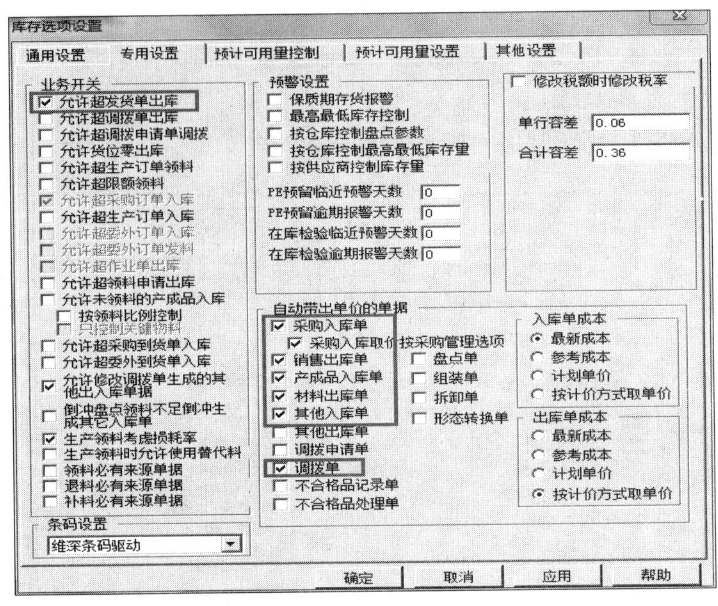

图 4-4　库存管理"专用设置"参数设置

(4) 预计可用量设置。在"预计可用量设置"选项卡中,设置"预计可用量检查公式"为"出入库检查预计可用量"。"预计入库量"包括"已请购量""生产订单量""采购在途量""到货/在检量"和"委外订单量"。"预计出库量"包括"销售订单量""待发货量""生产未领量"和"委外未领量",结果如图 4-5 所示。

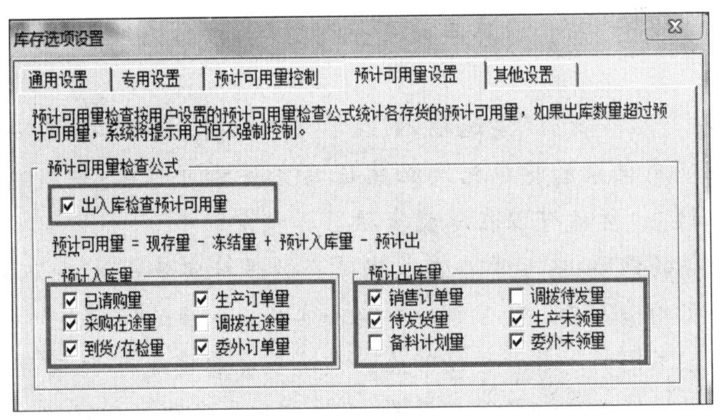

图 4-5　库存管理"预计可用量设置"参数设置

(5) 退出。单击"确定"按钮,保存系统参数的设置,关闭"库存选项设置"对话框。

2. 存货核算设置

(1) 打开存货核算的"选项录入"对话框。登录"企业应用平台",在"业务导航视图"的"业务工作"导航条中选中"供应链"|"存货核算"|"初始设置"|"选项"|"选项录入",弹出"选项录入"对话框。

(2) 核算方式设置。在"核算方式"选项卡中,选中"暂估方式"栏的"单到回冲"复选框、"委托代销成本核算方式"栏的"按发出商品核算"复选框、"零成本出库选择"栏的"参考成本"复选框、"红字出库单成本"栏的"参考成本"复选框和"入库单成本选择"栏的"参考成本"

复选框，其他选项为默认设置，如图 4-6 所示。

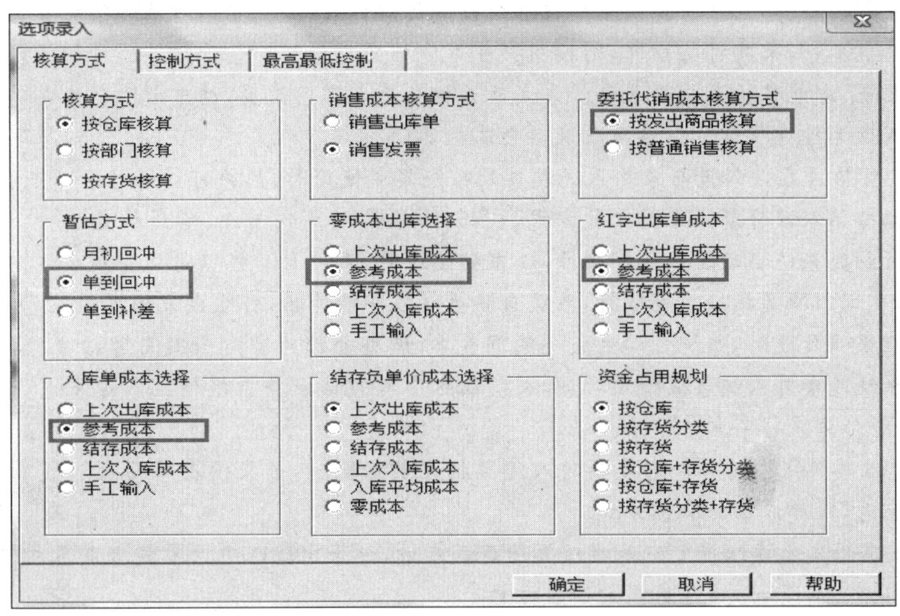

图 4-6　存货核算“核算方式”参数设置

(3) 控制方式设置。在“控制方式”选项卡中选中“结算单价与暂估单价不一致是否调整出库成本”复选框，其他为默认设置，结果如图 4-7 所示。

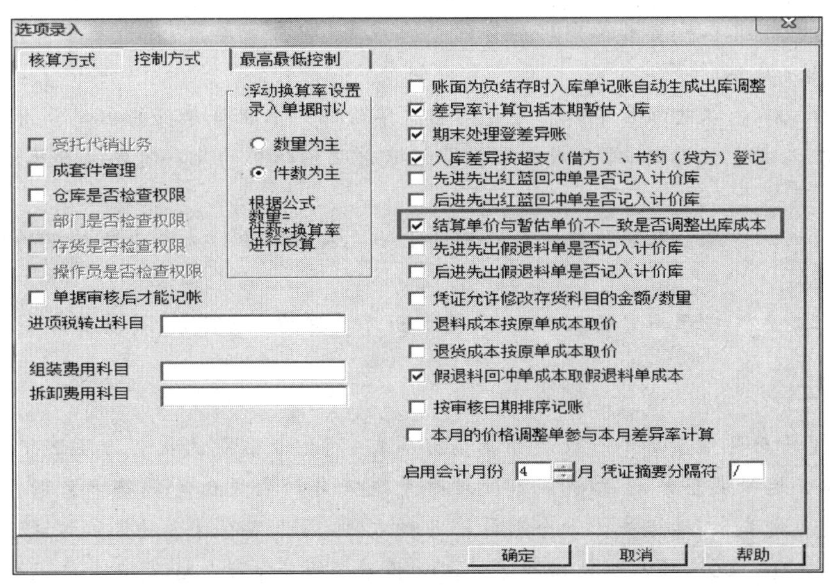

图 4-7　选项-控制方式设置

(4) 退出。单击“确定”按钮，保存系统参数的设置，关闭“选项录入”对话框。

小贴士

(1) 核算方式。初建账套时，用户可以选择按仓库核算、按部门核算、按存货核算。如果是按仓库核算，则按仓库在仓库档案中设置计价方式，并且每个仓库单独核算出库成本；如果是按部门核算，则在仓库档案中按部门设置计价方式，并且相同所属部门的各仓库统一核算出库成本；如果按存货核算，则按用户在存货档案中设置的计价方式进行核算。只有在期初记账前，才能将按存货设置计价方式改为按仓库或部门设置，也可由按仓库或部门设置计价方式改为按存货设置。系统默认按仓库核算。

(2) 暂估方式。如果与采购系统或委外系统集成使用时，用户可以进行暂估业务，并且在此选择暂估入库存货成本的回冲方式，包括月初回冲、单到回冲、单到补差 3 种。月初回冲是指月初时系统自动生成红字回冲单，报销处理时，系统自动根据报销金额生成采购报销入库单；单到回冲是指报销处理时，系统自动生成红字回冲单，并生成采购报销入库单；单到补差是指报销处理时，系统自动生成一笔调整单，调整金额为实际金额与暂估金额的差额。与采购系统或委外系统集成使用时，如果明细账中有暂估业务未报销或本期未进行期末处理，此时暂估方式将不允许修改。

(3) 入库单成本选择。它是指对入库单据记明细账时，如果没有填写入库成本即入库成本为空时，入库成本的取值方式。

(4) 零成本出库选择。它是指核算出库成本时，如果出现账中为零成本或负成本，造成出库成本不可计算时，出库成本的取值方式。

(5) 红字出库单成本。它是指对先进先出或后进先出方式核算的红字出库单据记明细账时，出库成本的取值方式。各方式如下。

① 上次出库成本。取明细账中此存货的上一次出库单价作为本出库单据的出库单价，计算出库成本。

② 参考成本。取存货目录中此存货的参考成本(即参考单价)作为本出库单据的出库单价，计算出库成本。

③ 结存成本。取明细账中的此存货的结存单价作为本出库单据的出库单价，计算出库成本。注意，当批量记账时，结存成本取批量记账前明细账中的此存货的结存单价作为本出库单据的出库单价。

④ 上次入库成本。取明细账中此存货的上一次入库单价作为本出库单据的出库单价，计算出库成本。

⑤ 手工输入。提示用户输入单价，作为本出库单据的出库单价，计算出库成本。

小贴士

“结算单价与暂估单价不一致是否调整出库成本”复选框默认状态为不选中，但可随时修改。若用户选择调整时，在结算成本处理时系统将自动生成出库调整单来调整差异。此方法只针对先进先出、后进先出和个别计价 3 种方法，因为只有这 3 种计价方式可通过出库单跟踪到入库单。此选项与红蓝回冲单记入计价库互斥，必须在红蓝回冲单不记入计价库的情况下才能选择此选项。

3. 存货科目设置

(1) 打开“存货科目”窗口。登录“企业应用平台”，在“业务导航视图”的“业务工作”导航条中选中“供应链”|“存货核算”|“初始设置”|“科目设置”|“存货科目”，打开“存货科目”窗口。

(2) 编辑存货科目。单击“增加”按钮，按照表 4-3 填写“存货分类编码”“存货编码”或“存货科目编码”等内容，“存货名称”与“存货科目名称”系统自动显示(填写完一行后，单击“增加”按钮，出现空行)，依次录入表 4-3 的内容，然后单击“保存”按钮，完成设置。

(3) 退出。单击“退出”按钮，退出窗口。

 **小贴士**

存货核算系统的存货科目功能是设置本系统中生成凭证所需要的各种存货科目、差异科目、分期收款发出商品科目、委托代销科目，因此在制单之前应先在本系统中将存货科目设置正确、完整，否则系统生成凭证时无法自动带出科目。

4. 存货对方科目设置

(1) 打开“对方科目”窗口。登录“企业应用平台”，在“业务导航视图”的“业务工作”导航条中选中“供应链”|“存货核算”|“初始设置”|“科目设置”|“对方科目”，打开“对方科目”窗口。

(2) 编辑对方科目。单击“对方科目”窗口工具栏中的“增加”按钮，按照表 4-4 依次填写“收发类别编码”“对方科目编码”“暂估科目编码”等内容，“对方科目名称”与“暂估科目名称”会自动显示，然后单击“保存”按钮，完成设置。

(3) 退出。单击“退出”按钮，退出窗口。

小贴士

- 对方科目是指同一经济业务中借方或者贷方对应的贷方或者借方的科目。例如，销售商品后，在结转营业成本时需要减少库存商品(即贷：库存商品)，增加主营业务成本，此时站在“库存商品”的角度，主营业务成本即是对方科目。
- 存货核算系统的存货对方科目功能用于设置本系统中生成凭证所需要的存货对方科目(即收发类别)所对应的会计科目，因此在制单之前应先在本系统中将存货对方科目设置正确、完整，否则无法生成科目完整的凭证。

5. 库存期初数据

(1) 打开“库存期初数据录入”页签。登录“企业应用平台”，在“业务导航视图”的“业务工作”导航条中选中“供应链”|“库存管理”|“初始设置”|“期初结存”，打开“库存期初数据录入”页签。

(2) 选择仓库。选择“仓库”为“大运仓库”后，单击“修改”按钮，使“库存期初”窗口处于编辑状态。

(3) 编辑一条期初数据。在表体，参照生成第 1 行的“存货编码”为“00001”(男士高端太阳镜)，在“数量”栏输入“100”，“单价”栏输入“350”，“入库类别”为“商品采购入库”。

(4) 编辑其他期初数据。重复步骤(3)，依据表 4-5 输入“男士普通太阳镜”和“女士普通太阳镜”的期初库存数据。

(5) 保存和批审。单击“保存”按钮，保存输入的存货信息；再单击“批审”按钮，审核该仓库的所有期初数据。操作结果如图 4-8 所示。

(6) 编辑与审核其他仓库的期初数据。重复步骤(2)～(5)，依据表 4-5，完成“产成品仓

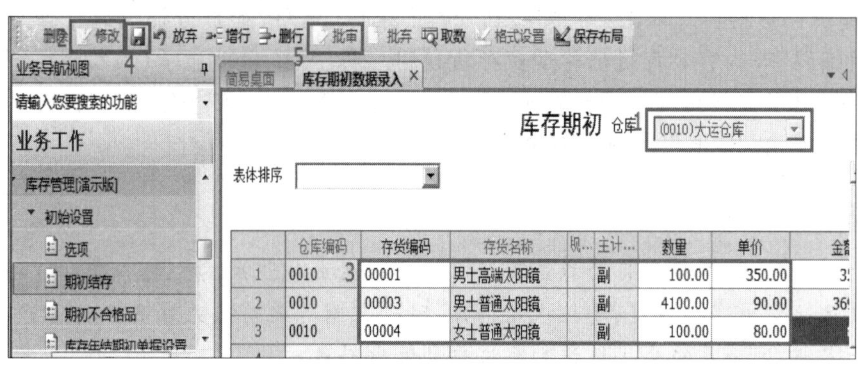

	仓库编码	存货编码	存货名称	规...	主计...	数量	单价
1	0010	00001	男士高端太阳镜		副	100.00	350.00
2	0010	00003	男士普通太阳镜		副	4100.00	90.00
3	0010	00004	女士普通太阳镜		副	100.00	80.00

图 4-8　库存期初数据录入

库”和“原材料仓库”的期初库存数据录入、保存和审核工作。

(7) 退出。单击“库存期初数据录入”页签的“关闭”按钮，关闭页签。

小贴士

- 库存管理的期初数据，只有在启用系统的第一年或重新初始化的年度可以录入，其他年度均不可录入。但启用第一年或重新初始化年度第一个会计月结账后，也不允许再新增、修改或删除期初数据，更不可以审核和弃审。因此应在期初数据全部录入完毕并审核后，再进行第一个会计月的结账操作。
- 库存期初结存数据必须按照仓库分别录入，且录入完成后必须审核。期初结存数据的审核实际是期初记账的过程，表明该仓库期初数据录入工作的完成。
- 库存期初数据审核是分仓库分存货进行的，即“审核”功能仅针对当前仓库的一条存货记录进行审核；“批审”功能是对当前仓库的所有存货执行审核，而不是审核所有仓库的存货。
- 审核后的库存期初数据不能修改、删除，但可以“弃审”后进行修改或删除。
- 库存期初结存数据录入时，若默认存货在库存系统的计量单位不是主计量单位，则需要录入该存货的单价和金额，由系统计算该存货的数量。

6. 存货核算期初数据的生成与记账

(1) 打开存货核算“期初余额”窗口。登录“企业应用平台”，在“业务导航视图”的“业务工作”导航条中选中“供应链”|“存货核算”|“初始设置”|“期初数据”|“期初余额”，打开“期初余额”窗口。

(2) 从大运仓库取数。在“仓库”下拉列表中选中“大运仓库”，然后单击“取数”按钮，则系统自动读取仓库存货并显示在“期初余额”窗口中。

(3) 从其他仓库取数。重复步骤(2)，从“产成品仓库”和“原材料仓库”取数，以完成存货核算系统期初数据的生成。

(4) 对账。单击“对账”按钮，弹出“库存与存货期初对账查询条件”对话框，已默认选中了所有仓库，直接单击“确定”按钮，弹出“对账成功！”消息框，单击“确定”按钮，完成库存与存货的期初对账。

(5) 记账。单击“记账”按钮，弹出“期初记账成功”消息框，单击“确定”按钮，完成存货期初余额的记账工作。

（6）汇总。单击“汇总”按钮，弹出“期初汇总条件选择”对话框，已默认选中了所有仓库，选择“存货级次”为“1”到“明细”，然后单击“确定”按钮，打开“期初数据汇总”窗口，表明已完成期初数据汇总工作。操作步骤如图 4-9 所示。存货核算期初数据汇总表如图 4-10 所示。

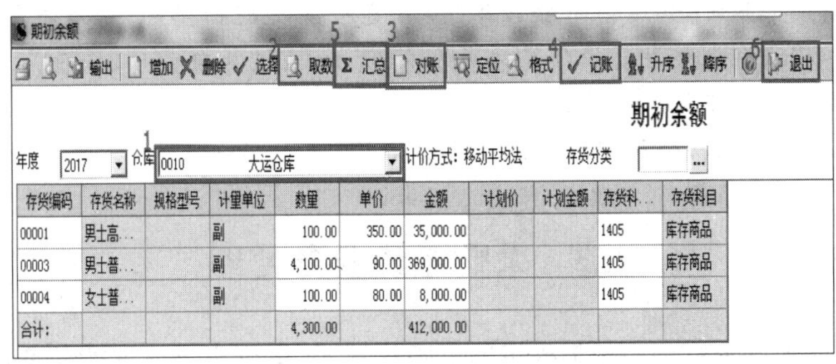

图 4-9　存货核算期初余额

期初数据汇总表

仓库:大运仓库,原材料仓库,半成品仓库,产成品仓库　　次 1 — 明细

存货级次	存货大类编码	存货大类名称	存货编码	存货名称	计量单位	结存数量	结存单价	结存金额	计划单价	结存计划金额
1	01	商品				24300.00	148.64	3,612,000.00		0.00
2	0101	太阳镜				4300.00	95.81	412,000.00		0.00
明细	0101	太阳镜	00001	男士高端太阳镜	副	100.00	350.00	35,000.00	0.00	0.00
明细	0101	太阳镜	00003	男士普通太阳镜	副	4100.00	90.00	369,000.00	0.00	0.00
明细	0101	太阳镜	00004	女士普通太阳镜	副	100.00	80.00	8,000.00	0.00	0.00
2	0102	亮康眼镜				20000.00	160.00	3,200,000.00		0.00
明细	0102	亮康眼镜	10000	亮康眼镜	副	20000.00	160.00	3,200,000.00	0.00	0.00
1	02	生产				20.00	1300.00	26,000.00		0.00
2	0201	原材料				20.00	1300.00	26,000.00		0.00
明细	0201	原材料	12210	塑料	千克	10.00	1000.00	10,000.00	0.00	0.00
明细	0201	原材料	12310	硅胶	千克	10.00	1600.00	16,000.00	0.00	0.00

图 4-10　存货核算期初数据汇总表

（7）退出。连续单击窗口工具栏中的“退出”按钮，返回企业应用平台。

小贴士

- 初次使用存货核算系统时，应先输入全部末级存货的期初余额。存货核算的期初数据，一般与库存管理系统的期初相对应，可以直接录入；但若在库存管理系统中已经录入了，则可以在存货核算系统中通过“取数”功能，从库存管理系统中取数。当然，库存的期初数据也可与存货核算的期初数据不一致，系统提供两边互相取数和对账的功能。
- 期初数据录入后，可执行期初记账，则系统把期初差异分配到期初单据上，并把期初单据的数据记入存货总账、存货明细账、差异账、委托代销/分期收款发出商品明细账。期初记账后，才能进行日常业务、账簿查询、统计分析等操作。
- 如果期初数据有错误，可以在取消期初记账后修改期初数据，然后重新执行期初记账。期初记账前可修改存货的计价方式及核算方式，可修改存货的期初数据，但记账后不能改。

- 期初数据录入完毕，必须在期初记账后才能开始日常业务核算。未记账时，允许进行单据录入、账表查询。
- 期初数据记账是针对所有期初数据进行记账操作的。因此在进行期初数据记账前，必须先确认所有期初数据全部录入完毕并且正确无误，再进行期初记账。没有期初数据的企业，可以不录入期初数据，但必须执行期初记账操作。
- 恢复期初记账时，如是第一会计年度，可直接恢复期初记账，如果不是，则弹出消息框，提示"只有调整存货的核算方式和计价方式、核算自由项、修改期初数据时才可以恢复期初记账"。
- 汇总，是指对期初余额按存货进行逐级汇总。

4.3 采购系统业务处理

采购是指企业的采购部门根据确定的采购计划，从供应市场获取产品或服务作为企业资源，以保证企业生产及经营活动正常开展的一项企业经营活动。采购流程包括收集信息、询价、请购、订购、验收入库、结算等。采购流程相关的单据有请购单、采购订单、采购到货单、采购入库单、采购发票、采购结算单等。采购管理系统包括从基本供应商询价到采购单据处理、采购业务跟踪、采购汇总统计、采购分析，并提供统计表、采购账簿、采购分析等账表查询。

采购业务类型分为普通采购、代管采购、受托代销、直运业务、固定资产 5 种业务类型。

企业采购结算的方式常见的有部分预付货款方式结算、全部预付货款方式结算、货到票到付款结算。部分预付货款是指企业根据采购合同，预先支付本次采购金额的部分货款的行为，相对于全部预付款方式，采用部分预付款方式风险较小，占用的流动资金也少，企业发生预付货款时，在"预付账款"或"应付账款"科目的借方反映，月末在资产负债表资产类"预付账款"项目填列。全部预付货款是指企业根据采购合同，预先支付本次采购全部货款的行为，原材料供应紧缺，企业往往采取支付全部货款的方式，以争得供应商的发货，但是采用全部预付货款的方式，必须要有采购合同的支持，以保证预付款的安全性。货到票到付款是指供应商货物与发票同时到达企业，凭货物验收单据、入库单和发票等支付货款的行为。

一般情况下，企业采购货物都会签订采购合同，注明货款结算方式、交货时间地点、运费承担方式等。

4.3.1 普通采购业务处理

【预备知识】

普通采购业务处理模式是指"先收货，后付款"的赊购业务模式，它适用于一般工商企业的采购业务，所以这里简单介绍普通采购业务处理流程如下：

(1) 请购部门填制采购请购单。

(2) 采购部门根据采购请购单进行比价。

(3) 采购部门填制采购订单。

(4) 采购部门将采购订单发送给供应商，供应商送货。

(5) 货物到达企业后，对收到的货物进行清点，参照采购订单填制采购到货单。

(6) 经过仓库的质检和验收，参照采购订单或采购到货单填制采购入库单。

(7) 取得供应商的发票后，采购部门填制采购发票。

(8) 采购部门进行采购结算。

采购管理是对整个企业采购活动的计划、组织、协调、指挥和控制活动，采购业务对于任何一个商业、工业、服务业甚至政府行政部门都是必需的。只要企业需要向外部服务机构采购物料、服务、固定资产，就会存在采购需求。

启用供应链的情况下，存货入库成本的核算无须在总账系统中进行手工结转，应付款管理系统与采购管理系统集成使用，采购发票在采购管理系统中录入，采购结算后的采购发票自动传递到应付款管理系统，在应付款管理系统中对这些单据进行查询、审核、核销及制单等操作。篇幅有限，在这里介绍“普通采购业务”的操作流程。

普通采购业务的流程如图 4-11 所示。

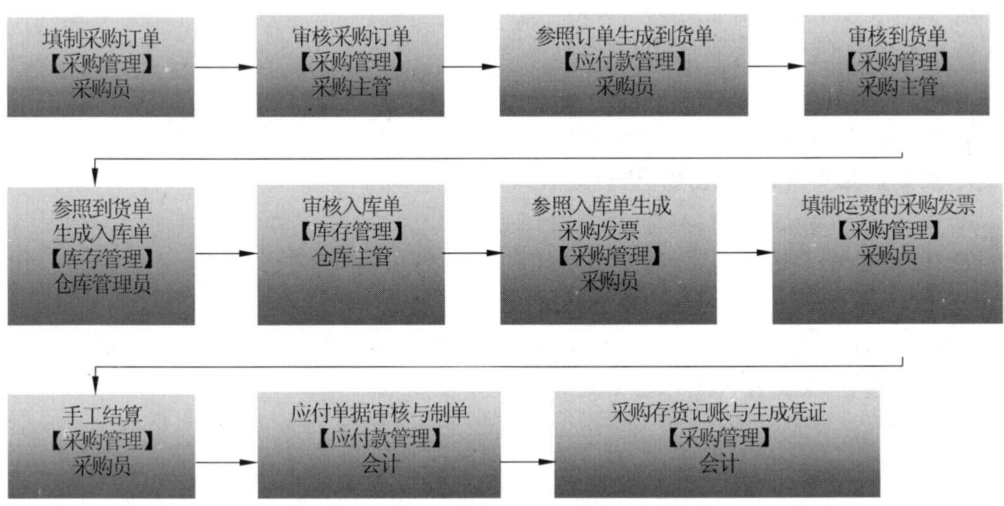

图 4-11　普通采购业务操作流程

小贴士

- 有定金的普通采购业务，需要在填制采购订单以后的预付定金环节由出纳在“应付款管理”中填制付款单，再由会计在“应付款管理”中审核和制单。
- 如果在采购业务中，企业承担运费则需要在录入采购专用发票后录入运费发票，再在采购管理系统中按照企业的分摊方式进行运费的分摊。

企业普通采购业务涉及的会计分录如下。

假定企业购买原材料，采用实际成本法核算原材料采购成本。

1. 货款已经支付，发票已到，材料已验收入库

借：原材料

　　应交税费——应交增值税(进项税额)

　贷：银行存款

2. 如果货款未支付,发票已到

1）材料已验收入库

借：原材料

　　应交税费—应交增值税(进项税额)

　贷：应付账款

2）偿付货款时

借：应付账款/应付票据

　贷：银行存款

3. 如果货款未支付,发票未到,材料已验收入库

1）暂估入账

借：原材料

　贷：应付账款(暂估应付账款)

2）下月初用红字编制会计分录冲回

借：应付账款(暂估应付账款)

　贷：原材料

同时按照“1. 货款已支付,发票已到”重新做处理。

4. 货款已经支付,发票已到,进行验收入库

1）材料未验收入库

借：在途物资

　　应交税费—应交增值税(进项税额)

　贷：银行存款

2）材料收到,并验收入库

借：原材料

　贷：在途物资

采购其他存货的相关会计分录类似采购原材料,此处不再赘述。

普通采购业务需用单据如表 4-6 所示。

表 4-6　普通采购业务需用单据

单据	说　　明
采购订单	可手工新增,也可参照采购计划、采购请购单、销售订单生成
采购到货单	可手工新增,也可参照订单生成,但只能参照订单未被入库单参照的记录
采购入库单	可手工新增,也可参照订单、到货单生成,但只能参照订单未被到货单参照的记录,即同一行采购订单记录只能要么生成到货单,要么生成入库单,不能重复参照
采购发票(专用、普通)	可手工新增,也可参照订单、入库单生成。同一业务建议只参照一种单据,避免重复参照
采购结算单	根据采购入库单、采购发票进行采购结算
必有订单业务模式	除请购单、采购订单外,到货单、入库单、采购发票(普通、专用)不可手工新增,只能参照来源单据生成,拷贝单据的“执行所拷贝的记录”选项选中置灰不可修改

【虚拟业务场景】

人物：

张新海(采购部采购员)

刘静(采购主管)

赵林(仓管部仓管员)

李莉(仓库主管)

曾志伟(财务主管)

张兰(财务部会计)

罗迪(财务部出纳)

刘巍巍(北京塑料二厂销售部销售员)

场景1：2017年4月1日与北京塑料二厂签订采购合同，采购部填制并审核采购订单

张新海：我是亮康公司的采购员。我们需要镜片树脂1.5千克，你们公司的价格和质量怎么样?

刘巍巍：质量可以保证，价格6000元每千克，我们送货上门，运费我们承担。您什么时候需要呢?

张新海：我们希望5号到货，今天能发货吗?

刘巍巍：没问题，马上能发货，5号就能到货，请准备接货。

张新海：谢谢，再见!

刘巍巍：再见!

(张新海填制采购订单)

张新海：刘总，请您审核一下刚与北京塑料二厂签订的采购订单。

刘静：好的。(审核完成)

场景2：2017年4月5日收到货物，采购部填制并审核到货单

(张新海先填制采购到货单，完成之后……)

张新海：刘总，2017年4月1日采购的镜片树脂到货了，您审核一下。

刘静：好的，辛苦了。(审核完成)

场景3：验收入库，仓管部填制并审核采购入库单

(赵林根据采购到货单填写入库单，完成之后……)

赵林：李总，采购北京塑料二厂的镜片树脂已经入库，麻烦您审核一下。

李莉：好的，辛苦了。(审核完成)

场景4：收到发票，采购部填制采购货物的专用发票

(张新海填制1张采购专用发票之后……)

张新海：刘总，今天采购镜片树脂的发票到了，我已经填制好了。

刘静：好的，辛苦了。(审核完成)

场景5：采购业务完成，采购部进行采购结算

刘静：小张，你做一下本笔业务的采购手工结算吧。

张新海：明白，我这就去办。(采购结算完成)

场景 6：应付审核

张新海：曾总，今天有一笔采购业务已经完成，麻烦您进行应付审核。

曾志伟：好的，我尽快完成相关的账务处理。

场景 7：应付制单、存货记账与生成凭证

曾志伟：小张，有一笔北京塑料二厂的采购业务，发票我已经审核通过了，你可以做应付制单和采购成本确认了。

张兰：好的，我马上做。

【业务描述】

2017 年 4 月 1 日，生产部向采购部请购镜片树脂 1.5 千克，要求本月 5 号到货。采购员张新海请购，获得批准后与北京塑料二厂签订采购合同（合同编号 CG0401，如图 4-12 所示），订购镜片树脂 1.5 千克，无税单价 6000 元每千克，增值税税率为 17%，本月 5 号到货。

购销合同　　　　合同编号：CG0401

卖方：北京塑料二厂

买方：北京亮康眼镜有限公司

为保护买卖双方的合法权益，买卖双方根据《中华人民共和国合同法》的有关规定，经友好协商，一致同意签订本合同，共同遵守。

一、货物的名称、数量及金额

货物的名称	规格型号	计量单位	数量	单 价（不含税）	金 额（不含税）	税 率	价税合计
镜片树脂		千克	1.5	6000.00	9000.00	17%	10530.00
合计					￥9000.00		￥10530.00

二、合同总金额：人民币壹万零伍佰叁拾元整（￥10530.00）。

三、付款时间及付款方式：

付款时间：自签订合同 30 日内，买方向卖方支付全部货款，即人民币壹万零伍佰叁拾元整（￥10530.00）。

付款结算方式：转账支票

四、时间与地点：交货时间为 2017 年 4 月 5 日，交货地点：北京亮康眼镜有限公司

五、发运方式与运输费用承担方式：由卖方负责发货并支付运费。

卖　方：北京塑料二厂　　　　买　方：北京亮康眼镜有限公司

授权代表：席子君　　　　授权代表：张新海

日期：2017 年 4 月 1 日　　　　日期：2017 年 4 月 1 日

图 4-12　CG0401 合同的原始单据示意图

2017 年 4 月 5 日，北京塑料二厂发来本月 1 日采购的镜片树脂（合同编码为 CG0401），仓管部验收入原材料仓库；随货到达的采购专用发票（发票号 61005502，原始单据如图 4-13 所示）上标明镜片树脂 1.5 千克，无税单价 6000 元每千克，税率 17%。

【操作指导】

1. 场景 1 的操作步骤

确认系统时间和操作日期为 2017 年 4 月 1 日。

视频观看：手机扫描二维码可观看相关操作。

任务说明：填制与审核采购订单。

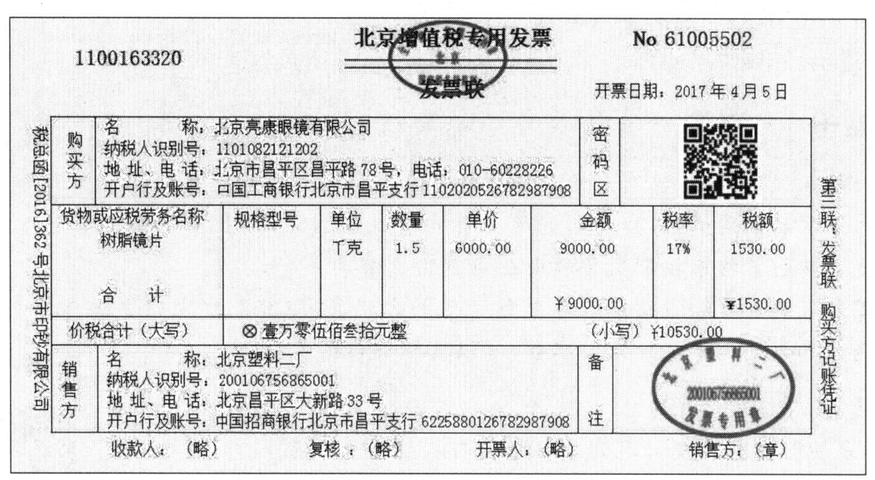

1100163320　　北京增值税专用发票　　No 61005502

发票联　　开票日期：2017年4月5日

税总函[2016]362号北京市印钞有限公司

购买方	名　称：北京亮康眼镜有限公司 纳税人识别号：1101082121202 地址、电话：北京市昌平区昌平路78号，电话：010-60228226 开户行及账号：中国工商银行北京市昌平支行 1102020526782987908					密码区		
货物或应税劳务名称	规格型号	单位	数量	单价	金额	税率	税额	
树脂镜片		千克	1.5	6000.00	9000.00	17%	1530.00	
合　计					￥9000.00		￥1530.00	
价税合计（大写）	⊗壹万零伍佰叁拾元整				（小写）￥10530.00			
销售方	名　称：北京塑料二厂 纳税人识别号：200106756865001 地址、电话：北京昌平区大新路33号 开户行及账号：中国招商银行北京市昌平支行 6225880126782987908					备注		

收款人：（略）　复核：（略）　开票人：（略）　销售方：（章）

第二联：发票联　购买方记账凭证

图 4-13　CG0401 的采购发票示意图

1）采购职员张新海填制采购订单

（1）打开“采购订单”页签。登录“企业应用平台”，在“业务导航视图”的“业务工作”导航条中选中“供应链”|“采购管理”|“采购订货”|“采购订单”，打开“采购订单”页签。

（2）填制采购订单。在“采购订单”页签中，首先单击工具栏中的“增加”按钮，新增一张采购订单，然后做如下编辑。

① 编辑表头。订单日期为操作日期不用修改，修改表头的“订单编号”（即合同编号）为“CG0401”，“部门”为“采购部”，“业务员”为“张新海”，“备注”为“采购镜片树脂 1.5 千克”，“计划到货日期”为“2017-04-05”，“供应商”为“塑料二厂”，其他项默认。

② 编辑表体。在第 1 行，参照生成“存货编码”为“12220（镜片树脂）”，“数量”编辑为“1.5”、“原币单价”为“6000”，其他项默认，如图 4-14 所示。

（3）保存。单击工具栏中的“保存”按钮，保存该单据。

（4）退出。单击“采购订单”页签的“关闭”按钮，关闭页签。

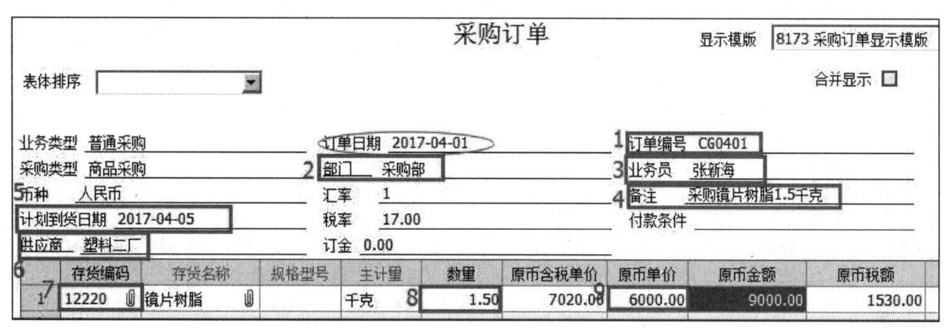

图 4-14　CG0401 采购订单

2）采购主管刘静审核采购订单

（1）打开“采购订单”页签。登录“企业应用平台”，在“业务导航视图”的“业务工作”导航条中选中“供应链”|“采购管理”|“采购订货”|“采购订单”，打开“采购订单”页签。

（2）查阅并审核采购订单。单击工具栏中的 ⏮ ◀ ▶ ⏭ 按钮，查阅到本业务生成的采购订单,然后单击“审核”按钮,完成审核工作。

(3) 退出。单击“采购订单”页签的“关闭”按钮,关闭页签。

小贴士

- 一般来说,采购订单填制的日期即订单日期是签订合同的日期。
- 为了明确采购责任,负责采购的人负责填制采购订单,业务员即是采购人员。当发生采购的货物未按期交货时由业务员负责催单。
- 填制采购订单和审核采购订单属于不相容职务,即可能发生错误和舞弊行为,同时掩盖其错误和弊端行为的职务,所以填制与审核不能是同一人。

2. 场景 2 的操作步骤

确认系统时间和操作日期为 2017 年 4 月 5 日。

视频观看:手机扫描二维码可观看相关操作。

任务说明:采购部填制并审核到货单。

1) 采购部职员张新海参照订单生成并保存采购到货单

(1) 打开“到货单”页签。登录“企业应用平台”,在“业务导航视图”的“业务工作”导航条中选中“供应链”|“采购管理”|“采购到货”|“到货单”,打开“到货单”页签。

(2) 参照订单生成采购到货单。首先单击工具栏中的“增加”按钮,新增一张采购到货单,然后做如下操作。

① 打开“拷贝并执行”窗口。选中工具栏中的“生单”下拉按钮的“采购订单”选项,打开“查询条件选择-采购订单列表过滤”对话框,单击其“确定”按钮,打开“拷贝并执行”窗口。

② 拷贝信息。在“拷贝并执行”窗口中,双击上窗格中“订单号”为 CG0401 的采购订单所在行的“选择”栏直至出现“Y”,再单击其工具栏的“OK 确定”按钮,返回“到货单”页签,此时相关的信息已经有默认值,不需要修改。

(3) 保存。单击工具栏中的“保存”按钮,保存该单据,如图 4-15 所示。

(4) 退出。单击“到货单”页签的“关闭”按钮,关闭页签。

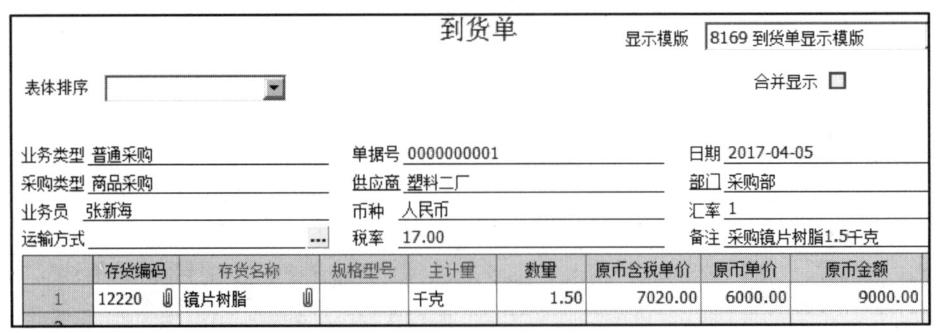

到货单

显示模版 8169 到货单显示模版

表体排序　　　合并显示 □

业务类型 普通采购　单据号 0000000001　日期 2017-04-05

采购类型 商品采购　供应商 塑料二厂　部门 采购部

业务员 张新海　币种 人民币　汇率 1

运输方式　税率 17.00　备注 采购镜片树脂1.5千克

	存货编码	存货名称	规格型号	主计量	数量	原币含税单价	原币单价	原币金额
1	12220	镜片树脂		千克	1.50	7020.00	6000.00	9000.00

图 4-15　CG0401 到货单

2) 采购主管刘静审核到货单

(1) 打开“到货单”页签。登录“企业应用平台”,在“业务导航视图”的“业务工作”导航条中选中“供应链”|“采购管理”|“采购到货”|“到货单”,打开“到货单”页签。

(2) 查阅并审核采购到货单。单击工具栏中的按钮,查阅到本业务生成的采购到货单，然后单击“审核”按钮。

(3) 退出。单击“到货单”页签的“关闭”按钮，关闭页签。

小贴士

- 如果采购到货单与采购订单信息有差别，可以直接根据到货的实物数量录入到货单或者参照采购订单后修改到货单信息。
- 没有相应的入库单生成时，采购到货单可以直接弃审、删除。如果有相应的入库单则必须将相应入库单删除后再对采购到货单进行处理。

3. 场景3的操作步骤

确认系统时间和操作日期为2017年4月5日。

视频观看：手机扫描二维码可观看相关操作。

业务描述：仓管部填制并审核采购入库单。

1) 仓管部职员赵林参照到货单生成采购入库单

(1) 打开库存管理的“采购入库单”页签。登录“企业应用平台”，在“业务导航视图”的“业务工作”导航条中选中“供应链”|“库存管理”|“入库业务”|“采购入库单”，打开“采购入库单”页签。

(2) 参照到货单生成采购入库单。在“采购入库单”页签中，做如下操作。

① 打开“到货单生单列表”窗口。在“采购入库单”页签中，在工具栏中选中“生单”下拉按钮的“采购到货单(蓝字)”选项，打开“查询条件选择-采购到货单列表”对话框，单击其“确定”按钮，打开“拷贝并执行”窗口。

② 拷贝信息。在“到货单生单列表”窗口中，双击要选择的采购到货单所对应的“选择”栏(即上一步骤完成的采购到货单)，再单击工具栏中的“OK确定”按钮，返回“采购入库单”页签，此时相关的信息已经默认显示在入库单上，选择仓库为“原材料仓库”。

(3) 保存。直接单击工具栏中的“保存”按钮，保存该单据。

(4) 退出。单击“采购入库单”页签的“关闭”按钮，关闭页签。

小贴士

如果仓库管理员赵林无法录入或查询入库单和出库单，则给其增加录入与查询的权限。具体如下：在“系统管理”窗口以admin的身份注册，选中“权限”|“权限”菜单项，在弹出的“操作员权限”窗口中选中“赵林”所在的行，选中右侧的“基本信息”|“公共单据”|“入库单”和“基本信息”|“公共单据”|“出库单”，单击“操作员权限”窗口工具栏中的“保存”按钮和“退出”按钮，完成设置。

2) 仓库主管李莉审核采购入库单

(1) 打开库存管理的“采购入库单”页签。登录“企业应用平台”，在“业务导航视图”的“业务工作”导航条中选中“供应链”|“库存管理”|“入库业务”|“采购入库单”，打开“采购入库单”页签。

(2) 查阅并审核采购入库单。单击工具栏中的➔|按钮，查阅本业务生成的采购入库单，然后单击工具栏中的“审核”按钮，弹出消息框提示审核完成，单击“确定”按钮，完成审核

工作。

（3）退出。单击“采购入库单”页签的“关闭”按钮，关闭页签。

小贴士

- 除期初采购入库单外，本期的采购入库单必须在库存管理系统录入或生成。
- 在库存管理系统录入或生成的采购入库单，可以在采购管理系统中查看，但不能修改或者删除。
- 如果在采购选项中设置了“普通业务必有订单”，则采购入库单不能手工录入，只能参照生成。采购入库单既可以拷贝采购订单生成，也可以拷贝采购到货单生成。

4. 场景 4 的操作步骤

确认系统时间和操作日期为 2017 年 4 月 5 日。

视频观看：手机扫描二维码可观看相关操作。

任务说明：采购部填制采购货物的专用发票。

采购部职员张新海参照生成采购专用发票的过程如下：

（1）打开采购“专用发票”页签。登录“企业应用平台”，在“业务导航视图”的“业务工作”导航条中选中“供应链”|“采购管理”|“采购发票”|“专用采购发票”，打开“专用发票”页签。

（2）参照入库单生成采购专用发票。在“专用发票”页签中，先单击工具栏中的“增加”按钮，新增一张采购专用发票，再做如下操作。

① 打开“拷贝并执行”窗口。选中工具栏中“生单”下拉按钮的“入库单”选项，打开“查询条件选择-采购入库单列表过滤”对话框，单击“确定”按钮，打开“拷贝并执行”窗口。

② 拷贝信息。在“拷贝并执行”窗口中，双击要选中的采购入库单（即上一步骤完成的采购入库单）所对应的“选择”栏，然后单击工具栏中的“OK 确定”按钮，返回“专用发票”页签。

③ 编辑表头。修改“发票号”为“61005502”，其他项默认，采购发票如图 4-16 所示。

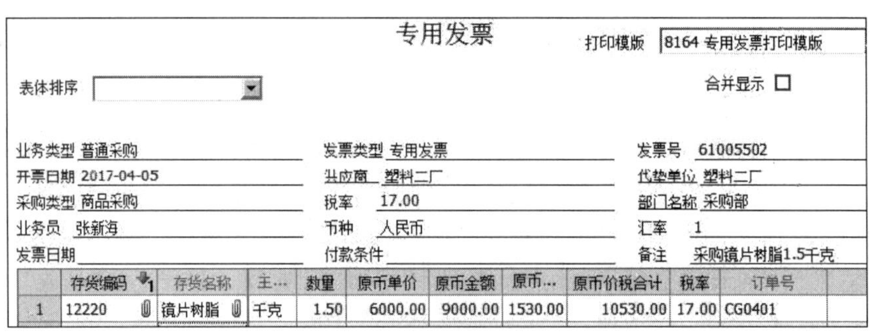

专用发票

打印模版 8164 专用发票打印模版

表体排序　　合并显示 □

业务类型 普通采购　　发票类型 专用发票　　发票号 61005502

开票日期 2017-04-05　　供应商 塑料二厂　　代垫单位 塑料二厂

采购类型 商品采购　　税率 17.00　　部门名称 采购部

业务员 张新海　　币种 人民币　　汇率 1

发票日期　　付款条件　　备注 采购镜片树脂1.5千克

	存货编码	存货名称	主…	数量	原币单价	原币金额	原币…	原币价税合计	税率	订单号
1	12220	镜片树脂	千克	1.50	6000.00	9000.00	1530.00	10530.00	17.00	CG0401

图 4-16　采购专用发票

（3）保存。单击工具栏中的“保存”按钮。

（4）退出。单击“专用发票”页签的“关闭”按钮，关闭页签。

小贴士

- 采购发票可以手工输入，也可以根据采购订单、采购入库单参照生成。如果录入采购专用发票,需要先在基础档案中设置有关开户银行信息,否则只能录入普通发票。

- 如果在采购选项中设置了"普通业务必有订单",则采购发票不能手工录入,只能参照生成。
- 采购发票表头的税率是根据专用发票默认税率带入的,可以修改。采购专用发票的单价和金额都是不含税的。

5. 场景 5 的操作步骤

确认系统时间和操作日期为 2017 年 4 月 5 日。

视频观看:手机扫描二维码可观看相关操作。

任务说明:采购部进行采购结算。

采购部职员张新海进行采购手工结算的过程如下:

(1) 打开"手工结算"页签。登录"企业应用平台",在"业务导航视图"的"业务工作"导航条中选中"供应链"|"采购管理"|"采购结算"|"手工结算",打开"手工结算"页签。

(2) 打开"结算选单"窗口并显示采购发票和入库单。单击工具栏中的"选单"按钮,弹出"结算选单"窗口;单击窗口工具栏中的"查询"按钮,然后在弹出的"查询条件选择-采购手工结算"对话框中,单击"确定"按钮,返回"结算选单"窗口,上窗格显示发票列表,下窗格显示入库单列表。

(3) 选单。在"结算选单"窗口中,选中上窗格中本笔业务生成的采购专用发票,再选中下窗格对应的入库单("存货名称"为"镜片树脂"),如图 4-17 所示,然后单击工具栏中的"OK 确定"按钮,返回"手工结算"页签。

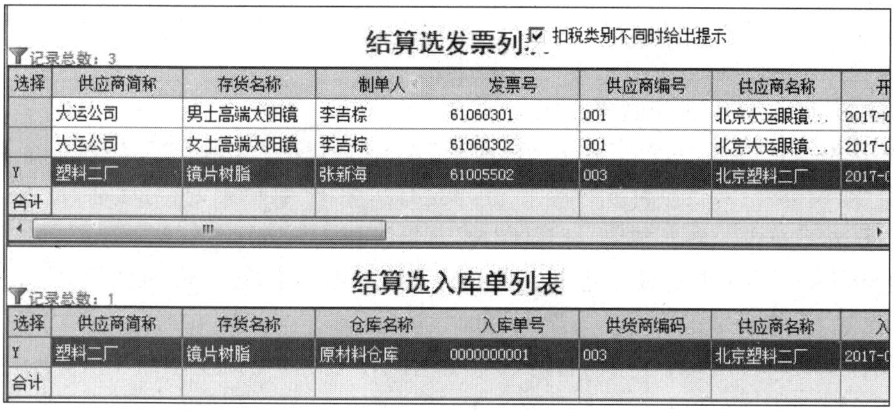

结算选发票列表　☑ 扣税类别不同时给出提示

记录总数:3

选择	供应商简称	存货名称	制单人	发票号	供应商编号	供应商名称	开
	大运公司	男士高端太阳镜	李吉棕	61060301	001	北京大运眼镜…	2017-(
	大运公司	女士高端太阳镜	李吉棕	61060302	001	北京大运眼镜…	2017-(
Y	塑料二厂	镜片树脂	张新海	61005502	003	北京塑料二厂	2017-(
合计							

结算选入库单列表

记录总数:1

选择	供应商简称	存货名称	仓库名称	入库单号	供货商编码	供应商名称	入
Y	塑料二厂	镜片树脂	原材料仓库	0000000001	003	北京塑料二厂	2017-(
合计							

图 4-17　采购结算

(4) 完成采购结算。单击工具栏中的"结算"按钮,弹出消息框,提示"完成结算",单击"确定"按钮,完成采购结算。在"业务导航视图"的"业务工作"导航条中选中"供应链"|"采购管理"|"采购结算"|"结算单列表",弹出"查询条件选择-采购结算单"对话框,单击"确定"按钮,在打开的"结算单"页签中可查阅本业务生成的结算单。

(5) 退出。单击"手工结算"页签的"关闭"按钮,关闭页签。

6. 场景 6 的操作步骤

确认系统时间和操作日期为 2017 年 4 月 5 日。

任务说明:应付审核。

财务主管曾志伟进行应付单据审核的过程如下：

（1）打开“单据处理”页签。登录“企业应用平台”，在“业务导航视图”的“业务工作”导航条中选中“财务会计”|“应付款管理”|“应付单据处理”|“应付单据审核”，弹出“应付单查询条件”对话框，单击“确定”按钮，打开“单据处理”页签。

（2）审核应付单据。在“单据处理”页签中，系统列出了本业务生成的采购专用发票，双击上窗格中“供应商名称”为“北京塑料二厂”所在行的“选择”栏，直至出现“Y”，单击其工具栏的“审核”按钮，系统提示审核成功（同时“审核人”栏出现“曾志伟”的名字），单击“确定”按钮，返回“单据处理”页签，如图 4-18 所示。

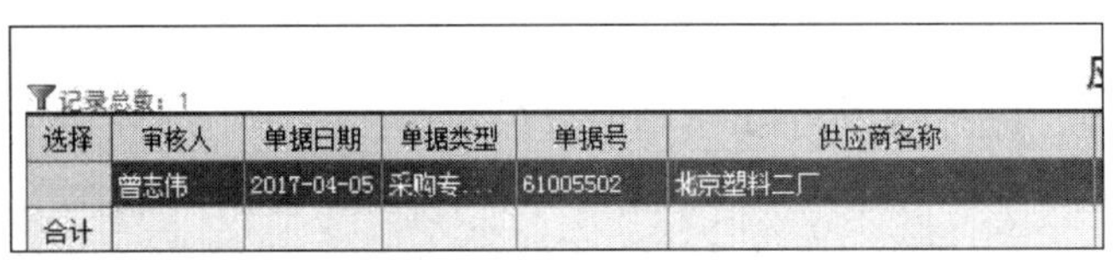

记录总数：1

选择	审核人	单据日期	单据类型	单据号	供应商名称
	曾志伟	2017-04-05	采购专...	61005502	北京塑料二厂
合计					

图 4-18　应付单据审核

（3）退出。单击“单据处理”页签的“关闭”按钮，关闭页签。

小贴士

只有采购结算后的采购发票才能自动传递到应付款管理系统，并且需要在应付款管理系统中审核确认，才能形成应付账款。

7. 场景 7 的操作步骤

确认系统时间和操作日期为 2017 年 4 月 5 日。

任务说明：应付制单、存货记账与生成凭证。

1）财务部会计张兰进行制单处理

（1）打开应付“制单”页签。登录“企业应用平台”，在“业务导航视图”的“业务工作”导航条中选中“财务会计”|“应付款管理”|“制单处理”，弹出“制单查询”对话框，选中“发票制单”复选框，然后单击“确定”按钮，打开“制单”页签。

（2）生成并保存采购凭证。选中本业务的采购专用发票，再单击“制单”按钮，打开“填制凭证”页签，系统显示采购专用发票对应的凭证的信息为借记：在途物资、应交税费一应交增值税（进项税额）贷记：一般应付款；单击“保存”按钮，凭证左上角出现“已生成”，如图 4-19 所示。

2）财务部会计张兰进行采购入库存货记账

（1）打开“未记账单据一览表”页签。登录“企业应用平台”，在“业务导航视图”的“业务工作”导航条中选中“供应链”|“存货核算”|“业务核算”|“正常单据记账”，弹出“查询条件选择”对话框，单击“确定”按钮，打开“未记账单据一览表”页签。

（2）入库记账。选中本业务生成的采购入库单，然后单击工具栏中的“记账”按钮，弹出消息框提示记账成功，单击其“确定”按钮，完成记账工作，如图 4-20 所示。

（3）退出。单击“未记账单据一览表”页签的“关闭”按钮，关闭页签。

3）财务部会计张兰进行入库存货制单

（1）打开“生成凭证”页签。登录“企业应用平台”，在“业务导航视图”的“业务工作”导

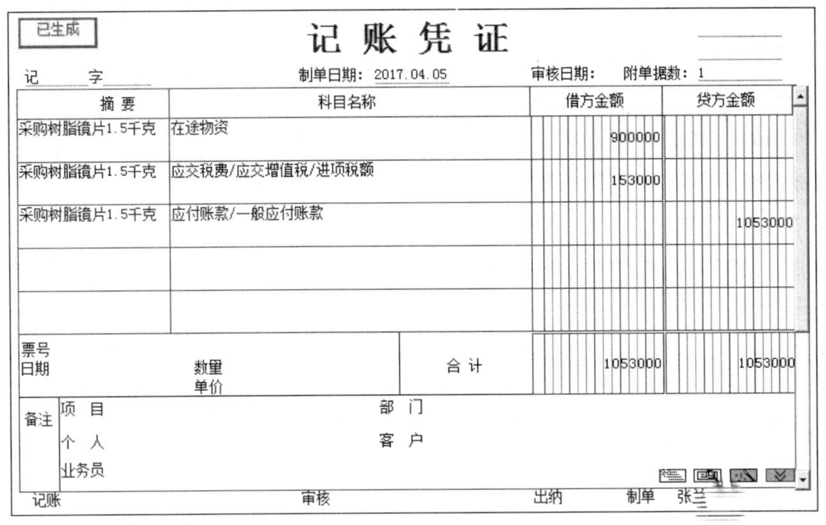

已生成

记 账 凭 证

记　字　　制单日期：2017.04.05　　审核日期：　　附单据数：1

摘 要	科目名称	借方金额	贷方金额
采购树脂镜片1.5千克	在途物资	900000	
采购树脂镜片1.5千克	应交税费/应交增值税/进项税额	153000	
采购树脂镜片1.5千克	应付账款/一般应付账款		1053000
票号 日期　数量 单价	合 计	1053000	1053000

备注　项 目　　部 门

个 人　　客 户

业务员

记账　审核　出纳　制单　张兰

图 4-19　生成凭证

正常单据记账列表

记录总数：1

选择	日期	单据号	存货编码	存货名称	规格型号	存货
Y	2017-04-05	0000000001	12220	镜片树脂		
小计						

图 4-20　单据记账

航条中选中“供应链”|“存货核算”|“财务核算”|“生成凭证”，打开“生成凭证”页签。

（2）打开“选择单据”窗口。单击工具栏中的“选择”按钮，在弹出的“查询条件”对话框中单击“确定”按钮，打开“选择单据”窗口。

（3）生成存货凭证。选中本业务生成的采购入库单，然后单击窗口工具栏中的“确定”按钮，返回“生成凭证”页签，单击工具栏中的“生成”按钮，打开“填制凭证”页签，并默认显示了本业务入库单上的相关信息(借记：原材料，贷记：在途物资)，如图 4-21 所示。单击“在途物资”会计科目，将光标移到辅助项的位置，当出现笔头状光标时双击此处，弹出“辅助项”窗口，或者按 Ctrl+S 键调出“辅助项”窗口，双击参照选择项目“亮康眼镜”。单击“保存”按钮，凭证左上角出现“已生成”，如图 4-22 所示。

凭证类别　记 记账凭证

选择	单据类型	单据号	摘要	科目类型	科目编码	科目名称	借方金额	贷方金额
1	采购入库单	0000000003	采购镜...	存货	140302	镜片树脂	9,000.00	
				对方	1402	在途物资		9,000.00
合计							9,000.00	9,000.00

图 4-21　生成凭证

（4）保存存货凭证并退出。单击工具栏中的“保存”按钮，然后单击“填制凭证”和“生成凭证”页签的“关闭”按钮，关闭页签。

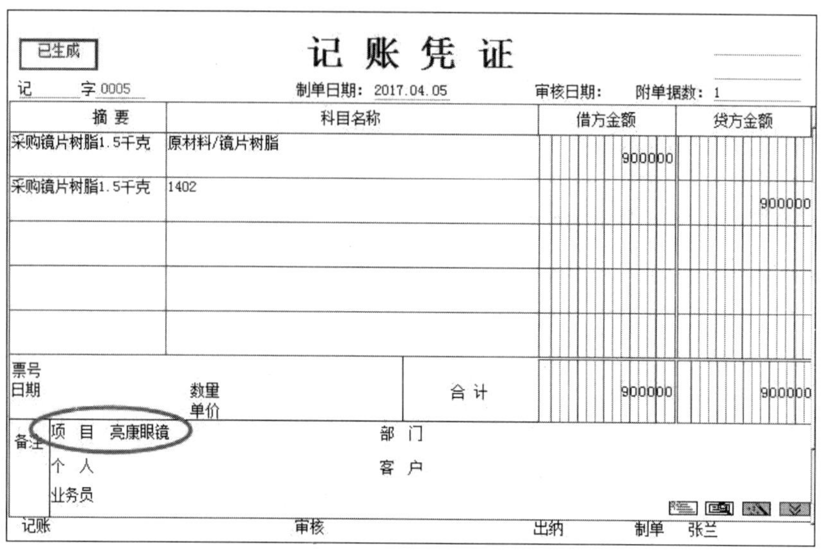

已生成

记账凭证

记 字 0005 制单日期：2017.04.05 审核日期： 附单据数：1

摘要	科目名称	借方金额	贷方金额
采购镜片树脂1.5千克	原材料/镜片树脂	900000	
采购镜片树脂1.5千克	1402		900000
票号 日期 数量 单价	合计	900000	900000

备注 项 目 亮康眼镜 部 门

个 人 客 户

业务员

记账 审核 出纳 制单 张兰

图 4-22 采购成本确认

4.3.2 预付定金的采购业务处理

【预备知识】

定金是指在合同订立或在履行之前，支付一定数额的钱款作为保证的担保方式。在用友 ERP-U8 中，采购的定金通过“预付账款”反映。

本笔业务涉及的会计分录如下。

(1) 企业根据购货合同的规定向供应商预付款项。

借：预付账款

  贷：银行存款

(2) 企业收到材料，并验收入库。

借：原材料

  应交税费—应交增值税(进项税额)

  贷：预付账款

(3) 当预付货款小于采购所需支付的款项时，应将不足部分补付。

借：预付账款

  贷：银行存款

当预付货款大于采购所需支付的款项时，收回多余的款项。

借：银行存款

  贷：预付账款

【虚拟业务场景】

人物：

张新海(采购部采购员)

刘静（采购主管）

赵林（仓管部仓管员）

李莉（仓库主管）

曾志伟（财务主管）

张兰（财务部会计）

罗迪（财务部出纳）

刘小丽（大运公司销售部销售员）

场景 1： 2017 年 4 月 10 日与大运公司签订采购合同，采购部填制并审核采购订单

张新海：您好，我是亮康公司的采购员，请问贵公司女士高端太阳的价格是多少？质量怎么样？

刘小丽：质量可以保证，价格是每副 300 元，但要求预付 50 000 元的定金，我们可以免费把眼镜运到您的公司。您需要多少呢？什么时候需要呢？

张新海：好的，我们订购 1000 副，希望 17 号就可以到货，可以吗？

刘小丽：没问题，马上能发货，17 号就能到货，请准备接货。

张新海：谢谢，再见！

刘小丽：再见！

（张新海填制采购订单）

张新海：刘总，请您审核一下刚与大运公司签订的采购订单。

刘静：好的。（审核完成）

场景 2：财务部支付定金

张新海：小罗，我们与大运公司签订了采购订单，要求预付定金 50 000 元。

罗迪：好的，我马上支付。

（罗迪付款完成，并填制采购定金的付款单）

场景 3：审核付款单并制单

罗迪：曾总，我已经完成给大运公司的采购定金 50 000 元的转账了，请您审核一下。

曾志伟：好的。

（曾志伟审核付款单之后……）

罗迪：小张，给大运公司的付款单，曾总已经审核通过了。

张兰：好的，我马上做账务处理。

（张兰做付款单的记账凭证）

场景 4：2017 年 4 月 17 日采购部收到货物

（张新海填制采购到货单之后……）

张新海：刘总，本月 10 日我们采购的 1000 副女士高端太阳镜今天到货了，我已经做好了到货单，请您审核。

刘静：好的，辛苦你了。（审核完成）

场景 5：仓管部验收入库

（赵林根据采购到货单填写完成入库单）

赵林：李总，采购大运公司的 1000 副女士高端太阳镜已经检验合格入库了，麻烦您审核一下。

李莉：好的。(审核完成)

场景6：采购部填制采购发票，并进行采购结算

(张新海填制采购发票，并手工进行了采购结算)

张新海：刘总，今天到货的女士高端太阳镜的发票到了，我已经在EPR系统中填制并做了采购结算。

刘静：好的，辛苦你了。

场景7：应付审核并制单、存货记账与生成凭证

张新海：曾总，有一笔大运公司采购业务已经完成，发票我已经录入了，麻烦您进行相关的账务处理。

曾志伟：好的。

(曾志伟审核完成应付账款)

曾志伟：小张，今天有一笔采购业务的应付款，我已经进行了审核，你可以进行应付制单和采购成本确认了。

张兰：好的，我马上做。

(张兰做应付制单)

【业务描述】

2017年4月10日，销售批发部夏于请采购员张新海采购1000副女士高端太阳镜，要求4月17日到货。经张新海请示，采购主管刘静同意；张新海签订采购合同(合同编号CG0402，原始单据如图4-23所示)，对方要求支付定金50 000元。当天，出纳向大运公司预付定金50 000元，用转账支票支付(支付报告单如图4-24所示)，票号为22456704(支票存根如图4-25所示)。

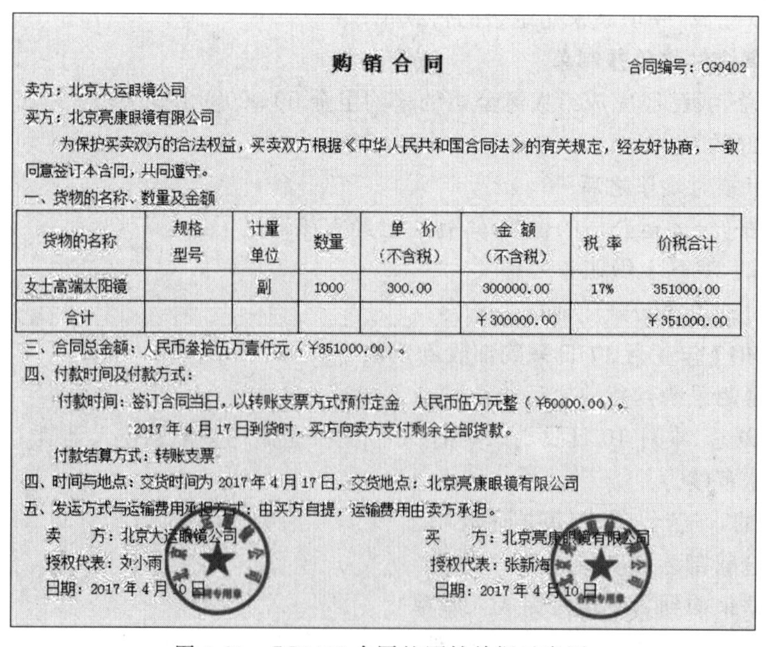

购销合同

合同编号：CG0402

卖方：北京大运眼镜公司

买方：北京亮康眼镜有限公司

为保护买卖双方的合法权益，买卖双方根据《中华人民共和国合同法》的有关规定，经友好协商，一致同意签订本合同，共同遵守。

一、货物的名称、数量及金额

货物的名称	规格型号	计量单位	数量	单价(不含税)	金额(不含税)	税率	价税合计
女士高端太阳镜		副	1000	300.00	300000.00	17%	351000.00
合计					￥300000.00		￥351000.00

三、合同总金额：人民币叁拾伍万壹仟元(￥351000.00)。

四、付款时间及付款方式：

付款时间：签订合同当日，以转账支票方式预付定金 人民币伍万元整(￥50000.00)。

2017年4月17日到货时，买方向卖方支付剩余全部货款。

付款结算方式：转账支票

四、时间与地点：交货时间为2017年4月17日，交货地点：北京亮康眼镜有限公司

五、发运方式与运输费用承担方式：由买方自提，运输费用由卖方承担。

卖　方：北京大运眼镜公司　　买　方：北京亮康眼镜有限公司

授权代表：刘小雨　　授权代表：张新海

日期：2017年4月10日　　日期：2017年4月10日

图4-23　CG0402合同的原始单据示意图

付款报告书

部门：采购部　　2017年4月10日　　编号:001

开支内容	金 额	结算方式
支付定金（合同编号CG0402）	¥50000.00	转账支票
合计（大写）	人民币伍万元整	

会计主管：略　　单位负责人：略　　出纳：略　　经办人：略

图 4-24　CG0402 定金的支付报告书

中国工商银行
转账支票存根
支票号码：22456704
附加信息：
出票日期：2017 年 4 月 10 日
收款人：北京大运眼镜公司
金　额：¥50000.00
用　途：支付定金
单位主管：（略）　　会计：（略）

图 4-25　CG0402 定金的支票存根

2017 年 4 月 17 日，大运公司发来本月 10 日采购的女士高端太阳镜（合同编码为 CG0402），仓管部验收入大运仓库；随货到达的采购专用发票（发票号 61055804，原始单据如图 4-26 所示）发票上标明 1000 副女士高端太阳镜，单价为 300 元，税率 17%，价税合计 351 000 元。

1100163320　　**北京增值税专用发票**　　No 61055804

发票联　　开票日期：2017 年 4 月 17 日

购买方：名　　称：北京亮康眼镜有限公司
纳税人识别号：1101082121202
地 址、电 话：北京市昌平区昌平路 78 号，电话：010-60228226
开户行及账号：中国工商银行北京市昌平支行 110202052678 2987908
密码区

货物或应税劳务名称	规格型号	单位	数量	单价	金额	税率	税额
女士高端太阳镜		副	1000	300.00	300000.00	17%	51000.00
合　计					¥300000.00		¥51000.00

价税合计（大写）　⊗叁拾肆万柒仟肆佰玖拾元　　（小写）¥351000.00

销售方：名　　称：北京大运眼镜公司
纳税人识别号：200106653865211
地 址、电 话：北京朝阳十里堡 8 号，电话：010-60228226
开户行及账号：中国工商银行北京市朝阳支行 110202052678 2987123
备注

收款人：（略）　　复核：（略）　　开票人：（略）　　销售方：（章）

税总函[2016]362 号北京市印钞有限公司

第二联：发票联　购买方记账凭证

图 4-26　CG0402 的发票示意图

【操作指导】

1. 场景 1 的操作步骤

确认系统时间和操作日期为 2017 年 4 月 10 日。

视频观看：手机扫描二维码可观看相关操作。

任务说明：采购部填制并审核采购订单。

1）采购职员张新海填制采购订单

（1）打开“采购订单”页签。登录“企业应用平台”，在“业务导航视图”的“业务工作”导航条中选中“供应链”|“采购管理”|“采购订货”|“采购订单”，打开“采购订单”页签。

（2）填制采购订单。单击工具栏中的“增加”按钮，新增一张采购订单，然后做如下编辑。

① 编辑表头。订单日期为操作日期不用修改，修改表头的“订单编号”（即合同编号）为“CG0402”，“部门”为“采购部”，“业务员”为“张新海”，“备注”为“采购女士高端太阳镜 1000 副”，“计划到货日期”为“2017-04-17”，“供应商”为“大运公司”，其他项默认。

② 编辑表体。在第 1 行，参照生成“存货编码”为“00002”（女士高端太阳镜），“数量”为“1000”，“原币单价”为“300”，其他项默认。

（3）保存。单击工具栏中的“保存”按钮，保存该单据。

（4）退出。单击“采购订单”页签的“关闭”按钮，关闭页签。

2）采购主管刘静审核采购订单

（1）打开“采购订单”页签。登录“企业应用平台”，在“业务导航视图”的“业务工作”导航条中选中“供应链”|“采购管理”|“采购订货”|“采购订单”，打开“采购订单”页签。

（2）查阅并审核采购订单。在“采购订单”页签中，单击工具栏中的按钮，查阅到本业务生成的采购订单，然后单击“审核”按钮，完成审核工作。

（3）退出。单击“采购订单”页签的“关闭”按钮，关闭页签。

2. 场景 2 的操作步骤

确认系统时间和操作日期为 2017 年 4 月 10 日。

视频观看：手机扫描二维码可观看相关操作。

任务说明：出纳填制付款单。

财务部出纳罗迪填制付款单的过程如下。

（1）打开“收付款单录入”页签。登录“企业应用平台”，在“业务导航视图”的“业务工作”导航条中选中“财务会计”|“应付款管理”|“付款单据处理”|“付款单据录入”，打开“收付款单录入”页签。

（2）编辑付款单。单击工具栏中的“增加”按钮，新增一张付款单，然后做如下编辑。

① 编辑表头。编辑其表头的“供应商”为“大运公司”，“结算方式”为“转账支票”，“金额”为“50 000”，“票据号”为“22456704”，“部门”为“采购部”，“业务员”为“张新海”，“摘要”为“大运公司 CG0402 的定金”。

② 编辑表体。单击表体部分，系统将自动生成一条记录，注意将“款项类型”默认的“应付款”修改为“预付款”，其他项默认。

（3）保存。单击工具栏中的“保存”按钮，保存该单据，如图 4-27 所示。

（4）退出。单击“收付款单录入”页签的“关闭”按钮，关闭页签。

3. 场景 3 的操作步骤

确认系统时间和操作日期为 2017 年 4 月 10 日。

视频观看：手机扫描二维码可观看相关操作。

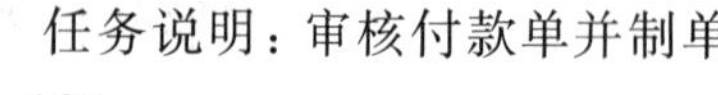

任务说明：审核付款单并制单。

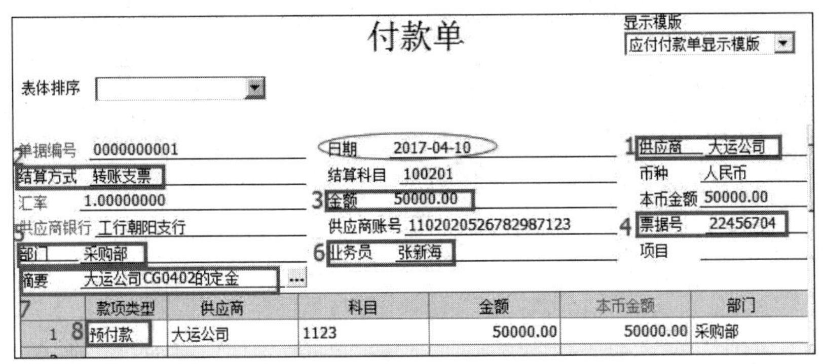

图 4-27　付款单

1）财务主管曾志伟审核付款单

（1）打开“收付款单列表”页签。登录“企业应用平台”，在“业务导航视图”的“业务工作”导航条中选中“财务会计”|“应付款管理”|“付款单据处理”|“付款单据审核”，弹出“付款单查询条件”对话框，直接单击“确定”按钮，打开“收付款单列表”页签。

（2）查阅付款单。在“收付款单列表”页签中，双击本笔业务中生成的付款单，打开“收付款单录入”页签，其中显示了相应的付款单。

（3）审核并制单。单击工具栏中的“审核”按钮，系统审核完成并弹出消息框，询问“是否立即制单?”，单击“否”按钮，关闭消息框。

（4）退出。单击“收付款单录入”和“收付款单列表”页签的“关闭”按钮，退出这两个页签。

2）财务部会计张兰付款单制单

（1）打开应付“制单”页签。登录“企业应用平台”，在“业务导航视图”的“业务工作”导航条中选中“财务会计”|“应付款管理”|“制单处理”，弹出的“制单查询”对话框，选中“收付款单制单”复选框，然后单击“确定”按钮，打开“制单”页签。

（2）生成并保存凭证。选中本业务的付款单，单击工具栏中的“制单”按钮，打开“填制凭证”页签，系统显示借记凭证信息为“预付账款”，贷记凭证信息为“银行存款/工行存款”。单击工具栏中的“保存”按钮，如图 4-28 所示。

（3）退出。单击“制单”和“填制凭证”页签的“关闭”按钮，关闭页签。

小贴士

- 已审核的单据不能再修改或删除，在未进行其他处理之前，应取消审核后再进行修改。
- 已生成凭证或进行过核销的单据也不能修改或删除，需要先删除凭证或者取消核销，然后再“弃审”，最后修改或删除单据。
- 在审核后系统会弹出消息框，询问“是否立即制单?”此时可以立即制单，也可以在“制单处理”中集中制单。
- 录入预付款的款项类型是“预付款”，它和“应付款”对应的科目是不同的，所以在输入付款单时一定要注意款项类型是否正确。

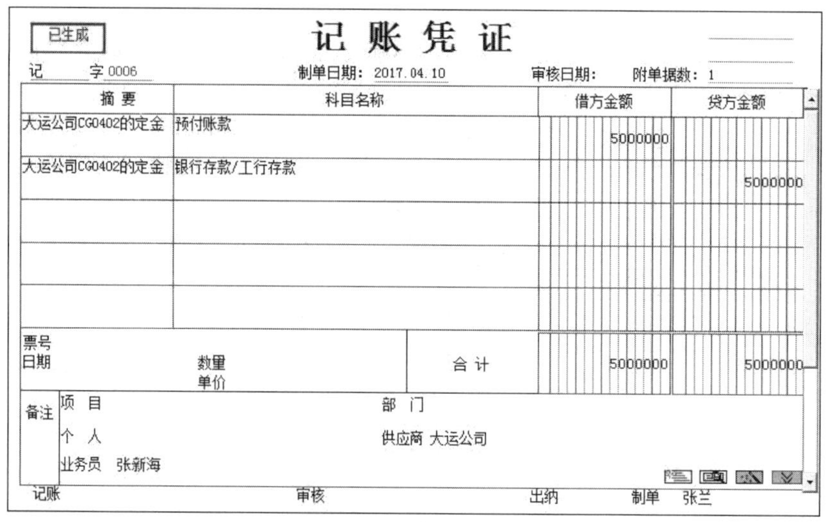

已生成

记账凭证

记 字 0006　　制单日期：2017.04.10　　审核日期：　　附单据数：1

摘要	科目名称	借方金额	贷方金额
大运公司CG0402的定金	预付账款	5000000	
大运公司CG0402的定金	银行存款/工行存款		5000000
票号 日期	数量 单价 合计	5000000	5000000

备注　项目　　部门

个人　　供应商 大运公司

业务员 张新海

记账　　审核　　出纳　　制单 张兰

图 4-28　生成凭证

4. 场景 4 的操作步骤

确认系统时间和操作日期为 2017 年 4 月 17 日。

视频观看：手机扫描二维码可观看相关操作。

任务说明：生成与审核采购到货单。

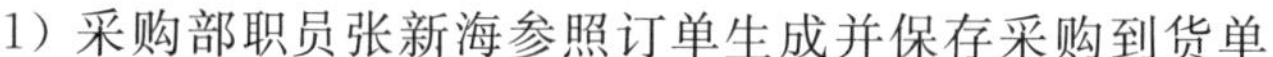

1）采购部职员张新海参照订单生成并保存采购到货单

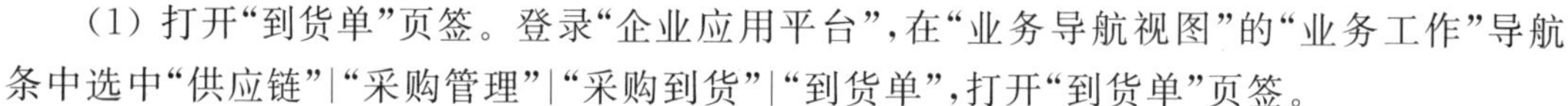

（1）打开“到货单”页签。登录“企业应用平台”，在“业务导航视图”的“业务工作”导航条中选中“供应链”|“采购管理”|“采购到货”|“到货单”，打开“到货单”页签。

（2）参照订单生成采购到货单。首先单击工具栏中的“增加”按钮，新增一张采购到货单，然后做如下操作：

① 打开“查询条件选择-采购订单列表过滤”对话框，单击其“确定”按钮，系统退出对话框并打开“拷贝并执行”窗口。

② 拷贝信息。在“拷贝并执行”窗口中，双击上窗格中“订单号”为“CG0402”的采购订单所在行的“选择”栏直至出现“Y”，再单击其工具栏的“OK 确定”按钮，返回“到货单”页签，此时相关的信息已经有默认值，不需要修改。

（3）保存。单击工具栏中的“保存”按钮，保存该单据。

（4）退出。单击“到货单”页签的“关闭”按钮，关闭页签。

2）采购主管刘静审核到货单

（1）打开“到货单”页签。登录“企业应用平台”，在“业务导航视图”的“业务工作”导航条中选中“供应链”|“采购管理”|“采购到货”|“到货单”，打开“到货单”页签。

（2）查阅并审核采购到货单。单击工具栏中的“上张”按钮，查阅到本业务生成的采购到货单，然后单击“审核”按钮。

（3）退出。单击“到货单”页签的“关闭”按钮，关闭页签。

5. 场景 5 的操作步骤

确认系统时间和操作日期为 2017 年 4 月 17 日。

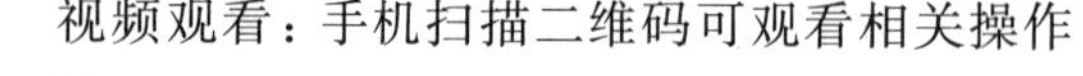

视频观看：手机扫描二维码可观看相关操作。

任务说明：生成与审核采购入库单。

1）仓管部职员赵林参照到货单生成采购入库单

（1）打开库存管理的“采购入库单”页签。登录“企业应用平台”，在“业务导航视图”的“业务工作”导航条中选中“供应链”|“库存管理”|“入库业务”|“采购入库单”，打开“采购入库单”页签。

（2）参照到货单生成采购入库单。在“采购入库单”页签中，做如下操作。

① 打开“到货单生单列表”窗口。在“采购入库单”页签中，选中“生单”按钮的“采购到货单（蓝字）”选项，打开“查询条件选择-采购到货单列表”对话框，单击“确定”按钮，系统退出对话框并打开“拷贝并执行”窗口。

② 拷贝信息。在“到货单生单列表”窗口中，双击要选中的采购到货单所对应的“选择”栏（即上一步骤完成的采购到货单），再单击工具栏中的“OK 确定”按钮，返回“采购入库单”页签，此时相关的信息已经默认显示在入库单上，选中仓库为“大运仓库”。

（3）保存。直接单击工具栏中的“保存”按钮，保存该单据。

（4）退出。单击“采购入库单”页签的“关闭”按钮，关闭页签。

2）仓库主管李莉审核采购入库单

（1）打开库存管理的“采购入库单”页签。登录“企业应用平台”，在“业务导航视图”的“业务工作”导航条中选中“供应链”|“库存管理”|“入库业务”|“采购入库单”，打开“采购入库单”页签。

（2）查阅并审核采购入库单。单击工具栏中的 ⇤ ← → ⇥ 按钮，查阅到本业务生成的采购入库单，然后单击工具栏中的“审核”按钮，弹出消息框提示审核完成，单击“确定”按钮，完成审核工作。

（3）退出。单击“采购入库单”页签的“关闭”按钮，关闭页签。

6. 场景 6 的操作步骤

确认系统时间和操作日期为 2017 年 4 月 17 日。

视频观看：手机扫描二维码可观看相关操作。

任务说明：采购部填制采购发票，并进行采购结算。

1）采购部职员张新海参照生成采购专用发票

（1）打开采购“专用发票”页签。登录“企业应用平台”，在“业务导航视图”的“业务工作”导航条中选中“供应链”|“采购管理”|“采购发票”|“专用采购发票”，打开“专用发票”页签。

（2）参照入库单生成采购专用发票。在“专用发票”页签中，先单击工具栏中的“增加”按钮，新增一张采购专用发票，再做如下操作。

① 打开“拷贝并执行”窗口。选中工具栏的“生单”下拉按钮的“入库单”选项，打开“查询条件选择-采购入库单列表过滤”对话框，直接单击“确定”按钮，打开“拷贝并执行”窗口。

② 拷贝信息。在“拷贝并执行”窗口中，双击要选中的采购入库单（即上一步骤完成的采购入库单）所对应的“选择”栏，然后单击工具栏中的“OK 确定”按钮，返回“专用发票”页签。

③ 编辑表头。修改“发票号”为“61055804”，其他项默认。

（3）保存。单击工具栏中的“保存”按钮。

(4) 退出。单击“专用发票”页签的“关闭”按钮，关闭页签。

2) 采购部职员张新海进行采购手工结算

(1) 打开“手工结算”页签。登录“企业应用平台”，在“业务导航视图”的“业务工作”导航条中选中“供应链”|“采购管理”|“采购结算”|“手工结算”，打开“手工结算”页签。

(2) 打开“结算选单”窗口并显示采购发票和入库单。在“手工结算”页签中，单击工具栏中的“选单”按钮，弹出“结算选单”窗口；单击其工具栏的“查询”按钮，然后在弹出的“查询条件选择-采购手工结算”对话框中单击“确定”按钮，返回“结算选单”窗口。此时窗口的上窗格显示发票列表，下窗格显示入库单列表。

(3) 选单。在“结算选单”窗口中，选中上窗格的本业务生成的采购专用发票，再选中下窗格对应的入库单(“存货名称”为女士高端太阳镜)，然后单击工具栏中的“OK 确定”按钮，返回“手工结算”页签。

(4) 完成采购结算。在“手工结算”页签中，单击工具栏中的“结算”按钮，弹出“完成结算”消息框，单击“确定”按钮，完成采购结算。在“业务导航视图”的“业务工作”导航条中选中“供应链”|“采购管理”|“采购结算”|“结算单列表”，继续操作可查阅本业务生成的结算单。

(5) 退出。单击“手工结算”页签的“关闭”按钮，关闭页签。

7. 场景 7 的操作步骤

确认系统时间和操作日期为 2017 年 4 月 17 日。

视频观看：手机扫描二维码可观看相关操作。

任务说明：应付审核并制单、存货记账与生成凭证。

1) 财务主管曾志伟进行应付单据审核

(1) 打开“单据处理”页签。登录“企业应用平台”，在“业务导航视图”的“业务工作”导航条中选中“财务会计”|“应付款管理”|“应付单据处理”|“应付单据审核”，弹出“应付单查询条件”对话框，单击“确定”按钮，打开“单据处理”页签。

(2) 审核应付单据。在“单据处理”页签中，列出了本业务生成的采购专用发票，双击上窗格中“供应商名称”为北京大运眼镜公司所在行的“选择”栏直至出现“Y”，再单击其工具栏的“审核”按钮，系统提示审核成功(同时“审核人”栏出现“曾志伟”的名字)，单击“确定”按钮，返回“单据处理”页签。

(3) 退出。单击“单据处理”页签的“关闭”按钮，关闭页签。

2) 财务部会计张兰进行制单处理

(1) 打开应付“制单”页签。登录“企业应用平台”，在“业务导航视图”的“业务工作”导航条中选中“财务会计”|“应付款管理”|“制单处理”，在弹出的“制单查询”对话框中，选中“发票制单”，然后单击“确定”按钮，打开“制单”页签。

(2) 生成并保存采购凭证。选中本业务的采购专用发票，再单击“制单”按钮，打开“填制凭证”页签，系统显示采购专用发票对应的凭证的信息为“借记：在途物资、进项税额，贷记：一般应付款”；单击“在途物资”会计科目，将光标移到辅助项的位置，当出现笔头状光标时双击此处，弹出“辅助项”窗口，或者按 Ctrl+S 键调出“辅助项”窗口，双击选中项目“女士高端”。单击“保存”按钮，凭证左上角出现“已生成”，如图 4-29 所示。

已生成

记 账 凭 证

记 字 0007　　制单日期：2017.04.17　　审核日期：　　附单据数：1

摘要	科目名称	借方金额	贷方金额
采购女士高端太阳镜1000副	在途物资	30000000	
采购女士高端太阳镜1000副	应交税费/应交增值税/进项税额	5100000	
采购女士高端太阳镜1000副	应付账款/一般应付账款		35100000
票号 日期　　数量 单价	合计	35100000	35100000

备注　项 目　女士高端　　部 门

个 人　　客 户

业务员

记账　　审核　　出纳　　制单　张兰

图 4-29　采购凭证

小贴士

本次采购业务是预付了定金的业务，首先应该进行应付制单处理，使得本企业与供应商在系统中存在一笔应付款项，然后进行“预付冲应付”，否则在保存“预付冲应付”凭证时，系统会提醒供应商明细账出现赤字。如果没有提前进行应付制单，也可以在“制单处理”中集中制单保存时，先保存应付款的凭证，再保存“预付冲应付的凭证”。

3）财务部会计张兰进行采购入库存货记账

（1）打开“未记账单据一览表”页签。登录“企业应用平台”，在“业务导航视图”的“业务工作”导航条中选中“供应链”|“存货核算”|“业务核算”|“正常单据记账”，弹出“查询条件选择”对话框，直接单击其“确定”按钮，打开“未记账单据一览表”页签。

（2）入库记账。选中本业务生成的采购入库单，然后单击工具栏中的“记账”按钮，弹出消息框提示记账成功，单击其“确定”按钮，完成记账工作。

（3）退出。单击“未记账单据一览表”页签的“关闭”按钮，退出该页签。

4）财务部会计张兰进行入库存货制单

（1）打开“生成凭证”页签。登录“企业应用平台”，在“业务导航视图”的“业务工作”导航条中选中“供应链”|“存货核算”|“财务核算”|“生成凭证”，打开“生成凭证”页签。

（2）打开“选择单据”窗口。单击工具栏中的“选择”按钮，在弹出的“查询条件”对话框中，直接单击“确定”按钮，打开“选择单据”窗口。

（3）生成存货凭证。选中本业务生成的采购入库单，然后单击工具栏中的“确定”按钮，返回“生成凭证”页签，单击工具栏中的“生成”按钮，打开“填制凭证”页签，并默认显示了本业务入库单上的相关信息（借记：库存商品，贷记：在途物资），修改“库存商品”和“在途物资”的辅助项均为“女士高端”。

（4）保存存货凭证并退出。单击工具栏中的“保存”按钮，然后单击“填制凭证”和“生成凭证”页签的“关闭”按钮，关闭页签。

4.4 本月发生采购业务的付款与核销

【预备知识】

1. 应付款

应付款是由于采购或接受劳务环节应该付款而没有支付所形成的款项，主要包括应付账款、应付票据。

应付款管理系统是通过发票、其他应付单、付款单等单据的录入，对企业的往来账款进行综合管理，及时、准确地提供供应商的往来账款余额资料，提供各种分析报表，帮助企业合理地进行资金的调配，提高资金的利用效率。采购管理系统与应付账款管理系统联用，可以掌握采购业务的付款和应付情况。在采购管理系统中已经录入的发票，结算后可以在应付款管理系统中进行审核、记应付账款、付款、核销，已经现付的采购发票可以在应付系统中进行记账、制单。应付款管理系统可以查询采购系统中已经入库还没有结算的实际应付信息和未复核的发票。总之，采购与应付款管理系统的基本功能是进行采购管理和采购核算。

应付管理系统主要提供了设置、日常处理、单据查询、账表管理、其他处理等功能。

(1) 设置是企业在首次使用应付款管理子系统时，根据使用单位的业务属性进行具体设置，建立一个适合企业的应付管理系统的过程，主要内容包括参数设置、基础信息设置、单据设计和录入期初余额。

(2) 日常处理主要完成企业日常的应付业务录入、付款业务录入、应付业务核销、付款业务核销、应付并账、汇兑损益等的处理，及时记录应付、付款业务的发生，为查询和分析往来业务提供完整、正确的资料，加强对往来款项的监督管理，提高工作效率。它主要包括单据处理、单据核销、应付转账、汇兑损益、制单处理、票据管理、付款单导出、选择付款、信用证管理等功能，如表 4-7 所示。

表 4-7　日常处理包括的功能

功能	说　明
单据处理	单据录入、单据管理。解决增删改单据和查询、审核单据的工作
单据核销工作	手工核销、自动核销
应付转账	进行应付冲应付、预付冲应付、应付冲应收、红票对冲等操作。应付冲应付指将供应商、部门、业务员、项目和合同的应付款转到另一个主体上去，通过本功能将应付款业务在供应商、部门、业务员、项目和合同之间进行转入、转出，实现应付业务的调整，解决应付款业务在不同供应商、部门、业务员、项目和合同间入错户或合并户问题。通过预付冲应付可将预付供应商款项和所欠供应商的货款进行转账核销处理。应付冲应收是用对某供应商的应付账款，冲抵对某客户的应收账款。红票对冲指将同一供应商的红票和其蓝字发票进行冲销
汇兑损益	解决有外币业务核算时的汇兑损益处理工作
制单处理	对各个业务处理提供制单的功能，并传递给总账
票据管理	提供对银行承兑汇票和商业承兑汇票进行管理

续表

功能	说　明
付款单导出	完成付款单与网上银行的相互导入、导出处理
选择付款	进行一次支付多个供应商、多笔款项的业务处理，简化日常付款操作
信用证管理	主要进行进口商在发出信用证后的付汇及其后续核销处理

(3) 在单据查询功能中，系统提供对各类单据、详细核销信息、报警信息、凭证等内容的查询。在查询列表中，系统提供自定义显示栏目、排序等功能，可以通过单据列表操作来制作符合自身要求的单据的列表。用户在单据查询时，若启用客户、部门数据权限控制，则用户在查询单据时只能查询有权限的单据。

(4) 账表管理功能分为"我的账表""业务账表查询""科目账表查询"和"统计分析"。通过"我的账表"可以新建账夹、设置账夹口令和自定义报表。业务账表查询通过账表查询可以及时了解一定期间内期初应付款结存汇总情况，应付款发生、付款发生的汇总情况，累计情况及期末应付款结存汇总情况，还可以了解各个供应商期初应付款结存明细情况，应付款发生、付款发生的明细情况、累计情况及期末应付款结存明细情况，能及时发现问题，加强对往来款项的监督管理。通过统计分析，可以按用户定义的账龄区间，进行一定期间内应付款账龄分析、付款账龄分析、往来账龄分析，了解各个应付款周转天数、周转率，了解各个账龄区间内应付款、付款及往来情况，能及时发现问题，加强对往来款项动态的监督管理。用户可从通过不同角度通过科目账表进行查询，包括科目余额表和科目明细账。科目余额表用于查询应付受控科目各个供应商的期初余额、本期借方发生额合计、本期贷方发生额合计、期末余额。科目明细账用于查询供应商往来科目下各个往来供应商的往来明细账。

(5) 在"其他处理"中，可以进行远程数据的传递、取消操作、月末结账等处理。随着市场经济的发展，企业的集团化成为企业发展的一种趋势。对于采购系统的付款方式来说，在企业的集团化的背景下，企业的付款业务在空间上以总公司为核心向异地拓展。集团内部总公司和异地付款之间的数据传递问题成为集团企业关注的焦点。为使总公司能及时了解各地的付款状况，全面掌握整个企业集团的应付账款付款情况，在一定程度上控制异地采购点的经营管理，系统提供了总公司和异地采购之间的数据导出、导入功能及其服务功能。收件和发件管理为企业提供了完整的远程数据通信方案；取消操作的功能是，如果在审核原始单据、核销付款单等操作后发现操作失误，可将其恢复到操作前的状态，以便进行修改；期末处理是指用户进行的期末结账工作，如果当月业务已全部处理完毕，就需要执行月末结账功能，只有月末结账后，才可以开始下月工作。

应付款管理系统的付款申请单主要来源于采购订单、采购发票、进口订单、进口发票、委外发票、工序以外的加工费发票、合同、合同结算单、其他应付单及无来源的付款申请。来源于订单或合同的付款申请，默认生成的付款单，其款项类型为预付款；来源于发票或合同结算单或其他单据的付款申请，默认生成的付款单，其款项类型为应付款。

2. 核销

核销处理指用户日常进行的付款核销应付款的工作。单据核销的作用是处理付款核销应付款，建立付款与应付款的核销记录，监督应付款及时核销，加强往来款项的管理。通俗地说，就是能比较清楚地管理供应商每一笔应付款的付款明细。

核销有以下两种方式。

(1) 手工核销。手工确定系统内付款与应付款的对应关系，选择进行核销。操作时，可以根据查询条件选择需要核销的单据，然后手工核销，加强了往来款项核销的灵活性。

(2) 自动核销。系统自动确定系统内付款与应付款的对应关系，选择进行核销。可以根据查询条件选择需要核销的单据，然后系统自动核销，加强了往来款项核销的效率性。

普通采购业务的付款及核销的操作流程如图 4-30 所示。

图 4-30　付款及核销流程图

公司的采购采用的是赊购方式，即公司凭借自身的信用，采用分期付款或延期付款方式购买商品，是“赊销”的对称。赊购将形成应付款，到期付款后应该与相应的应付款核销，以利于及时、准确地提供账龄分析等相关报表。

【虚拟业务场景】

人物：

曾志伟(财务主管)

罗迪(财务部出纳)

张兰(财务部会计)

场景 1：填制付款单并请主管审核

(罗迪填制付款单完毕，来到曾志伟的办公室)

罗迪：曾总，我已经支付北京塑料二厂的本月货款，并填制了付款单，请您审核一下。

曾志伟：好的。(开始付款单审核)

场景 2：应付账款核销并制单

曾志伟：小张，北京塑料二厂本月的货款已经支付了，请做应付核销。

张兰：好的，我马上做处理。

【业务描述】

镜片树脂已验收并入库，财务部于 2017 年 4 月 17 日开具转账支票(票号 31002101，支票存根如图 4-31 所示)，支付全部款项(支付报告书从略)。

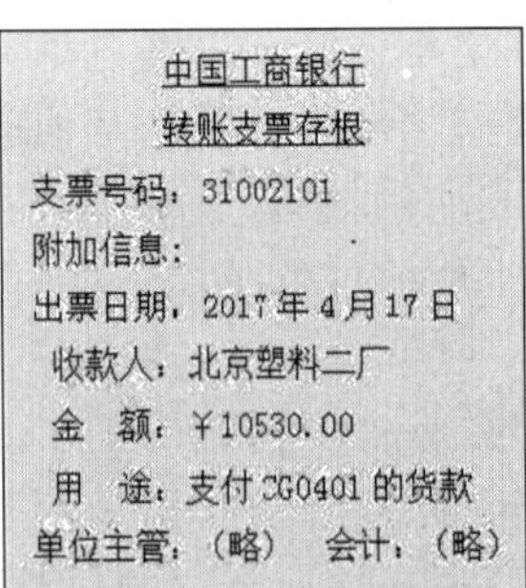

中国工商银行
转账支票存根

支票号码：31002101
附加信息：
出票日期：2017 年 4 月 17 日
收款人：北京塑料二厂
金　额：￥10530.00
用　途：支付 CG0401 的货款
单位主管：(略)　会计：(略)

图 4-31　CG0401 的货款支付支票存根

【操作指导】

1. 场景1的操作步骤

确认系统时间和操作日期为2017年4月17日。

视频观看：手机扫描二维码可观看相关操作。

任务说明：填制付款单并审核。

1）财务部出纳罗迪填制付款单

（1）打开“收付款单录入”页签。登录“企业应用平台”，在“业务导航视图”的“业务工作”导航条中选中“财务会计”|“应付款管理”|“付款单据处理”|“付款单据录入”，打开“收付款单录入”页签。

（2）编辑付款单。单击工具栏中的“增加”按钮，新增一张付款单，然后做如下编辑。

① 编辑表头。编辑其表头的“供应商”为“塑料二厂”，“结算方式”为“转账支票”，“金额”为“10530”，“票据号”为“31002101”，“部门”为“采购部”，“业务员”为“张新海”，“摘要”为“支付CG0401的货款”。

② 编辑表体。单击表体部分，系统将自动生成一条记录，确认“款项类型”为“应付款”，其他项默认。

（3）保存。单击工具栏中的“保存”按钮，保存该单据。

（4）退出。单击“收付款单录入”页签的“关闭”按钮，关闭页签。

2）财务主管曾志伟审核付款单

（1）打开“收付款单列表”页签。登录“企业应用平台”，在“业务导航视图”的“业务工作”导航条中选中“财务会计”|“应付款管理”|“付款单据处理”|“付款单据审核”，弹出“付款单查询条件”对话框，直接单击“确定”按钮，退出该对话框并打开“收付款单列表”页签。

（2）审核付款单。在“收付款单列表”页签中，系统列出了本业务的付款单，双击上窗格中“供应商”为北京塑料二厂所在行的“选择”栏直至出现“Y”，再单击其工具栏的“审核”按钮，系统提示审核成功(同时“审核人”栏出现“曾志伟”的名字)，单击“确定”按钮，返回“单据处理”页签。参照审核应付单据的步骤执行。

（3）退出。单击“单据处理”页签的“关闭”按钮，关闭页签。

2. 场景2的操作步骤

确认系统时间和操作日期为2017年4月17日。

视频观看：手机扫描二维码可观看相关操作。

任务说明：应付账款核销并制单。

1）财务部会计张兰进行应付核销

（1）打开“单据核销”页签。登录“企业应用平台”，在“业务导航视图”的“业务工作”导航条中选中“财务会计”|“应付款管理”|“核销处理”|“手工核销”，在弹出的“核销条件”对话框中单击“供应商”文本框，出现的参照按钮，单击后打开“供应商档案基本参照”窗口，选中“供应商”为“塑料二厂”，然后单击窗口工具栏中的“确定”按钮，返回“核销条件”对话框，单击“确定”按钮打开“单据核销”页签。

（2）核销设置。在“单据核销”页签的下窗体，双击“单据编号”为“61005502”所在的行，系统自动在该行的“本次结算”栏填入与“原币余额”相等的数字。

(3) 应付核销。单击工具栏中的“保存”按钮，完成应付核销。

(4) 退出。单击“单据核销”页签的“关闭”按钮，关闭页签。

小贴士

- 在保存核销的内容后，“单据核销”页签中不再显示已被核销的内容。
- 核销时，结算单列表中款项类型为应付款的记录默认本次结算金额为该记录上的原币金额，款项类型为预付款的记录默认的本次结算金额为空。核销时可以修改本次结算金额，但是不能大于该记录的原币金额。
- 一次只能对一种结算单类型进行核销，即手工核销的情况下需要将收款单和付款单分开核销。
- 如果核销后未进行其他处理，可以在期末处理中的“取消操作”功能中取消核销。

2) 财务部会计张兰进行制单处理

(1) 打开应付“制单”页签。登录“企业应用平台”，在“业务导航视图”的“业务工作”导航条中选中“财务会计”|“应付款管理”|“制单处理”，在弹出的“制单查询”对话框中选中“发票制单”“收付款单制单”和“核销制单”复选框，然后单击“确定”按钮，打开“制单”页签。

(2) 生成并保存凭证。单击工具栏中的“全选”按钮使付款单和核销被选中，单击“合并”(如图 4-32 所示)，系统自动修改核销的选择标志，使其与付款单选择标志相同，再单击“制单”按钮，打开“填制凭证”页签，并显示“借记”为“一般应付款”，“贷记”为“工行存款”，单击“保存”按钮，凭证左上角出现“已生成”字样，如图 4-33 所示。

应付制单

凭证类别 记账凭证　　制单日期 2017-04-17　　共 2 条

选择标志	凭证类别	单据类型	单据号	日期	供应商编码	供应商名称	部门	业务员	金额
1	记账凭证	付款单	0000000002	2017-04-17	003	北京塑...	采购部	张新海	10,530.00
1	记账凭证	核销	0000000002	2017-04-17	003	北京塑...	采购部	张新海	10,530.00

图 4-32 “制单”页签显示的应付制单

已生成

记 账 凭 证

记 字 0009　　制单日期：2017.04.17　　审核日期：　　附单据数：2

摘要	科目名称	借方金额	贷方金额
采购镜片树脂1.5千克	应付账款/一般应付账款	1053000	
支付CG0401的货款	银行存款/工行存款		1053000
票号 CG0401 日期 2017.04.05　数量 单价	合计	1053000	1053000

备注　项　目　　　部　门

个　人　　　供应商 塑料二厂

业务员 张新海

记账　　审核　　出纳　　制单 张兰

图 4-33 核销制单

(3) 退出。单击"填制凭证"和"制单"页签的"关闭"按钮,关闭页签。

4.5 预付冲应付

【预备知识】

预付账款是指企业按照购货合同的规定,预先以货币资金或货币等价物支付供应单位的款项。在日常核算中,预付账款按实际付出的金额入账,预付冲应付时,将预付给供应商的款项与所欠供应商的货款进行转账核销。

【虚拟业务场景】

人物:
曾志伟(财务主管)
张兰(财务部会计)
罗迪(财务部出纳)

场景 1:应付票据的填制、审核与制单

曾志伟:罗迪,今天发出的一张银行承兑汇票,你做应付票据管理了吗?
罗迪:我马上做!(填制应付票据完成)
(填制应付票据之后……)
罗迪:曾总,我已经填制了一张汇票,请您审核。
曾志伟:好的。
(审核票据后……)
曾志伟:张兰,我审核了一张银行承兑汇票,你制一下单。
张兰:好的。

场景 2:预付冲应付

曾志伟:小张,编号为 CG0402 的采购订单有一笔预付款,请将其冲销应付款。
张兰:好的。(开始预付冲应付)

【业务描述】

2017 年 4 月 17 日,太阳镜已验收入库,财务部当日开出银行承兑汇票(票号 31856821)全额支付尾款 301 000 元,付款报告书从略,汇票的原始单据如图 4-34 所示。

【操作指导】

1. 场景 1 的操作步骤

确认系统时间和操作日期为 2017 年 4 月 17 日。
视频观看:手机扫描二维码可观看相关操作。
任务说明:应付票据的填制、审核与制单。
1) 财务部出纳罗迪填制银行承兑汇票
(1) 打开"票据管理"页签。登录"企业应用平台",在"业务导航视图"的"业务工作"导

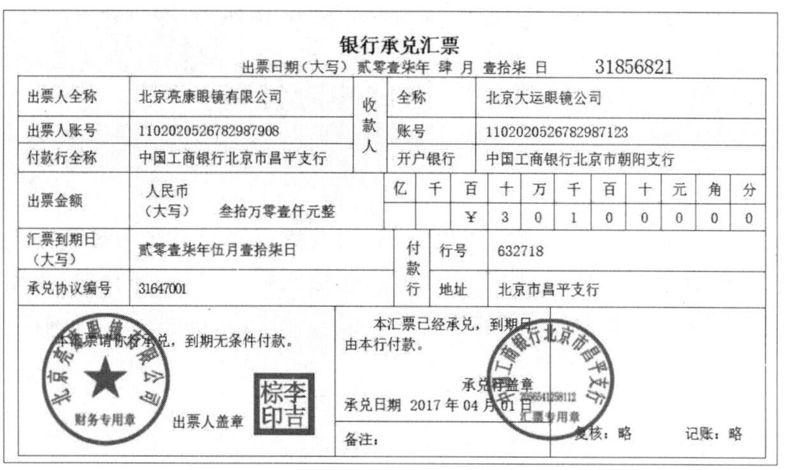

银行承兑汇票

出票日期（大写）贰零壹柒年 肆 月 壹拾柒 日　　31856821

出票人全称	北京亮康眼镜有限公司	收款人	全称	北京大运眼镜公司
出票人账号	1102020526782987908		账号	1102020526782987123
付款行全称	中国工商银行北京市昌平支行		开户银行	中国工商银行北京市朝阳支行

出票金额	人民币（大写） 叁拾万零壹仟元整	亿	千	百	十	万	千	百	十	元	角	分
				¥	3	0	1	0	0	0	0	0

汇票到期日（大写）	贰零壹柒年伍月壹拾柒日	付款行	行号	632718
承兑协议编号	31647001		地址	北京市昌平支行

本汇票请你行承兑，到期无条件付款。　出票人盖章

本汇票已经承兑，到期日由本行付款。　承兑行盖章　承兑日期 2017 年 04 月 01 日

备注：　复核：略　记账：略

图 4-34　CG0402 银行承兑汇票示意图

航条中选中“财务会计”|“应付款管理”|“票据管理”，弹出“查询条件选择”对话框，直接单击“确定”按钮，打开“票据管理”页签。

（2）填制汇票。单击工具栏中的“增加”按钮，打开“应付票据”页签，选择“票据类型”为“银行承兑汇票”，“票据编号”为 31856821，“结算方式”为“银行承兑汇票”，“出票日期”为“2017-4-17”，“到期日”为“2017-5-17”，“付款人银行”为“中国工商银行昌平支行”，“收款人”为“大运公司”，“金额”为“301 000”，“票据摘要”为“支付女士高端太阳镜 1000 副尾款”，其他项默认，如图 4-35 所示。

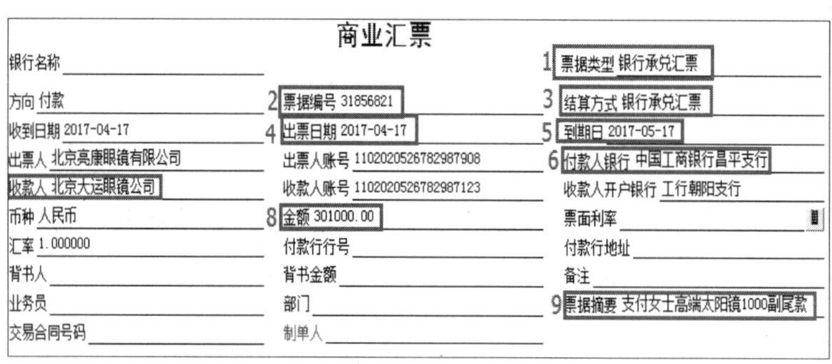

商业汇票

银行名称		1 票据类型 银行承兑汇票
方向 付款	2 票据编号 31856821	3 结算方式 银行承兑汇票
收到日期 2017-04-17	4 出票日期 2017-04-17	5 到期日 2017-05-17
出票人 北京亮康眼镜有限公司	出票人账号 1102020526782987908	6 付款人银行 中国工商银行昌平支行
7 收款人 北京大运眼镜公司	收款人账号 1102020526782987123	收款人开户银行 工行朝阳支行
币种 人民币	8 金额 301000.00	票面利率
汇率 1.000000	付款行行号	付款行地址
背书人	背书金额	备注
业务员	部门	9 票据摘要 支付女士高端太阳镜1000副尾款
交易合同号码	制单人	

图 4-35　商业汇票

（3）保存。单击工具栏中的“保存”按钮，保存该单据。

（4）退出。单击“应付票据”和“票据管理”页签的“关闭”按钮，关闭页签。

小贴士

- 填制商业汇票前，需要修改应付票据及其明细科目为“应付受控”，参照“2.6 受控科目设置”。
- 商业汇票保存时，系统将自动生成付款单，在“付款单据审核”中进行审核。

2）财务主管曾志伟进行付款单审核

（1）打开“收付款单列表”页签。登录“企业应用平台”，在“业务导航视图”的“业务工

作”导航条中选中“财务会计”|“应付款管理”|“付款单据处理”|“付款单据审核”，弹出“付款单查询条件”对话框，直接单击“确定”按钮，打开“收付款单列表”页签。

(2) 审核付款单。在“收付款单列表”页签中，系统列出了本业务的付款单，双击选中本业务的两张付款单，再单击工具栏中的“审核”按钮，系统提示审核成功(同时“审核人”栏出现“曾志伟”的名字)，单击“确定”按钮，返回“收付款单列表”页签。

(3) 退出。单击“收付款单列表”页签的“关闭”按钮，关闭页签。

3) 财务部会计张兰进行制单处理

(1) 打开应付“制单”页签。登录“企业应用平台”，在“业务导航视图”的“业务工作”导航条中选中“财务会计”|“应付款管理”|“制单处理”，弹出的“制单查询”对话框，选中“收付款单制单”，单击“确定”按钮，打开“制单”页签。

(2) 生成并保存凭证。选中本业务的付款单，再单击“制单”按钮，打开“填制凭证”页签，凭证的第二行科目名称输入“应付票据/银行承兑汇票”(或科目编码 220101)，填写应付票据辅助项，供应商为“大运公司”，“业务员”为“张新海”，票号、发生日期系统自动带出，单击“确定”按钮，退出辅助项窗口。单击“保存”按钮，凭证左上角出现“已生成”，如图 4-36 所示。

(3) 退出。单击“填制凭证”和“制单”页签的“关闭”按钮，关闭页签。

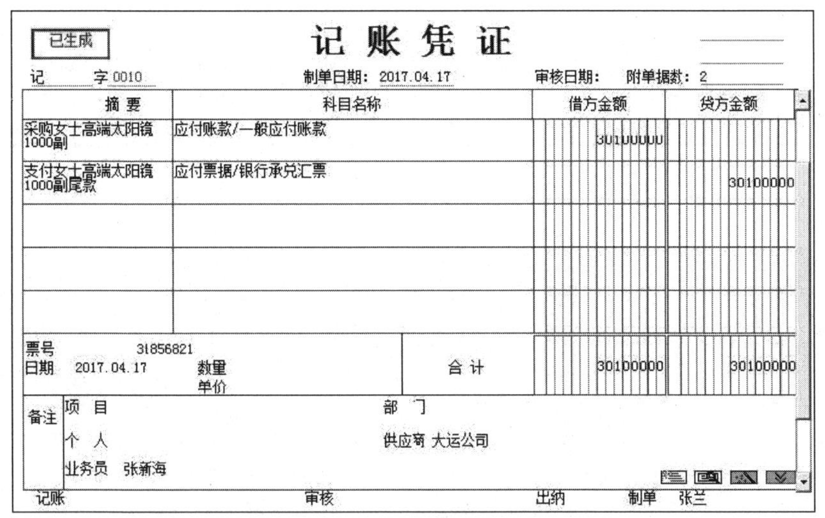

已生成

记账凭证

记 字 0010　制单日期：2017.04.17　审核日期：　附单据数：2

摘要	科目名称	借方金额	贷方金额
采购女士高端太阳镜1000副	应付账款/一般应付账款	30100000	
支付女士高端太阳镜1000副尾款	应付票据/银行承兑汇票		30100000
票号 31856821 日期 2017.04.17 数量 单价	合计	30100000	30100000

备注　项目　部门　个人　供应商 大运公司　业务员 张新海

记账　审核　出纳　制单 张兰

图 4-36　生成凭证

2. 场景 2 的操作步骤

确认系统时间和操作日期为 2017 年 4 月 17 日。

视频观看：手机扫描二维码可观看相关操作。

任务说明：预付冲应付。

财务部会计张兰做预付冲应付处理的过程如下：

(1) 打开“预付冲应付”对话框。登录“企业应用平台”，在“业务导航视图”的“业务工作”导航条中选中“财务会计”|“应付款管理”|“转账”|“预付冲应付”，打开“预付冲应付”对话框。

(2) 预付设置。在“预付款”选项卡中，参照生成“供应商”为“大运公司”，单击“过滤”按钮，系统列出相关信息，在其表体相应的行双击，使其“转账金额”为“50 000”，等于“原币余额”。

(3) 应付设置。在“应付款”选项卡中，先单击“过滤”按钮，再在表体双击“单据编号”为“61055804”所在的行，使其“转账金额”为“50 000”，如图 4-37 和图 4-38 所示。

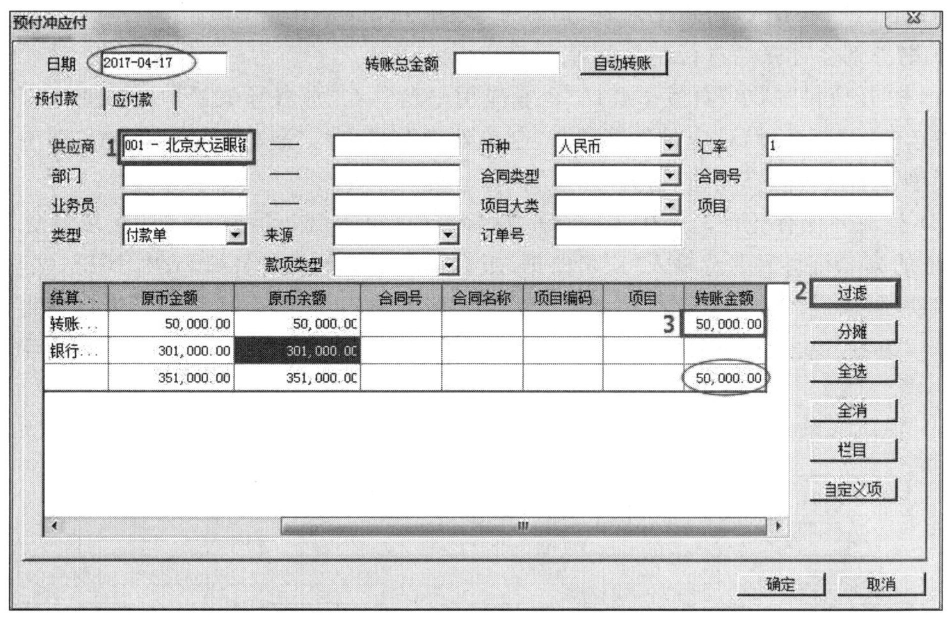

图 4-37 预付冲应付(1)

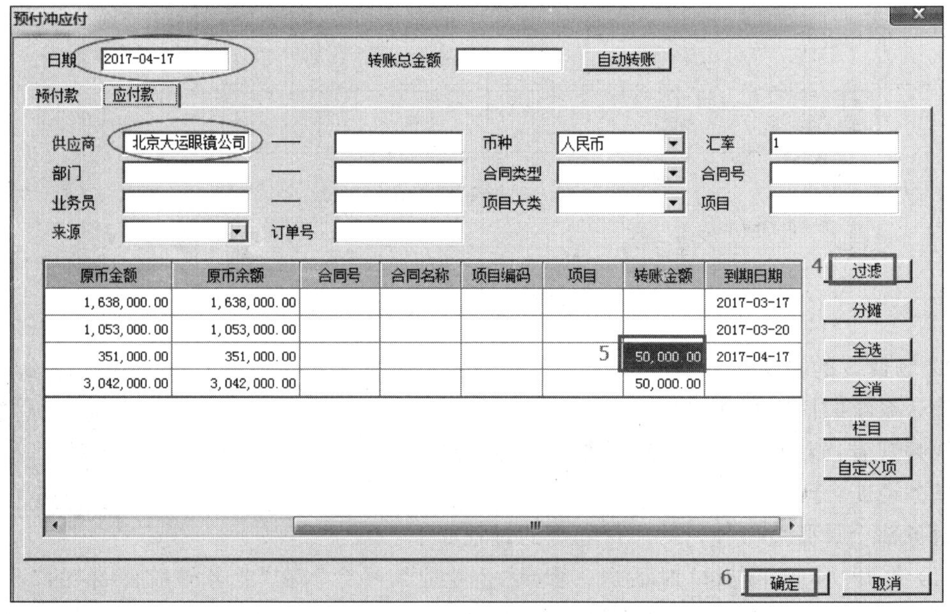

图 4-38 预付冲应付(2)

(4) 转账完成。单击“确定”按钮，转账完成，此时弹出消息框，询问“是否立即制单”。

(5) 转账制单。单击“是”按钮，弹出“填制凭证”窗口，默认的凭证信息为借记“预付账款”(红字)，贷记“应付账款/一般应付账款”。单击红字的借方金额，然后按空格键，红字的借方自动移动到贷方，此时单击“填制凭证”窗口中的“保存”按钮，结果如图 4-39 所示。

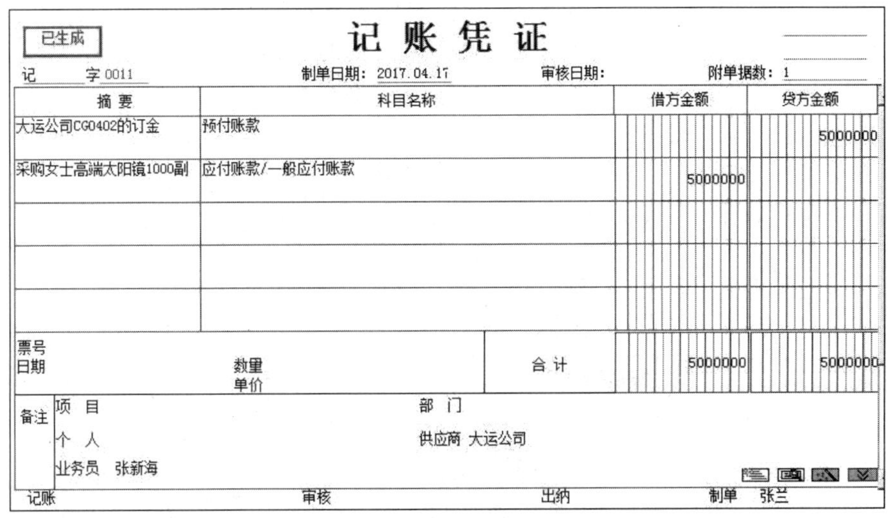

图 4-39 生成凭证

(6) 退出。单击“填制凭证”窗口中的“退出”按钮和“预付冲应付”对话框中的“取消”按钮，完成操作。

小贴士

不要忘记核销。同一笔业务中既有应付款又有付款单就应该核销或者进行现付处理，由于本书主要讲述财务会计系统的功能，所以着重讲解核销的处理方法。核销后要制单。

4.6 上月发生采购的付款及核销

【虚拟业务场景】

人物：

罗迪(财务部出纳)

张兰(财务部会计)

曾志伟(财务主管)

场景 1：填制应付票据并请主管审核

(罗迪填制应付票据完毕，来到曾志伟的办公室)

罗迪：曾总，我支付了大运公司上月的应付款并填制了一张商业承兑汇票，请您审核一下。

曾志伟：好的。(开始付款单审核)

场景 2：应付核销并制单

罗迪：小张，大运公司的付款单，曾总已经审核通过了，你做一下相关处理。

张兰：好的，我马上做账务处理。（核销、制单）

【业务描述】

2017 年 4 月 18 日，财务部用为期 30 天的商业承兑汇票（票号 32856811，如图 4-40 所示）向大运公司支付上月采购 4000 副男士高端太阳镜的全部价款 1 638 000 元和上月采购 3000 副女士高端太阳镜的全部价款 1 053 000 元，共计 2 691 000 元。

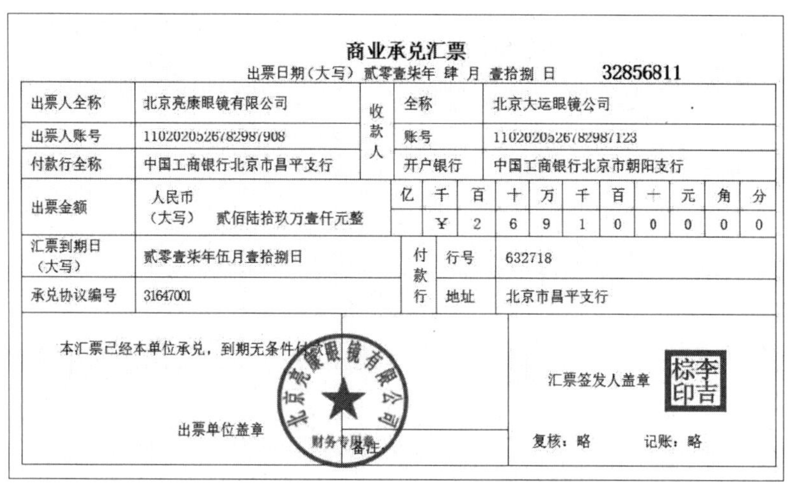

商业承兑汇票

出票日期（大写） 贰零壹柒年 肆 月 壹拾捌 日　　32856811

出票人全称	北京亮康眼镜有限公司	收款人	全称	北京大运眼镜公司
出票人账号	1102020526782987908		账号	1102020526782987123
付款行全称	中国工商银行北京市昌平支行		开户银行	中国工商银行北京市朝阳支行

出票金额	人民币（大写） 贰佰陆拾玖万壹仟元整	亿	千	百	十	万	千	百	十	元	角	分
			¥	2	6	9	1	0	0	0	0	0

汇票到期日（大写）	贰零壹柒年伍月壹拾捌日	付款行	行号	632718
承兑协议编号	31647001		地址	北京市昌平支行

本汇票已经本单位承兑，到期无条件付款。

出票单位盖章　　北京亮康眼镜有限公司 财务专用章　　备注

汇票签发人盖章　　李棕印吉

复核：略　　记账：略

图 4-40　商业承兑汇票示意图

【操作指导】

1. 场景 1 的操作步骤

确认系统时间和操作日期为 2017 年 4 月 18 日。

视频观看：手机扫描二维码可观看相关操作。

任务说明：填制付款单并审核。

1）财务部出纳罗迪填制商业汇票

（1）打开“票据管理”页签。登录“企业应用平台”，在“业务导航视图”的“业务工作”导航条中选中“财务会计”|“应付款管理”|“票据管理”，弹出“查询条件选择”对话框，单击“确定”按钮，打开“票据管理”页签。

（2）填制汇票。单击工具栏中的“增加”按钮，打开“应付票据”页签，选择“票据类型”为“商业承兑汇票”，“票据编号”为“32856811”，“结算方式”为“商业承兑汇票”，“出票日期”为“2017-4-18”，“到期日”为“2017-5-18”，“付款人银行”为“中国工商银行昌平支行”，“收款人”为“大运公司”，“金额”为“2 691 000”，“票据摘要”为“支付大运公司上月女士高端和男士高端太阳镜全部货款”，其他项默认，如图 4-41 所示。

（3）保存。单击工具栏中的“保存”按钮，保存该单据。

（4）退出。单击“应付票据”和“票据管理”页签的“关闭”按钮，关闭页签。

商业汇票

银行名称		票据类型 商业承兑汇票
方向 付款	票据编号 32856811	结算方式 商业承兑汇票
收到日期 2017-04-18	出票日期 2017-04-18	到期日 2017-05-18
出票人 北京亮康眼镜有限公司	出票人账号 102020526782987908	付款人银行 中国工商银行昌平支行
收款人 北京大运眼镜公司	收款人账号 102020526782987123	收款人开户银行 工行朝阳支行
币种 人民币	金额 2891000.00	票面利率 0.00000000
汇率 1.000000	付款行行号	付款行地址
背书人	背书金额	备注
业务员	部门	票据摘要 支付大运公司上月女士高端和男士
交易合同号码	制单人 罗迪	

图 4-41　商业汇票

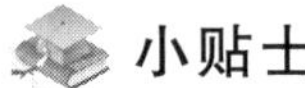

小贴士

- 填制商业汇票前，需要修改应付票据及其明细科目为“应付受控”，参照本书 2.6 节。
- 商业汇票保存时，系统将自动生成付款单，在“付款单据审核”中进行审核。

2）财务主管曾志伟审核付款单

（1）打开“收付款单列表”页签。登录“企业应用平台”，在“业务导航视图”的“业务工作”导航条中选中“财务会计”|“应付款管理”|“付款单据处理”|“付款单据审核”，弹出“付款单查询条件”对话框，直接单击“确定”按钮，打开“收付款单列表”页签。

（2）审核付款单。在“收付款单列表”页签中，系统列出了本业务的付款单，双击选中本业务的一张付款单，再单击其工具栏的“审核”按钮，系统提示审核成功（同时“审核人”栏出现“曾志伟”），单击“确定”按钮，返回“收付款单列表”页签。

（3）退出。单击“收付款单列表”页签的“关闭”按钮，关闭页签。

2．场景 2 的操作步骤

确认系统时间和操作日期为 2017 年 4 月 18 日。

任务说明：应付核销并制单。

1）财务部会计张兰进行应付核销

（1）打开“单据核销”页签。登录“企业应用平台”，在“业务导航视图”的“业务工作”导航条中选中“财务会计”|“应付款管理”|“核销处理”|“手工核销”，在弹出的“核销条件”对话框中，选中“供应商”为“大运公司”，单击“确定”按钮，打开“单据核销”页签。

（2）核销设置。在“单据核销”页签的下窗体中，双击需要核销的单据所在的行，系统自动在该行的“本次结算”栏填入与“原币余额”相等的数字。

（3）应付核销。单击工具栏中的“保存”按钮，完成应付核销。

（4）退出。单击“单据核销”页签的“关闭”按钮，关闭页签。

2）财务部会计张兰进行制单处理

（1）打开应付“制单”页签。登录“企业应用平台”，在“业务导航视图”的“业务工作”导航条中选中“财务会计”|“应付款管理”|“制单处理”，在弹出的“制单查询”对话框中选中“收付款单制单”和“核销制单”，单击“确定”按钮，打开“制单”页签。

（2）生成并保存凭证。单击工具栏中的“全选”按钮，使本业务的付款单和核销被选中，修改核销的选择标志，使其与金额相同的付款单选择标志相同，再单击“制单”按钮，打开“填制凭证”页签，凭证的第三行科目名称输入“应付票据/商业承兑汇票”或科目编码 220102，填写应付票据辅助项，供应商为“大运公司”，“业务员”为“张新海”，票号、发生日期系统自动带出，单击“确定”按钮，退出辅助项窗口。单击“保存”按钮，凭证左上角出现“已生成”，结果如图 4-42 所示。

（3）退出。单击“填制凭证”和“制单”页签的“关闭”按钮，关闭页签。

已生成

记账凭证

记 字 0013 制单日期：2017.04.18 审核日期： 附单据数：2

摘要	科目名称	借方金额	贷方金额
核销	应付账款/一般应付账款	163800000	
核销	应付账款/一般应付账款	105300000	
支付大运公司上月女士高端和男士高端太阳镜	应付票据/商业承兑汇票		269100000
票号 日期 2017.03.17	数量 单价 合计	269100000	269100000

备注 项目 部门

个人 供应商 大运公司

业务员

记账 审核 出纳 制单 张兰

图 4-42 生成凭证

第 5 章　销售期初设置与应收业务处理

销售是企业生产经营成果的实现过程，是企业经营活动的中心。销售管理子系统全面处理企业销售部门各环节的业务活动，提供销售订单、发货、出库、开票等方面的处理功能。

为了保证手工业务与软件处理的衔接和各个子系统间数据的连贯，本章首先介绍如何对已经启用的销售管理系统进行系统参数和业务规则设置，然后讲解常见的销售业务与应收款业务的简单处理流程。

本章操作对应的系统日期应该是“2017-04-01”，由账套主管“李吉棕”登录到“企业应用平台”，并在第 4 章完成操作的基础上继续进行，所以在实验操作前，需要将系统时间调整为 2017 年 4 月 1 日。如果没有调整系统时间，则在登录“企业应用平台”时需要修改“操作日期”(即业务时间)为 2017 年 4 月 1 日；如果业务日期与账套建账时间之间的跨度超过 3 个月，则该账套在演示版状态下不能执行任何操作。

如果没有完成第 4 章的操作，可以到百度网盘空间(网盘地址：http://pan.baidu.com/s/1nuEQJ7j 密码：h7gs)的“实验账套数据”文件夹中，将“04 采购与应付系统业务设置与处理.rar”下载到计算机上，然后引入到用友 ERP-U8 中。此外，本章完成的账套，在输出压缩的文件名应为“05 销售与应收系统业务设置与处理.rar”。

需要说明如下：

(1) 因网盘中的账套备份文件均为压缩文件，所以在下载完成后引入之前，需要用解压缩工具进行解压(建议用 WinRAR 3.42 或以上版本)，得到相应可以引入的账套数据文件。

(2) 本书的所有业务实验操作，都有配套的微视频，可以通过扫描二维码或者到指定的网页去观看。本章的实验操作，因为是基础档案且比较简单，所以没有录制相应的视频。

【预备知识】

销售是企业生产经营成果的实现过程，是企业经营活动的中心。销售管理子系统会根据产品销售核算的要求对产品的销售业务进行核算结计，计算经营业绩以及销售税金，编制形成销售账表以及其他各种统计分析表，对销售价格和信用进行实时监控。用户可根据实际情况对系统进行定制，构建自己的业务管理平台。

销售管理系统可以通过对客户的分类管理，建立和维护客户档案，制定针对客户的价格政策，建立客户的信用额度及期限，实现对客户的有效管理；可以根据市场的需求信息，对产品销售做出预测并编制销售计划；可以通过对销售订单的管理，动态了解订单的执行情况；可以与库存管理、存货核算、应收款管理系统及总账集成使用，完整地反映企业销售的物流与资金流；另外，销售管理系统还提供销售统计，输出账表和销售分析数据，例如销售结构分析、销售毛利分析、商品销售市场分析和综合分析等。

销售业务类型分为以下几种。

(1) 普通销售。它是适合大多数企业的日常销售业务。根据“发货—开票”的业务流程不同，普通销售可以分为先发货后开票和开票直接发货业务两种业务模式。系统区分两种流程的依据是判断先录入发货单还是先录入发票。

(2) 委托代销业务。它是指企业将商品委托他人进行销售，但商品所有权仍归本企业的销售方式。委托代销商品销售后，受托方与企业进行结算，企业开具正式的销售发票，形成销售收入，商品所有权转移。只有库存管理与销售管理系统集成使用时，才能在库存管理系统中使用委托代销业务。委托代销业务只能先发货后开票，不能开票直接发货。

(3) 直运业务，是指产品无须入库即可完成购销业务，由供应商直接将商品发给企业的客户，结算时由购销双方分别与企业结算。直运业务包括直运销售业务和直运采购业务，没有实物的出入库，货物流向是直接从供应商到客户，财务结算通过直运销售发票、直运采购发票解决。

(4) 分期收款发出商品业务，类似于委托代销业务，货物提前发给客户，分期收回货款，其特点是一次发货，当时不确认收入，以后分次确认收入，在确认收入的同时配比性地转成本。

应收单据处理是指用户进行单据录入和单据管理的工作，主要包括应收单据录入和单据管理。单据录入是本系统数据处理的起点，通过单据录入和单据管理可记录各种应收业务单据的内容，查阅各种应收业务单据，完成应收业务管理的日常工作。根据业务模型的不同，单据录入的类型也不同，如果企业同时使用应收款管理子系统和销售管理子系统，则发票和代垫费用产生的应收单据由销售系统录入，在本系统可以对这些单据进行审核、弃审、查询、核销、制单等功能。此时，在本系统需要录入的单据仅限于应收单。如果企业没有使用销售管理子系统，则各类发票和应收单均应在本系统录入。

通过“应收单据录入”，可以录入销售业务中的各类发票，以及销售业务之外的应收单。应收单据审核主要提供手工审核、自动批审功能。在应收单据审核列表界面，可进行应收单的增加、修改、删除等操作。在“应收单据审核”界面中显示的单据可包括所有已审核、未审核的应收单据，包括从销售管理系统传入的单据。做过后续处理如核销、制单、转账等处理的单据在“应收单据审核”中不能显示，对这些单据的查询，可在“单据查询”中进行。

收款单据处理主要包括收款单的录入、审核。本系统的收款单用来记录企业所收到的客户款项，款项性质包括应收款、预收款、其他费用等。其中应收款、预收款性质的收款单将与发票、应收单、付款单进行核销。本系统付款单用来记录发生销货退回时企业开具的退付给客户的款项，该付款单可与应收或预收性质的收款单、红字应收单、红字发票进行核销。

5.1 销售系统期初设置

【预备知识】

在进行销售日常业务之前，需要做一些基本的设置工作。首先要根据业务情况设置销售系统的参数以及允销限设置；设置信用审批人以及录入期初单据。本节讲述的是如何对销售管理系统的参数、单据编号与格式进行设置。

【业务描述】

在进行销售日常业务之前，需要根据业务情况设置销售的系统参数。本案例中的企业，需要在系统默认设置之外进行如下参数设置。

(1) 业务控制。选中“有零售日报业务”“有委托代销业务”“有分期收款业务”“有直运销售业务”“委托代销必有订单”“销售生成出库单”和“允许超发货量开票”，不选中“报价含税”。

(2) 其他控制。“新增发票默认”选中“参照发货”。

(3) 可用量控制。在“发货单/发票非追踪型存货预计库存量查询公式”选择区选中“做预计库存量查询”，而且选中“预计入库”区和“预计出库”区的所有选项。

【操作指导】

将系统时间和操作日期修改为 2017 年 4 月 1 日。

视频观看：手机扫描二维码可观看相关操作。

任务说明：销售系统期初设置。

账套主管李吉棕进行销售管理系统参数设置的过程如下：

(1) 打开“销售选项”对话框。登录“企业应用平台”，在“业务导航视图”的“业务工作”导航条中选中“供应链”|“销售管理”|“设置”|“销售选项”，打开“销售选项”对话框。

(2) 设置业务控制的参数。在“业务控制”选项卡中选择“有零售日报业务”“有委托代销业务”“有分期收款业务”“有直运销售业务”和“委托代销必有订单”复选框，确认选中“允许超订量发货”“销售生成出库单”和“允许超发货量开票”，取消选中“报价含税”，其他选项按系统默认设置，如图 5-1 所示。

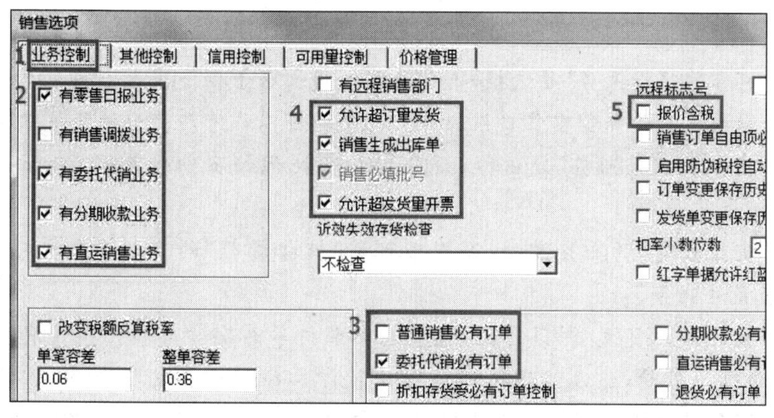

图 5-1　销售选项的“业务控制”设置

(3) 设置其他控制的参数。在“其他控制”选项卡中选中“新增发票默认”栏的“参照发货”复选框，其他选项按系统默认设置，如图 5-2 所示。

(4) 设置可用量控制的参数。在“可用量控制”选项卡的“发货单/发票非追踪型存货预计库存量查询公式”栏中选中“做预计库存量查询”复选框，并选中“预计入库”区和“预计出库”区的所有选项，其他选项按系统默认设置，如图 5-3 所示。

(5) 退出。单击“确定”按钮，保存系统参数的设置，关闭“销售选项”对话框。

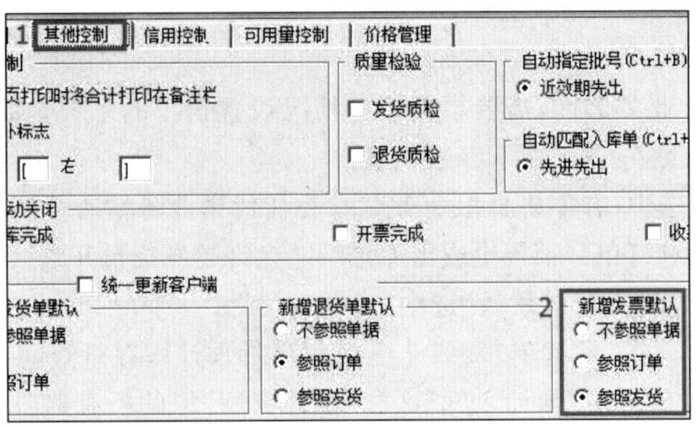

图 5-2　销售选项的“其他控制”设置

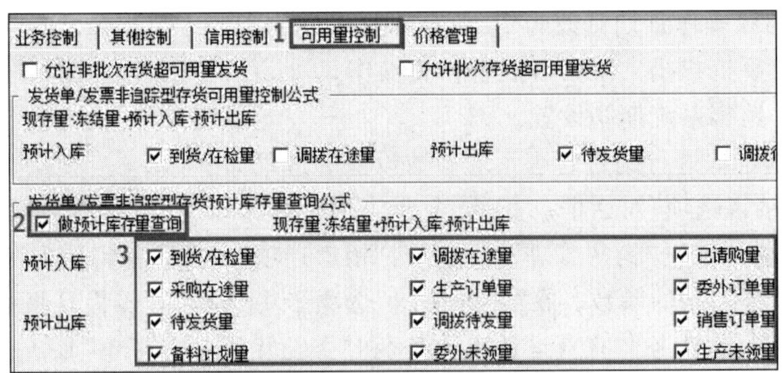

图 5-3　销售选项的“可用量控制”设置

小贴士

- 选中“有零售日报业务”复选框，则销售收入明细账等相关报表中将包含零售日报的数据，否则系统不能处理零售日报业务。此功能可以作为与前台销售收款系统的接口。
- 选中“有委托代销业务”复选框，则会增加委托代销明细账等报表，否则系统不能处理委托代销业务。
- 选中“直运销售”的业务类型，否则不可用“销售管理”的直运业务选项影响“采购管理”的直运业务。
- 选中“允许超订量发货”复选框，设置在参照订单开发货单和开销售发票时是否允许超过订单的数量，通过该参数可根据销售订单控制销售发货数量，限制业务人员的权限，降低出货回款的风险。如果未选中，则在参照销售订单开发货单、销售发票的保存环节对订单累计发货数、累计开票数(开票直接发货)与订单数量进行比较。若累计发货(开票)数大于订单数量，则不允许保存；累计发货(开票)数不超过订单数量，则允许保存。若选中，则表示在发货时，可以超出销售订单量进行发货，即允许累计发货(开票)数大于订单数量，但需要根据存货档案中的发货超额上限进行控制，即累计发货(开票)数小于或等于订单数量(1＋存货档案的发货超额上限)。
- 发货单/发票非追踪型存货可用量控制公式为：“可用量＝现存量－冻结量＋预计入库－预计出库”。

5.2 销售系统业务处理

销售系统业务处理的具体工作流程如图 5-4 所示。

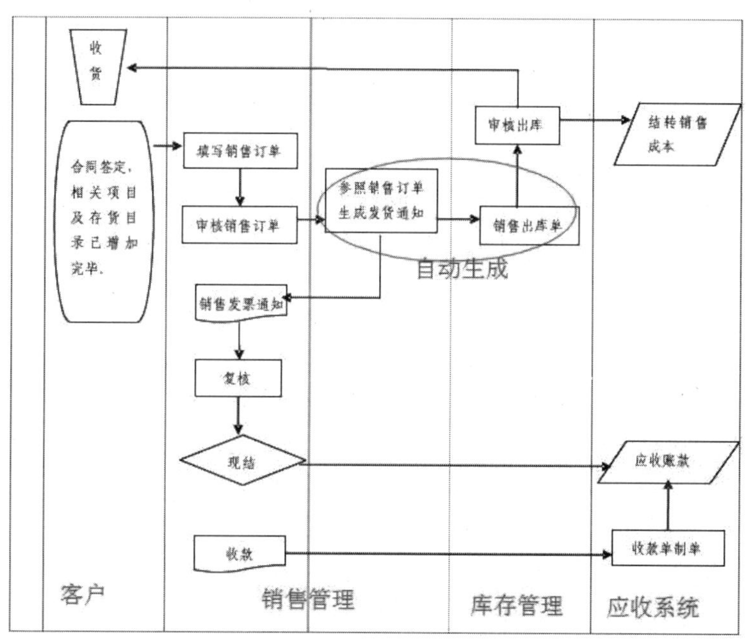

图 5-4　具体工作流程

销售业务操作流程如图 5-5 所示。

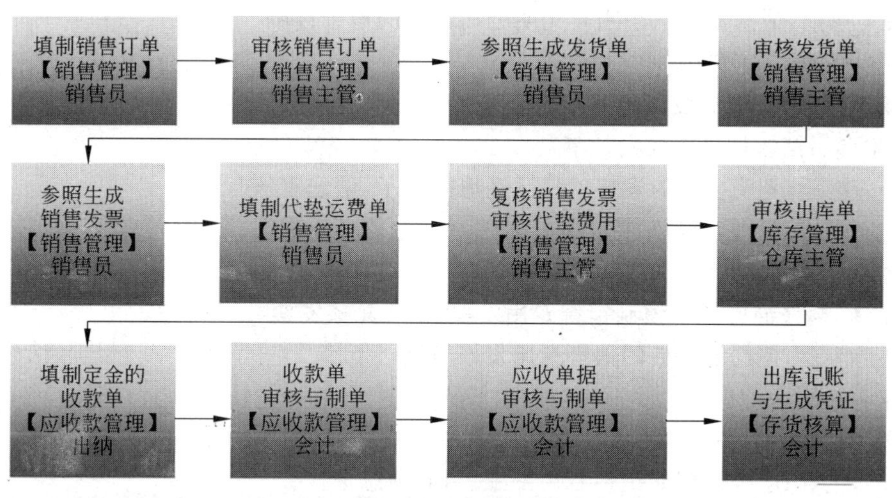

图 5-5　操作流程图

小贴士

- 每个模块的操作人员都应严格按照权限进行操作。
- 应收系统由会计人员操作。

• 销售出库单和销售发票可由审核后的销售订单自动生成。

5.2.1 有预收款的销售业务处理

【虚拟业务场景】

人物：

赵飞（销售主管）

夏于（批发部销售员）

刘欣（光明公司采购部）

李莉（仓库主管）

张兰（财务部会计）

罗迪（财务部出纳）

曾志伟（财务主管）

场景1：与光明公司签订男士普通太阳镜的销售合同

（光明公司采购部打来电话）

夏于：喂，您好！这里是亮康眼镜有限公司销售部。

刘欣：您好！我是光明公司采购部的采购员，我们想订购男士普通太阳镜。请问你们眼镜的质量和价格怎么样？

夏于：眼镜的质量没有问题，无税单价为108元。

刘欣：那我们订4000副，今天就要货。我们可用转账支票预付定金4万元。

夏于：（现存量查询之后……）好的，还请尽快发来定金，合作愉快！

（夏于填制销售订单）

夏于：赵总，请您审核一下刚与光明公司签订的销售订单。

赵飞：好的。（审核……）

场景2：销售部填制发货单并审核

（夏于参照销售订单生成发货单）

夏于：赵总，光明公司的发货单我已经填制好了，请您审核。

赵飞：好的，我马上审核，待会儿你就去通知仓管部发货吧。

（审核……）

场景3：赵飞通知夏于填制销售专用发票，赵飞复核发票

赵飞：小夏，把这笔业务的销售专用发票填制一下。

夏于：好的。

（夏于开始填制……）

夏于：主管，已经填制好销售专用发票了，麻烦您审核。

赵飞：好的。（复核发票……）

场景4：夏于通知仓管部发货

夏于：李总，光明公司订购了4000副男士普通太阳镜，请您安排一下发货吧。

李莉：好的，我们马上准备。

（仓管部出库完成后，李莉审核出库单……）

场景 5：财务部出纳罗迪填制收款单，财务主管曾志伟审核，张兰进行收款单制单

夏于：小罗，你看一下与光明公司签订的销售订单，这是他们今天送来的 4 万元转账支票，用作定金。

罗迪：好的。

(罗迪填制收款单完毕)

罗迪：曾总，光明公司的收款单填好了，请您审核一下。

曾志伟：好的。

(曾志伟审核收款单完毕)

曾志伟：小张，收款单我审核完了，你做一下收款单制单吧！

张兰：好的，曾总。

场景 6：赵飞通知财务部张兰对本笔销售业务进行应收确认和销售成本结转

赵飞：小张，这笔光明公司的业务已经完成，麻烦进行应收确认和成本结转吧。

张兰：好的，没问题。

(张兰来到财务主管曾志伟的办公室)

张兰：曾总，销售部今天有一笔应收业务，请您审核一下应收单。

曾志伟：好的，我现在就审核。

(曾志伟审核应收单……)

(张兰进行应收制单和销售成本结转……)

【业务描述】

2017 年 4 月 19 日，销售批发部夏于与光明公司签订销售合同(合同编号 XS002，相应单据如图 5-6 所示)，出售 4000 副男士普通太阳镜，无税单价为 108 元，增值税 17%。合同签订当

购销合同

合同编号：XS002

卖方：北京亮康眼镜有限公司

买方：北京光明眼镜公司

为保护买卖双方的合法权益，买卖双方根据《中华人民共和国合同法》的有关规定，经友好协商，一致同意签订本合同，共同遵守。

一、货物的名称、数量及金额

货物的名称	规格型号	计量单位	数量	单价(不含税)	金额(不含税)	税率	价税合计
男士普通太阳镜		副	4000	108.00	432000.00	17%	505440.00
合计					￥432000.00		￥505440.00

二、合同总金额：人民币伍拾万零伍仟肆佰肆拾元整（￥505440.00）。

三、付款时间及付款方式：

付款时间：签订合同当日，买方向卖方支付货款定金肆万元整（￥40000.00）；剩余货款买方收货30日之内，全部支付 人民币肆拾陆万伍仟肆佰肆拾元整（￥465440.00）。

付款结算方式：转账支票

四、时间与地点：交货时间为 2017 年 4 月 19 日　　交货地点：北京亮康眼镜有限公司

五、发运方式与运输费用承担方式：运输费用由买方承担。

卖　方：北京亮康眼镜有限公司　　买　方：北京光明眼镜公司

授权代表：夏于　　授权代表：刘欣

日期：2017 年 4 月 19 日　　日期：2017 年 4 月 19 日

图 5-6　合同 XS002 的示意图

日，光明公司用转账支票(票号为22416505，相应的银行进账单如图5-7所示)转入定金40 000元。本公司当日发货，并开具增值税专用发票(相应的增值税专用发票如图5-8所示)。

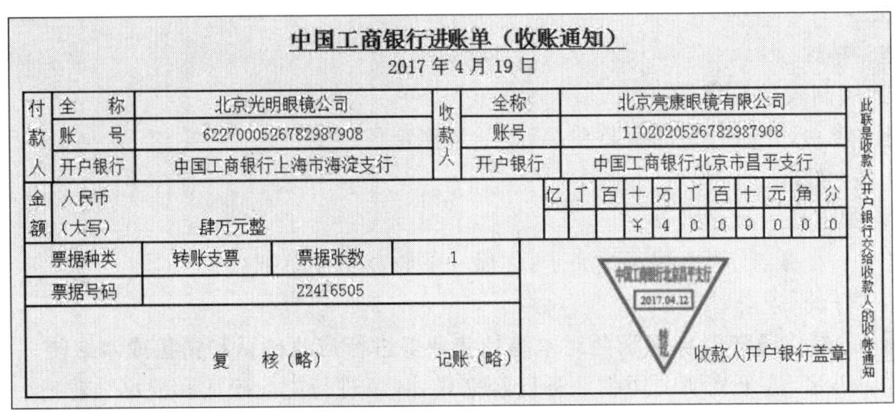

中国工商银行进账单（收账通知）

2017年4月19日

付款人	全称	北京光明眼镜公司	收款人	全称	北京亮康眼镜有限公司
	账号	6227000526782987908		账号	1102020526782987908
	开户银行	中国工商银行上海市海淀支行		开户银行	中国工商银行北京市昌平支行
金额	人民币（大写）	肆万元整		亿千百十万千百十元角分	¥4000000
票据种类	转账支票	票据张数	1		
票据号码	22416505				
	复核（略）	记账（略）		收款人开户银行盖章	

此联是收款人开户银行交给收款人的收账通知

中国工商银行北京昌平支行 2017.04.12 转讫

图5-7　定金银行进账单示意

北京增值税专用发票

1100163320　　No 81306602

此联不作报销、扣税凭证使用　　开票日期：2017年4月19日

购买方	名称：北京光明眼镜公司 纳税人识别号：200106653865885 地址、电话：北京海淀学院路1号 开户行及账号：中国工商银行海淀支行支行 6227000526782987908				密码区		
货物或应税劳务名称	规格型号	单位	数量	单价	金额	税率	税额
男士普通太阳镜		副	4000	108.00	432000.00	17%	73440.00
合计					¥432000.00		¥73440.00
价税合计（大写）	⊗伍拾万零伍仟肆佰肆拾元整				（小写）¥505440.00		
销售方	名称：北京亮康眼镜有限公司 纳税人识别号：1101082121202 地址、电话：北京市昌平区昌平路78号，电话：010-60228226 开户行及账号：中国工商银行北京市昌平支行 1102020526782987908				备注		

收款人：（略）　复核：（略）　开票人：（略）　销售方：（章）

税总函[2016]362号北京市印钞有限公司

第一联：记账联　销货方记账凭证

北京亮康眼镜有限公司 1101082121202 发票专用章

图5-8　销售发票示意

【操作指导】

1. 场景1的操作步骤

将系统时间和操作日期修改为2017年4月19日。

视频观看：手机扫描二维码可观看相关操作。

任务说明：填制与审核销售订单。

1) 批发部销售员夏于填制销售订单

(1) 打开“销售订单”页签。登录“企业应用平台”，在“业务导航视图”的“业务工作”导航条中选中“供应链”|“销售管理”|“销售订货”|“销售订单”，打开“销售订单”页签。

(2) 编辑销售订单。单击工具栏中的“增加”按钮，新增一张销售订单并做如下编辑。

① 编辑表头。修改“订单号”为“XS002”，“客户简称”为“光明公司”，“销售部门”为“批发部”，“业务员”为“夏于”，“定金原币金额”为“40000”，“备注”为“销售男士普通

4000 副,有定金”。

② 编辑表体。参照生成“存货名称”为“男士普通太阳镜”,“数量”栏输入“4000”,“无税单价”为“108.00”元,其他项默认,如图 5-9 所示。

(3) 保存。单击工具栏中的“保存”按钮,保存该订单。

(4) 退出。单击“销售订单”页签的“关闭”按钮,关闭页签。

销售订单　　打印模版 销售订单打印模版

表体排序　　合并显示 □

订单号 XS002　订单日期 2017-04-19　业务类型 普通销售

销售类型 批发销售　客户简称 光明公司　付款条件

销售部门 批发部　业务员 夏于　税率 17.00

币种 人民币　汇率 1　备注 销售男士普通4000副,有定金

定金原币金额 40000.00

	存货编码	存货名称	规...	主计...	数量	报价	含税单价	无税单价	无税金额	税额	价税合计	税率
1	00003	男士普通太阳镜		副	4000.00	0.00	126.36	108.00	432000.00	73440.00	505440.00	

图 5-9　销售订单

2) 销售主管赵飞审核销售订单

(1) 打开“销售订单”页签。登录“企业应用平台”,在“业务导航视图”的“业务工作”导航条中选中“供应链”|“销售管理”|“销售订货”|“销售订单”,打开“销售订单”页签。

(2) 查阅并审核销售订单。单击工具栏中的按钮,查阅到相应的销售订单,然后单击工具栏中的“审核”按钮,完成审核工作。

(3) 退出。单击“销售订单”页签的“关闭”按钮,关闭页签。

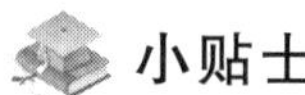

小贴士

销售部职员夏于填制销售订单,由主管赵飞审核。如果由一个人担任,既可能发生错误和舞弊行为,又可能掩盖其错误和舞弊行为的职务称为不相容职务。不相容职务分离的核心是“内部牵制”,它要求每项经济业务都要经过两个或两个以上的部门或人员的处理,使得单个人或部门的工作必须与其他人或部门的工作相一致或相联系,并受其监督和制约。内部控制制度的建立和实施必须贯彻不相容职务分工的原则,其内容包括:

① 对每项业务不能完全由一人经办。

② 钱、账、物分管,例如仓库保管员负责原材料的收、发、存和管理工作,并负责登记原材料的数量,而相关的账务处理则由会计人员负责。

③ 有健全严格的凭证制度。

2. 场景 2 的操作步骤

将系统时间和操作日期修改为 2017 年 4 月 19 日。

视频观看:手机扫描二维码可观看相关操作。

任务说明:参照生成与审核销售发货单。

1) 批发部销售员夏于参照生成发货单

(1) 打开“发货单”页签。登录“企业应用平台”,在“业务导航视图”的“业务工作”导航条中选中“供应链”|“销售管理”|“销售发货”|“发货单”,打开“发货单”页签。

（2）参照销售订单生成发货单。单击工具栏中的“增加”按钮，弹出“查询条件选择-参照订单”对话框，如图 5-10 所示。单击“确定”按钮，打开“参照生单”窗口；在上窗格中选中销售订单（订单编号为 XS002）所对应的“选择”栏，如图 5-11 所示，再单击窗口工具栏中的“OK 确定”按钮，返回“发货单”页签，此时相关的信息已经有默认值，保持数据不变。

图 5-10　查询条件选择-参照订单

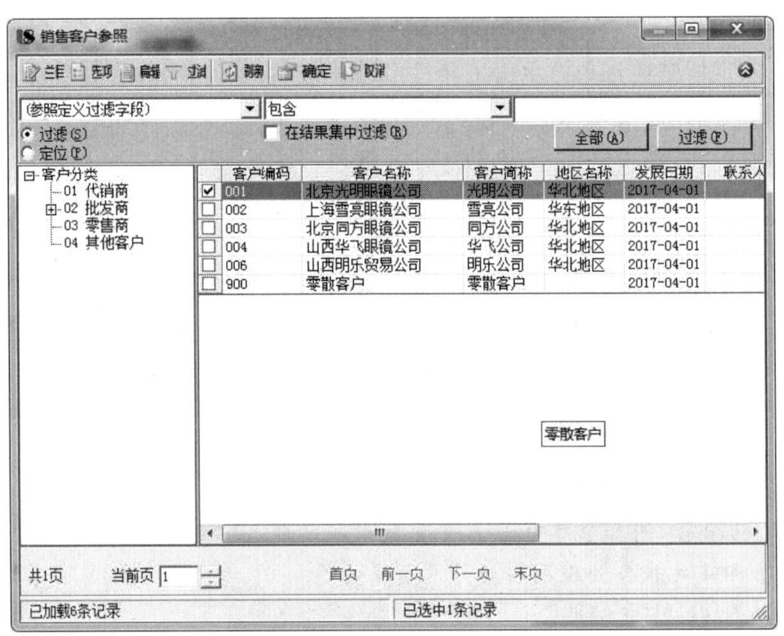

图 5-11　销售客户参照

（3）保存。单击工具栏中的“保存”按钮，保存该发货单，如图 5-12 所示。

（4）退出。单击“发货单”页签的“关闭”按钮，关闭页签。

小贴士

- 若“查询条件选择-参照订单”对话框不小心被关闭，则可以单击“订单”按钮打开对话框，重新查找，如图 5-13 所示。

图 5-12　发货单

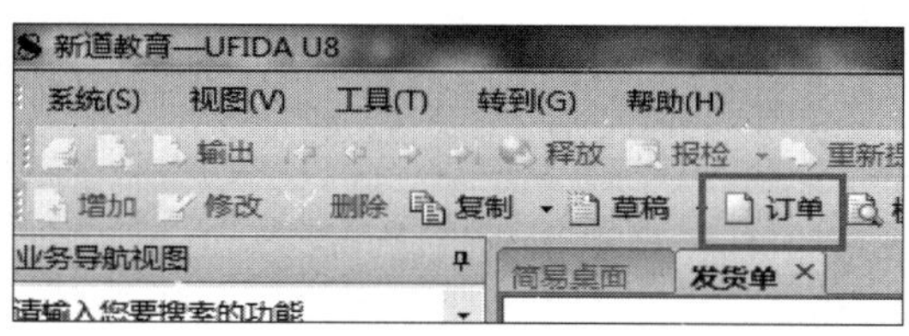

图 5-13　订单按钮示意图

- 如果系统提示库存量不够，则检查存货期初结转的时候是否已批审。（由账套主管 0100 李吉棕登录“企业应用平台”，在“业务导航视图”的“业务工作”导航条中选中“供应链”|“库存管理”|“初始设置”|“期初结存”，在打开的“库存期初数据录入”窗口中对每个仓库进行“批审”。）

2）销售主管赵飞审核发货单

（1）打开“发货单”页签。登录“企业应用平台”，在“业务导航视图”的“业务工作”导航条中选中“供应链”|“销售管理”|“销售发货”|“发货单”，打开“发货单”页签。

（2）查阅并审核发货单。单击工具栏中的➡按钮，查阅到相应的发货单，然后单击工具栏中的“审核”按钮，完成审核工作（根据本公司的账套初始设置，系统将自动生成销售出库单）。

（3）退出。单击“发货单”页签的“关闭”按钮，关闭页签。

3. 场景 3 的操作步骤

将系统时间和操作日期修改为 2017 年 4 月 19 日。

视频观看：手机扫描二维码可观看相关操作。

任务说明：销售专用发票的填制与复核。

1）批发部销售员夏于参照生成销售专用发票

（1）打开“销售专用发票”页签。登录“企业应用平台”，在“业务导航视图”的“业务工作”导航条中选中“供应链”|“销售管理”|“销售开票”|“销售专用发票”，打开“销售专用发票”页签。

（2）参照发货单生成销售专用发票。单击工具栏中的“增加”按钮，弹出“查询条件选择-发票参照发货单”对话框，单击“确定”按钮，打开“参照生单”窗口；在该窗口的上窗格中，双击要选中的发货单(其对应的“订单号”为“XS002”)所对应的“选择”栏,再单击工具栏中的“OK 确定”按钮,返回“销售专用发票”页签。

(3) 编辑并保存销售专用发票。在“销售专用发票”页签中,编辑表头的“发票号”为“81306602”,如图 5-14 所示,然后单击工具栏中的“保存”按钮。

销售专用发票

打印模版 销售专用发票打印模

表体排序

合并显示 □

发票号 81306602
开票日期 2017-04-19
业务类型 普通销售
销售类型 批发销售
订单号 XS002
发货单号 0000000001
客户简称 光明公司
销售部门 批发部
业务员 夏于
付款条件
客户地址 北京海淀学院路1号
联系电话 010-62338229
开户银行 海淀支行
账号 6227000526782987908
税号 200106653865885
币种 人民币
汇率 1
税率 17.00
备注 销售男士普通4千副有定金

	仓库名称	存货编码	存货名称	主计量	数量	报价	含税单价	无税单价	无税金额	税额
1	大运仓库	00003	男士普通太阳镜	副	4000.00	0.00	126.36	108.00	432000.00	73

图 5-14 销售专用发票

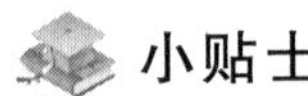

小贴士

如果保存时系统提示未录入客商银行信息无法保存,则必须先录入。登录“企业应用平台”,在“业务导航视图”的“基础设置”导航条中选中“基础档案”|“客商信息”|“客户档案”,在弹出的“客户档案”窗口中单击工具栏中的“修改”按钮修改“银行”信息。

2) 销售主管赵飞复核销售专用发票

(1) 打开“销售专用发票”页签。登录“企业应用平台”,在“业务导航视图”的“业务工作”导航条中选中“供应链”|“销售管理”|“销售开票”|“销售专用发票”,打开“销售专用发票”页签。

(2) 查阅并复核销售专用发票。单击工具栏中的➔|按钮,查阅到相应的销售专用发票,然后单击工具栏中的“复核”按钮。

(3) 退出。单击“销售专用发票”页签的“关闭”按钮,关闭页签。

4. 场景 4 的操作步骤

将系统时间和操作日期修改为 2017 年 4 月 19 日。

任务说明:销售出库单的参照生成与审核。

仓库主管李莉审核出库单的过程如下:

(1) 打开“销售出库单”页签。登录“企业应用平台”,在“业务导航视图”的“业务工作”导航条中选中“供应链”|“库存管理”|“出库业务”|“销售出库单”,打开“销售出库单”页签,如图 5-15 所示。

(2) 查阅并审核销售出库单。单击工具栏中的➔|按钮,查阅到相应的销售出库单,然后单击工具栏中的“审核”按钮,弹出消息框提示审核成功,单击“确定”按钮,完成审核工作。

(3) 退出。单击“销售出库单”页签的“关闭”按钮,关闭页签。

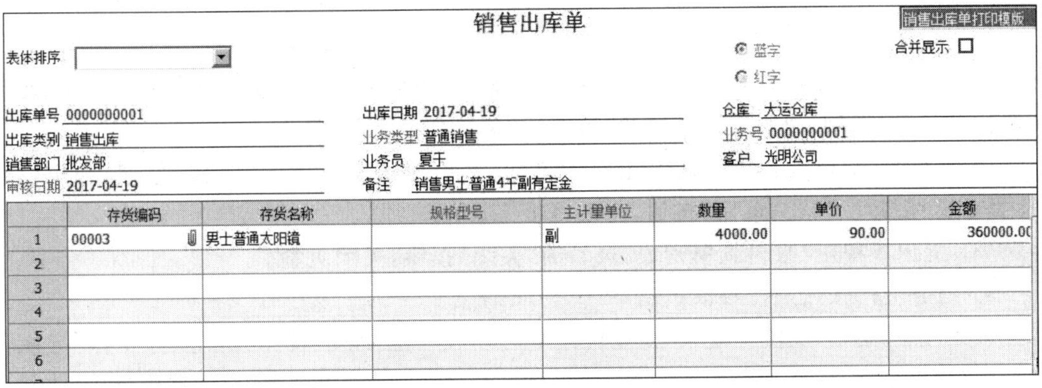

销售出库单

销售出库单打印模版

表体排序

◉ 蓝字　○ 红字　合并显示 □

出库单号 0000000001　出库日期 2017-04-19　仓库 大运仓库

出库类别 销售出库　业务类型 普通销售　业务号 0000000001

销售部门 批发部　业务员 夏于　客户 光明公司

审核日期 2017-04-19　备注 销售男士普通4千副有定金

	存货编码	存货名称	规格型号	主计量单位	数量	单价	金额
1	00003	男士普通太阳镜		副	4000.00	90.00	360000.00
2							
3							
4							
5							
6							

图 5-15　销售出库单

5. 场景 5 的操作步骤

将系统时间和操作日期修改为 2017 年 4 月 19 日。

任务说明：收款单的填制、审核与制单。

1）财务部出纳罗迪填制收款单

（1）打开“收付款单录入”页签。登录“企业应用平台”，在“业务导航视图”的“业务工作”导航条中选中“财务会计”|“应收款管理”|“收款单据处理”|“收款单据录入”，打开“收付款单录入”页签。

（2）编辑收款单。单击工具栏中的“增加”按钮，新增一张收款单，然后做如下编辑。

① 编辑表头。编辑其表头的“客户”为“光明公司”，“结算方式”为“转账支票”，“金额”为“40 000”，“票据号”为“22416505”，“部门”为“财务部”，“摘要”为“光明公司 XS002 的定金”；

② 编辑表体。单击表体部分，系统将自动生成一条记录，注意将“款项类型”默认的“应收款”修改为“预收款”，其他项默认，如图 5-16 所示。

（3）保存。单击工具栏中的“保存”按钮，保存该单据。

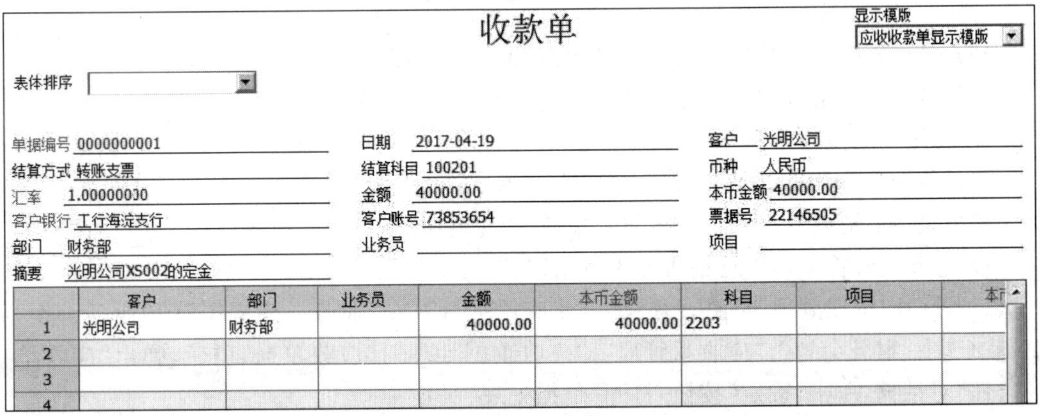

收款单

显示模版 应收收款单显示模版

表体排序

单据编号 0000000001　日期 2017-04-19　客户 光明公司

结算方式 转账支票　结算科目 100201　币种 人民币

汇率 1.00000000　金额 40000.00　本币金额 40000.00

客户银行 工行海淀支行　客户账号 73853654　票据号 22146505

部门 财务部　业务员　项目

摘要 光明公司XS002的定金

	客户	部门	业务员	金额	本币金额	科目	项目	本币
1	光明公司	财务部		40000.00	40000.00	2203		
2								
3								
4								

图 5-16　收款单

（4）退出。单击“收付款单录入”页签的“关闭”按钮，关闭页签。

2）财务主管曾志伟审核收款单

（1）打开“收付款单列表”页签。登录“企业应用平台”，在“业务导航视图”的“业务工作”导航条中选中“财务会计”|“应收款管理”|“收款单据处理”|“收款单据审核”，弹出“收款单查询条件”对话框，单击“确定”按钮，打开“收付款单列表”页签。

（2）查阅并审核收款单。选中相应的单据，然后单击工具中的“审核”按钮，弹出消息框，提示审核成功，单击“确定”按钮，完成审核工作。

（3）退出。单击“收付款单列表”页签的“关闭”按钮，关闭页签。

3）财务会计张兰进行收款单制单

（1）打开“制单”页签。登录“企业应用平台”，在“业务导航视图”的“业务工作”导航条中选中“财务会计”|“应收款管理”|“制单处理”，在弹出的“制单查询”对话框中选中“收付款单制单”复选框，单击“确定”按钮，打开“制单”页签。

（2）生成收款的记账凭证。在应收“制单”页签中选中本业务填制的收款单，再单击“制单”按钮，打开“填制凭证”页签，并默认显示凭证的信息，如图 5-17 所示。

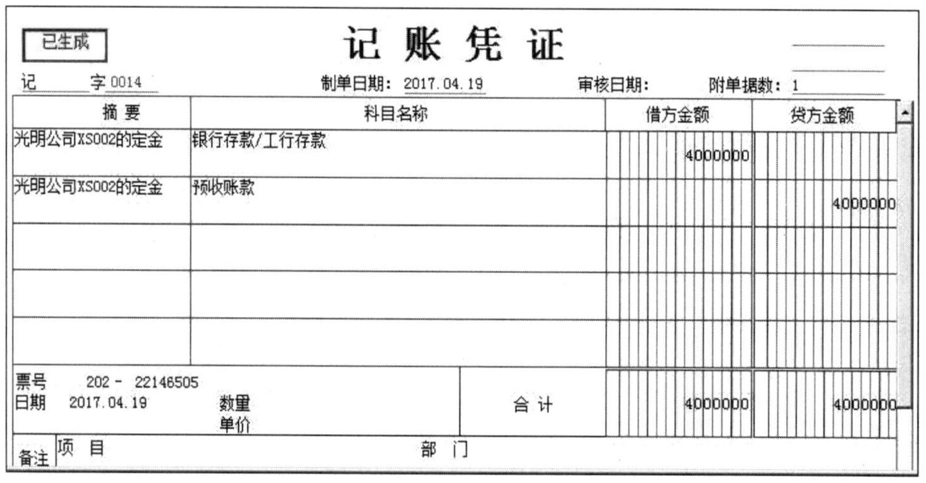

已生成

记账凭证

记 字 0014　制单日期：2017.04.19　审核日期：　附单据数：1

摘要	科目名称	借方金额	贷方金额
光明公司XS002的定金	银行存款/工行存款	4000000	
光明公司XS002的定金	预收账款		4000000
票号 202 - 22146505 日期 2017.04.19　数量 单价	合计	4000000	4000000

备注　项目　部门

图 5-17　收款单凭证

（3）保存。单击工具栏中的“保存”按钮，保存该单据。

（4）退出。单击“填制凭证”和“制单”页签的“关闭”按钮，关闭这两个页签。

6. 场景 6 的操作步骤

将系统时间和操作日期修改为 2017 年 4 月 19 日。

任务说明：销售专用发票审核与制单，存货记账处理。

1）财务主管曾志伟进行销售专用发票审核

（1）打开“单据处理”页签。登录“企业应用平台”，在“业务导航视图”的“业务工作”导航条中选中“财务会计”|“应收款管理”|“应收单据处理”|“应收单据审核”，弹出“应收单查询条件”对话框，单击“确定”按钮，打开“单据处理”页签。

（2）审核应收单据。在“单据处理”页签中已列出本业务的销售专用发票，选中这个单据，再单击“审核”按钮，弹出消息框，提示审核成功。单击“确定”按钮，完成审核工作。

（3）退出。单击“单据处理”页签的“关闭”按钮，关闭页签。

2）财务部会计张兰进行销售专用发票制单

（1）打开应收“制单”页签。登录“企业应用平台”，在“业务导航视图”的“业务工作”导航条中选中“财务会计”|“应收款管理”|“制单处理”，在弹出的“制单查询”对话框中，确认已选中“发票制单”和“应收单制单”复选框，然后单击“确定”按钮，打开“制单”页签。

（2）编辑并保存应收款的记账凭证。具体的操作步骤如下。

① 生成凭证。单击工具栏中的“全选”按钮，以选中本业务填制的销售专用发票和代垫运费单，再单击“制单”按钮，打开“填制凭证”页签，如图 5-18 所示。

记 账 凭 证

记 字 0015　　制单日期：2017.04.19　　审核日期：2017.04.30　　附单据数：1

摘要	科目名称	借方金额	贷方金额
销售男士普通4千副有定金	应收账款	50544000	
销售男士普通4千副有定金	6001		43200000
销售男士普通4千副有定金	应交税费/应交增值税/销项税额		7344000
票号 - 日期　数量 单价	合计	50544000	50544000

备注　项目 男士普通　部门　个人　客户

图 5-18　销售发票制单

② 编辑销售发票的应收凭证。设置“主营业务收入”科目的辅助项的“项目名称”为“男士普通”，单击“保存”按钮。

（3）退出。单击“填制凭证”和“制单”页签的“关闭”按钮，关闭页签。

3）财务部会计张兰进行销售出库记账

（1）打开“未记账单据一览表”页签。登录“企业应用平台”，在“业务导航视图”的“业务工作”导航条中选中“供应链”|“存货核算”|“业务核算”|“正常单据记账”，弹出“查询条件选择”对话框，单击“确定”按钮，打开“未记账单据一览表”页签，如图 5-19 所示。

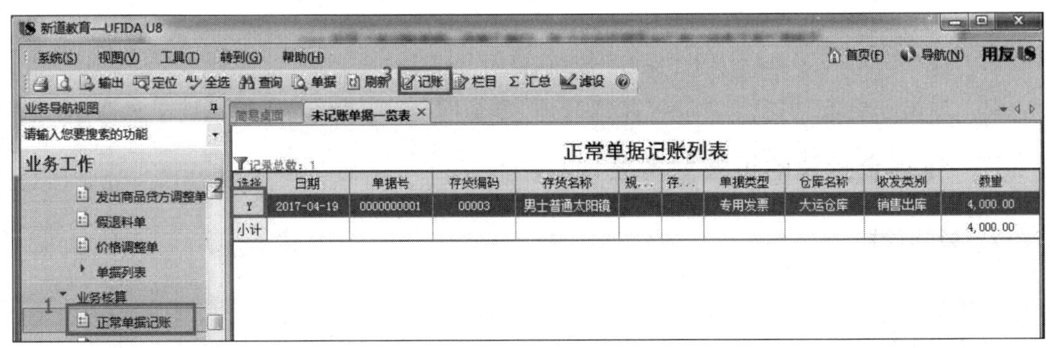

图 5-19　正常单据记账列表

（2）销售出库记账。在“未记账单据一览表”页签中，选中本业务生成的销售发票，然后单击工具栏中的“记账”按钮，弹出消息框，提示记账成功。单击“确定”按钮，完成记账工作。

(3) 退出。单击“未记账单据一览表”页签的“关闭”按钮，关闭页签。

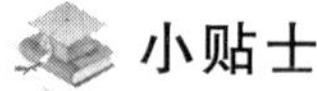

小贴士

单据记账是为了存货成本结转。

4) 财务部会计张兰进行销售出库制单

(1) 打开“生成凭证”页签。登录“企业应用平台”，在“业务导航视图”的“业务工作”导航条中选中“供应链”|“存货核算”|“财务核算”|“生成凭证”，打开“生成凭证”页签。

(2) 打开“选择单据”窗口。单击工具栏中的“选择”按钮，在弹出的“查询条件”对话框中单击“确定”按钮，打开“选择单据”窗口。

(3) 生成存货凭证。

① 选择销售发票。在“选择单据”窗口中，选中本笔业务生成的销售发票，然后单击工具栏中的“确定”按钮，返回“生成凭证”页签。

② 生成并保存凭证，结果如图 5-20 所示。

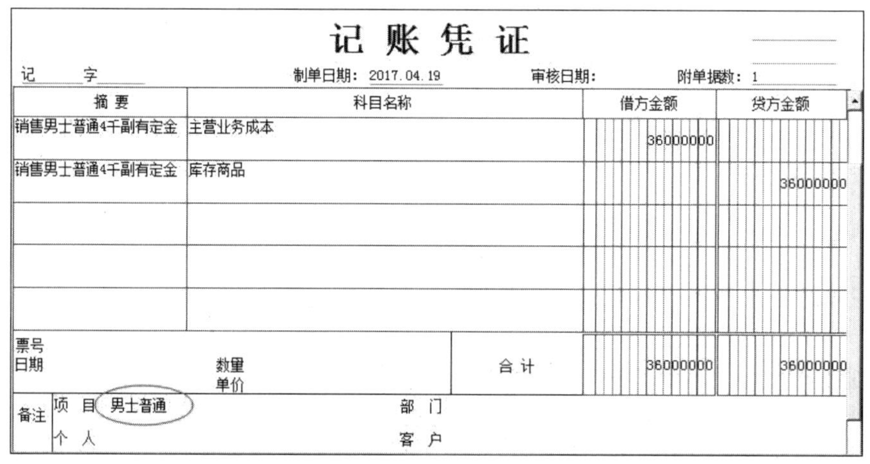

图 5-20 结转成本生成凭证

(4) 编辑存货凭证。在“填制凭证”页签中，修改“主营业务成本”和“库存商品”的辅助项的项目名称为“男士普通”，其他项默认。

(5) 保存。单击工具栏中的“保存”按钮，保存该凭证。

(6) 退出。单击“填制凭证”和“生成凭证”页签的“关闭”按钮，关闭这两个页签。

5.2.2 有现金折扣的销售业务处理

【虚拟业务场景】

人物：

赵飞(销售主管)

夏于(批发部销售员)

来娟(雪亮公司采购部采购员)

李莉(仓库主管)

张兰(财务部会计)

曾志伟(财务主管)

场景 1：销售部同意折扣销售，并填制和审核订单

(夏于给雪亮公司采购部打电话)

来娟：您好，这里是雪亮公司采购部。

夏于：您好，我是亮康公司的夏于，请问关于亮康眼镜，贵公司考虑得怎样了?

来娟：我们主管已经同意了每副 200 元的价格，但希望能有些商业折扣，而且要求今天出货。

夏于：太好了，谢谢你!(查询现存量之后…….)今天能出货。商业折扣也没问题，我的权限最多可以优惠 4000 元，但可以给更好的现金折扣，10 天内付款 4%的折扣，20 天内 2%，30 天的账期，您能接受吗?

来娟：好的，那咱们签订购销合同吧。

夏于：好的。

(夏于按照销售报价单，填制销售订单完毕)

夏于：赵总，与雪亮公司的销售订单做好了，对方要求了商业折扣和现金折扣，请您审核。

赵飞：好的(审核中……)。都没有问题，你填制销售发票吧。

场景 2：夏于填制销售发票，赵飞复核发票、查阅发货单

(夏于参照销售订单，填制销售专用发票完毕)

夏于：赵总，给雪亮公司的销售专用发票我做好了，请您复核。

赵飞：好的。(复核通过发票，并查阅了发货单……)你去通知仓管部出货吧。

场景 3：夏于发站内信通知仓管部发货

夏于：今天有一笔销售业务，对方要求今天出货，发货单我们已经审核通过，请您尽快发货。

李莉：好的，我们尽快完成。

(仓管部出库完成后，李莉审核出库单……)

场景 4：赵飞通知财务部张兰对本笔销售业务进行应收确认和销售成本结转

赵飞：小张，有笔雪亮公司的业务已经完成，麻烦进行一下成本结转和应收确认吧。

张兰：好的，没问题。

(张兰来到财务主管曾志伟的办公室……)

张兰：曾总，销售部今天有一笔应收业务，请您审核一下发票。

曾志伟：好的，我现在就审核。

(曾志伟审核应收发票……)

(张兰进行应收制单和销售成本结转……)

【业务描述】

2017 年 4 月 19 日，雪亮公司计划订购 5000 副亮康眼镜，出价 180 元/副，批发部报价为无税单价 200 元/副，税率为 17%。雪亮公司同意按无税单价 200 元/副购买该产品，销售部夏于与雪亮眼镜公司签订销售合同(合同编号：XS003，如图 5-21 所示)，合同约定当日发货，商业折扣金额 4000 元，付款条件（即现金折扣）为 4/10，2/20，*n*/30。本公司开具增值税发票（票号为：XS3067）价税合计 1 166 000 元，如图 5-22 所示。

购 销 合 同　　　　合同编号：XS003

卖方：北京亮康眼镜有限公司

买方：上海雪亮眼镜公司

为保护买卖双方的合法权益，买卖双方根据《中华人民共和国合同法》的有关规定，经友好协商，一致同意签订本合同，共同遵守。

一、货物的名称、数量及金额

货物的名称	规格型号	计量单位	数量	单价（不含税）	金额（不含税）	税率	价税合计
亮康眼镜		副	5000	200.00	1000000.00	17%	1170000.00
亮康眼镜					-4000.00		
合计					￥996000.00		￥1166000.00

二、经过协商，可有 4000 元的商品折扣，合同总金额：人民币壹佰壹拾陆万陆仟元整（￥1166000.00）。

三、付款时间及付款方式：

付款时间：自签订合同 30 日之内，买方向卖方支付全部货款，即人民币壹佰壹拾陆万陆仟元整（￥1166000.00），付款条件为 4/10，2/20，n/30（折扣基数不含税款）。

付款结算方式：转账支票

四、时间与地点：交货时间为 2017 年 4 月 19 日　　交货地点：上海雪亮眼镜公司

五、发运方式与运输费用承担方式：运输费用由买方承担。

卖　方：北京亮康眼镜有限公司　　买　方：上海雪亮眼镜公司

授权代表：夏于　　授权代表：米娟

日期：2017 年 4 月 19 日　　日期：2017 年 4 月 19 日

图 5-21　合同 XS003 的示意图

1100163320　　**北京增值税专用发票**　　No 81306603

此联不作报销、扣税凭证使用　　开票日期：2017 年 4 月 19 日

购买方　名称：上海雪亮眼镜公司
纳税人识别号：310104712121774
地址、电话：上海徐汇天平路 8 号
开户行及账号：中国工商银行上海市徐汇支行 1102020526782987158

货物或应税劳务名称	规格型号	单位	数量	单价	金额	税率	税额
亮康眼镜		副	5000	200	1000000.00	17%	170000.00
亮康眼镜					-4000.00		
合　计					￥996000.00		￥170000.00

价税合计（大写）　⊗壹佰壹拾陆万陆仟元整　　（小写）￥1166000.00

销售方　名称：北京亮康眼镜有限公司
纳税人识别号：1101082121202
地址、电话：北京市昌平区昌平路 78 号，电话：010-60228226
开户行及账号：中国工商银行北京市昌平支行 1102020526782987908

备注

收款人：（略）　复核：（略）　开票人：（略）　销售方：（章）

税总函[2016]362 号北京市印钞有限公司

第一联：记账联　销货方记账凭证

图 5-22　发票示意图

【操作指导】

1. 场景 1 的操作步骤

将系统时间和操作日期修改为 2017 年 4 月 19 日。

视频观看：手机扫描二维码可观看相关操作。

任务说明：填制与审核销售订单。

1）批发部销售员夏于填制销售订单

（1）打开“销售订单”页签。登录“企业应用平台”，在“业务导航视图”的“业务工作”导航条中选中“供应链”|“销售管理”|“销售订货”|“销售订单”，打开“销售订单”页签。

（2）编辑销售订单。单击工具栏中的“增加”按钮，新增一张销售订单，并做如下编辑。

① 编辑表头。修改“订单号”为“XS003”，“付款条件”为“4/10，2/20，n/30 ”“客户简称”为“雪亮公司”，“销售部门”为“批发部”，“业务员”为“夏于”，“备注”为“销售亮康眼镜 5000 副有折扣”。

② 编辑表体。参照生成“存货名称”为“亮康眼镜”，“数量”栏输入“5000”，“无税单价”为“200”，“折扣额”为“4000”的销售订单，如图 5-23 所示。

销售订单

显示模版 销售订单显

表体排序

合并显示 □

订单号 XS003　订单日期 2017-04-19　业务类型 普通销售

销售类型 批发销售　客户简称 雪亮公司　付款条件 4/10,2/20,n/30

销售部门 批发部　业务员 夏于　税率 17.00

币种 人民币　汇率 1.00000000　备注 销售亮康眼镜5000副有折扣

定金原币金额

	存货编码	存货名称	规格...	主计...	数量	报价	含税单价	无税单价	无税金额	税额	价税合计	税率（%）	折扣额	扣率（%）	扣率2（%）	预发货日期
1	10000	亮康眼镜		副	5000.00	200.00	233.20	199.32	996581.20	169418.80	1166000.00	17.00	4000.00	99.66	100.00	2017-04-19
2																
3																

图 5-23　销售订单

（3）保存。单击工具栏中的“保存”按钮，保存该订单。

（4）退出。单击“销售订单”页签的“关闭”按钮，关闭页签。

小贴士

输入折扣额“4000”后，表体自动变化属正常现象，原来无税单价“200”将自动跳转为“199.32”。

2）销售主管赵飞审核销售订单

（1）打开“销售订单”页签。登录“企业应用平台”，在“业务导航视图”的“业务工作”导航条中选中“供应链”|“销售管理”|“销售订货”|“销售订单”，打开“销售订单”页签。

（2）查阅并审核销售订单。单击工具栏中的➡|按钮，查阅到相应的销售订单，然后单击工具栏中的“审核”按钮，完成审核工作。

（3）退出。单击“销售订单”页签的“关闭”按钮，关闭页签。

2. 场景 2 的操作步骤

将系统时间和操作日期修改为 2017 年 4 月 19 日。

视频观看：手机扫描二维码可观看相关操作。

任务说明：填制与复核销售发票、查阅发货单。

1）批发部销售员夏于参照订单生成销售专用发票

（1）打开“销售专用发票”页签。登录“企业应用平台”，在“业务导航视图”的“业务工作”导航条中选中“供应链”|“销售管理”|“销售开票”|“销售专用发票”，打开“销售专用发

票”页签。

（2）参照订单生成销售专用发票。单击工具栏中的“增加”按钮，弹出“查询条件选择-发票参照订单”对话框，直接关闭，打开“销售专用发票”页签；在该窗口上方单击“生单”旁的倒三角，单击“参照订单”按钮打开窗口。在该窗口的上窗格中，双击要选中的订单（其对应的“订单号”为“XS003”）所对应的“选择”栏，再单击工具栏中的“OK 确定”按钮，返回“销售专用发票”页签。

（3）编辑并保存销售专用发票。在“销售专用发票”页签中，编辑表头的“发票号”为“81306603”，如图 5-24 所示，然后单击工具栏中的“保存”按钮。

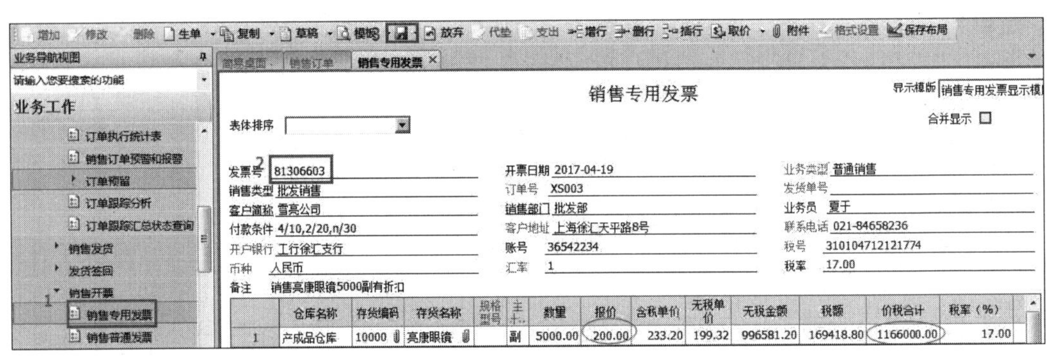

	仓库名称	存货编码	存货名称	规格型号	主计…	数量	报价	含税单价	无税单价	无税金额	税额	价税合计	税率（%）
1	产成品仓库	10000	亮康眼镜		副	5000.00	200.00	233.20	199.32	996581.20	169418.80	1166000.00	17.00

图 5-24 销售专用发票

2）销售主管赵飞复核销售专用发票

（1）打开“销售专用发票”页签。登录“企业应用平台”，在“业务导航视图”的“业务工作”导航条中选中“供应链”|“销售管理”|“销售开票”|“销售专用发票”，打开“销售专用发票”页签。

（2）查阅并复核销售专用发票。单击工具栏中的 ➡| 按钮，查阅到相应的销售专用发票，然后单击工具栏中的“复核”按钮。

（3）退出。单击“销售专用发票”页签的“关闭”按钮，关闭页签。

3）销售主管赵飞查阅发货单

（1）打开“发货单”页签。登录“企业应用平台”，在“业务导航视图”的“业务工作”导航条中选中“供应链”|“销售管理”|“销售发货”|“发货单”，打开“发货单”页签。

（2）查阅发货单。单击工具栏中的 ➡| 按钮，查阅到相应的发货单（如图 5-25 所示），

	仓库名称	存货编码	存货名称	规格型号	主计量	数量	报价	含税单价	无税单价	无税金额	税额	价税合计	税率（%）
1	产成品仓库	10000	亮康眼镜		副	5000.00	234.00	233.20	199.32	996581.20	169418.80	1166000.00	17.00
2													

图 5-25 发货单

可见其已经是审核状态。

(3) 退出。单击“发货单”页签的“关闭”按钮，关闭页签。

小贴士

复核销售专用发票后自动生成已审核的发货单。

3. 场景3的操作步骤

将系统时间和操作日期修改为2017年4月19日。

视频观看：手机扫描二维码可观看相关操作。

任务说明：审核销售出库单。

仓库主管李莉审核出库单的过程如下：

(1) 打开“销售出库单”页签。登录“企业应用平台”，在“业务导航视图”的“业务工作”导航条中选中“供应链”|“库存管理”|“出库业务”|“销售出库单”，打开“销售出库单”页签。

(2) 查阅并审核销售出库单。单击工具栏中的 按钮，查阅到相应的销售出库单(如图5-26所示)，然后单击工具栏中的“审核”按钮，弹出消息框，提示审核成功，单击“确定”按钮，完成审核工作。

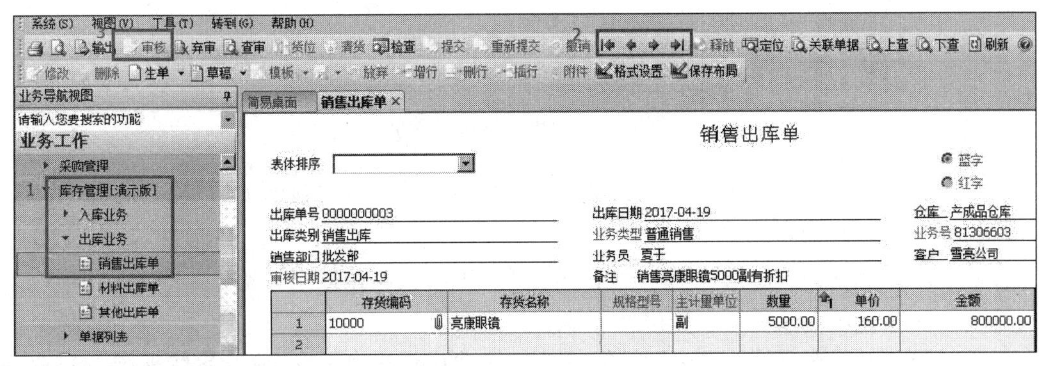

图5-26 销售出库单

(3) 退出。单击“销售出库单”页签的“关闭”按钮，关闭页签。

4. 场景4的操作步骤

将系统时间和操作日期修改为2017年4月19日。

视频观看：手机扫描二维码可观看相关操作。

任务说明：应收确认与销售成本结转。

1) 财务主管曾志伟进行销售专用发票审核

(1) 打开应收“单据处理”页签。登录“企业应用平台”，在“业务导航视图”的“业务工作”导航条中选中“财务会计”|“应收款管理”|“应收单据处理”|“应收单据审核”，弹出“应收单查询条件”对话框，单击“确定”按钮，打开“单据处理”页签。

(2) 审核应收单据。在“单据处理”页签中，系统已列出本业务的销售专用发票，选中这个单据，再单击“审核”按钮，弹出消息框提示审核成功，单击“确定”按钮，完成审核工作。

(3) 退出。单击“单据处理”页签的“关闭”按钮，关闭页签。

2）财务部会计张兰进行销售专用发票制单

（1）打开应收“制单”页签。登录“企业应用平台”，在“业务导航视图”的“业务工作”导航条中选中“财务会计”|“应收款管理”|“制单处理”，在弹出的“制单查询”对话框中确认已选中“发票制单”，然后单击“确定”按钮，打开“制单”页签。

（2）编辑并保存应收款的记账凭证。具体的操作步骤如下。

① 生成凭证。单击工具栏中的“全选”按钮，以选中本业务填制的销售专用发票，再单击“制单”按钮，打开“填制凭证”页签，详细如图 5-27 所示。

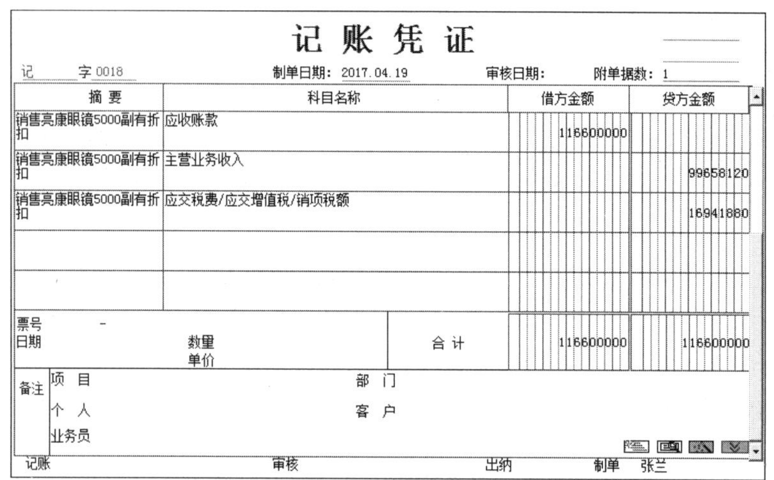

记账凭证

记 字 0018　　制单日期：2017.04.19　　审核日期：　　附单据数：1

摘要	科目名称	借方金额	贷方金额
销售亮康眼镜5000副有折扣	应收账款	116600000	
销售亮康眼镜5000副有折扣	主营业务收入		99658120
销售亮康眼镜5000副有折扣	应交税费/应交增值税/销项税额		16941880
票号 - 日期	数量 单价　　合计	116600000	116600000

备注　项目　　部门
个人　　客户
业务员

记账　　审核　　出纳　　制单　张兰

图 5-27　销售专用发票制单

② 编辑销售发票的应收凭证。设置“主营业务收入”科目的辅助项的“项目名称”为“亮康眼镜”，单击“保存”按钮。

（3）退出。单击“填制凭证”和“制单”页签的“关闭”按钮，关闭页签。

3）财务部会计张兰进行销售出库记账

（1）打开“未记账单据一览表”页签。登录“企业应用平台”，在“业务导航视图”的“业务工作”导航条中选中“供应链”|“存货核算”|“业务核算”|“正常单据记账”，弹出“查询条件选择”对话框，单击“确定”按钮，打开“未记账单据一览表”页签。

（2）销售出库记账。在“未记账单据一览表”页签中，选中本业务生成的销售发票，单击工具栏中的“记账”按钮，弹出消息框，提示记账成功。单击“确定”按钮，完成记账工作。

（3）退出。单击“未记账单据一览表”页签的“关闭”按钮，关闭页签。

小贴士

记账是为了结转成本。

4）财务部会计张兰进行销售出库制单

（1）打开“生成凭证”页签。登录“企业应用平台”，在“业务导航视图”的“业务工作”导航条中选中“供应链”|“存货核算”|“财务核算”|“生成凭证”，打开“生成凭证”页签。

（2）打开“选择单据”窗口。单击工具栏中的“选择”按钮，在弹出的“查询条件”对话框中，单击“确定”按钮，打开“选择单据”窗口。

(3) 生成存货凭证。

① 选择销售发票。在“选择单据”窗口中,选中本笔业务生成的销售发票,然后单击工具栏中的“OK 确定”按钮,返回“生成凭证”页签。

② 生成并保存凭证。单击工具栏中的“生成”按钮,打开“填制凭证”页签,并默认显示了本业务销售出库的相关信息,如图 5-28 所示。

记账凭证

记 字 0018 制单日期: 2017.04.19 审核日期: 2017.04.30 附单据数: 1

摘 要	科目名称	借方金额	贷方金额
销售亮康眼镜5000副有折扣	主营业务成本	80000000	
销售亮康眼镜5000副有折扣	库存商品		80000000
票号 日期 数量 单价	合 计	80000000	80000000
备注 项 目 亮康眼镜	部 门		

图 5-28 出库成本结转制单

(4) 编辑存货凭证。在“填制凭证”页签中,修改“主营业务成本”和“库存商品”的辅助项的项目名称为“亮康眼睛”,其他项默认。

(5) 保存。单击工具栏中的“保存”按钮,保存该凭证。

(6) 退出。单击“填制凭证”和“生成凭证”页签的“关闭”按钮,关闭这两个页签。

小贴士

为了简化核算,可以对所有存货类科目设置“项目核算”,并在项目目录中定义“存货项目”核算大类,并选中“使用存货目录定义项目”。

销售业务一般账务处理:

① 商品销售收入的账务处理。

借:银行存款

　贷:主营业务收入(商品销售收入)

　　应交税费—应交增值税(销项税额)

② 赊销商品的账务处理。

- 发出商品时

借:应收账款—××公司

　贷:主营业务收入

　　应交税费—应交增值税(销项税额)

- 收到款项时

借:银行存款

　贷:应收账款—××公司

③ 结转成本。

借：主营业务成本

　贷：库存商品

5.2.3 现结的普通销售业务处理

【虚拟业务场景】

人物：

赵飞(销售主管)

夏于(批发部销售员)

来娟(雪亮公司采购部采购员)

李莉(仓库主管)

张兰(财务部会计)

曾志伟(财务主管)

场景1：签订销售合同并审核

(雪亮公司采购部给夏于打电话)

来娟：您好,我是雪亮公司采购部的来娟。

夏于：来娟女士您好!

来娟：我们今天需要1万副亮康眼镜,有货吗？我们可以立即付款。

夏于：我先看看存货(查询现存量之后…….)今天能出货。那我们把合同签了,我安排仓管部尽快给您发货。

来娟：好的,那咱们签订购销合同吧。

(夏于填制销售订单)

夏于：赵总,今天雪亮公司订货1万副亮康眼镜,销售订单我做好了,请您审核。

赵飞：好的(审核中……)。都没有问题,要求今天发货？那你尽快填制发货单吧。

场景2：夏于填制发货单,赵飞审核

(夏于参照销售订单,填制当天的销售发货单)

夏于：赵总,给雪亮公司的发货单我填好了,请您审核。

赵飞：好的。(审核……)麻烦你通知仓管部尽快发货。

场景3：收到雪亮公司的转账支票,夏于填制销售发票,赵飞复核发票。

(夏于参照发货单,填制销售专用发票并做现结处理完毕)

夏于：赵总,给雪亮公司的销售专用发票我做好了,并收到了对方转账,请您复核。

赵飞：好的。(复核通过发票……)你去通知仓管部出货吧。

场景4：夏于发站内信通知仓管部发货,李莉审核出库单

夏于：今天有一笔销售业务,对方要求今天出货,发货单已经审核通过,请您尽快发货。

李莉：好的,我们尽快完成。

(仓管部出库完成后,李莉审核出库单……)

场景5：赵飞通知财务部张兰对本笔销售业务进行应收确认和销售成本结转

赵飞：小张,有笔雪亮公司的业务已经完成,麻烦进行一下成本结转和应收确认吧。

张兰：好的,没问题。

（张兰来到财务主管曾志伟的办公室……）

张兰：曾总，销售部今天有一笔现结的销售业务，请您审核一下发票。

曾志伟：好的，我现在就审核。

（曾志伟审核应收发票……）

（张兰进行现结制单和销售成本结转……）

【业务描述】

2017 年 4 月 20 日，销售批发部夏于与雪亮公司签订销售合同（合同编号：XS001，原始单据如图 5-29 所示），出售 10 000 副亮康眼镜，无税单价 360 元，增值税 17%。合同约定当日发货并开具增值税专用发票（如图 5-30 所示），买方当即付款（采用现结处理），银行进账单如图 5-31 所示。

购销合同

合同编号：XS001

卖方：北京亮康眼镜有限公司

买方：上海雪亮眼镜公司

为保护买卖双方的合法权益，买卖双方根据《中华人民共和国合同法》的有关规定，经友好协商，一致同意签订本合同，共同遵守。

一、货物的名称、数量及金额

货物的名称	规格型号	计量单位	数量	单价（不含税）	金额（不含税）	税率	价税合计
亮康眼镜		副	10000	360.00	3600000.00	17%	4212000.00
合计					￥3600000.00		￥4212000.00

六、合同总金额：人民币叁拾柒万玖仟零捌拾元整（￥4212000.00）。

七、付款时间及付款方式：

付款时间：签订合同之日，买方向卖方支付全部货款，即人民币肆佰壹拾贰万贰仟元整（￥4212000.00）。

付款结算方式：转账支票

四、时间与地点：交货时间为 2017 年 4 月 20 日，交货地点：上海雪亮眼镜公司

五、发运方式与运输费用承担方式：4 月 20 日全部发货，运输费用由买方承担。

卖　方：北京亮康眼镜有限公司　　　买　方：上海雪亮眼镜公司

授权代表：夏于　　　授权代表：王强

日期：2017 年 4 月 20 日　　　日期：2017 年 4 月 20 日

图 5-29　合同 XS001 的示意图

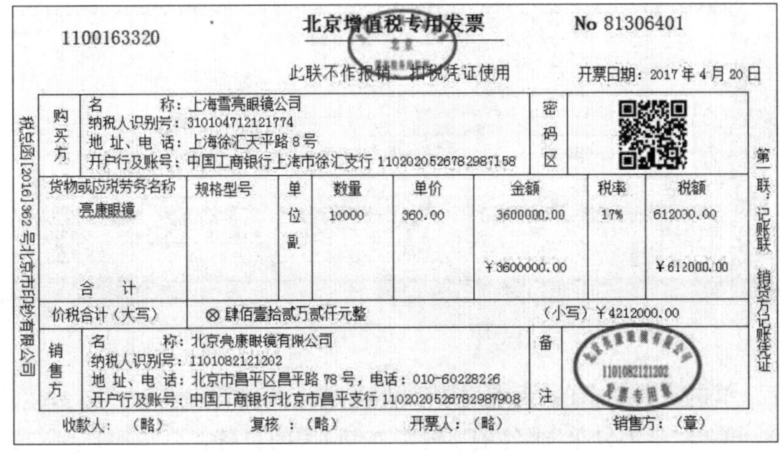

1100163320　**北京增值税专用发票**　No 81306401

此联不作报销、扣税凭证使用　开票日期：2017 年 4 月 20 日

购买方　名　　称：上海雪亮眼镜公司
纳税人识别号：310104712121774
地 址、电 话：上海徐汇天平路 8 号
开户行及账号：中国工商银行上海市徐汇支行 1102020526782987158

货物或应税劳务名称	规格型号	单位	数量	单价	金额	税率	税额
亮康眼镜		副	10000	360.00	3600000.00	17%	612000.00
合　计					￥3600000.00		￥612000.00
价税合计（大写）	⊗肆佰壹拾贰万贰仟元整				（小写）￥4212000.00		

销售方　名　　称：北京亮康眼镜有限公司
纳税人识别号：1101082121202
地 址、电 话：北京市昌平区昌平路 78 号，电话：010-60228226
开户行及账号：中国工商银行北京市昌平支行 1102020526782987908

收款人：（略）　复核：（略）　开票人：（略）　销售方：（章）

税总函[2016]362 号北京市印钞有限公司

第一联：记账联　销货方记账凭证

图 5-30　发票示意图

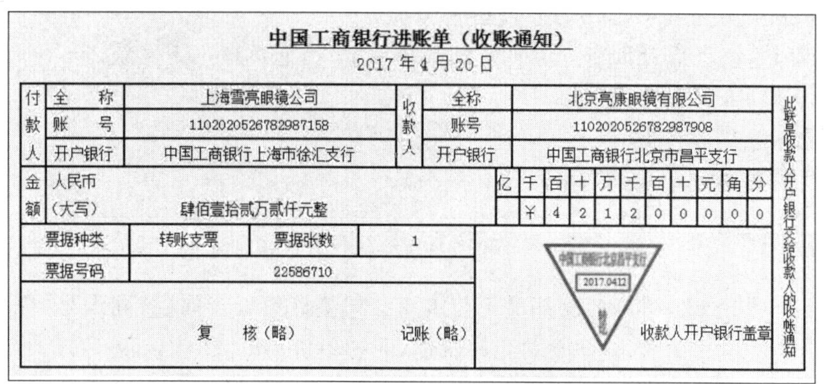

中国工商银行进账单（收账通知）

2017年4月20日

<table>
<tr><td rowspan="3">付款人</td><td>全称</td><td>上海雪亮眼镜公司</td><td rowspan="3">收款人</td><td>全称</td><td colspan="11">北京亮康眼镜有限公司</td></tr>
<tr><td>账号</td><td>110202052678298715 8</td><td>账号</td><td colspan="11">110202052678298790 8</td></tr>
<tr><td>开户银行</td><td>中国工商银行上海市徐汇支行</td><td>开户银行</td><td colspan="11">中国工商银行北京市昌平支行</td></tr>
<tr><td rowspan="2">金额</td><td colspan="4" rowspan="2">人民币（大写）肆佰壹拾贰万贰仟元整</td><td>亿</td><td>千</td><td>百</td><td>十</td><td>万</td><td>千</td><td>百</td><td>十</td><td>元</td><td>角</td><td>分</td></tr>
<tr><td></td><td>¥</td><td>4</td><td>2</td><td>1</td><td>2</td><td>0</td><td>0</td><td>0</td><td>0</td><td>0</td></tr>
<tr><td colspan="2">票据种类</td><td>转账支票</td><td>票据张数</td><td>1</td><td colspan="11" rowspan="3">中国工商银行北京昌平支行 2017.04.12 转讫
收款人开户银行盖章</td></tr>
<tr><td colspan="2">票据号码</td><td colspan="3">22586710</td></tr>
<tr><td colspan="5">复核（略） 记账（略）</td></tr>
</table>

此联是收款人开户银行交给收款人的收账通知

图 5-31　银行进账单示意图

【操作指导】

1. 场景1的操作步骤

将系统时间和操作日期修改为2017年4月20日。

视频观看：手机扫描二维码可观看相关操作。

任务说明：填制销售订单并审核。

1）批发部销售员夏于填制销售订单

（1）打开“销售订单”页签。登录“企业应用平台”，在“业务导航视图”的“业务工作”导航条中选中“供应链”|“销售管理”|“销售订货”|“销售订单”，打开“销售订单”页签。

（2）编辑销售订单。单击工具栏中的“增加”按钮，新增一张销售订单，并做如下编辑。

① 编辑表头。修改“订单号”为“XS001”，“客户简称”为“雪亮公司”，“销售部门”为“批发部”，“业务员”为“夏于”，“备注”为“销售亮康眼镜10 000副”。

② 编辑表体。参照生成“存货名称”为“亮康眼镜”，“数量”为“10 000”，“无税单价”为“360”，其他项默认，如图5-32所示。

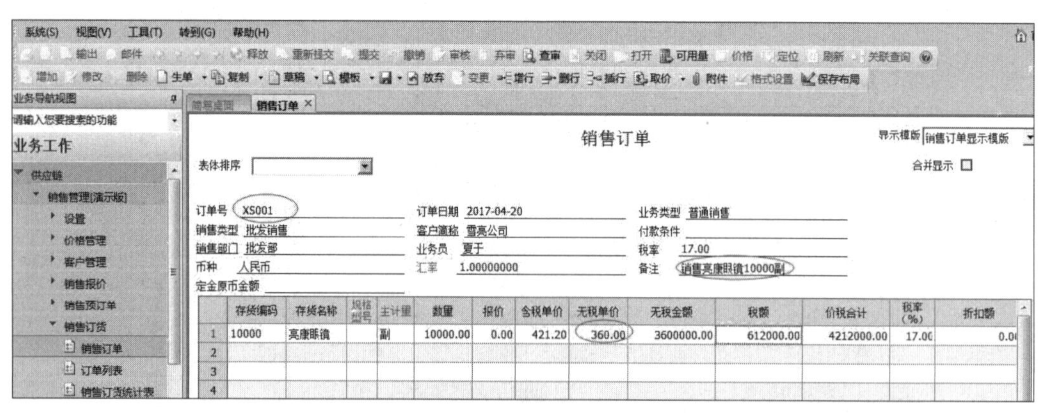

图 5-32　销售订单

（3）保存。单击工具栏中的“保存”按钮，保存该订单。

（4）退出。单击“销售订单”页签的“关闭”按钮，关闭页签。

2）销售主管赵飞审核销售订单

（1）打开“销售订单”页签。登录“企业应用平台”，在“业务导航视图”的“业务工作”导航条中选中“供应链”|“销售管理”|“销售订货”|“销售订单”，打开“销售订单”页签。

（2）查阅并审核销售订单。单击工具栏中的按钮，查阅到相应的销售订单，然后单击工具栏中的“审核”按钮，完成审核工作。

（3）退出。单击“销售订单”页签的“关闭”按钮，关闭页签。

2．场景2的操作步骤

将系统时间和操作日期修改为2017年4月20日。

视频观看：手机扫描二维码可观看相关操作。

任务说明：填制发货单并审核。

1）批发部销售员夏于参照生成发货单

（1）打开“发货单”页签。登录“企业应用平台”，在“业务导航视图”的“业务工作”导航条中选中“供应链”|“销售管理”|“销售发货”|“发货单”，打开“发货单”页签。

（2）参照销售订单生成发货单。单击工具栏中的“增加”按钮，弹出“查询条件选择-参照订单”对话框，单击“确定”按钮，然后在打开的“参照生单”窗口的上窗格中，双击要选中的销售订单（订单编号为“XS001”）所对应的“选择”栏，再单击工具栏中的“OK确定”按钮，返回“发货单”页签，此时相关的信息已经有默认值，保持数据不变。

（3）保存。单击工具栏中的“保存”按钮，保存该发货单。

（4）退出。单击“发货单”页签的“关闭”按钮，关闭页签。

2）销售主管赵飞审核发货单

（1）打开“发货单”页签。登录“企业应用平台”，在“业务导航视图”的“业务工作”导航条中选中“供应链”|“销售管理”|“销售发货”|“发货单”，打开“发货单”页签。

（2）查阅并审核发货单。单击工具栏中的按钮，查阅到相应的发货单，然后单击工具栏中的“审核”按钮，完成审核工作（根据本公司的账套初始设置，系统将自动生成销售出库单）。

（3）退出。单击“发货单”页签的“关闭”按钮，关闭页签。

3．场景3的操作步骤

将系统时间和操作日期修改为2017年4月20日。

视频观看：手机扫描二维码可观看相关操作。

任务说明：销售专用发票的生成、现结与复核。

1）批发部销售员夏于参照生成销售专用发票并作现结处理

（1）打开“销售专用发票”页签。登录“企业应用平台”，在“业务导航视图”的“业务工作”导航条中选中“供应链”|“销售管理”|“销售开票”|“销售专用发票”，打开“销售专用发票”页签。

（2）参照发货单生成销售专用发票。单击工具栏中的“增加”按钮，弹出“查询条件选择-参照发货单”对话框，直接单击“确定”按钮打开“参照生单”窗口；在该窗口的上窗格中，双击要选中的发货单（其对应的“订单号”为“XS001”）所对应的“选择”栏，再单击工具栏中的“OK确定”按钮，返回“销售专用发票”页签。

（3）编辑并保存销售专用发票。在“销售专用发票”页签中，编辑表头的“发票号”为

"81306401",然后单击工具栏中的"保存"按钮,详细的操作步骤如图 5-33 所示。

(4) 单击"现结"按钮,打开"现结"窗口,按照进账单的信息录入,如图 5-34 所示。

(5) 单击"确定"按钮,系统提示"发票已现结"。

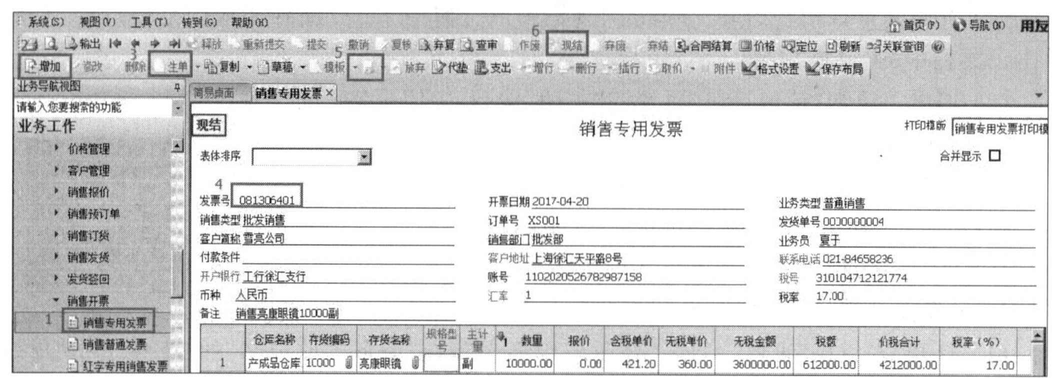

图 5-33 "销售专用发票"页签

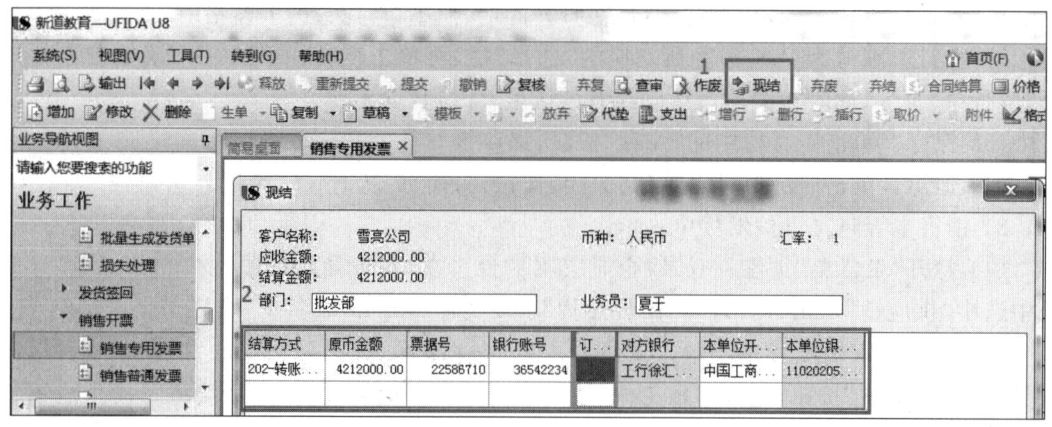

图 5-34 "现结"窗口

2) 销售主管赵飞复核销售专用发票

(1) 打开"销售专用发票"页签。登录"企业应用平台",在"业务导航视图"的"业务工作"导航条中选中"供应链"|"销售管理"|"销售开票"|"销售专用发票",打开"销售专用发票"页签。

(2) 查阅并复核销售专用发票。单击工具栏中的 ➡| 按钮,查阅到相应的销售专用发票,然后单击工具栏中的"复核"按钮。

(3) 退出。单击"销售专用发票"页签的"关闭"按钮,关闭页签。

4. 场景 4 的操作步骤

将系统时间和操作日期修改为 2017 年 4 月 20 日。

视频观看:手机扫描二维码可观看相关操作。

任务说明:审核出库单。

仓库主管李莉审核出库单的过程如下。

（1）打开“销售出库单”页签。登录“企业应用平台”，在“业务导航视图”的“业务工作”导航条中选中“供应链”|“库存管理”|“出库业务”|“销售出库单”，打开“销售出库单”页签。

（2）查阅并审核销售出库单。单击工具栏中的 按钮，查阅到相应的销售出库单，然后单击工具栏中的“审核”按钮，弹出消息框，提示审核成功。单击“确定”按钮，完成审核工作。

（3）退出。单击“销售出库单”页签的“关闭”按钮，关闭页签。

5. 场景5的操作步骤

将系统时间和操作日期修改为2017年4月20日。

视频观看：手机扫描二维码可观看相关操作。

任务说明：应收单据的审核与成本结转。

1）财务主管曾志伟进行应收单据审核

（1）打开应收“单据处理”页签。登录“企业应用平台”，在“业务导航视图”的“业务工作”导航条中选中“财务会计”|“应收款管理”|“应收单据处理”|“应收单据审核”，弹出“应收单查询条件”对话框，选中“包含已现结发票”复选框，单击“确定”按钮，打开“单据处理”页签。

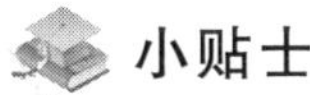

小贴士

一定要选中“包含已现结发票”复选框，否则不显示所需审核的发票。

（2）审核应收单据。在“单据处理”页签中，系统已列出本业务的销售专用发票，选中这个单据，再单击“审核”按钮，弹出消息框，提示审核成功。单击“确定”按钮，完成审核工作。

（3）退出。单击“单据处理”页签的“关闭”按钮，关闭页签。

2）财务部会计张兰进行销售专用发票制单

（1）打开应收“制单”页签。登录“企业应用平台”，在“业务导航视图”的“业务工作”导航条中选中“财务会计”|“应收款管理”|“制单处理”，在弹出的“制单查询”对话框中，选中“现结制单”复选框，然后单击“确定”按钮，打开“制单”页签。

（2）编辑并保存应收款的记账凭证。具体的操作步骤如下。

① 生成凭证。单击工具栏中的“全选”按钮，以选中本业务填制的销售专用发票和代垫运费单，再单击“制单”按钮，打开“填制凭证”页签，如图5-35所示。

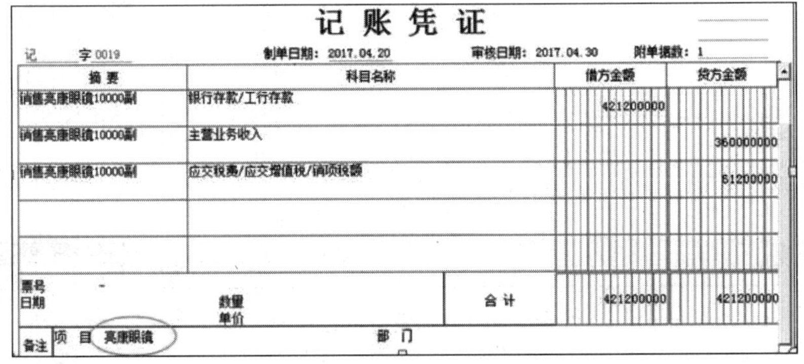

记账凭证

记 字0019　制单日期：2017.04.20　审核日期：2017.04.30　附单据数：1

摘要	科目名称	借方金额	贷方金额
销售亮康眼镜10000副	银行存款/工行存款	421200000	
销售亮康眼镜10000副	主营业务收入		360000000
销售亮康眼镜10000副	应交税费/应交增值税/销项税额		61200000
票号 - 日期	数量 单价 合计	421200000	421200000

备注 项目 亮康眼镜　部门

图5-35　销售专用发票制单

② 编辑销售发票的应收凭证。设置“主营业务收入”科目的辅助项的“项目名称”为“亮康眼镜”，单击“保存”按钮。

(3) 退出。单击“填制凭证”和“制单”页签的“关闭”按钮，关闭页签。

3) 财务部会计张兰进行销售出库记账

(1) 打开“未记账单据一览表”页签。登录“企业应用平台”，在“业务导航视图”的“业务工作”导航条中选中“供应链”|“存货核算”|“业务核算”|“正常单据记账”，弹出“查询条件选择”对话框，单击“确定”按钮，打开“未记账单据一览表”页签。

(2) 销售出库记账。在“未记账单据一览表”页签中，选中本业务生成的销售发票，然后单击工具栏中的“记账”按钮，弹出消息框，提示记账成功。单击“确定”按钮，完成记账工作。

(3) 退出。单击“未记账单据一览表”页签的“关闭”按钮，关闭页签。

4) 财务部会计张兰进行销售出库制单

(1) 打开“生成凭证”页签。登录“企业应用平台”，在“业务导航视图”的“业务工作”导航条中选中“供应链”|“存货核算”|“财务核算”|“生成凭证”，打开“生成凭证”页签。

(2) 打开“选择单据”窗口。单击工具栏中的“选择”按钮，在弹出的“查询条件”对话框中单击“确定”按钮，打开“选择单据”窗口。

(3) 生成存货凭证。

① 选择销售发票。在“选择单据”窗口中，选中本笔业务生成的销售发票，然后单击工具栏中的“确定”按钮，返回“生成凭证”页签。

② 生成并保存凭证。单击工具栏中的“生成”按钮，打开“填制凭证”页签。

(4) 编辑存货凭证。在“填制凭证”页签中，修改“主营业务成本”和“库存商品”的辅助项的项目名称为“亮康眼镜”，其他项默认。

(5) 保存。单击工具栏中的“保存”按钮，保存该凭证，现结业务的记账凭证如图 5-36 所示。

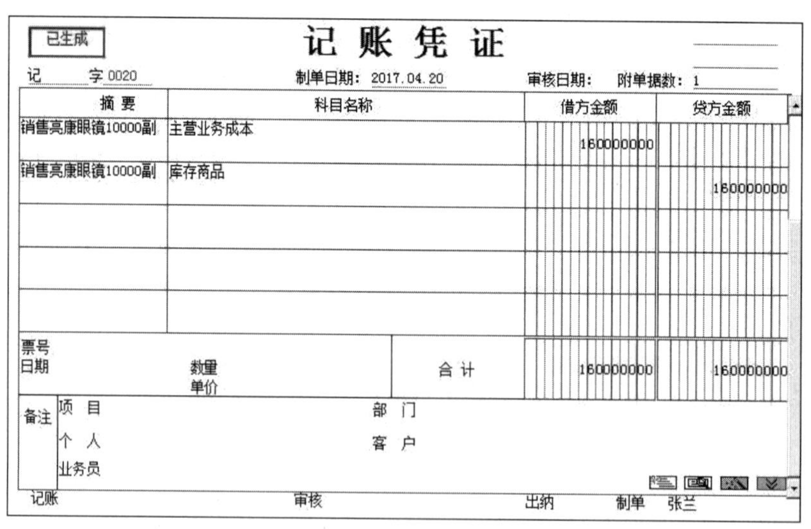

已生成

记账凭证

记 字 0020　制单日期：2017.04.20　审核日期：　附单据数：1

摘要	科目名称	借方金额	贷方金额
销售亮康眼镜10000副	主营业务成本	160000000	
销售亮康眼镜10000副	库存商品		160000000
票号 日期　数量 单价	合计	160000000	160000000

备注　项目　部门　个人　客户　业务员

记账　审核　出纳　制单　张兰

图 5-36　现结业务的记账凭证

(6) 退出。单击“填制凭证”和“生成凭证”页签的“关闭”按钮，关闭这两个页签。

5.3 销售业务的到款与核销

【虚拟业务场景】

人物：

夏于(批发部销售员)

张兰(财务部会计)

罗迪(财务部出纳)

曾志伟(财务主管)

场景1：夏于通知财务部职员处理收到的上月的货款，罗迪填好收款单

夏于：小罗，这是我们收到的光明公司的银行承兑汇票，用于支付上个月他们购买的4000副男士高端太阳镜；另外还有雪亮公司的商业承兑汇票，用于支付他们上个月购买的3000副女士高端太阳镜。

罗迪：好的，我马上处理。

(罗迪开始线上操作)

场景2：罗迪请曾志伟审核收款单

罗迪：曾总，我已经为雪亮公司和光明公司支付的上月货款填制收款单了，请您审核一下。

曾志伟：好的。(开始收款单审核)

场景3：曾志伟提醒张兰对应收账款进行核销

曾志伟：小张，雪亮公司和光明公司已经支付了本月货款，我已经审核通过了，请你进行核销。

张兰：好的，我马上做处理。

场景4：曾志伟请张兰对收款单和核销单合并制单

曾志伟：小张，雪亮公司和光明公司的上月货款已核销，记得和收款单一起做处理。

张兰：好的，我马上做账务处理。(开始生成凭证)

【业务描述】

2017年4月20日，收到光明公司的为期一个月的银行承兑汇票(票号为854123，金额为1965600元)，用于支付上月从我公司购买4000副男士高端太阳镜的全部货款。同一天，也收到雪亮公司的为期两个月的商业承兑汇票(票号为858883，金额为1 263 600元)，用于支付上月向我公司购买女士高端太阳镜3000副的全部货款。

【操作指导】

1. 场景1的操作步骤

将系统时间和操作日期修改为2017年4月20日。

视频观看：手机扫描二维码可观看相关操作。

任务说明：收款单填制。

财务部出纳罗迪填制收款单的过程如下：

(1) 打开“收付款单录入”页签。登录“企业应用平台”，在“业务导航视图”的“业务工作”导航条中选中“财务会计”|“应收款管理”|“收款单据处理”|“收款单据录入”，打开“收付款单录入”页签。

(2) 编辑并保存根据光明公司的银行承兑汇票填制的收款单。单击工具栏中的“增加”按钮，新增一张收款单，编辑其表头的“客户”为“光明公司”，“结算方式”为“银行承兑汇票”，“金额”为“1 965 600”，“票据号”为“854132”，“部门”为“财务部”，“摘要”为“光明公司上月货款”，然后单击表体部分，系统将自动生成一条记录，注意确认“款项类型”为“应收款”(如图 5-37 所示)，然后单击工具栏中的“保存”按钮。

收款单

打印模版 应收收款单打印模板

体排序

单据编号 0000000003　日期 2017-04-20　客户 光明公司

算方式 银行承兑汇票　结算科目 112101　币种 人民币

车 1　金额 1965600.00　本币金额 1965600.00

户银行 工行海淀支行　客户账号 73853654　票据号 854132

门 财务部　业务员　项目

要 光明公司上月货款

	款项类型	客户	部门	业务员	金额	本币金额	
1	应收款	光明公司	财务部		1965600.00	1965600.00	1122
2							
3							
4							

图 5-37　收款单

(3) 编辑并保存根据雪亮公司的商业承兑汇票填制的收款单。单击工具栏中的“增加”按钮，新增一张收款单，编辑其表头的“客户”为“雪亮公司”，“结算方式”为“商业承兑汇票”，“金额”为“1 263 600”，“票据号”为“858883”，“部门”为“财务部”，“摘要”为“雪亮公司上月货款”，然后单击表体部分，系统将自动生成一条记录，注意确认“款项类型”为“应收款”，如图 5-38 所示。

收款单

打印模版 应收收款单打印模板

表体排序

单据编号 0000000004　日期 2017-04-20　客户 雪亮公司

结算方式 商业承兑汇票　结算科目 112102　币种 人民币

汇率 1　金额 1263600.00　本币金额 1263600.00

客户银行 工行徐汇支行　客户账号 36542234　票据号 858883

部门 财务部　业务员　项目

摘要 雪亮公司上月货款

	款项类型	客户	部门	业务员	金额	本币金额	科
1	应收款	雪亮公司	财务部		1263600.00	1263600.00	1122
2							
3							
4							
5							

图 5-38　收款单

(4) 保存。单击工具栏中的“保存”按钮，保存收款单。

(5) 退出。单击“收付款单录入”页签的“关闭”按钮，关闭页签。

2. 场景 2 的操作步骤

将系统时间和操作日期修改为 2017 年 4 月 20 日。

视频观看：手机扫描二维码可观看相关操作。

任务说明：收款单审核。

财务主管曾志伟审核收款单的过程如下：

(1) 打开“收付款单列表”页签。登录“企业应用平台”，在“业务导航视图”的“业务工作”导航条中选中“财务会计”|“应收款管理”|“收款单据处理”|“收款单据审核”，弹出“收款单查询条件”对话框，单击“确定”按钮，打开“收付款单列表”页签。

(2) 查阅并审核收款单。选中本业务中填制的两张收款单，然后单击工具栏中的“审核”按钮，完成审核工作。

(3) 退出。单击“收付款单列表”的“关闭”按钮，关闭页签。

3. 场景 3 的操作步骤

将系统时间和操作日期修改为 2017 年 4 月 20 日。

视频观看：手机扫描二维码可观看相关操作。

任务说明：应收款核销。

财务部会计张兰进行应收款核销的过程如下：

(1) 打开“单据核销”页签。登录“企业应用平台”，在“业务导航视图”的“业务工作”导航条中选中“财务会计”|“应收款管理”|“核销处理”|“手工核销”，在弹出的“核销条件”对话框中，参照生成“客户”为“光明公司”，单击“确定”按钮，打开“单据核销”页签，详细参照图 5-39 所示的核销步骤。

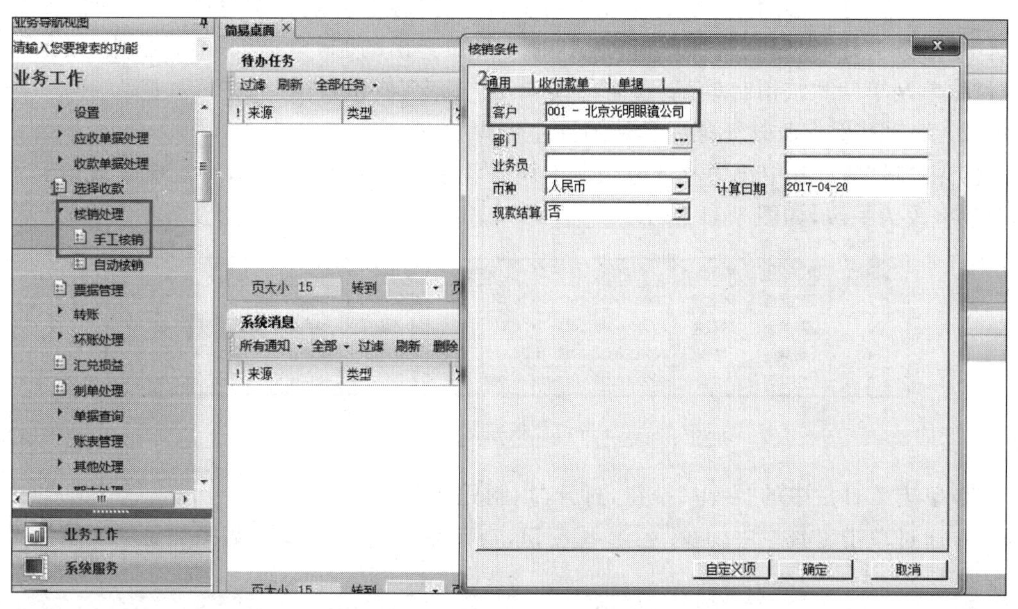

图 5-39　核销步骤 1

(2) 核销光明公司上月货款。在“单据核销”页签的下窗格中，选中对应的行，系统自动在该行的“本次结算”栏填入与“原币余额”相等的数字，单击工具栏中的“保存”按钮，完成光明公司的上月应收款核销，详细参照图 5-40 的核销步骤。

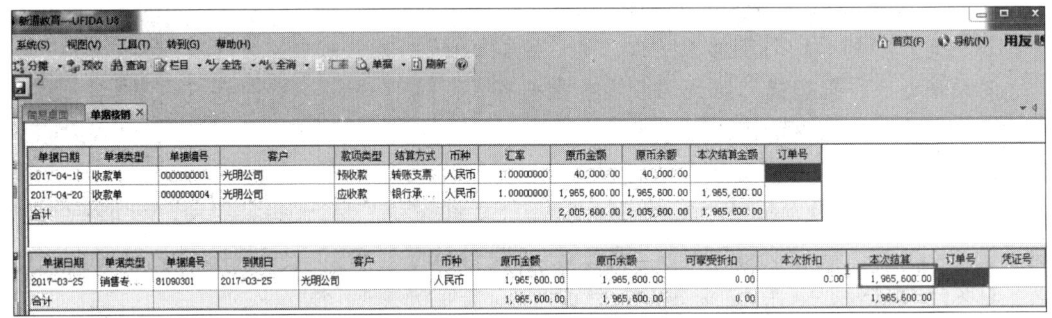

图 5-40 核销步骤 2

(3) 核销雪亮公司上月的应收款。单击工具栏中的“查询”按钮,在弹出的“核销条件”对话框中,参照生成“客户”为“雪亮公司”,单击“确定”按钮,返回“单据核销”页签,然后在其下窗格,双击对应的行,系统自动在该行的“本次结算”栏填入与“原币余额”相等的数字,此时单击工具栏中的“保存”按钮,完成雪亮公司的上月应收款核销。

(4) 退出。单击“单据核销”页签的“关闭”按钮,关闭页签。

4. 场景 4 的操作步骤

将系统时间和操作日期修改为 2017 年 4 月 20 日。

视频观看:手机扫描二维码可观看相关操作。

任务说明:应收款核销合并制单。

财务部会计张兰进行合并制单的过程如下:

(1) 打开“制单”页签。登录“企业应用平台”,在“业务导航视图”的“业务工作”导航条中选中“财务会计”|“应收款管理”|“制单处理”,在弹出的“制单查询”对话框中,增加选中“收付款单制单”和“核销制单”复选框,然后单击“确定”按钮,打开“制单”页签。

(2) 编辑并保存收款凭证。具体的操作步骤如下。

① 在“制单”页签中选中本业务填制的两张收款单和两张核销单,将对应收款单和核销单前数字改为一致,如图 5-41 所示。

选择标志	凭证类别	单据类型	单据号	日期	客户编码	客户名称	部门	业务员	金额
1	记账凭证	收款单	0000000002	2017-04-20	001	北京光...	财务部		1,965,6...
2	记账凭证	收款单	0000000003	2017-04-20	002	上海雪...	财务部		1,263,6...
1	记账凭证	核销	0000000002	2017-04-20	001	北京光...	批发部	夏于	1,965,6...
2	记账凭证	核销	0000000003	2017-04-20	002	上海雪...	批发部	夏于	1,263,6...

图 5-41 核销制单窗口

② 单击工具栏中的“制单”按钮,打开“填制凭证”页签。

③ 通过单击工具栏中的 |◀ ◀ ▶ ▶| 按钮,查阅系统自动生成的两张凭证,如图 5-42 和图 5-43 所示。

④ 单击工具栏中的“批处理”下拉按钮,选中“成批保存凭证”选项。

(3) 退出。单击“填制凭证”和“制单”页签的“关闭”按钮,关闭这两个页签。

小贴士

• 合并制单可以直接反映借记应收票据,贷记应收账款;若不合并制单,则核销单据显

记 账 凭 证

记 字 0021　　制单日期：2017.04.20　　审核日期：2017.04.30　　附单据数：1

摘要	科目名称	借方金额	贷方金额
光明公司上月货款	应收票据/银行承兑汇票	196560000	
核销	应收账款		196560000
票号 - 日期 2017.03.25　数量 单价	合 计	196560000	196560000

图 5-42　记账凭证(1)

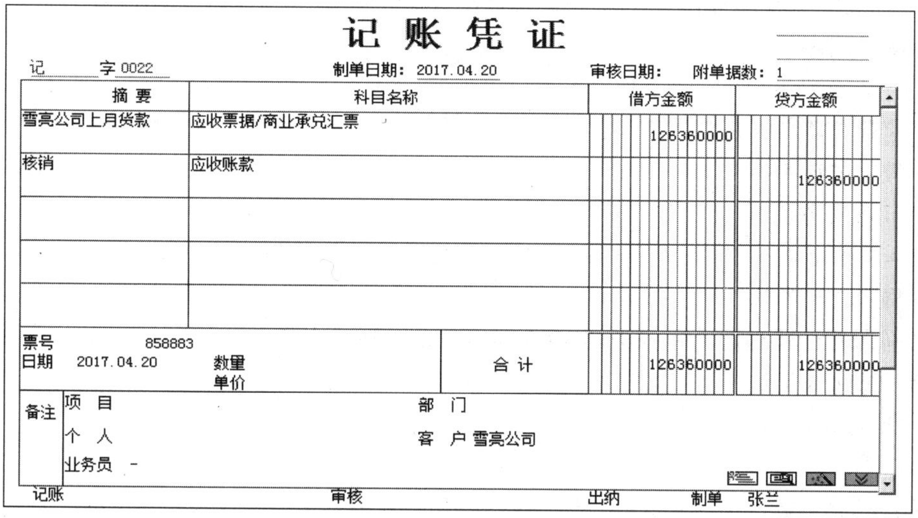

记 账 凭 证

记 字 0022　　制单日期：2017.04.20　　审核日期：　　附单据数：1

摘要	科目名称	借方金额	贷方金额
雪亮公司上月货款	应收票据/商业承兑汇票	126360000	
核销	应收账款		126360000
票号 858883 日期 2017.04.20　数量 单价	合 计	126360000	126360000

备注　项 目　　部 门
　　　个 人　　客 户 雪亮公司
　　　业务员 -

记账　　审核　　出纳　　制单 张兰

图 5-43　记账凭证(2)

示为“借：应收账款(红字) 贷：应收账款”。收款单凭证为“借记应收票据，贷记应收账款”。

- 自动核销是把相同金额应收款和付款单核销。如果需要指定是付某一笔款(多张应付单，特定付给某一张)时需要手动核销。如果操作有误，可登录“企业应用平台”，在“业务导航视图”的“业务工作”导航条中选中“财务会计”|“应收款管理”|“其他处理”|“取消操作”，在弹出的“取消操作条件”对话框中继续进行取消核销。

5.4　坏账发生与收回

【预备知识】

坏账的处理方法有以下两种。

(1) 直接转销法。直接转销法是指在实际发生坏账时，确认坏账损失，记入期间费用，同时注销该笔应收账款。

借：资产减值损失

　贷：应收账款

当已冲销的应收账款以后又收回时

借：银行存款

　贷：应收账款

同时

借：应收账款

　贷：资产减值损失

（2）备抵法。备抵法是按期预估可能发生的坏账，形成坏账准备，当某一应收账款全部或者部分被确认为坏账时，应根据其金额冲减坏账准备，同时转销相应的应收账款金额。

采用这种方法，一方面按期估计坏账损失记入管理费用；另一方面设置“坏账准备”科目，待实际发生坏账时冲销坏账准备和应收账款金额，使资产负债表上的应收账款反映扣减估计坏账后的净值。

计提坏账准备时

借：资产减值损失

　贷：坏账准备

发生坏账准备时

借：坏账准备

　贷：应收账款

已确认并已转销的坏账损失，如果以后又收回，则

借：应收账款

　贷：坏账准备

同时

借：银行存款

　贷：应收账款

采用备抵法核算时，计提坏账损失的3种方法。

① 应收账款余额百分比法。根据会计期末应收账款的余额乘以估计坏账率据此提取坏账准备。会计期末，企业应提的坏账准备大于其账面余额的，按其差额提取；企业应提取的坏账准备小于其账面余额的，按其差额冲回坏账准备。由于各行业应收账款是否能及时收回，其风险程度不一，所以各行业规定的计提比例不尽一致，农业企业、施工企业、房地产开发企业为1%，对外经济合作企业为2%，其他各类企业为0.3%～0.5%，外商投资企业为3%。企业每期坏账准备数额的估计要求合理适中，估计过高会造成期间成本人为升高，估计过低则造成坏账准备不足以抵减实际发生的坏账，起不到坏账准备金的应有作用。

② 账龄分析法。账龄分析法是根据应收账款入账时间的长短来估计坏账损失的方法。虽然应收账款能否收回以及能收回多少，不一定完全取决于时间的长短，但一般来说，账款拖欠的时间越长，发生坏账的可能性就越大。

③ 销货百分比法。销货百分比法是根据赊销金额的一定百分比估计坏账损失的方法。

本公司采用的是备抵法，通过设置“坏账准备”账户，按期估计坏账损失，提取坏账准备，

在实际发生坏账时直接冲减已计提坏账准备，同时转销相应的应收账款余额。

确认坏账收回，借记应收账款，贷记坏账准备；同时，借记银行存款，贷记应收账款。

【虚拟业务场景】

人物：

夏于（批发部销售员）

张兰（财务部会计）

罗迪（财务部出纳）

曾志伟（财务主管）

场景1：销售部通知财务发生坏账，财务部做坏账发生处理

夏于：喂，您好，我是销售部的夏于，华飞公司的经营出现了问题，领导同意将其应收款44 928元做成坏账。

张兰：好的。

（张兰处理坏账发生完毕）

场景2：坏账收回的收款单处理

（夏于带着22464元现金支票来到财务部）

夏于：小罗，我们和华飞公司进行了多次交涉，他们终于同意支付一半的欠款了，这是他们给付的现金支票。

罗迪：太好了，我马上入账。

（罗迪填制收款单完毕）

（罗迪来到财务主管曾志伟的办公室……）

罗迪：曾总，刚才销售部送来现金支票，是华飞公司支付的咱们已经做了坏账处理的欠款，收款单我已经填制完成了。

曾志伟：好的，我知道了，你去通知张兰做坏账收回的处理吧。

罗迪：好的。

场景3：罗迪通知张兰做坏账收回的处理

罗迪：小张，华飞公司的坏账，今天收回了一半，收款单已经填制并审核了，请你做一下坏账收回的处理。

张兰：嗯，好的。

（张兰做坏账收回处理……）

【业务描述】

1. 发生坏账

2017年4月20日，有确切消息表明华飞公司经营出现问题，赊销给华飞公司的全部货款449 280元已无法收回。因此，公司对相应的应收账款进行了注销。

2. 坏账收回

2017年4月20日，经与华飞公司的多次交涉，华飞公司支付欠款总额的50%，即224 640元，用现金支票支付，票号为“XJ010”。摘要为“收回华飞公司坏账的50%”。

小贴士

本笔业务是坏账的发生与收回业务。在坏账发生时，记录坏账发生的金额并制单；在坏账收回时，填制与审核收款单（注意：收款单不能单独制单）、坏账制单。

【操作指导】

1. 场景1的操作步骤

将系统时间和操作日期修改为2017年4月20日。

视频观看：手机扫描二维码可观看相关操作。

5-18

任务说明：坏账的发生处理。

财务部会计张兰记录发生的坏账并制单的过程如下：

（1）打开“发生坏账”对话框。登录“企业应用平台”，在“业务导航视图”的“业务工作”导航条中选中“财务会计”|“应收款管理”|“坏账处理”|“坏账发生”，弹出“坏账发生”对话框。

小贴士

如果期初坏账信息没有设置，此处会提示。

（2）打开“发生坏账损失”页签。在“坏账发生”对话框中，参照生成“客户”为“华飞公司”，然后单击“确定”按钮，打开“发生坏账损失”页签。

（3）记录坏账发生的金额。在“发生坏账损失”页签中，双击“余额”栏，使“本月发生坏账金额”栏的数字为“余额”数字（即449280），然后单击工具栏中的“OK确认”按钮，系统记录该坏账损失，并弹出消息框询问“是否立即制单？”，单击“是”按钮，打开“填制凭证”页签，如图5-44所示。

（4）保存凭证。在“填制凭证”页签中，系统默认相关信息（如图5-44所示），单击“保存”按钮。

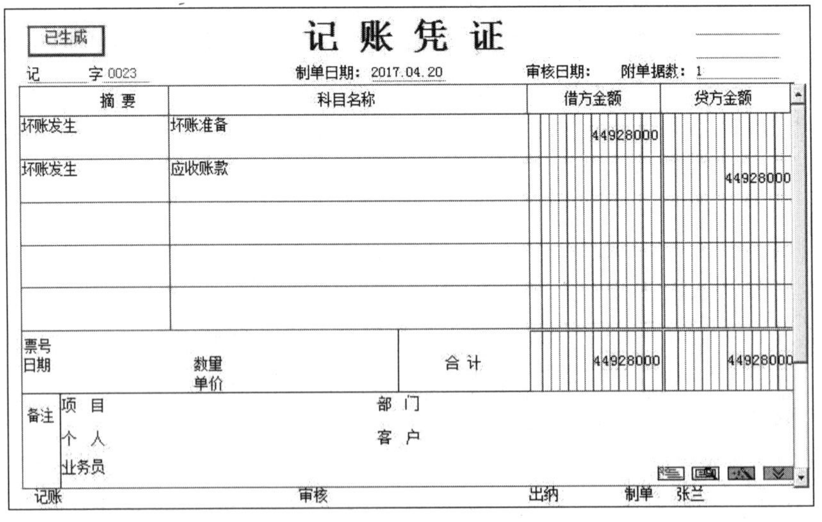

已生成

记账凭证

记　字 0023　　制单日期：2017.04.20　　审核日期：　　附单据数：1

摘要	科目名称	借方金额	贷方金额
坏账发生	坏账准备	44928000	
坏账发生	应收账款		44928000
票号 日期	数量 单价 合计	44928000	44928000

备注　项目　　部门

个人　　客户

业务员

记账　　审核　　出纳　　制单　张兰

图5-44　计提坏账准备的记账凭证

(5) 退出。单击“填制凭证”和“发生坏账损失”页签的“关闭”按钮，关闭页签。

2. 场景 2 的操作步骤

将系统时间和操作日期修改为 2017 年 4 月 20 日。

任务说明：坏账收回的收款单处理。

财务部出纳罗迪填制坏账收回的收款单的过程如下：

(1) 打开“收付款单录入”页签。登录“企业应用平台”，在“业务导航视图”的“业务工作”导航条中选中“财务会计”|“应收款管理”|“收款单据处理”|“收款单据录入”，打开“收付款单录入”页签。

(2) 编辑收款单。单击工具栏中的“增加”按钮，新增一张收款单，然后做如下编辑。

① 编辑表头的“客户”为“华飞公司”，“结算方式”为“现金支票”，“金额”为“224 640”，“票据号”为“XJ010”，“部门”为“财务部”，“摘要”为“收回华飞公司坏账的 50%”。

② 编辑表体。在表体区域单击，则表头的相关信息自动带入表体的第一行，确认“款项类型”为“应收款”，其余项默认。

(3) 保存。单击工具栏中的“保存”按钮，保存该单据。

(4) 退出。单击“收付款单录入”页签的“关闭”按钮，关闭页签。

3. 场景 3 的操作步骤

将系统时间和操作日期修改为 2017 年 4 月 20 日。

任务说明：坏账收回的处理。

财务部会计张兰做坏账收回的记录与制单的过程如下：

(1) 打开“坏账收回”对话框。登录“企业应用平台”，在“业务导航视图”的“业务工作”导航条中选中“财务会计”|“应收款管理”|“坏账处理”|“坏账收回”，弹出“坏账收回”对话框。

(2) 坏账收回记录。在“坏账收回”对话框中，参照生成“客户”为“华飞公司”，“结算单号”为本业务填制的收款单号(如图 5-45 所示)，单击“确定”按钮，系统完成坏账收回的信息处理，并弹出消息框，询问“是否立即制单?”。

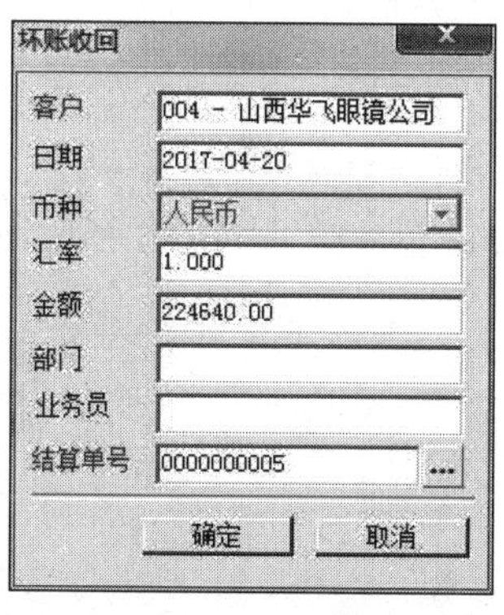

图 5-45　坏账收回

(3) 坏账收回制单。单击消息框的“是”按钮，打开“填制凭证”页签，如图 5-46 所示，直接单击“保存”按钮。

(4) 退出。单击“填制凭证”页签的“关闭”按钮，关闭页签。

已生成	记 账 凭 证		
记 字 0024	制单日期: 2017.04.20	审核日期:	附单据数: 1
摘要	科目名称	借方金额	贷方金额
坏账收回(结算)	银行存款/工行存款	22464000	
坏账收回	应收账款	22464000	
坏账收回	应收账款		22464000
坏账收回	坏账准备		22464000
票号 201 - XJ010 日期 2017.04.20	数量 单价 合 计	44928000	44928000
备注 项 目	部 门		
个 人	客 户		
业务员			
记账	审核	出纳	制单 张兰

图 5-46 坏账收回的记账凭证

5.5 预收冲应收

预收冲应收：根据《企业会计准则第 14 号-收入》应用指南的规定，当商品销售实质上满足了收入确认条件时，通常应当确认收入；采用预收款方式销售商品的，在发出商品时确认收入，预收的货款应确认为负债。对于预收款方式销售商品的账务处理如下。

① 在收到预收款时，确认负债。

借：银行存款

  贷：预收账款

② 发出商品时，确认收入。

借：应收账款

  贷：主营业务收入

    应交税费-应交增值税(销项税额)

因此，必须做一笔冲销预收账款会计分录，使得“预收账款”明细账和“应收账款”明细账结平，即

借：预收账款

  贷：应收账款

【业务描述】

2017 年 4 月 20 日，财务部将预收光明公司的 40 000 元订金冲销相应的应收款。

小贴士

本笔业务是预收冲应收的转账业务，需要做预收冲应收的转账与制单。

【操作指导】

将系统时间和操作日期修改为 2017 年 4 月 20 日。

视频观看：手机扫描二维码可观看相关操作。

任务说明：预收冲应收。

财务部会计张兰做预收冲应收处理的过程如下：

(1) 打开“预收冲应收”对话框。登录“企业应用平台”，在“业务导航视图”的“业务工作”导航条中选中“财务会计”|“应收款管理”|“转账”|“预收冲应收”，打开“预收冲应收”对话框。

(2) 预收设置。在“预收款”选项卡中参照生成“客户”为“光明公司”，然后单击“过滤”按钮，在表体列出相关信息；双击相应行，使该行的“转账金额”与“原币余额”数字相等(40 000)，如图 5-47 所示。

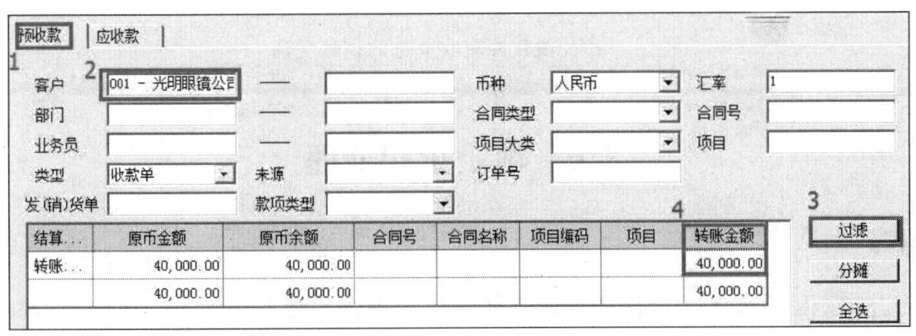

图 5-47　预收冲应收(1)

(3) 应收设置。在“应收款”选项卡中，先单击“过滤”按钮，再双击“单据编号”为“xs3066”所在的行，使该行的“转账金额”与“预收款”选项卡中“转账金额”数字相等(40000)，如图 5-48 所示。

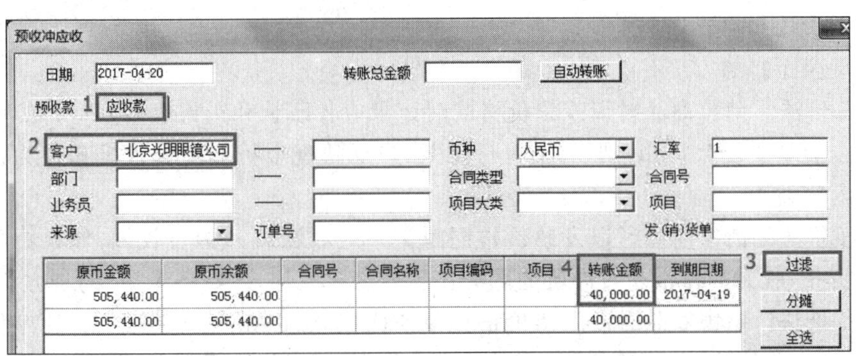

图 5-48　预收冲应收(2)

(4) 转账完成。单击“确定”按钮，转账完成，并弹出消息框询问是否立即制单。

(5) 转账制单，单击消息框的“是”按钮，弹出“填制凭证”窗口，单击红字的贷方金额。然后按空格键，红字的贷方自动移动到借方，此时单击“填制凭证”窗口中的“保存”按钮，如图 5-49 所示。

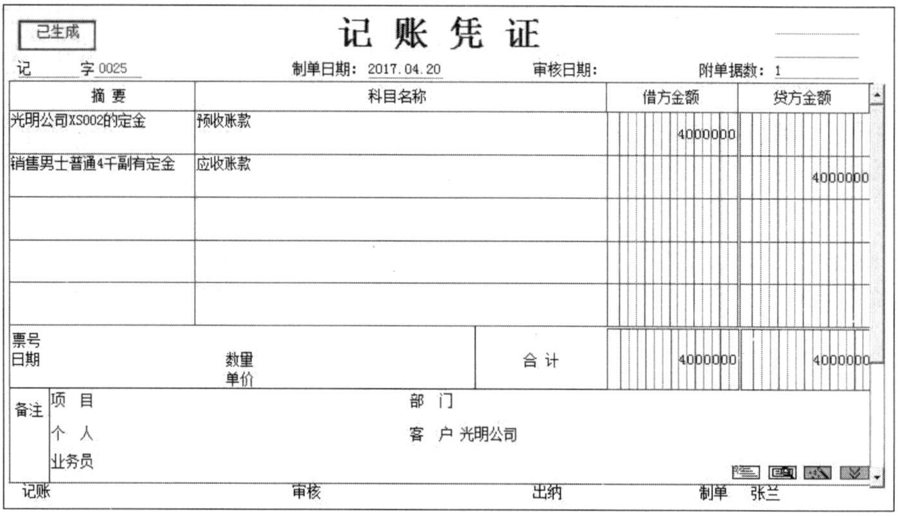

已生成

记 账 凭 证

记　字 0025　　制单日期：2017.04.20　　审核日期：　　附单据数：1

摘要	科目名称	借方金额	贷方金额
光明公司XS002的定金	预收账款	4000000	
销售男士普通4千副有定金	应收账款		4000000
票号 日期　　数量 单价	合计	4000000	4000000

备注　项目　　部门

　　　个人　　客户 光明公司

　　　业务员

记账　　审核　　出纳　　制单 张兰

图 5-49　预收冲应收业务的记账凭证

5.6　现金折扣处理

【预备知识】

现金折扣是销售方为了鼓励购货方尽快付款而提供的债务扣除。一般现金折扣的表示方法为：2/10，1/20，*n*/30（10 天内付款给予 2%的折扣，20 天内付款给予 1%的折扣，20 天以后付款没有现金折扣，最迟的付款期为 30 天）。

根据《关于确认企业所得税收入若干问题的通知》（国税函〔2008〕875 号）规定，债权人为鼓励债务人在规定的期限内付款而向债务人提供的债务扣除属于现金折扣，销售商品涉及现金折扣的，应当按扣除现金折扣前的金额确定销售商品收入金额，现金折扣在实际发生时作为财务费用扣除。

核算现金折扣的方法有 3 种。

(1) 总价法。销售商品时以发票价格同时记录应收账款和销售收入，不考虑现金折扣，如果购货企业享受现金折扣，则以“销售折扣”账户反映现金折扣。销售折扣作为销售收入的减项列入损益表。

(2) 净价法。销售商品时以发票价格同时记录应收账款和销售收入，如果购货企业未享受现金折扣，收到的现金超过净价的部分作为利息收入记入“财务费用”的贷方。

(3) 备抵法。销售商品时以发票价格记录应收账款，以扣除现金折扣后的净价记录销售收入，设一备抵账户“备抵销售折扣”反映现金折扣，“备抵销售折扣”是指应收账款的对销账户。

【虚拟业务场景】

人物：

夏于（批发部销售员）

张兰(财务部会计)

罗迪(财务部出纳)

曾志伟(财务主管)

场景1：夏于把收到的转账支票，送给财务部的罗迪；罗迪填制收款单

夏于：小罗，我们收到了雪亮公司的转账支票，是用于支付合同“XS003”的货款，他们按合同约定享受了2%的现金折扣。

罗迪：知道了，我们马上入账。

(罗迪填制有现金折扣的收款单完毕)

场景2：罗迪请张兰对收款制单

罗迪：小张，今天有一张雪亮公司的收款单，请你进行制单处理。

张兰：好的，我马上制单。

【业务描述】

2017年4月25日，雪亮公司依据合同“XS003”，以转账支票(支票号为ZZ7885)向本公司支付96%的价款1 119 360元(按合同的付款条件，给予对方4%的现金折扣)。

本笔业务是有现金折扣的收款业务，需要通过“选择收款”进行收款单的填制和应收核销，然后制单。“选择收款”功能，可以一次对多个客户、多笔款项进行收款与核销的业务处理，而且收款单不需要审核和核销(已经自动完成核销处理)。

【操作指导】

1. 场景1的操作步骤

将系统时间和操作日期修改为2017年4月25日。

视频观看：手机扫描二维码可观看相关操作。

任务说明：现金折扣处理。

财务部出纳罗迪填制选择收款单的过程如下。

(1) 打开“选择收款-单据”对话框。登录“企业应用平台”，在“业务导航视图”的“业务工作”导航条中选中“财务会计”|“应收款管理”|“选择收款”，弹出“选择收款-条件”对话框；参照生成“客户”为“雪亮公司”，并选中“可享受折扣”复选框，然后单击“确定”按钮，打开“选择收款-单据”页签。

(2) 编辑收款单。在“选择收款-单据”页签的单据列表中，双击“单据编号”为“81306603”所在的行，在“收款金额”栏填入“1119360”。

(3) 保存收款单。单击工具栏中的“OK确认”按钮，打开“选择收款-收款单”对话框，选中“结算方式”栏为“202转账支票”，“票据号”栏填入“ZZ7885”，单击“确定”按钮，系统完成收款与核销处理，并返回“选择收款-单据”页签，如图5-50所示。

(4) 退出。单击“选择收款-单据”页签的“关闭”按钮，关闭页签。

2. 场景2的操作步骤

将系统时间和操作日期修改为2017年4月25日。

任务说明：现金折扣处理。

财务部会计张兰进行选择收款单和核销制单的过程如下。

图 5-50　选择收款录入

（1）打开“制单”页签。登录“企业应用平台”，在“业务导航视图”的“业务工作”导航条中选中“财务会计”|“应收款管理”|“制单处理”，在弹出的“制单查询”对话框中增加选中“收付款单制单”和“核销制单”，然后单击“确定”按钮，打开“制单”页签。

（2）生成凭证。在“制单”页签的单据列表中，选中本业务填制生成的收款单和核销单，再单击工具栏中的“制单”按钮，打开“填制凭证”页签，默认已生成一张凭证（合并制单）。

（3）编辑与保存收款凭证。首先查阅到收款单凭证，确认或修改“摘要”为“销售亮康眼镜5000副有折扣”（如图5-51所示），然后单击工具栏中的“保存”按钮。

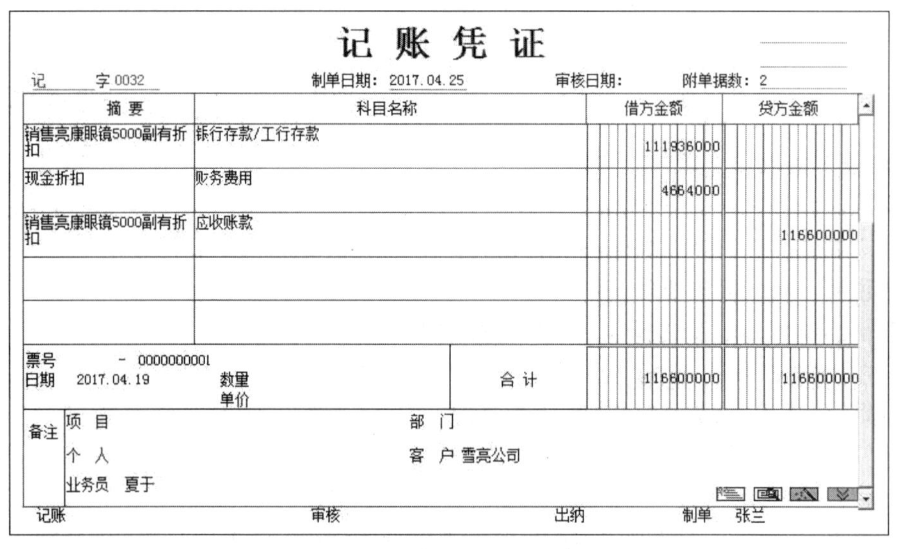

图 5-51　现金折扣业务的记账凭证

5.7　计提坏账准备金

【预备知识】

计提坏账是指对坏账准备科目的计提。计提坏账准备的会计分录如下。

借：资产减值损失

　　贷：坏账准备

【业务描述】

2017 年 4 月 25 日，进行本月的坏账准备金计提。

【操作指导】

将系统时间和操作日期修改为 2017 年 4 月 25 日。

任务说明：计提坏账准备金。

财务部会计张兰计提本月的坏账准备金并制单的过程如下。

(1) 计提坏账准备金。登录“企业应用平台”，在“业务导航视图”的“业务工作”导航条中选中“财务会计”|“应收款管理”|“坏账处理”|“计提坏账准备”，系统完成计提并打开“应收账款百分比法”页签，显示本月的计提结果，如图 5-52 所示。

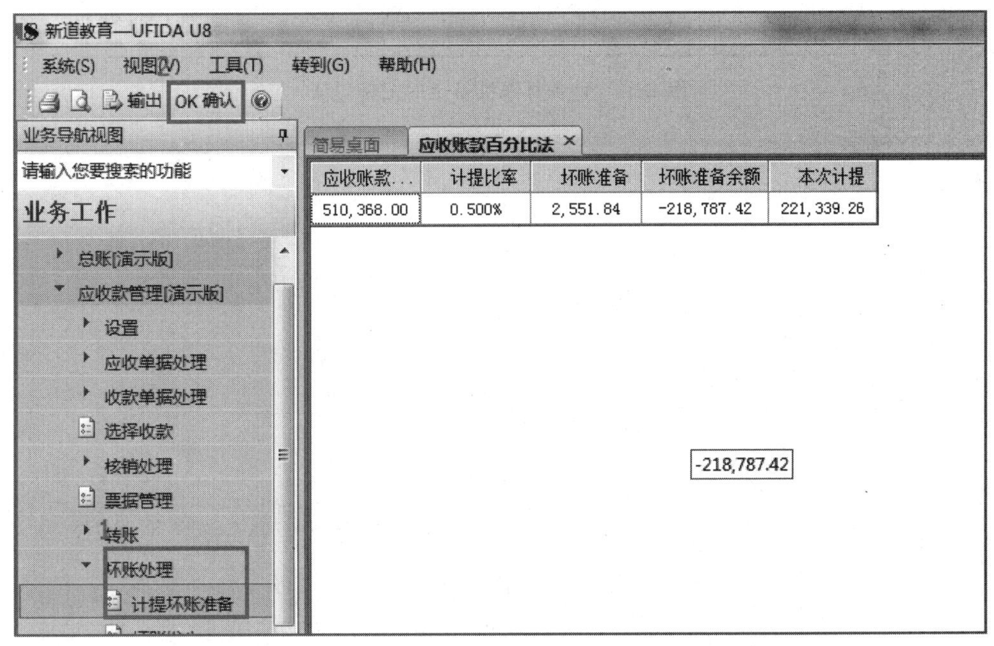

图 5-52　计提坏账准备

(2) 计提坏账制单。单击工具栏中的“OK 确认”按钮，弹出消息框询问“是否立即制单?”，单击“是”按钮，打开“填制凭证”页签，默认的凭证信息与本业务对应(如图 5-53 所示)，直接单击工具栏中的“保存”按钮。

(3) 退出。单击“填制凭证”和“应收账款百分比法”页签的“关闭”按钮，关闭这两个页签。

 **小贴士**

坏账准备的计提是基于会计的谨慎性原则，对应收款项进行预先的估计，按照一定的比例和方法提取，提取后记入在“坏账准备”科目中，目的就是防范可能由于应收款项不能收回而带来的损失，而预先进行的估计。

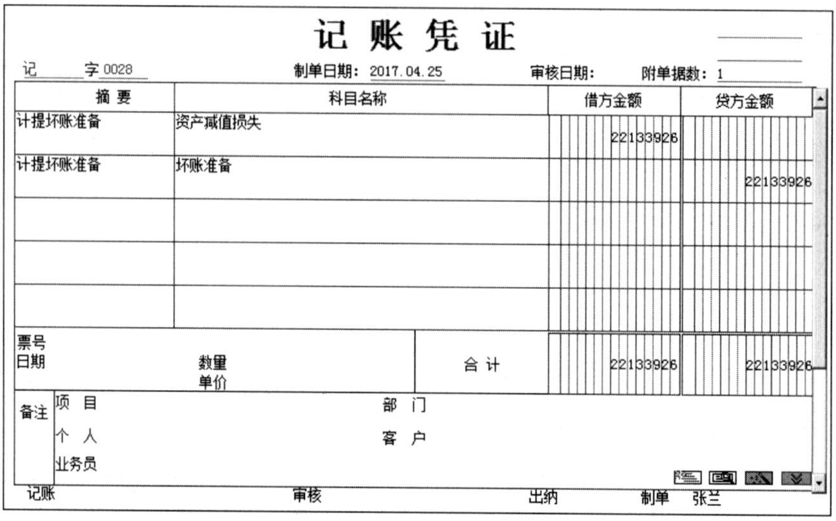

记 账 凭 证

记　字 0028　　制单日期：2017.04.25　　审核日期：　　附单据数：1

摘 要	科目名称	借方金额	贷方金额
计提坏账准备	资产减值损失	22133926	
计提坏账准备	坏账准备		22133926
票号 日期	数量 单价 合 计	22133926	22133926

备注　项 目　　部 门

个 人　　客 户

业务员

记账　　审核　　出纳　　制单 张兰

图 5-53　计提坏账准备金的记账凭证

第 6 章　固定资产的期初设置与业务处理

固定资产是企业为生产产品、提供劳务、出租或者经营管理而持有的、使用时间超过 12 个月的，价值达到一定标准的非货币性资产，包括房屋、建筑物、机器、机械、运输工具以及其他与生产经营活动有关的设备、器具、工具等。

用友 ERP-U8 的固定资产系统，可以处理资产购置、资产变动和计提折旧等日常业务，以及各种账表查询。资产变动包括原值变动、部门转移、使用状况变动、使用年限调整、折旧方法调整、净残值(率)调整、工作总量调整、累计折旧调整、资产类别调整等；计提折旧功能提供折旧公式的自定义，并按分配表自动生成记账凭证。

本章设计了购置固定资产、固定资产调配、固定资产报废业务，以及计提固定资产折旧等业务。

本章的操作，可按照业务描述中的系统日期(例如 2017 年 4 月 28 日)和操作员(例如财务部会计张兰)，在第 5 章完成的基础上，在固定资产和总账系统中继续进行。

如果没有完成第 5 章的销售业务的操作，可以到百度网盘空间(网盘地址：http://pan.baidu.com/s/1nuEQJ7j 访问密码：h7gs)的"实验账套数据"文件夹中，将"05 销售业务.rar"下载到计算机上，然后引入用友 ERP-U8。此外，本章完成的账套输出的压缩文件名为"06 固定资产.rar"。

需要说明如下：

(1) 因网盘中的账套备份文件均为压缩文件，所以在下载完成后引入之前，需要用解压缩工具进行解压(建议用 WinRAR 3.42 或以上版本)，得到相应可以引入的账套数据文件。

(2) 本章的所有业务实验操作都有配套的微视频，可以通过扫描二维码或者到指定的网页去观看。本书配套的微视频均存放在网盘中。

【预备知识】

1. 固定资产增加

企业外购固定资产的成本包括购买价款、相关税费、使固定资产达到预定可使用状态前所发生的可归属于该项资产的运输费、装卸费、安装费和专业人员服务费等。

以一笔款项购入多项没有单独标价的固定资产，应按照各项固定资产的公允价值比例对总成本进行分配，分别确定各项固定资产的成本。

购买固定资产的价款超过正常信用条件延期支付，实质上具有融资性质的，固定资产的成本以购买价款的现值为基础确定。应当在信用期间内采用实际利率法进行摊销，摊销金额除满足借款费用资本化条件应当计入固定资产成本外，均应当在信用期间内确认为财务费用，计入当期损益。

注意： 外购生产经营用固定资产的增值税进项税(包括购入生产用动产设备发生的运费的进项税额)都可以抵扣，不计入固定资产成本，同时处置时应考虑销项税额的计算。外购非生产经营用的固定资产进项税额不能抵扣。

外购固定资产分为购入不需要安装的固定资产和购入需要安装的固定资产两类。

(1) 购入不需要安装的动产,相关支出直接计入固定资产成本。

借:固定资产(买价+场地整理费+装卸费+运输费(如果是购入生产用动产设备发生的运费还需扣除11%的增值税)+安装费+增值税(如果是购入生产用动产设备发生的增值税,则允许抵扣,不计算此项)+专业人员服务费)

应交税费—应交增值税(进项税额)(按购入生产用动产设备发生运费的11%计算的进项税额+购入生产用动产设备发生的增值税)

贷:银行存款(实际支付的价税合计)

(2) 购入需要安装的固定资产,通过"在建工程"科目核算。

① 支付设备价款、增值税、运输费。

借:在建工程

应交税费—应交增值税(进项税额)

贷:银行存款

② 领用原材料、支付安装工人薪酬时。

借:在建工程

贷:原材料

应付职工薪酬

③ 固定资产达到预定可使用状态时。

借:固定资产

贷:在建工程

2. 固定资产减值

1) 固定资产减值的确认条件

企业应于期末对固定资产进行检查,如果发现存在以下情况,应当计算固定资产的可收回金额,以确定资产是否已经发生减值:固定资产市价大幅度下跌,其跌幅大大高于因时间推移或正常使用而预计的下跌,并且预计在近期内不可能恢复。

(1) 企业所处经营环境(例如技术、市场、经济或法律环境或者产品营销市场)在当期发生或在近期发生重大变化,并对企业产生负面影响。

(2) 同期市场利率等大幅度提高,进而很可能影响企业计算固定资产可收回金额的折现率,并导致固定资产可收回金额大幅度降低。

(3) 固定资产陈旧过时或发生实体损坏等。

(4) 固定资产预计使用方式发生重大不利变化(例如企业计划终止或重组该资产所属的经营业务、提前处置资产等情形)从而对企业产生负面影响。

(5) 其他有可能表明资产已发生减值的情况。

2) 固定资产减值的账务处理

计提固定资产减值准备的公式:

计提固定资产的减值额=固定资产的账面价值-可收回金额

其中,

固定资产的账面价值=固定资产的原值-已经计提过的减值准备-计提的累计折旧合计

可收回金额选取销售净价与未来现金流量现值两者之中的较高者。

在计提减值准备时

借：资产减值损失(账面价值－可收回金额)

贷：固定资产减值准备(账面价值－可收回金额)

在以后的会计期间，若表明固定资产发生减值的迹象全部或部分消失，已经计提的减值准备不得转回。

3. 固定资产计提折旧

固定资产计提折旧是指在固定资产使用寿命内，按照确定的方法对应计折旧额进行系统分摊。企业可选用的折旧方法包括年限平均法、工作量法、双倍余额递减法和年数总和法等。企业应当根据固定资产所含经济利益预期实现方式选择上述折旧方法，折旧方法一经确定，不得随意变更。

(1) 年限平均法。年限平均法又称为直线法，是将固定资产的折旧均衡地分摊到各期的一种方法。采用这种方法计算的每期折旧额均是等额的。计算公式如下：

年折旧额 ＝(原值 － 预计净残值)/ 预计使用年限

月折旧额 ＝ 年折旧额 /12

预计净残值率 ＝ 预计净残值 / 原值 × 100%

年折旧率 ＝ 年折旧额 / 原值 × 100%

(2) 工作量法。工作量法是根据实际工作量计提折旧额的一种方法。这种方法可以弥补平均年限法只重使用时间，不考虑使用强度的缺点，计算公式如下：

单位工作量折旧额 ＝ 固定资产原价 ×(1 － 预计净残值率)/ 预计总工作量

某项固定资产月折旧额 ＝ 该项固定资产当月工作量 × 单位工作量折旧额

(3) 双倍余额递减法。双倍余额递减法，是指在不考虑固定资产预计净残值的情况下，根据每期期初固定资产原价减去累计折旧后的金额和双倍的直线法折旧率计算固定资产折旧的一种方法。应用这种方法计算折旧额时，由于每年年初固定资产净值没有扣除预计净残值，所以在计算固定资产折旧额时应在其折旧年限到期前两年内，将固定资产净值扣除预计净残值后的余额平均摊销。计算公式如下：

年折旧率 ＝ 2/ 预计使用年限 × 100%

折旧额 ＝ 期初固定资产账面净值 × 折旧率

最后两年，改用年限平均法，考虑预计净残值：

年折旧额＝(期初账面价值－预计净残值)/2

(4) 年数总和法。年数总和法又称年限合计法，是指将固定资产的原价减去预计净残值后的余额乘以一个以固定资产尚可使用寿命为分子、以预计使用寿命逐年数字之和为分母的逐年递减的分数计算每年的折旧费。计算公式如下：

年折旧率 ＝ 尚可使用年限 / 预计使用年限的年数总和 × 100%

预计使用年限的年数总和 ＝ $N(N+1)/2$ (N 表示预计使用年限)

年折旧额 ＝(固定资产原值 － 预计净残值)× 折旧率

注意：已计提减值准备的固定资产，应当按照该项资产的账面价值(固定资产账面余额扣减累计折旧和累计减值准备后的金额)以及尚可使用寿命重新计算确定折旧率和折旧额。

固定资产折旧的账务处理如下。

借：制造费用（生产车间计提折旧）
　　管理费用（企业管理部门、未使用的固定资产计提折旧）
　　销售费用（企业专设销售部门计提折旧）
　　其他业务成本（企业经营出租固定资产计提折旧）
　　研发支出（企业研发无形资产时使用固定资产计提折旧）
　　在建工程（在建工程中使用固定资产计提折旧）
　贷：累计折旧（借方发生额合计）

固定资产报废是固定资产清理的一种，是固定资产减少业务。因为本账套设置了计提折旧，所以需在计提折旧后才可执行资产减少。

6.1　固定资产管理系统初始设置

本节是完成案例企业的固定资产管理的账套参数与期初设置，包括固定资产账套初始化、科目设置、固定资产类别与折旧方法设置、固定资产增加方式设置，以及固定资产原始卡片输入。

【业务描述】

对固定资产系统进行以下初始化设置。

1. 设置固定资产管理系统参数

固定资产管理系统的具体参数如表 6-1 所示。

表 6-1　固定资产管理系统参数

启用月份	当前日期(2017.04)
折旧信息	本账套计提折旧 折旧方法：平均年限法(一) 折旧汇总分配周期：1 个月 当(月初已计提月份＝可使用月份－1)时将剩余折旧全部提足
编码方式	资产类别编码方式：2-1-1-2 固定资产编码方式：按“类别编码＋序号”采用自动编码；卡片序号长度为 5
财务接口	固定资产对账科目：1601 累计折旧对账科目：1602 在对账不平情况下允许固定资产月末结账
与财务系统接口	固定资产缺省入账科目：1601 累计折旧缺省入账科目：1602 减值准备缺省入账科目：1603 增值税进项税额缺省入账科目：22210101 固定资产清理缺省入账科目：1606

2. 设置固定资产部门对应折旧科目

固定资产部门对应折旧科目的设置如表 6-2 所示。

表 6-2　部门对应折旧科目

部门名称	对应折旧科目	部门名称	对应折旧科目
公司总部	管理费用/折旧费(660202)	仓管部	管理费用/折旧费(660202)
财务部	管理费用/折旧费(660202)	人力资源部	管理费用/折旧费(660202)
销售部	销售费用/折旧费(660102)	生产部	制造费用(5101)
采购部	管理费用/折旧费(660202)		

3. 设置固定资产折旧类别与方法

固定资产折旧类别与方法的设置如表 6-3 所示。

表 6-3　固定资产类别与折旧方法

编码	类别名称	使用年限	净残值率/%	计提属性	折旧方法	卡片样式
01	房屋及建筑物			正常计提	平均年限法(一)	通用样式(二)
011	办公楼	30	2	正常计提	平均年限法(一)	通用样式(二)
012	厂房	30	2	正常计提	平均年限法(一)	通用样式(二)
02	机器设备			正常计提	平均年限法(一)	通用样式(二)
021	生产线	10	3	正常计提	平均年限法(一)	通用样式(二)
022	办公设备	5	3	正常计提	平均年限法(一)	通用样式(二)
03	运输工具	8	5	正常计提	平均年限法(一)	通用样式(二)

4. 设置固定资产增减方式

固定资产增减方式的设置如表 6-4 所示。

表 6-4　固定资产增减方式

增加方式	对应入账科目	减少方式	对应入账科目
直接购入	银行存款/工行存款(100201)	出售	固定资产清理(1606)
投资者投入	实收资本(4001)	投资转出	长期股权投资(1511)
捐赠	营业外收入(6301)	捐赠转出	固定资产清理(1606)
盘盈	待处理财产损溢/待处理固定资产损溢(190102)	盘亏	待处理财产损溢/待处理固定资产损溢(190102)
在建工程转入	在建工程(1604)	报废	固定资产清理(1606)
融资租入	长期应付款(2701)	毁损	固定资产清理(1606)
		融资租出	长期应收款(1531)
		拆分减少	固定资产清理(1606)

5. 固定资产原始卡片录入

固定资产原始卡片录入的信息如表 6-5 所示。

表 6-5　固定资产原始卡片

卡片编号	00001	00002	00003	00004	00005
固定资产编号	02200001	02200002	02200003	02200004	01200001
固定资产名称	华硕 A8 电脑	IBMX60 电脑	联想 T4202 电脑	联想 T4202 电脑	厂房
类别编号	022	022	022	022	012
类别名称	办公设备	办公设备	办公设备	办公设备	厂房
使用部门	经理办公室	财务部	批发部	采购部	生产部
增加方式	直接购入	直接购入	直接购入	直接购入	直接购入
使用状况	在用	在用	在用	在用	在用
使用年限/年	5	5	5	5	30
折旧方法	平均年限法(一)	平均年限法(一)	平均年限法(一)	平均年限法(一)	平均年限法(一)
开始使用日期	2012-06-01	2015-11-01	2015-11-01	2015-11-01	2010-03-01
币种	人民币	人民币	人民币	人民币	人民币
原值	20 000	20 000	10 000	10 000	720 000
净残值率/%	3	3	3	3	2
净残值	600	600	300	300	14 400
累计折旧	14 580	5184	2592	2592	163 296
月折旧率	0.0162	0.0162	0.0162	0.0162	0.0027
月折旧额	324	324	162	162	1944
净值	5420	14 816	7408	7408	556 704
对应折旧科目	管理费用/折旧费	管理费用/折旧费	销售费用/折旧费	管理费用/折旧费	制造费用

【操作指导】

以账套主管李吉棕的身份进入进行设置。

确认系统时间和操作日期为 2017 年 4 月 1 日。

视频观看：手机扫描二维码可观看相关操作。

任务说明：固定资产管理系统初始设置。

1. 设置固定资产管理系统参数

(1) 登录“企业应用平台”，在“业务导航视图”的“业务工作”导航条中选中“财务会计”|“固定资产”，若弹出消息框，询问“这是第一次打开此账套，还未进行过初始化，是否进行初始化?”，说明此时固定资产的功能尚未激活。

(2) 单击“是”按钮，打开固定资产“初始化账套向导”的“约定及说明”界面，选中“我同意”单选按钮，如图 6-1 所示；单击“下一步”按钮，打开固定资产“初始化账套向导”的“启用月份”界面，选择为当前日期；单击“下一步”按钮，打开固定资产“初始化账套向导”的“折旧信息”界面，选择“主要折旧方法”为“平均年限法(一)”，选择折旧汇总分配周期为“1 个月”，选中“当(月初已计提月份=可使用月份-1)时将剩余折旧全部提足”复选框。

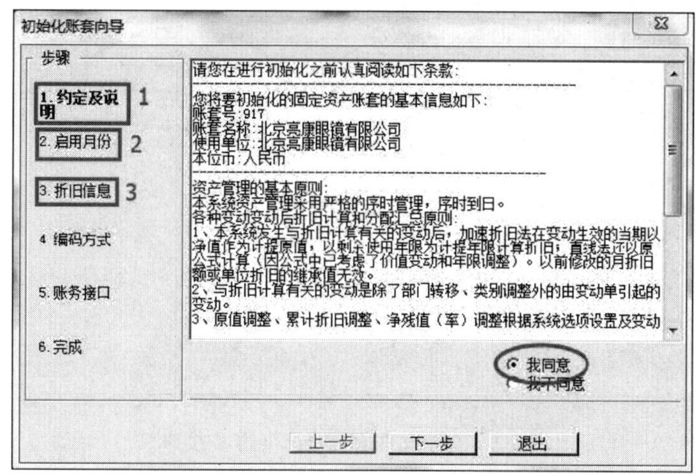

图 6-1 初始化账套向导——约定与说明

(3) 单击“下一步”按钮,打开固定资产“初始化账套向导”的“编码方式”界面,设置“资产类别编码方式”为“2-1-1-2”,选择“固定资产编码方式”为“自动编码”及“类别编码+序号”,序号长度为“5”,如图 6-2 所示。

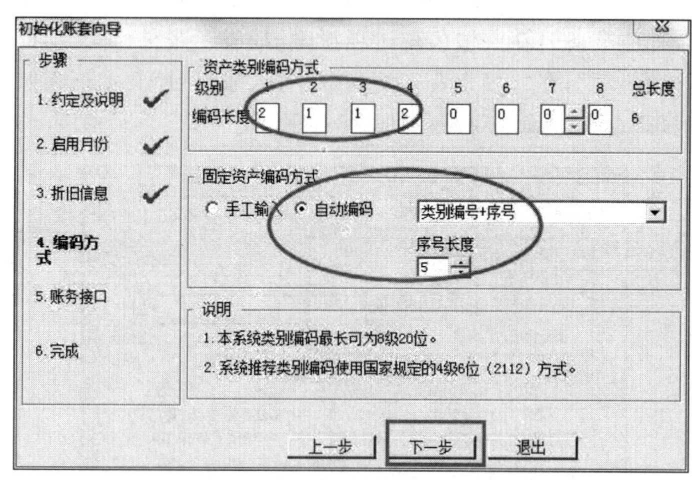

图 6-2 初始化账套向导——编码方式

(4) 单击“下一步”按钮,打开固定资产“初始化账套向导”的“账务接口”界面,选中“与账务系统进行对账”复选框,在“固定资产对账科目”文本框输入“1601,固定资产”,在“累计折旧对账科目”文本框输入“1602,累计折旧”,选中“在对账不平情况下允许固定资产月末结账”复选框,如图 6-3 所示。

(5) 单击“下一步”按钮,打开固定资产“初始化账套向导”的“完成”界面,确认信息无误后,单击“完成”按钮,弹出“已经完成了新账套的所有设置工作,是否确定所设置的信息完全正确并保存对新账套的所有设置?”消息框,单击“是”按钮,又弹出消息框,提示“已经成功初始化本固定资产账套!”,单击“确定”按钮,固定资产建账完成,此时固定资产下属功能已被

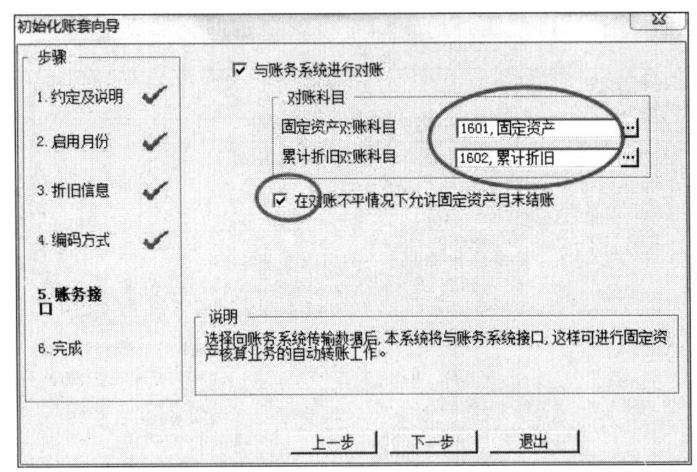

图 6-3　初始化账套向导——账务接口

激活，可以进行其他设置。

(6) 登录“企业应用平台”，在“业务导航视图”的“业务工作”导航条中选中“财务会计”|“固定资产”|“设置”|“选项”，打开“选项”对话框，在“与账务系统接口”选项卡中单击“编辑”按钮，在“[固定资产]缺省入账科目”文本框输入“1601，固定资产”，“[累计折旧]缺省入账科目”文本框输入“1602，累计折旧”，在“[减值准备]缺省入账科目”文本框参照选中或直接输入“1603，固定资产减值准备”，在“[增值税进项税额]缺省入账科目”文本框参照选中或直接输入“22210101，进项税额”，在“[固定资产清理]缺省入账科目”文本框参照选择或直接输入“1606，固定资产清理”，单击“确定”按钮，如图 6-4 所示。

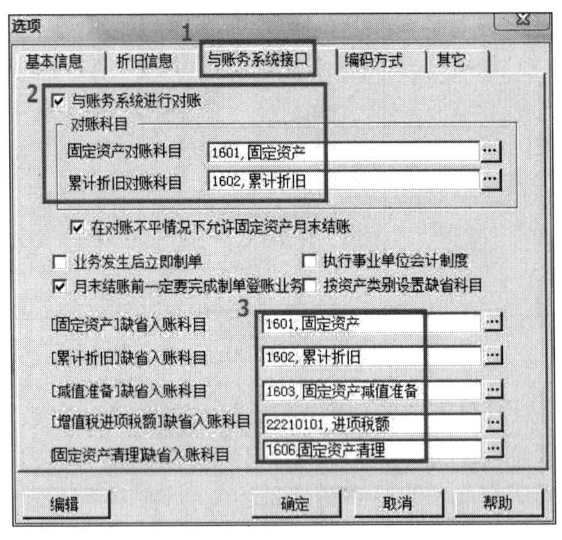

图 6-4　“与财务系统接口”选项卡

小贴士

- 在用友 ERP-U8 中，固定资产账套与企业账套是不同层次的概念。企业账套是在系统管理中建立的，是针对整个企业的；而固定资产账套是在固定资产管理系统中创建的,是企业账套的一个组成部分。类似的,工资账套(在薪资管理中创建)也是企业账套的一个组成部分,所以必须进行对接处理,否则无法实现信息的传递。

- 启用月份只能查看不可修改。启用日期确定后,在该日期前的所有固定资产都将作为期初数据,在启用月份开始计提折旧。
- 资产类别编码方式设定以后,如果某一级资产设置了类别,则该级的长度不能修改,没有使用过的各级的长度可修改;在每个账套中,资产的自动编码方式只能有一种,一经设定不得修改。
- 只有在存在对应总账系统的情况下才要与账务系统对账。对账的含义是将固定资产系统内所有资产的原值、累计折旧和总账系统中的固定资产科目和累计折旧科目的余额核对,看数值是否相等。
- 系统初始化中有些参数一旦设置完成,退出初始化向导后就不能修改了。如果要改,只能通过"重新初始化"功能实现,重新初始化将清空该账套中所有数据。所以如果有些参数设置不能确定,可单击"上一步"按钮重新设置。确实无误后,再单击"完成"按钮,保存退出。

2. 设置固定资产部门对应折旧科目

(1) 打开"部门对应折旧科目"页签。登录"企业应用平台",在"业务导航视图"的"业务工作"导航条中选中"财务会计"|"固定资产"|"设置"|"部门对应折旧科目",进入"部门对应折旧科目"页签。

(2) 在"单张视图"选项卡的左窗格中选中"公司总部",右窗格中将仅显示"公司总部"的折旧科目,此时单击"修改"按钮,如图 6-5 所示。

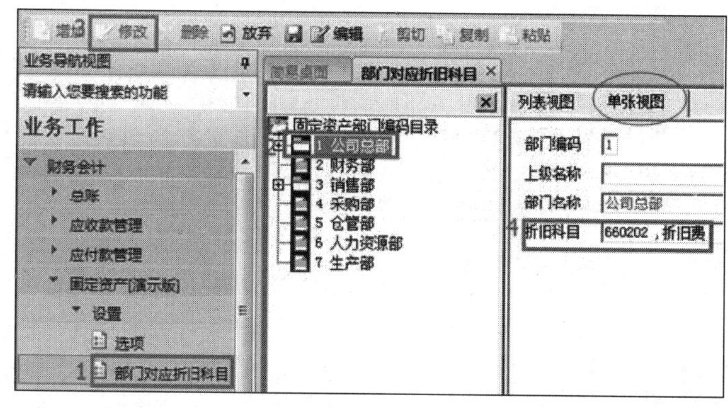

图 6-5　部门对应折旧科目

(3) 在"折旧科目"文本框输入或参照生成"660202",单击"保存"按钮,若有下级部门,则弹出消息框,询问"是否将[公司总部]部门的所有下级部门的折旧科目替换为[折旧费]?",单击"是"按钮,则公司总部下属的经理办公室和行政办公室的折旧科目自动继承了上级部门的设置,显示"列表视图"选项卡,单击"刷新"按钮。

(4) 重复步骤(2)和步骤(3),完成表 6-2 中其他部门对应的折旧科目设置,操作结果如图 6-6 所示。

(5) 显示。在左窗格中选中"固定资产部门编码目录","列表视图"选项卡中将显示所有的部门及相应的折旧科目。单击"部门对应折旧科目"页签的"关闭"按钮,关闭页签。

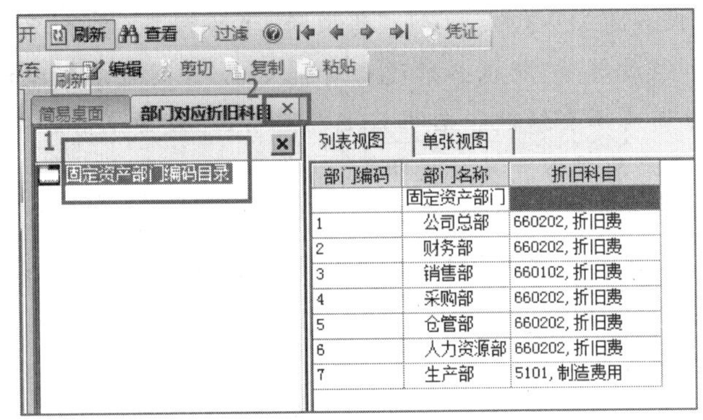

图 6-6　折旧科目示意图

小贴士

设置部门对应折旧科目时，必须选择末级会计科目。设置上级部门的折旧科目，则下级部门也可自动继承，也可以选择不同的科目，即上下级部门的折旧科目可以相同，也可以不同。

3. 设置固定资产类别与折旧方法

（1）打开"资产类别"页签。登录"企业应用平台"，在"业务导航视图"的"业务工作"导航条中选中"财务会计"|"固定资产"|"设置"|"资产类别"，打开"资产类别"页签。

（2）增加一个一级类别。单击"增加"按钮，打开"资产类别"页签，在"单张视图"选项卡的"类别名称"文本框输入"房屋及建筑物"，"使用年限"为"30 年"，"计提属性"为"正常计提"，"折旧方法"为"平均年限法(一)"，"卡片样式"为"通用样式(二)"，最后单击"保存"按钮，操作过程如图 6-7 所示。

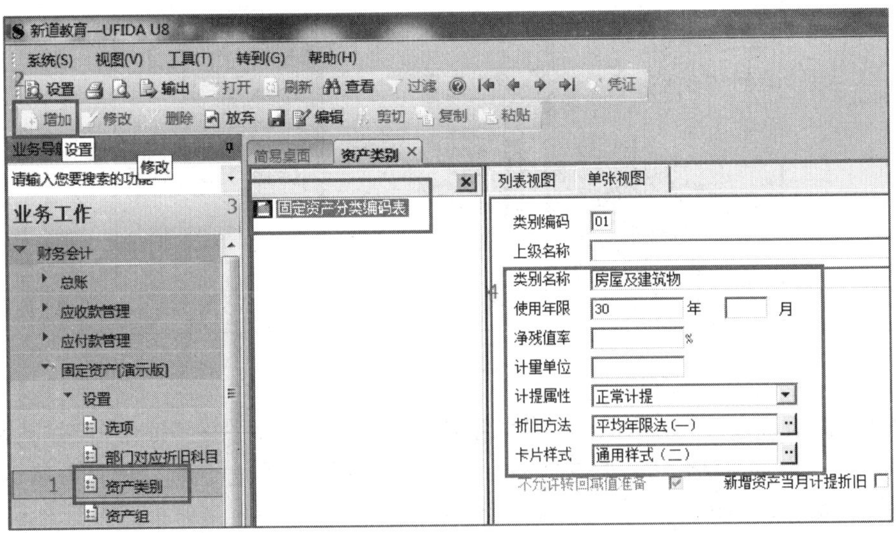

图 6-7　固定资产类别与折旧方法的设置

（3）编辑所有一级类别。重复步骤(2)，根据表 6-3 中的相关信息，继续输入和保存"02 机器设备"和"03 运输工具"。

（4）增加一个二级类别。单击选中左窗格的"固定资产分类编码表"的"01 房屋及建筑物”分类，再单击“增加”按钮，在“类别名称”文本框输入“办公楼”，“使用年限”文本框输入“30”(使用年限可以在二级类别设置，也可以在一级类别设置，如果所有的二级类别与一级类别一致，一级类别设置后二级类别自动继承)，“净残值率”为“2”，最后单击“保存”按钮。

(5) 编辑所有二级类别。重复步骤(4)，输入表 6-3 中的其他固定资产分类。

(6) 关闭退出。单击“资产类别”页签的“关闭”按钮，关闭页签。

小贴士

- 应先建立上级固定资产类别后再建立下级类别，且下级类别继承上级的使用年限、净残值率，可修改。
- 只有在最新会计期间时可以增加，月末结账后则不能增加。
- 资产类别编码不能重复，同级的类别名称不能相同。
- 类别编码、名称、计提属性、卡片样式不能为空。
- 非明细级别类别编码不能修改和删除。
- 使用过的类别的计提属性不能修改。
- 未使用过的明细级类别编码修改时，只能修改本级的编码。
- 系统已使用(录入卡片时选用过)的类别不允许增加下级和删除。

4. 设置固定资产增减方式

(1) 打开“增减方式”页签。登录“企业应用平台”，在“业务导航视图”的“业务工作”导航条中选中“财务会计”|“固定资产”|“设置”|“增减方式”，进入“增减方式”页签。

(2) 修改“直接购入”方式的对应入账科目。在“单张视图”选项卡中选中左窗格的“增减方式”，接着选中“101 直接购入”，再单击“修改”按钮，在“对应入账科目”文本框输入或参照生成“100201，工行存款”，最后单击“保存”按钮，操作过程如图 6-8 所示。

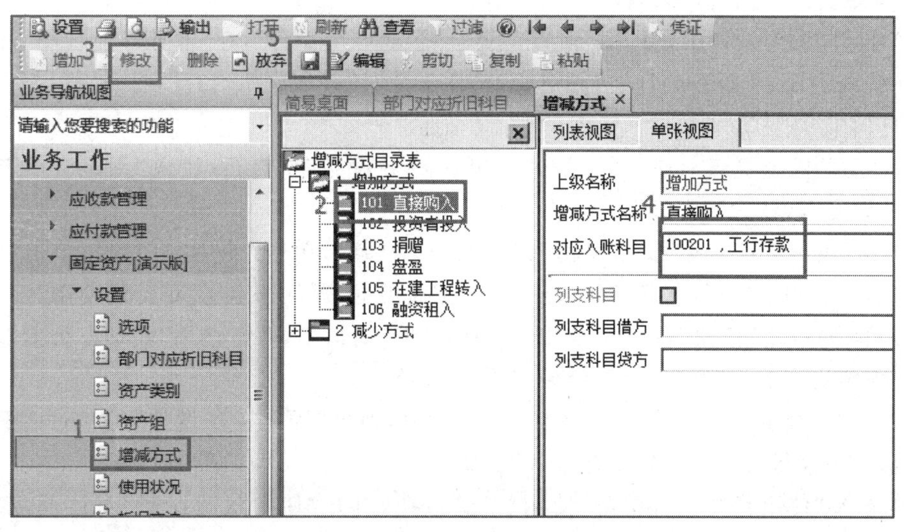

图 6-8　固定资产增减方式的设置

(3) 修改其他增减方式的对应入账科目。重复步骤(2)，录入表 6-4 中其他增减方式对应的入账科目，结果如图 6-9 所示。

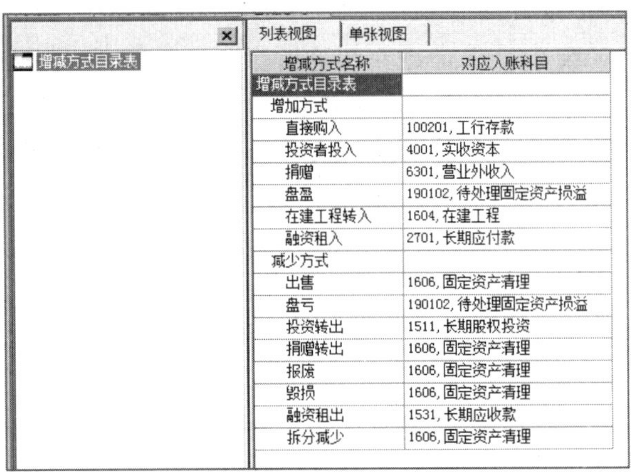

增减方式名称	对应入账科目
增减方式目录表	
增加方式	
直接购入	100201,工行存款
投资者投入	4001,实收资本
捐赠	6301,营业外收入
盘盈	190102,待处理固定资产损溢
在建工程转入	1604,在建工程
融资租入	2701,长期应付款
减少方式	
出售	1606,固定资产清理
盘亏	190102,待处理固定资产损溢
投资转出	1511,长期股权投资
捐赠转出	1606,固定资产清理
报废	1606,固定资产清理
毁损	1606,固定资产清理
融资租出	1531,长期应收款
拆分减少	1606,固定资产清理

图 6-9 固定资产增减方式结果示意图

(4) 关闭退出。单击“增减方式”页签的“关闭”按钮,关闭页签。

小贴士

- 在固定资产增减方式中设置了对应入账科目系统生成凭证时会带出默认科目,减少录入的烦琐。
- 已使用(卡片已选用过)的增减方式不能删除。
- 非明细增减方式不能删除。
- 因为本系统提供的报表中有固定资产盘盈盘亏报表,所以增减方式“盘盈”“盘亏”和“毁损”不能修改和删除。

5. 固定资产原始卡片录入

(1) 打开“固定资产类别档案”窗口。登录“企业应用平台”,在“业务导航视图”的“业务工作”导航条中选中“财务会计”|“固定资产”|“卡片”|“录入原始卡片”,打开“固定资产类别档案”窗口。

(2) 打开“固定资产卡片”页签。双击“022 办公设备”所在行,进入“固定资产卡片”页签,“卡片编号”默认为“00001”。

(3) 在“固定资产名称”文本框输入“华硕 A8 电脑”,单击“使用部门”栏,单击“使用部门”按钮,打开“固定资产-本资产部门使用方式”对话框,默认选定了“单部门使用”。

(4) 单击“确定”按钮,在打开的“部门基本参照”窗口中,双击选中“经理办公室”所在行并返回“固定资产卡片”页签,录入结果如图 6-10 所示。

(5) 单击“增加方式”栏,单击“增加方式”按钮,弹出“固定资产增加方式”对话框,双击“直接购入”所在行,返回“固定资产卡片”页签。

(6) 单击“使用状况”栏,单击“使用状况”按钮,打开“使用状况参照”对话框,双击“在用”所在行,返回“固定资产卡片”页签。

(7) 在“开始使用日期”文本框输入“2012-06-01”,在“原值”文本框输入“20000”,在“累计折旧”文本框输入“14580”,单击“保存”按钮,系统提示“数据成功保存!”,单击“确定”按钮,返回“固定资产卡片”页签。

固定资产卡片

卡片编号	00001			日期	2017-04-30
固定资产编号	02200001	固定资产名称			华硕A8电脑
类别编号	022	类别名称	办公设备	资产组名称	
规格型号		使用部门			经理办公室
增加方式	直接购入	存放地点			
使用状况	在用	使用年限(月)	60	折旧方法	平均年限法(一)
开始使用日期	2013-06-01	已计提月份	45	币种	人民币
原值	20000.00	净残值率	3%	净残值	600.00
累计折旧	14904.00	月折旧率	0.0162	本月计提折旧额	324.00
净值	5096.00	对应折旧科目	660202,折旧费	项目	
录入人	李吉棕			录入日期	2017-04-01

图 6-10　输入固定资产原始卡片

(8) 重复步骤(2)～(7),完成表 6-5 中其他的原始卡片的信息输入工作。

(9) 单击“固定资产卡片”页签的“关闭”按钮,关闭页签。

小贴士

- 在“固定资产卡片”页签中,除了主卡片外,还有若干的附属页签。在录入主卡片信息后,可编辑附属设备和录入以前卡片发生的各种变动。但附属页签上的信息只供参考,不参与计算。
- 可以为一个资产选择多个“使用部门”,并且当资产为多部门使用时,累计折旧采用与使用比例相同的比例在多部门间分摊。
- 单个资产对应多个使用部门时,卡片上的“对应折旧科目”处不能输入,默认为选择使用部门时设置的折旧科目。
- 原始卡片的录入不限制必须在第一个期间结账前,任何时候都可以输入原始卡片。
- 输入完成后,查询已输入“固定资产原始卡片”的信息的方法是,在“业务导航视图”的“业务工作”导航条中选中“财务会计”|“固定资产”|“卡片”|“卡片管理”,打开“查询条件选择-卡片管理”对话框,在“开始使用日期”文本框中输入该资产的“开始使用日期”,否则查询记录为空。

6. 固定资产期初对账

(1) 打开对账窗口。登录“企业应用平台”,在“业务导航视图”的“业务工作”导航条中选中“财务会计”|“固定资产”|“处理”|“对账”,弹出“与账务对账结果”消息框,提示“结果平衡”,如图 6-11 所示。

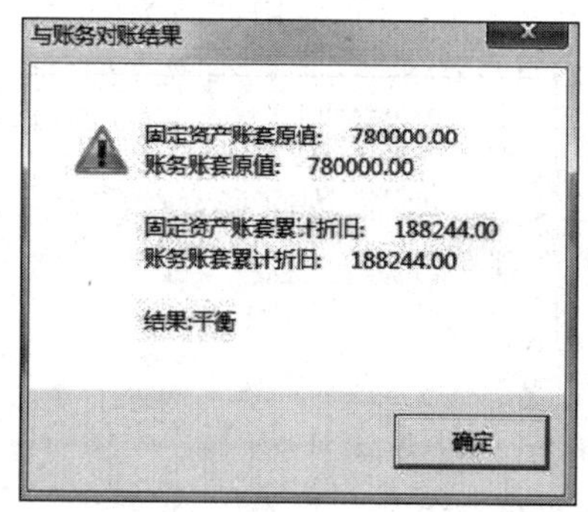

图 6-11　账务对账结果

（2）单击“确定”按钮，退出该消息框。

6.2 固定资产增加业务

【预备知识】

固定资产的采购业务与第 4 章采购与应付业务的处理流程相似，不同之处在于采购的固定资产价值比较大，使用周期比较长，基于重要性原则要进行卡片式管理，有时固定资产的采购要进行特别授权。本节就两者不同之处进行讲述，相似之处不再赘述。固定资产增加业务流程如图 6-12 所示。

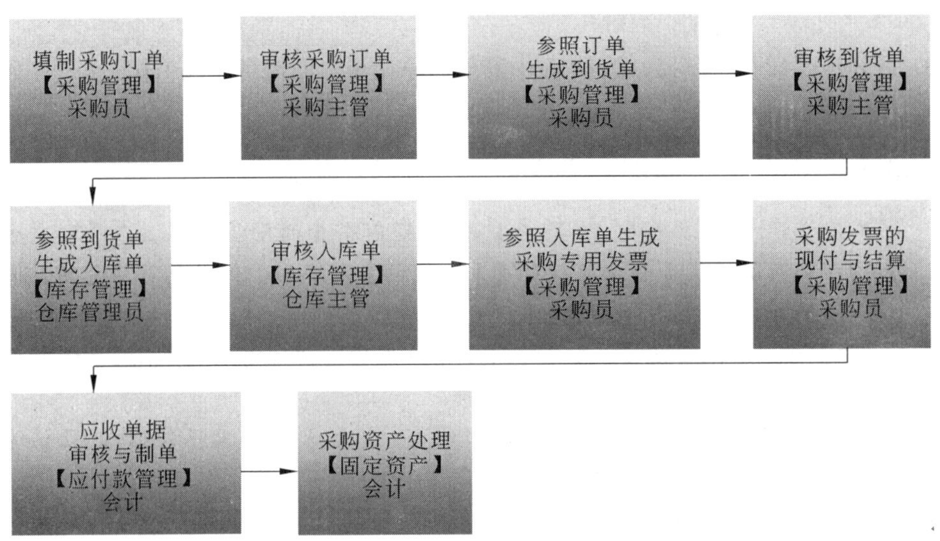

图 6-12　固定资产增加业务流程图

【业务描述】

2017 年 4 月 28 日，公司批发部向极速公司购置 2 台联想电脑（采购合同编号 CG007，如图 6-13 所示），型号为“天逸 5050 台式机”，无税单价 6000 元，收到增值税发票（票号 61234508，发票如图 6-14 所示），税率 17%，价税合计 14 040 元，用转账支票（票号 22456825，支票存根如图 6-15 所示）全额支付。该固定资产验收交接单（如图 6-16 所示）载明：增加方式为直接购入，使用情况为在用，使用部门为经理办公室，使用年限 5 年，折旧方法为平均年限法（一），开始使用日期为当日，净残值率 3%，对应折旧科目为管理费用。

本笔业务是固定资产购置业务，购置的固定资产将于当月使用，所以在用友 ERP-U8 的固定资产系统中，可以通过“资产增加”将该固定资产的卡片录入系统。本笔业务需要新增固定资产卡片和新增固定资产制单。

【操作指导】

确认系统时间和操作日期为 2017 年 4 月 28 日。

视频观看：手机扫描二维码可观看相关操作。

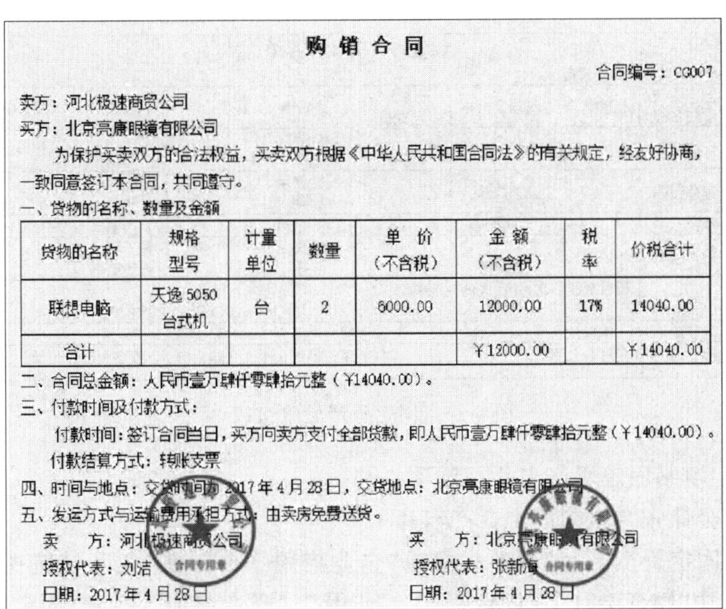

购 销 合 同

合同编号：CG007

卖方：河北极速商贸公司

买方：北京亮康眼镜有限公司

为保护买卖双方的合法权益，买卖双方根据《中华人民共和国合同法》的有关规定，经友好协商，一致同意签订本合同，共同遵守。

一、货物的名称、数量及金额

货物的名称	规格型号	计量单位	数量	单价（不含税）	金额（不含税）	税率	价税合计
联想电脑	天逸 5050 台式机	台	2	6000.00	12000.00	17%	14040.00
合计					￥12000.00		￥14040.00

二、合同总金额：人民币壹万肆仟零肆拾元整（￥14040.00）。

三、付款时间及付款方式：

付款时间：签订合同当日，买方向卖方支付全部货款，即人民币壹万肆仟零肆拾元整（￥14040.00）。

付款结算方式：转账支票

四、时间与地点：交货时间为 2017 年 4 月 28 日，交货地点：北京亮康眼镜有限公司

五、发运方式与运输费用承担方式：由卖方免费送货。

卖　　方：河北极速商贸公司　　　　买　　方：北京亮康眼镜有限公司

授权代表：刘洁　　　　授权代表：张新海

日期：2017 年 4 月 28 日　　　　日期：2017 年 4 月 28 日

图 6-13　购进固定资产的购销合同

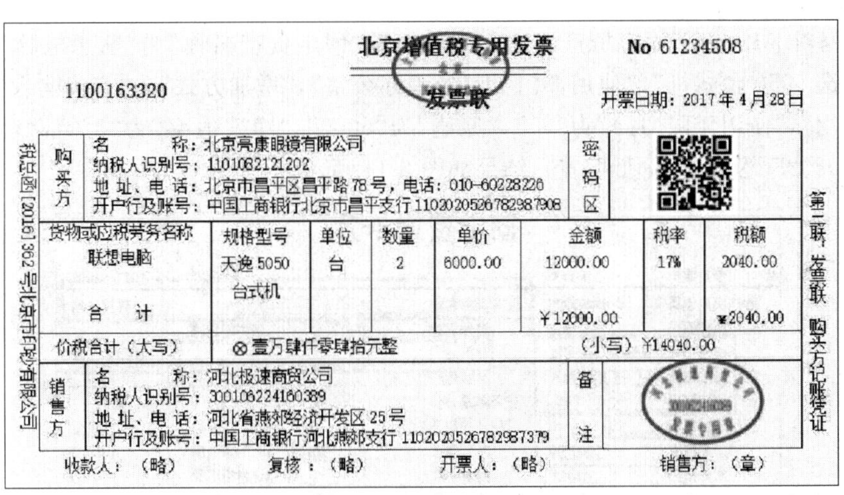

北京增值税专用发票　　No 61234508

1100163320

发票联

开票日期：2017 年 4 月 28 日

购买方	名称：北京亮康眼镜有限公司 纳税人识别号：1101082121202 地址、电话：北京市昌平区昌平路 78 号，电话：010-60228226 开户行及账号：中国工商银行北京市昌平支行 1102020526782987908					密码区	
货物或应税劳务名称	规格型号	单位	数量	单价	金额	税率	税额
联想电脑	天逸 5050 台式机	台	2	6000.00	12000.00	17%	2040.00
合　计					￥12000.00		￥2040.00
价税合计（大写）	⊗壹万肆仟零肆拾元整				（小写）￥14040.00		
销售方	名称：河北极速商贸公司 纳税人识别号：300106224160389 地址、电话：河北省燕郊经济开发区 25 号 开户行及账号：中国工商银行河北燕郊支行 1102020526782987379					备注	

收款人：（略）　　复核：（略）　　开票人：（略）　　销售方：（章）

税总函[2016]362 号北京市印刷有限公司

第二联：发票联　购买方记账凭证

图 6-14　购进固定资产的增值税专用发票

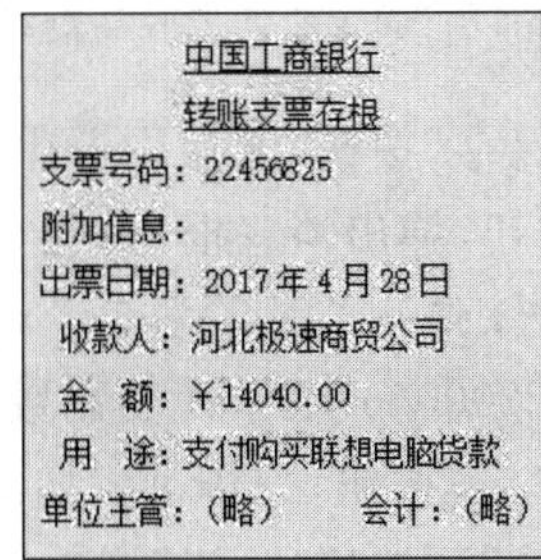

中国工商银行

转账支票存根

支票号码：22456825

附加信息：

出票日期：2017 年 4 月 28 日

收款人：河北极速商贸公司

金　额：￥14040.00

用　途：支付购买联想电脑货款

单位主管：（略）　　会计：（略）

图 6-15　购进固定资产的银行转账支票存根

固定资产验收交接单

固定资产类别：办公设备

固定资产项目名称	联想电脑	型号及规格	天逸 5050 台式机	供货商	极速公司	取得来源	直接购入
原值	6000.00	其中安装费		预计净残值率	3%		
建造日期		验收日期	2017.4.28	开始使用日期	2017.4.28	预计使用年限	5
年折旧额		年折旧率		月折旧额		月折旧率	
投入日期	2017.4.28	投入时已使用年限		尚能使用年限		投入时已提折旧额	
验收意见	符合规定质量标准，验收合格。				负责人：略 2017 年 4 月 28 日		
移交单位	采购部			接受单位负责人	略	移交人	略
接管单位	经理办公室			接管单位负责人	略	移交人	略

图 6-16　固定资产验收交接单

任务说明：填制固定资产卡片并制单。

1）财务部会计张兰填制固定资产卡片

（1）打开“固定资产卡片”页签。登录“企业应用平台”，在“业务导航视图”的“业务工作”导航条中选中“财务会计”|“固定资产”|“卡片”|“资产增加”，打开“固定资产类别档案”窗口，选择“资产类别”为“办公设备”，然后单击窗口工具栏中的“确定”按钮，打开“固定资产卡片”页签。

（2）编辑卡片。在“固定资产卡片”页签，编辑“固定资产名称”为“联想电脑”，“规格型号”为“天逸 5050 台式机”，“使用部门”为“经理办公室”，“增加方式”为“直接购入”，“使用状况”为“在用”，“使用年限(月)”为“60”，“原值”为“6000”，“净残值率”为“3%”，“对应折旧科目”为“660202”(管理费用/折旧费)，结果如图 6-17 所示。

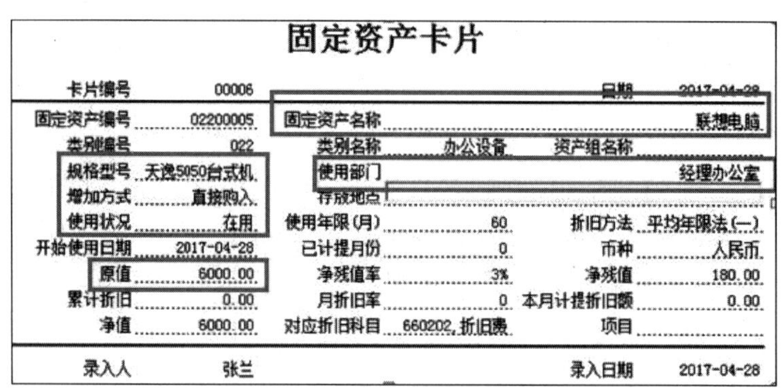

固定资产卡片

卡片编号 00006　　日期 2017-04-28

固定资产编号 02200005　　固定资产名称 联想电脑

类别编号 022　　类别名称 办公设备　　资产组名称

规格型号 天逸5050台式机　　使用部门 经理办公室

增加方式 直接购入　　存放地点

使用状况 在用　　使用年限(月) 60　　折旧方法 平均年限法(一)

开始使用日期 2017-04-28　　已计提月份 0　　币种 人民币

原值 6000.00　　净残值率 3%　　净残值 180.00

累计折旧 0.00　　月折旧率 0　　本月计提折旧额 0.00

净值 6000.00　　对应折旧科目 660202, 折旧费　　项目

录入人 张兰　　录入日期 2017-04-28

图 6-17　固定资产卡片填制结果

（3）保存。单击工具栏中的“保存”按钮，保存该卡片，系统自动新增下一张卡片。

（4）单击工具栏中的“放弃”按钮，弹出消息框，询问“是否取消本次操作?”，单击“是”按钮。单击工具栏中的“复制”按钮，弹出“固定资产”对话框，输入“起始资产编号”为“02200006”，“终止资产编号”为“02200006”，“卡片复制数量”为“1”，单击“确定”按钮。系统提示“卡片批量复制完成”，单击“确定”按钮，操作过程如图 6-18 所示。

（5）退出。单击“固定资产卡片”页签的“关闭”按钮，系统询问是否保存卡片，单击“否”按钮，退出。

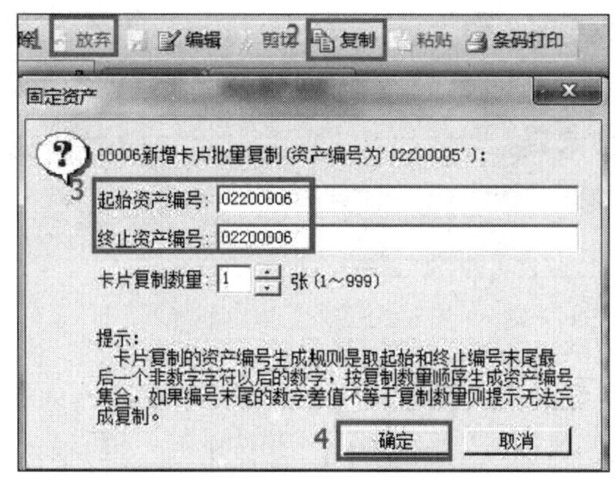

图 6-18 固定资产卡片的复制

小贴士

复制卡片功能之所以可以使用是因为购入了两件相同的固定资产,如果购入的固定资产主体相同,价值或使用部门不同也可以使用此功能,复制后可做个别修改。找到复制完成的卡片,单击工作栏的修改,卡片被激活,此时可做修改处理,如图 6-19 所示。

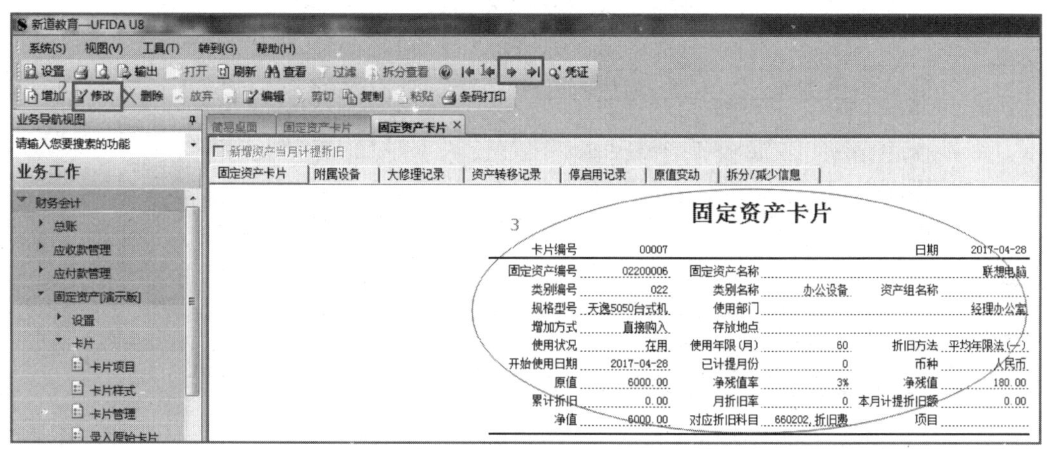

图 6-19 固定资产卡片复制后的修改

2) 财务部会计张兰制单

(1) 打开“批量制单”页签。登录“企业应用平台”,在“业务导航视图”的“业务工作”导航条中选中“财务会计”|“固定资产”|“处理”|“批量制单”,弹出“查询条件选择-批量制单”对话框,直接单击“确定”按钮,打开“批量制单”页签。

(2) 选择需要制单的业务。在“制单选择”选项卡中,双击其第 1、2 行的“选择”栏,出现“Y”字样,表明选中了要制单的业务,单击工具栏中的“合并”按钮,如图 6-20 所示。

(3) 科目设置。在“制单设置”选项卡中,设置或确认“科目”为“借记 1601(固定资产),贷记 100201(工行存款)”

(4) 生成凭证。单击工具栏中的“凭证”按钮,系统生成凭证并打开“填制凭证”页签。

(5) 编辑并保存凭证。先将“凭证类型”设置为“记账凭证”,然后再做如下操作。

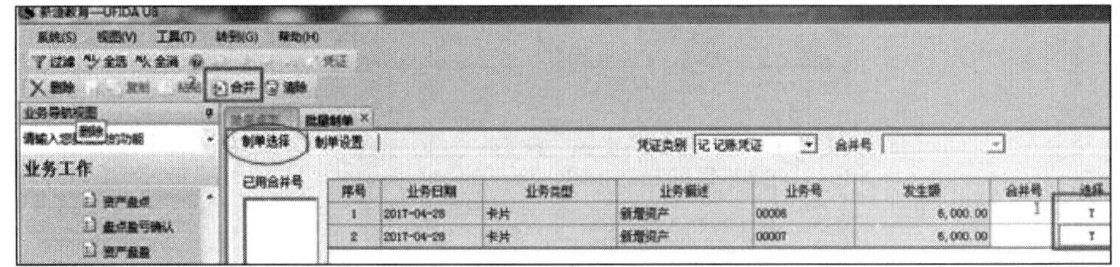

图 6-20　合并制单处理

① 在第 2 笔分录上,单击工具栏中的“插分”按钮,在插入的分录中设置“科目名称”为“应交税费/应交增值税/进项税额”(22210101)并按 Enter 键,输入“借方金额”为“2040”。

② 设置科目为“银行存款/工行存款”的“项目”辅助项:选中“工行存款”分录,然后将鼠标移至“票号”区域,将鼠标显示为“笔尖”图标时双击,打开“辅助项”对话框,将“结算方式”选择为“转账支票”,“票号”为“22456825”,“发生期”为“当日”,单击“确定”按钮。

③ 设置“工行存款”的“贷方金额”为“14 040”(若直接按“=”键,系统将自动填充)。

(6) 保存。单击“保存”按钮,结果如图 6-21 所示。

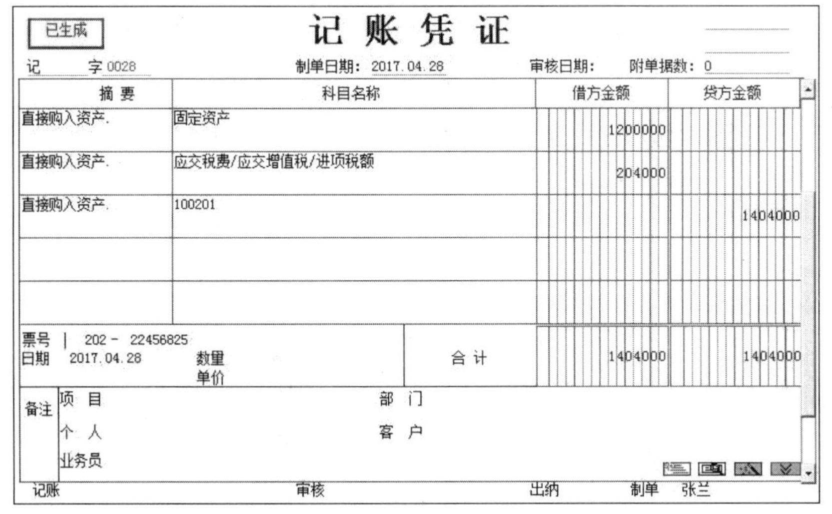

已生成

记账凭证

记　字 0028　　制单日期: 2017.04.28　　审核日期:　　附单据数: 0

摘要	科目名称	借方金额	贷方金额
直接购入资产.	固定资产	1200000	
直接购入资产.	应交税费/应交增值税/进项税额	204000	
直接购入资产.	100201		1404000
票号 202 - 22456825 日期 2017.04.28　数量 单价	合计	1404000	1404000

备注　项目　　部门
　　　个人　　客户
　　　业务员

记账　　审核　　出纳　　制单 张兰

图 6-21　新增固定资产的记账凭证

(7) 退出。单击“填制凭证”和“批量制单”页签的“关闭”按钮,关闭页签。

小贴士

- 新卡片录入的第一个月不计提折旧,折旧额为空或零。
- 原值录入的必须是卡片录入月初的价值,否则将会出现计算错误。
- 如果发现凭证有错误,可以打开“凭证查询”页签,找到错误凭证,单击“编辑”按钮,进行修改。
- 如果是因为卡片的错误而导致凭证错误,则需要删除凭证,修改卡片后,再次生成正确的凭证。

6.3 固定资产变动业务

6.3.1 固定资产调配业务

【业务描述】

2017 年 4 月 28 日，公司领导陈虹批复将批发部的联想 T4202 电脑转给行政办公室使用，变动原因是公司统一调配资源。

本笔业务是公司固定资产变动业务，需要填制部门转移的固定资产变动单。

需要注意的是，进行部门转移变动的资产，在变动当月就按变动后的部门计提折旧。

【操作指导】

确认系统时间和操作日期为 2017 年 4 月 28 日。

视频观看：手机扫描二维码可观看相关操作。

任务说明：固定资产变动业务。

财务部会计张兰填制固定资产变动单的过程如下：

(1) 打开“固定资产变动单”页签。登录“企业应用平台”，在“业务导航视图”的“业务工作”导航条中选中“财务会计”|“固定资产”|“卡片”|“变动单”|“部门转移”，打开“固定资产变动单”页签。

(2) 编辑变动单。在“固定资产变动单”页签中，参照生成或直接录入“卡片编号”为“00003 联想 T4202 电脑”，“变动后部门”为“行政办公室”，在“变动原因”栏输入“公司统一调配资源”，其他项默认，结果如图 6-22 所示。

(3) 保存。单击工具栏中的“保存”按钮，弹出消息框，提示“数据成功保存！部门已改变，请检查资产对应折旧科目是否正确！”单击“确定”按钮，返回“固定资产变动单”页签。

(4) 退出。单击“固定资产变动单”页签的“关闭”按钮，关闭页签。

固定资产变动单

— 部门转移 —

变动单编号	00001		变动日期	2017-04-28
卡片编号	00003	资产编号 02200003	开始使用日期	2015-11-01
资产名称	联想T4202电脑		规格型号	
变动前部门	批发部	变动后部门	行政办公室	
存放地点		新存放地点		
变动原因	公司统一调配资源			
			经手人	张兰

图 6-22　部门转移的固定资产变动单

6.3.2 资产原值变动

【业务描述】

2017 年 4 月 28 日，因财务部使用的"IBMX60 电脑"需要提高配置，现增加一个单价为 400 元的内存条，现金付讫。

【操作指导】

确认系统时间和操作日期为 2017 年 4 月 28 日。

任务说明：固定资产原值变动。

财务部会计张兰填制固定资产变动单的过程如下。

(1) 打开"固定资产变动单"页签。登录"企业应用平台"，在"业务导航视图"的"业务工作"导航条中选中"财务会计"|"固定资产"|"卡片"|"变动单"|"原值增加"，打开"固定资产变动单"页签。

(2) 编辑变动单。在"固定资产变动单"页签中，参照生成或直接输入"卡片编号"为"00002"(IBM X60 电脑)，"增加金额"为"400.00"，在"变动原因"栏输入"提高电脑配置"，其他项默认，结果如图 6-23 所示。

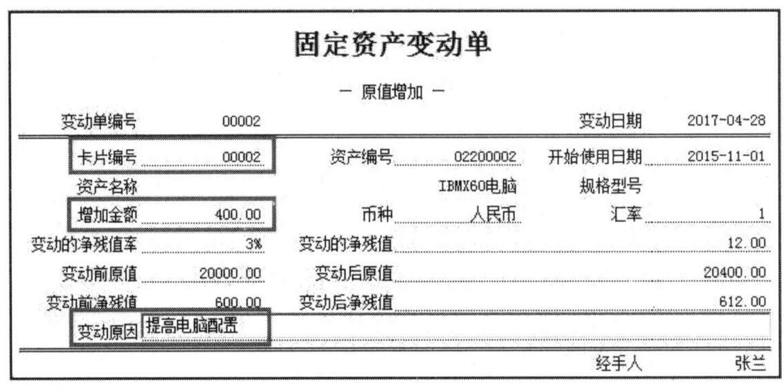

固定资产变动单

— 原值增加 —

变动单编号	00002			变动日期	2017-04-28
卡片编号	00002	资产编号	02200002	开始使用日期	2015-11-01
资产名称			IBMX60电脑	规格型号	
增加金额	400.00	币种	人民币	汇率	1
变动的净残值率	3%	变动的净残值			12.00
变动前原值	20000.00	变动后原值			20400.00
变动前净残值	600.00	变动后净残值			612.00
变动原因	提高电脑配置				
				经手人	张兰

图 6-23 原值增加的固定资产变动单

(3) 保存。单击工具栏中的"保存"按钮，弹出消息框，提示"数据成功保存!"，单击"确定"按钮，返回"固定资产变动单"页签。

(4) 退出。单击"固定资产变动单"页签的"关闭"按钮，关闭页签。

(5) 打开"批量制单"页签。登录"企业应用平台"，在"业务导航视图"的"业务工作"导航条中选中"财务会计"|"固定资产"|"处理"|"批量制单"，弹出"查询条件选择-批量制单"对话框，单击"确定"按钮，打开"批量制单"页签。

(6) 在"制单选择"选项卡中，双击其第 1 行的"选择"栏，出现"Y"字样。在"制单设置"选项卡中，设置"科目"为"借记：1601 固定资产，贷记：1001 库存现金"。

(7) 生成凭证。单击工具栏中的"凭证"按钮，系统生成凭证并打开"填制凭证"页签。

(8) 保存。单击"保存"按钮，结果如图 6-24 所示。

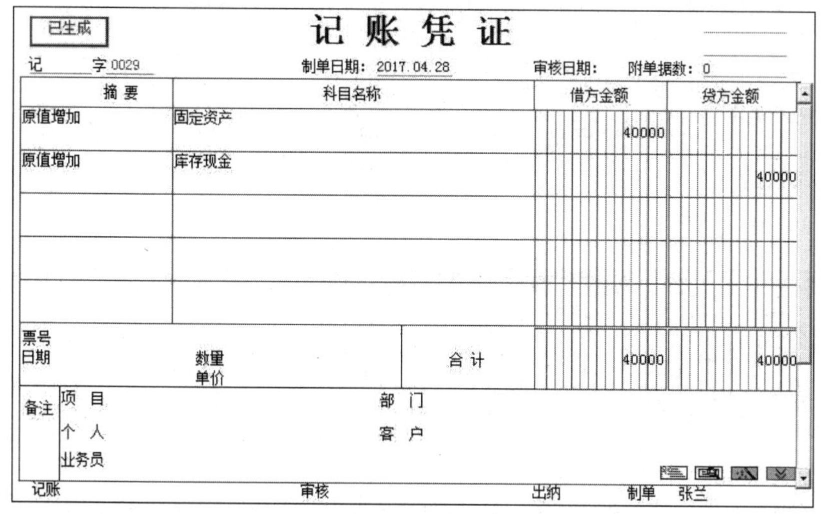

已生成

记账凭证

记 字 0029　制单日期：2017.04.28　审核日期：　附单据数：0

摘要	科目名称	借方金额	贷方金额
原值增加	固定资产	40000	
原值增加	库存现金		40000
票号 日期	数量 单价 合计	40000	40000

备注　项 目　部 门

个 人　客 户

业务员

记账　审核　出纳　制单 张兰

图 6-24 固定资产原值增加的记账凭证

6.4 固定资产期末处理

6.4.1 计提本月固定资产折旧

【预备知识】

固定资产折旧是指在固定资产使用寿命内，按照确定的方法对应计提折旧额进行系统分摊。常见的固定资产计提折旧的方法有平均年限法、工作量法、双倍余额递减法以及年数总和法。

【业务描述】

2017 年 4 月 30 日，会计对各部门的固定资产计提本月折旧。

本笔业务是计提当月的固定资产折旧业务，需要进行本月的折旧计提与制单。

【操作指导】

确认系统时间和操作日期为 2017 年 4 月 30 日。

视频观看：手机扫描二维码可观看相关操作。

任务说明：计提折旧。

财务部会计张兰计提折旧并制单的过程如下：

(1) 打开“折旧清单”窗口。登录“企业应用平台”，在“业务导航视图”的“业务工作”导航条中选中“财务会计”|“固定资产”|“处理”|“计提本月折旧”，弹出消息框，询问“是否要查看折旧清单？”，单击“是”按钮，继续提示“本操作将计提本月折旧，并花费一定时间，是否继续？”，单击“是”按钮，打开“折旧清单”窗口，结果如图 6-25 所示。

(2) 打开“折旧分配表”页签。单击“折旧清单”窗口的“退出”按钮，系统弹出消息框，提示计提折旧完成，单击“确定”按钮，此时“折旧分配表”页签如图 6-26 所示。

卡片编号	资产编号	资产名称	原值	计提原值	月计提折旧	累计折旧	年计提折旧	减值准备	净值	净残值	折旧率
00001	02200001	华硕A8电脑	000.00	20,000.00	324.00	14,904.00	324.00	0.00	096.00	500.00	0.0162
00002	02200002	IBMX60电脑	400.00	20,000.00	324.00	5,508.00	324.00	0.00	892.00	512.00	0.0162
00003	02200003	联想T4202日	000.00	10,000.00	162.00	2,754.00	162.00	0.00	246.00	300.00	0.0162
00004	01200001	厂房	000.00	720,000.00	1,944.00	165,240.00	1,944.00	0.00	760.00	4,400.00	0.0027
00005	02200004	联想T4202日	000.00	10,000.00	162.00	2,754.00	162.00	0.00	246.00	300.00	0.0162
合计			400.00	780,000.00	2,916.00	191,160.00	2,916.00	0.00	240.00	6,212.00	

图 6-25　折旧清单

部门编号	部门名称	项目编号	项目名称	科目编号	科目名称	折　旧　额
101	经理办公室			660202	折旧费	324.00
102	行政办公室			660202	折旧费	162.00
2	财务部			660202	折旧费	324.00
4	采购部			660202	折旧费	162.00
7	生产部			5101	制造费用	1,944.00
合计						2,916.00

图 6-26　折旧分配表

(3) 折旧制单。单击工具栏中的“凭证”按钮，打开“填制凭证”页签，设置“凭证类别”为“记账凭证”，贷方“科目名称”为“累计折旧”(1602)，然后单击工具栏中的“保存”按钮，保存该凭证，结果如图 6-27 所示。

记 账 凭 证

记　字　- 0001/0002　　制单日期：2017.04.30　　审核日期：　　附单据数：0

摘要	科目名称	借方金额	贷方金额
计提第[4]期间折旧	管理费用/折旧费	32400	
计提第[4]期间折旧	销售费用/折旧费	16200	
计提第[4]期间折旧	管理费用/折旧费	32400	
计提第[4]期间折旧	管理费用/折旧费	16200	
计提第[4]期间折旧	制造费用	194400	
票号 日期	数量 单价　　合计	291600	29160

备注　项　目　　部　门
　　　个　人　　客　户
　　　业务员

图 6-27　折旧分配的记账凭证

小贴士

此凭证根据图 6-26 折旧分配表生成，但是需要将第 2 行的管理费用修改为销售费用。折旧分配表中第 2 行 102 行政办公室折旧金额为 162 元，但是 6.3.1 节有固定资产调配业务，联想 T4202 从批发部调配到行政办公室，根据当月减少当月照提折旧的原则，本月的固定资产折旧应计入批发部。

(4) 退出。单击“填制凭证”和“折旧分配表”页签的“关闭”按钮,关闭页签。

6.4.2 固定资产报废处理

【预备知识】

固定资产报废是固定资产清理的一种,是固定资产减少业务。因为本账套设置了计提折旧,所以需在计提折旧后才可执行资产减少。

固定资产报废处理业务的操作流程如图 6-28 所示。

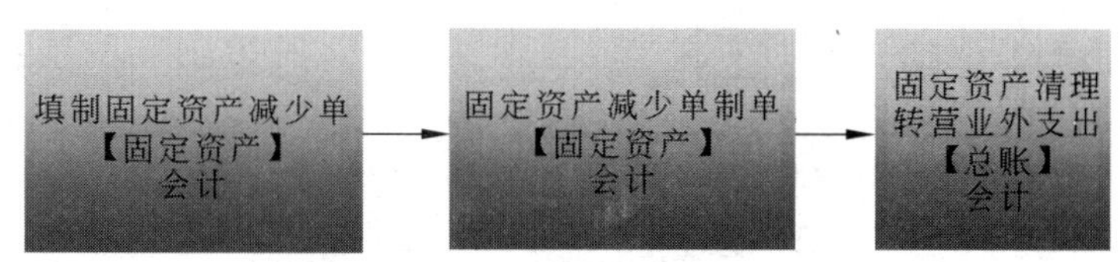

图 6-28 固定资产期末处理的操作流程

【虚拟业务场景】

人物:

李吉棕(总经理)

曾志伟(财务主管)

张兰(财务部会计)

场景 1:李吉棕打电话通知财务部处理固定资产报废,张兰填制相关表单

李吉棕:小曾,经理办公室的一台华硕 A8 电脑报废,你们财务部处理一下吧。

曾志伟:好的,李总。

(曾志伟通知张兰)

曾志伟:张兰,经理办公室的一台华硕 A8 电脑申请报废了。你录入一下报废的相关信息吧。

张兰:好的。

(张兰开始录入报废信息并制单)

场景 2:曾志伟对生成的相关单据进行签字和审核,张兰完成记账,进行自定义转账的定义并生成凭证

张兰:曾总,资产减少的单据我已经填制好了,您给审核一下吧。

曾志伟:好的,对了,你再做一下这笔业务的自定义转账和转账生成业务吧。

(曾志伟进行主管签字和审核)

张兰:好的。

(张兰做“固定资产清理转营业外支出”的转账定义并生成凭证)

【业务描述】

2017 年 4 月 30 日,公司对固定资产进行清理,账实相符。经理办公室的一台 2013 年购入的华硕 A8 电脑申请报废，总经理李吉棕同意报废，残值收入为 351 元现金，发票示意图如图 6-29 所示。

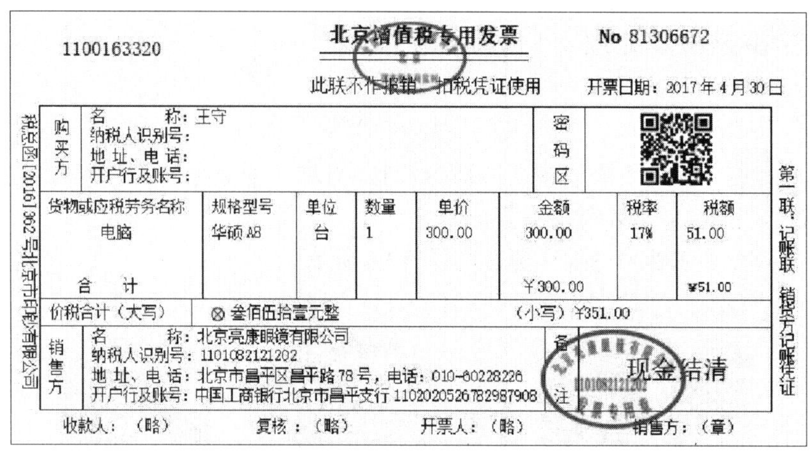
1100163320

北京增值税专用发票　No 81306672

此联不作报销、扣税凭证使用　开票日期：2017 年 4 月 30 日

购买方　名称：王守　纳税人识别号：　地址、电话：　开户行及账号：　密码区

货物或应税劳务名称	规格型号	单位	数量	单价	金额	税率	税额
电脑	华硕 A8	台	1	300.00	300.00	17%	51.00
合计					¥300.00		¥51.00

价税合计（大写）　⊗叁佰伍拾壹元整　（小写）¥351.00

销售方　名称：北京亮康眼镜有限公司　纳税人识别号：1101082121202　地址、电话：北京市昌平区昌平路 78 号，电话：010-60228226　开户行及账号：中国工商银行北京市昌平支行 1102020526782987908　备注：现金结清

收款人：（略）　复核：（略）　开票人：（略）　销售方：（章）

税总函[2016]362 号北京市印刷有限公司

第一联：记账联　销货方记账凭证

图 6-29　残值收入发票示意图

本笔业务是公司固定资产减少业务，需要进行固定资产减少单据的录入与制单；固定资产清理转营业外支出的制单。

【操作指导】

确认系统时间和操作日期为 2017 年 4 月 30 日。

任务说明：固定资产报废处理。

1. 场景 1 的操作步骤

1）财务部会计张兰填制固定资产减少单据并制单

（1）打开“资产减少”页签。登录“企业应用平台”，在“业务导航视图”的“业务工作”导航条中选中“财务会计”|“固定资产”|“卡片”|“资产减少”，打开“资产减少”页签。

（2）编辑资产减少单的表头。在“资产减少”页签中，首先录入或参照生成其表头的“卡片编号”为“00001”，“资产名称”为“华硕 A8 电脑”，然后单击页签右上角的“增加”按钮，使其表体增加一条记录。

（3）编辑资产减少单的表体。在表体中，参照生成“减少方式”为“报废”，“清理收入”为“351”，“增值税”为“51”，“清理原因”为“报废”，如图 6-30 所示。

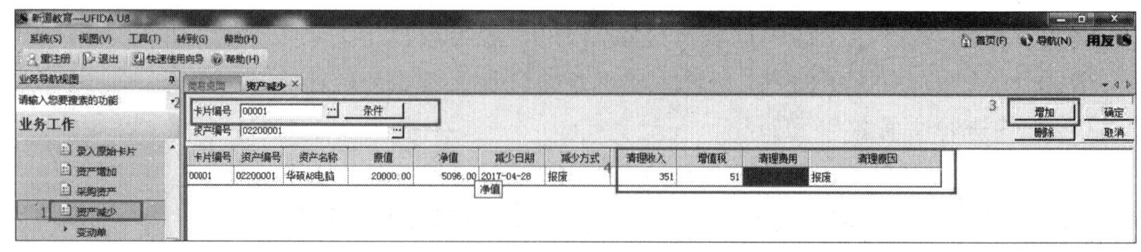

图 6-30　残值处理示意图

（4）保存与退出。单击“资产减少”页签右上角的“确定”按钮，系统提示“所选卡片已经

减少成功”，单击“确定”按钮，退出该页签。

2）财务部会计张兰对报废的固定资产制单

（1）打开“批量制单”页签。登录“企业应用平台”，在“业务导航视图”的“业务工作”导航条中选中“财务会计”|“固定资产”|“处理”|“批量制单”，弹出“查询条件选择-批量制单”对话框，单击“确定”按钮，打开“批量制单”页签。

（2）选择需要制单的业务。在“制单选择”选项卡，双击“业务类型”为“资产减少”所在行的“选择”栏，使其出现“Y”字样，表明选中了要制单的业务。

（3）科目设置。在“制单设置”选项卡中，确认或编辑第1行科目为“1602 累计折旧”，第2行科目为“1606 固定资产清理”，第3行科目为“1601 固定资产”，第4行科目为“1001 库存现金”，第5行科目为“1606 固定资产清理”，第6行科目也为“1606 固定资产清理”，第7行科目为“22210103 销项税额”，结果如图6-31所示。

序号	业务日期	业务类型	业务描述	业务号	方向	发生额	科目
1	2017-04-30	资产减少	减少资产	00001	借	16,196.00	1602 累计折旧
2	2017-04-30	资产减少	减少资产	00001	借	1,804.00	1606 固定资产清理
3	2017-04-30	资产减少	减少资产	00001	贷	18,000.00	1601 固定资产
4	2017-04-30	资产减少	减少资产	00001	借	351.00	1001 库存现金
5	2017-04-30	资产减少	减少资产	00001	贷	351.00	1606 固定资产清理
6	2017-04-30	资产减少	减少资产	00001	借	51.00	1606 固定资产清理
7	2017-04-30	资产减少	减少资产	00001	贷	51.00	22210103 销项税额

图6-31　报废固定资产的制单设置结果

（4）生成与编辑凭证。单击工具栏中的“凭证”按钮，系统生成凭证并打开“填制凭证”页签，设置或确认其凭证类别为“记账凭证”。

（5）保存。单击工具栏中的“保存”按钮，保存该凭证，结果如图6-32所示。

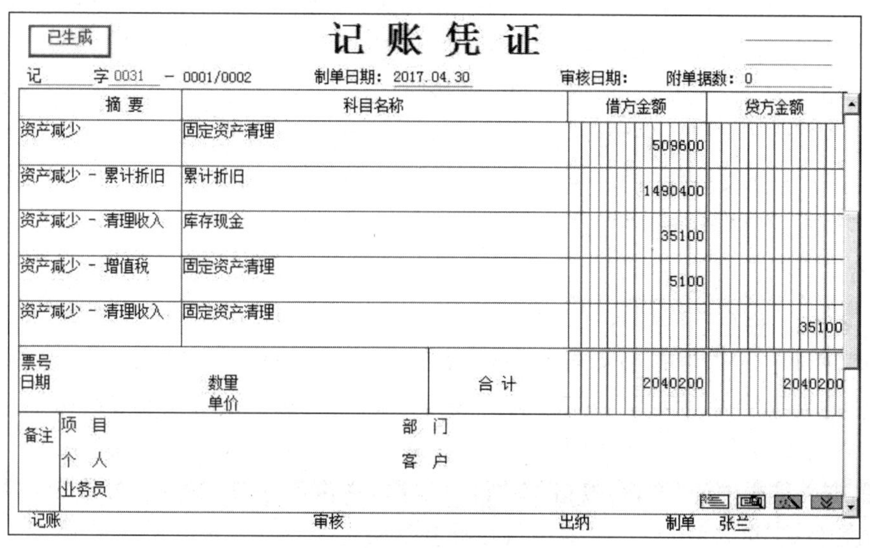

已生成

记账凭证

记 字 0031 - 0001/0002　制单日期：2017.04.30　审核日期：　附单据数：0

摘要	科目名称	借方金额	贷方金额
资产减少	固定资产清理	509600	
资产减少－累计折旧	累计折旧	1490400	
资产减少－清理收入	库存现金	35100	
资产减少－增值税	固定资产清理	5100	
资产减少－清理收入	固定资产清理		35100
票号 日期　数量 单价	合计	2040200	2040200

备注　项目　部门

个人　客户

业务员

记账　审核　出纳　制单　张兰

图6-32　报废固定资产的记账凭证

（6）退出。单击“填制凭证”和“批量制单”页签的“关闭”按钮，关闭页签。

2. 场景 2 的操作步骤

1）财务主管曾志伟对凭证进行签字和审核，罗迪进行出纳签字

（1）打开“主管签字列表”页签。登录“企业应用平台”，在“业务导航视图”的“业务工作”导航条中选中“财务会计”|“总账”|“凭证”|“主管签字”，弹出“主管签字”对话框，单击“确定”按钮，打开“主管签字列表”页签。

（2）会计主管签字。在“主管签字列表”页签中，双击“摘要”为“资产减少”凭证所在的行，进入该凭证的“主管签字”页签，查阅信息无误后单击工具栏中的“签字”按钮，即在凭证右上方显示“曾志伟”的红字印章，表示主管签字完成。同理，出纳罗迪对凭证进行出纳签字操作。

（3）退出。单击“主管签字”和“主管签字列表”页签的“关闭”按钮，关闭这两个页签。

（4）打开“凭证审核列表”页签。在“业务导航视图”的“业务工作”导航条中选中“财务会计”|“总账”|“凭证”|“审核凭证”，弹出“凭证审核”对话框，单击“确定”按钮，打开“凭证审核列表”页签。

（5）会计主管审核。在“凭证审核列表”页签中，双击摘要为“资产减少”凭证所在的行，进入该凭证的“审核凭证”页签，审核信息无误后单击工具栏中的“审核”按钮，即在凭证右上方“审核”处显示“曾志伟”的名字，表示主管审核工作完成。

（6）出纳罗迪登录进行出纳签字，凭证下方“出纳”处显示“罗迪”的名字。

（7）退出。单击“审核凭证”和“凭证审核列表”页签的“关闭”按钮，关闭这两个页签。

2）财务部会计张兰进行凭证记账

（1）打开“记账”对话框。登录“企业应用平台”，在“业务导航视图”的“业务工作”导航条中选中“财务会计”|“总账”|“凭证”|“记账”，打开“记账”对话框。

（2）会计记账。单击对话框中的“全选”和“记账”按钮，系统自动完成记账工作，并弹出消息框和记账报告，单击消息框中的“确定”按钮，返回“记账”对话框。

（3）退出。单击“记账”对话框的“退出”按钮，退出该对话框。

3）财务部会计张兰对报废的资产进行自定义转账

（1）打开“自定义转账设置”窗口。登录“企业应用平台”，在“业务导航视图”的“业务工作”导航条中选中“财务会计”|“总账”|“期末”|“转账定义”|“自定义转账”，打开“自定义转账设置”窗口。

（2）增加“固定资产清理转营业外支出”转账公式。单击“自定义转账设置”窗口工具栏中的“增加”按钮，在弹出的“转账目录”对话框中输入“转账序号”为“0009”，“转账说明”为“固定资产清理转营业外支出”，单击“确定”按钮，返回“自定义转账设置”窗口。

（3）编辑“固定资产清理转营业外支出”转账公式。编辑 2 行，具体如下。

① 单击工具栏中的“增行”按钮，在“科目编码”栏输入“6711”（营业外支出），“方向”为“借”，“金额公式”录入“JG()”（取对方科目计算结果）。

② 再单击“增行”按钮，然后参照生成或直接录入“科目编码”为“1606”（固定资产清理），“方向”为“贷”，在“金额公式”一栏中输入“QM(1606，月)”（期末余额）。

（4）单击工具栏中的“保存”按钮，以保存“固定资产清理转营业外支出”的公式定义，结

果如图 6-33 所示。

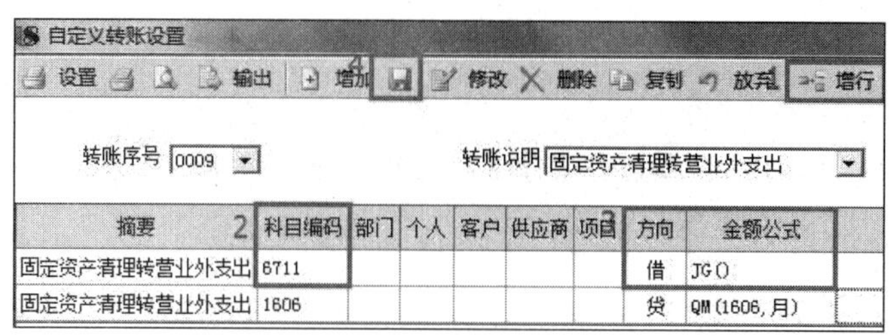

图 6-33　自定义转账设置

(5) 退出。单击“自定义转账设置”窗口工具栏的“退出”按钮,退出该窗口。

4) 财务部会计张兰通过转账生成凭证

(1) 打开“转账生成”对话框并选中相应的行。登录“企业应用平台”,在“业务导航视图”的“业务工作”导航条中选中“财务会计”|“总账”|“期末”|“转账生成”,弹出“转账生成”对话框,选中“自定义转账”单选按钮,双击“编号”为“0009”的记录行,使其“是否结转”栏出现“Y”字样。

(2) 生成并保存转账凭证。单击“转账生成”对话框中的“确定”按钮,弹出消息框,询问“2017.04 月之前有未记账凭证,是否继续结转?”,单击“是”按钮,打开“转账”窗口,默认显示“固定资产清理转营业外支出”记账凭证,单击该窗口的“保存”按钮,保存该凭证,结果如图 6-34 所示。

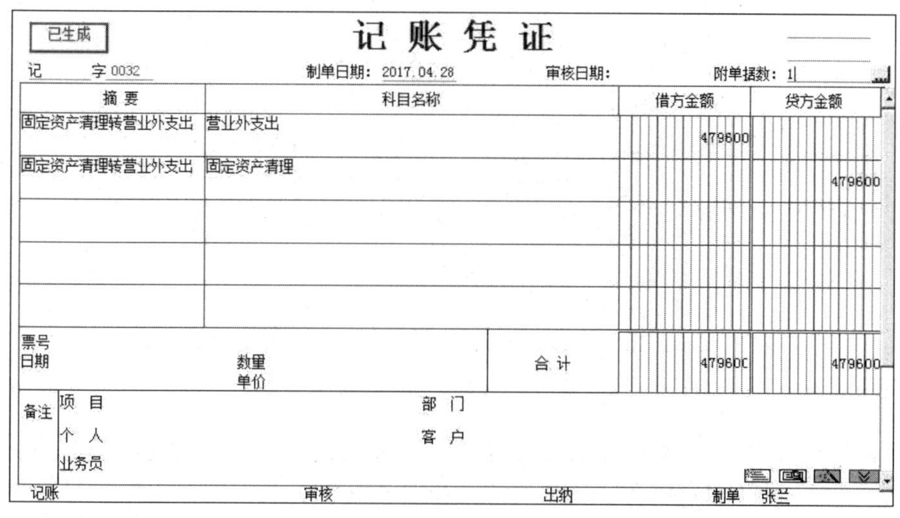

图 6-34　转账生成凭证

(3) 退出。在“转账”窗口中单击“退出”按钮,再在“转账生成”对话框中单击“取消”按钮。

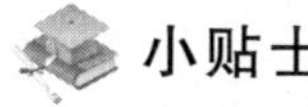

小贴士

如果显示没有对应的凭证可供结转,则必须确认张兰是否进行了记账。

6.4.3 资产盘点

【业务描述】

2017 年 4 月 30 日，对办公设备进行盘点，发现采购部的联想电脑丢失，经查，损失由该部门负责人刘静赔偿，尚未收到赔偿款。

【操作指导】

确认系统时间和操作日期为 2017 年 4 月 30 日。

任务说明：资产盘点。

1. 财务部会计张兰盘点固定资产

(1) 打开“资产盘点”页签。登录“企业应用平台”，在“业务导航视图”的“业务工作”导航条中选中“财务会计”|“固定资产”|“卡片”|“资产盘点”，打开“资产盘点”页签。

(2) 单击工具栏中的“增加”按钮，打开“新增盘点单-数据输入”窗口，单击“新增盘点单-数据输入”窗口工具栏中的“范围”按钮，打开“盘点范围设置”对话框，选中“按资产类别盘点”复选框，单击…按钮，弹出“固定资产类别档案”窗口，选中“资产类别编码”为“22”的行并双击，返回“盘点范围设置”对话框，此时“资产类别”栏的值为“办公设备[022]”，如图 6-35 所示。

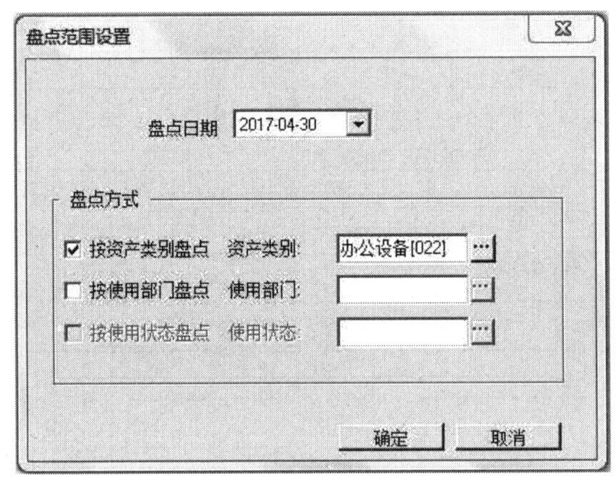

图 6-35　盘点范围设置

(3) 单击“确定”按钮，系统显示全部办公设备类固定资产。双击选中“02200004”所在的行，单击“删行”按钮，删除“02200004”资产，如图 6-36 所示。

(4) 单击“退出”按钮，弹出消息框，提示“本盘点单数据已变更，是否保存?”。

(5) 单击“是”按钮，弹出消息框，提示“盘点单保存成功!”。

(6) 单击“确定”按钮，资产盘点完成。

(7) 退出。单击“资产盘点”页签的“关闭”按钮，关闭页签。

(8) 打开“盘盈盘亏确认”页签。在“业务导航视图”的“业务工作”导航条中选中“财务会计”|“固定资产”|“卡片”|“盘点盘亏确认”，打开“盘盈盘亏确认”页签。双击选中“02200004”资产，在“审核”栏选中“同意”，在“处理意见”栏输入“由部门负责人照价赔偿”。

新增盘点单 - 数据录入

设置 引入 输出 导入 导出 修改 全选 全消 删除 栏目 范围

资产盘点

类别:[022]办公设备　盘点日期:2017-04-30　定位　增行　删行　核对

选择	固定资产编号	固定资产名称	部门编号	类别编号	币种	规格型号	使用年限(月)	开始使...	录入日期	外币原值
	02200002	IBMX60电脑	2	022	人民币		60	2015-11-01	2017-04-01	0
	02200003	联想T4202...	102	022	人民币		60	2015-11-01	2017-04-01	0
Y	02200004	联想T4202...	4	022	人民币		60	2015-11-01	2017-04-01	0
	02200005	联想电脑	101	022	人民币	天逸505...	60	2017-04-28	2017-04-28	0
	02200006	联想电脑	101	022	人民币	天逸505...	60	2017-04-28	2017-04-28	0

图 6-36　新增盘点单

(9) 保存。单击“保存”按钮,弹出消息框,提示“保存成功!”。

(10) 退出。单击“确认”按钮,单击“盘盈盘亏确认”页签的“关闭”按钮,关闭页签。

(11) 在“业务导航视图”的“业务工作”导航条中选中“财务会计”|“固定资产”|“卡片”|“资产盘亏”,打开“资产盘亏”页签。双击选中“02200004”资产。单击工具栏“盘亏处理”,打开“资产减少”页签,在“清理原因”栏输入“资产盘亏”。

(12) 单击“资产减少”页签右上角的“确定”按钮,弹出消息框,提示“所选卡片已经减少成功!”。

2. 财务部会计张兰制单

(1) 打开“批量制单”页签。登录“企业应用平台”,在“业务导航视图”的“业务工作”导航条中选中“财务会计”|“固定资产”|“处理”|“批量制单”,弹出“查询条件选择-批量制单”对话框,单击“确定”按钮,打开“批量制单”页签。

(2) 选择需要制单的业务。在“制单选择”选项卡,双击“业务类型”为“资产减少”所在行的“选择”栏,使其出现“Y”字样,表明选中了要制单的业务。

(3) 科目设置。在“制单设置”选项卡中确认或编辑第 1 行科目为“1602 累计折旧”,第 2 行科目为“190101 待处理资产损溢——待处理流动资产损溢”,第 3 行科目为“1601 固定资产”,如图 6-37 所示。

制单选择　制单设置　凭证类别 记 记账凭证　合并号 00005资产减少

☑ 方向相同时合并分录　☑ 借方合并　☑ 贷方合并　☑ 方向相反时合并分录

序号	业务日期	业务类型	业务描述	业务号	方向	发生额	科目
1	2017-04-28	资产减少	减少资产	00005	借	2,754.00	1602 累计折旧
2	2017-04-28	资产减少	减少资产	00005	借	7,246.00	190101 待处理流动资产损溢
3	2017-04-28	资产减少	减少资产	00005	贷	10,000.00	1601 固定资产

修改

图 6-37　修改会计科目

(4) 生成与编辑凭证。单击工具栏中的“凭证”按钮,系统生成凭证并打开“填制凭证”页签,设置或确认其凭证类别为“记账凭证”,结果如图 6-38 所示。

(5) 保存。单击工具栏中的“保存”按钮,保存该凭证。

记 账 凭 证

记 字 0033　　制单日期：2017.04.30　　审核日期：2017　附单据数：1

摘 要	科目名称	借方金额	贷方金额
资产减少	待处理财产损溢/待处理固定资产损溢	724600	
资产减少 - 累计折旧	累计折旧	275400	
资产减少 - 原值	固定资产		1000000
票号 日期　　数量 单价	合 计	1000000	1000000

图 6-38　资产盘亏记账凭证

小贴士

固定资产盘亏与固定资产的报废不同，固定资产报废是可以看得见过程的，通过“固定资产清理”科目核算，固定资产盘亏看不到减少的过程，通过“待处理财产损溢”科目核算。

(6) 在总账管理系统中填制凭证，如图 6-39 所示。

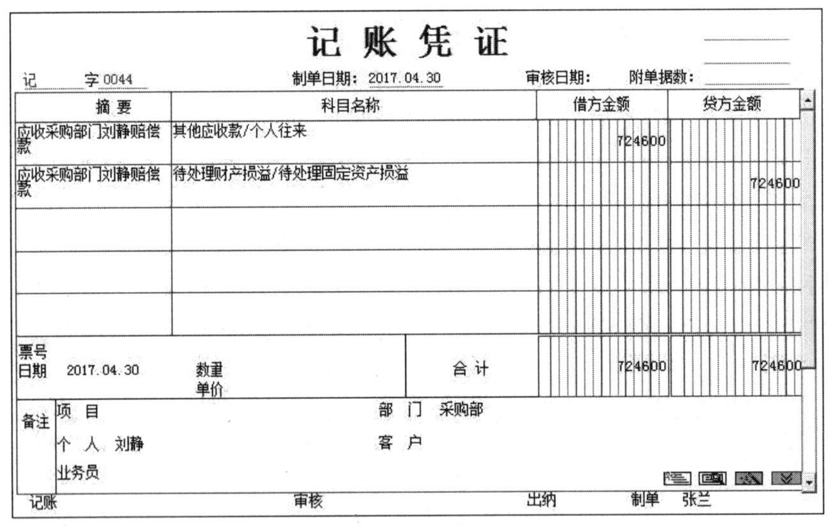

记 账 凭 证

记 字 0044　　制单日期：2017.04.30　　审核日期：　　附单据数：

摘 要	科目名称	借方金额	贷方金额
应收采购部门刘静赔偿款	其他应收款/个人往来	724600	
应收采购部门刘静赔偿款	待处理财产损溢/待处理固定资产损溢		724600
票号 日期 2017.04.30　　数量 单价	合 计	724600	724600

备注　项 目　　部 门 采购部
　　　个 人 刘静　　客 户
　　　业务员

记账　　审核　　出纳　　制单 张兰

图 6-39　资产盘亏记账凭证

第 7 章　薪资管理的期初设置与业务处理

用友 ERP-U8 的薪资管理系统，可进行各类企事业单位的工资基本数据管理、工资核算、工资发放、工资费用分摊、工资统计分析和个人所得税核算等。

本章的操作，必须按照业务描述中的系统日期(例如 2017 年 4 月 27 日)和操作员(例如人力资源部主管王军)在完成第 6 章操作的基础上，在薪资管理和总账系统中进行。

如果没有完成第 6 章的操作，可以到百度网盘空间(网盘地址：http://pan.baidu.com/s/1nuEQJ7j 访问密码：h7gs)的“实验账套数据”文件夹中，将“06 固定资产.rar”下载到计算机上，然后引入到用友 ERP-U8 中。此外，本章完成的账套，其输出压缩的文件名为“07 薪资管理.rar”。

需要说明如下：

(1) 因网盘中的账套备份文件均为压缩文件，所以在下载完成后引入之前，需要用解压缩工具进行解压(建议用 WinRAR 3.42 或以上版本)，得到相应可以引入的账套数据文件。

(2) 本章的所有业务实验操作都有配套的微视频，可以通过扫描二维码或者到指定的网页去观看。本书配套的微视频均存放在网盘中。

7.1　薪资管理系统初始化设置

7.1.1　系统参数设置

【预备知识】

在使用薪资管理系统前，如果未使用过用友 ERP-U8 的其他系统，则需按部门档案建立部门；如果进行的工资管理中含有外币，则需进行外币设置；如果需要按人员类别对工资进行管理，则需先建立或调整人员类别；如果采用银行代发形式发放工资，则还需要建立银行档案。

在使用薪资管理系统前，应当规划设置企业内部所有部门的名称和简称规范、人员编码的编排方式、人员类别的划分形式，整理好准备设置的工资项目及核算方法，准备好人员的档案数据、工资数据等基本信息。

本节是对案例企业的薪资信息进行设置与编辑，包括薪资管理系统的参数设置、工资类别与工资项目设置、在职人员档案、在职人员的工资项目和公式定义、工资的代发银行设置、代扣税设置以及期初工资数据的录入。

【业务描述】

对薪资管理系统进行以下初始化设置。

1. 参数设置

(1) 启用日期为当前日期(2017 年 4 月 1 日)。

(2) 工资类别个数为单个。

(3) 要求从工资中代扣个人所得税。

(4) 进行“扣零至元”。

2. 工资类别主管设置

赋予人力资源部主管王军和财务部会计张兰“工资类别主管”权限。

3. 人员档案设置

人员档案设置如表 7-1 所示。

表 7-1 在职人员列表

一级部门	二级部门	人员类别	人员编码及姓名	性别	银行及银行账号
1 公司总部	101 经理办公室	企管人员	0100 李吉棕	女	工行 62220202220332016001
	102 行政办公室	企管人员	0101 陈虹	女	工行 62220202220332016002
2 财务部		企管人员	0200 曾志伟	男	工行 62220202220332016003
		企管人员	0201 张兰	女	工行 62220202220332016004
		企管人员	0202 罗迪	女	工行 62220202220332016005
3 销售部	301 批发部	销售人员	0300 赵飞	男	工行 62220202220332016006
	301 批发部	销售人员	0301 夏于	男	工行 62220202220332016007
	302 门市部	销售人员	0303 李华	男	工行 62220202220332016008
4 采购部		采购人员	0400 刘静	女	工行 62220202220332016009
		采购人员	0401 张新海	男	工行 62220202220332016010
5 仓管部		企管人员	0500 李莉	女	工行 62220202220332016011
		企管人员	0501 赵林	男	工行 62220202220332016012
		企管人员	0502 李东	男	工行 62220202220332016013
6 人力资源部		企管人员	0600 王军	男	工行 62220202220332016014
		企管人员	0601 梁京	女	工行 62220202220332016015
7 生产部		生产人员	0700 刘正	男	工行 62220202220332016016
		生产人员	0701 李江	男	工行 62220202220332016017

4. 工资项目设置

(1) 增项：基本工资、岗位工资、绩效工资、交通补助。

(2) 减项：养老保险、医疗保险、失业保险、住房公积金。

【操作指导】

确认系统时间和操作日期为 2017 年 4 月 1 日。

视频观看：手机扫描二维码可观看相关操作。

任务说明：薪资管理系统初始化设置。

1) 账套主管李吉棕对薪资管理系统进行初始化设置

(1) 登录“企业应用平台”，在“业务导航视图”的“业务工作”导航条中选中“人力资源”|

“薪资管理”，弹出“建立工资套”对话框，进入“1. 参数设置”环节的操作。

(2) 在“请选择本工资套所处理的工资类别个数”下面选中“单个”单选框，单击“下一步”按钮，进入“2. 扣税设置”环节的操作。

(3) 选中“是否从工资中代扣个人所得税”复选框，单击“下一步”按钮，进入“3. 扣零设置”环节的操作。

(4) 选中“扣零”复选框，选中“扣零至元”单选框，单击“下一步”按钮。进入“4. 人员编码”环节的操作，此时会显示“本系统要求您对员工进行统一编码，人员编码同公共平台的人员编码保持一致”。单击“完成”按钮，完成工资账套的建立。此时工资系统被激活。

小贴士

- 工资类别个数：若单位按周或一月发多次工资，或者是单位中有多种不同类别(部门)的人员，工资发放项目不尽相同，计算公式亦不相同，但需进行统一工资核算管理，应选择“多个”工资类别；如果单位中所有人员的工资统一管理，而人员的工资项目、工资计算公式全部相同，则选择“单个”工资类别。
- 若选择进行扣零处理，系统在计算工资时将依据所选择的扣零类型将零头扣下，并在积累成整时补上。
- 此时选中“是否从工资中代扣个人所得税”复选框，是为了方便7.7节进行的企业从工资中代扣个人所得税的业务操作。

2) 账套主管李吉棕进行工资类别主管设置

(1) 登录“企业应用平台”，在“业务导航视图”的“系统服务”导航条中选中“权限”|“数据权限分配”，打开“权限浏览”页签。

(2) 单击工具栏中的“修改”按钮，然后在左窗格中选中“张兰”，在右窗格上部的“业务对象”下拉列表中选中“工资权限”，最后选中“工资类别主管”复选框，单击工具栏中的“保存”按钮，保存该权限分配结果(允许张兰操作薪资模块)，如图7-1所示。

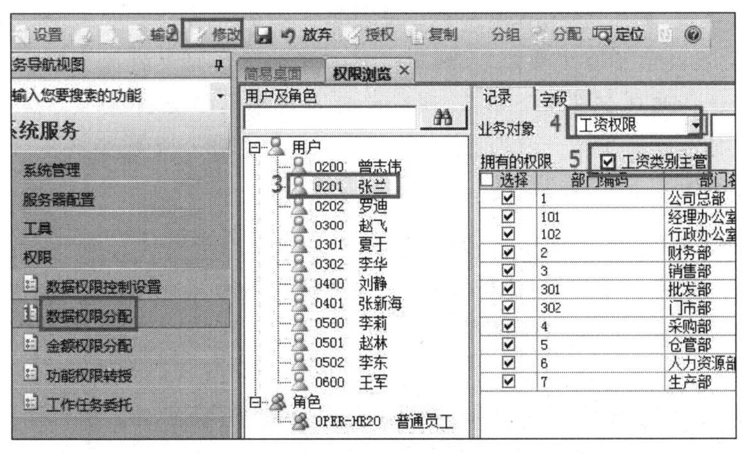

图7-1 权限浏览

(3) 重复步骤(2)，设置“王军”的薪资模块操作权限。

(4) 单击“权限浏览”页签的“关闭”按钮，关闭页签。

(5) 重注册(系统/重注册)企业应用平台,以使以上设置生效。

小贴士

此业务为李吉棕给王军和张兰"工资类别主管"的权限。该权限表示允许人力资源部主管王军和财务部会计张兰操作薪资管理系统。在第7章提到的业务中,王军将在增减人员档案、变动工资数据、设置工资项目等业务中需要对薪资管理系统进行操作。而张兰在工资分摊设置、自定义转账、计提与制单业务中需要对薪资管理系统进行操作。此时赋予两者权限是为了方便后续的业务操作。

3) 账套主管李吉棕进行人员档案设置

(1) 打开"人员档案"页签。登录"企业应用平台",在"业务导航视图"的"业务工作"导航条中选中"人力资源"|"薪资管理"|"设置"|"人员档案",在打开的"人员档案"页签中显示了人员列表。

(2) 打开"人员批量增加"对话框。单击工具栏中的"批增"按钮,打开"人员批量增加"对话框。

(3) 批量增加。单击"查询"按钮,以查询出全部人员,然后单击"全选"按钮和"确定"按钮,返回"人员档案"页签,其中显示了所有在基础档案中已有人员的信息。

(4) 退出。单击"人员档案"页签的"关闭"按钮,关闭页签。

小贴士

- 双击要新增的人员记录,可带入人员编号、人员姓名及人员类别信息并返回"人员档案"页签,再进行其他信息的编辑。
- 核对或选择部门信息,必须为末级部门。若公共档案中人员对应的行政部门为末级部门且在当前工资类别/发放次数对应部门范围中,则系统自动带入,否则需要手工选择。
- 人员编号、人员姓名、人员类别来源于公共平台的人员档案信息,薪资管理系统不能修改,要在公共平台中修改,系统会自动将修改信息同步到薪资管理系统。
- 如果不进行此项批增人员业务,薪资管理系统中则不会出现人员档案的相关信息,无法进行后续的工资计提与分摊等业务。此业务相当于把公共平台中的已有的人员档案导入薪资管理系统中。

4) 账套主管李吉棕进行工资项目设置

(1) 打开"工资项目设置"对话框。登录"企业应用平台",在"业务导航视图"的"业务工作"导航条中选中"人力资源"|"薪资管理"|"设置"|"工资项目设置",打开"工资项目设置"对话框。

(2) 增加基本工资项。单击"增加"按钮,从"名称参照"下拉列表中选中"基本工资",其默认类型为"数字"、小数位数为"2"、增减项为"增项"。

(3) 增加绩效工资项。再单击"增加"按钮,从"名称参照"下拉列表中选中"奖金",单击"重命名"按钮,弹出"重新命名"对话框,将"奖金"的"新项目名称"修改为"绩效工资",如图7-2所示。

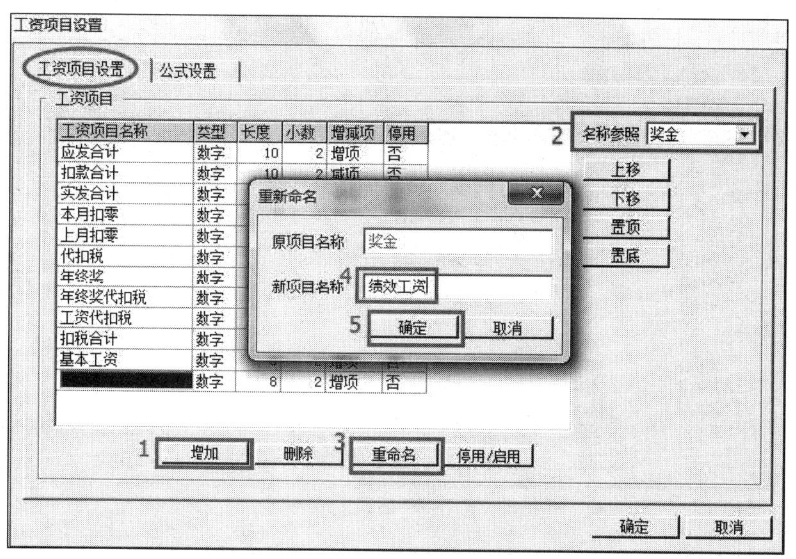

图 7-2　重新命名新项目名称

(4) 增加其他“增项”工资项目。重复步骤(2)和(3),完成其他“增项”工资项目的增加。

(5) 增加养老保险项。再单击“增加”按钮,从“名称参照”下拉列表中选中“保险费”,重命名“工资项目名称”为“养老保险”,并修改其“增减项”为“减项”,也可以手工输入需要增减的项目名称。

(6) 增加其他“减项”工资项目。模仿(5),完成其他“减项”工资项目的增加。

小贴士

- 只有在“工资项目设置”选项卡中增加了“基本工资”“养老保险”等条目,才会在“公式设置”选项卡中出现以上条目,否则无法进行下一步的公式设置。
- 在本案例中所用公式如下:

  应发合计 = 基本工资 + 岗位工资 + 绩效工资 + 交通补助

  实发合计 = 应发合计 − 养老保险 − 医疗保险 − 失业保险 − 住房公积金
- 工资项目名称可根据各公司实际情况,按照需求更改名称。

(7) 调整工资项的排列顺序。单击选中“基本工资”所在行,再单击“上移”按钮,将“基本工资”移动到工资项目栏的第 1 行,并以此方法移动其他的工资项目到相应的位置,结果如图 7-3 所示。

(8) 完成并退出。单击“工资项目设置”对话框的“确定”按钮,完成工资项目的设置。

小贴士

- 系统提供的固定工资项目,例如本实验中的本月扣零、上月扣零,不能修改和删除。
- 项目名称必须唯一。工资项目一经使用,数据类型不允许修改。
- 增项直接计入应发合计,减项直接计入扣款合计,若工资项目类型为字符型,则小数位不可用,且其增减项为其他。
- 单击界面上的向上、向下移动箭头可调整工资项目的排列顺序。

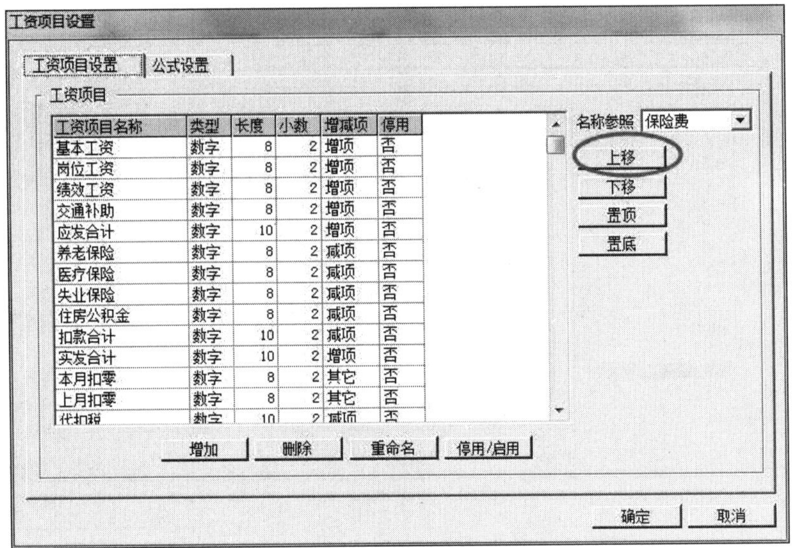

图 7-3　在职人员工资项目设置

- 单击“确定”按钮保存设置。若放弃设置则单击“取消”返回。
- 单击“重命名”按钮，可修改工资项目名称。
- 选中要删除的工资项目，单击“删除”按钮，确认后即可删除。
- 系统默认：应发合计等于增项之和；扣款合计等于减项之和；实发合计＝应发合计－扣款合计。

7.1.2　工资的公式项目与代扣代发的设置

【业务描述】

1. 公式项目设置

公式项目设置如下：

养老保险 ＝（基本工资＋岗位工资＋绩效工资＋交通补助）×0.08

医疗保险 ＝（基本工资＋岗位工资＋绩效工资＋交通补助）×0.02

失业保险 ＝（基本工资＋岗位工资＋绩效工资＋交通补助）×0.002

住房公积金 ＝（基本工资＋岗位工资＋绩效工资＋交通补助）×0.12

2. 工资的代扣代发设置

（1）本案例企业委托代发工资的银行是中国工商银行，账号定长为 19 位，输入时自动带出账号 16 位。

（2）根据相关规定，本案例企业的代扣个人所得税的计税基数为 3500 元，附加费用 1300 元。

【操作指导】

确认系统时间和操作日期为 2017 年 4 月 1 日。

视频观看：手机扫描二维码可观看相关操作。

任务说明：公式项目与工资代扣代发的设置。

1）账套主管李吉棕进行公式项目设置

（1）打开“工资项目设置”对话框。登录“企业应用平台”，在“业务导航视图”的“业务工作”导航条中选中“人力资源”|“薪资管理”|“设置”|“工资项目设置”，打开“工资项目设置”对话框。

（2）增加公式项。在“公式设置”选项卡中单击“增加”按钮，并从左上角的“工资项目”列表中选中“养老保险”。

（3）编辑公式。先单击“养老保险公式定义”区域，再单击选中“公式输入参照”区域的“(”按钮，然后从中下部的“工资项目”列表中选中“基本工资”，单击选中运算符区域的“+”按钮，从中下部的“工资项目”列表中选中“岗位工资”，单击选中运算符区域的“+”按钮，从中下部的“工资项目”列表中选中“绩效工资”，单击选中运算符区域的“+”按钮，从中下部的“工资项目”列表中选中“交通补助”，单击选中运算符区域的“)”按钮和运算符区域的“*”按钮，在“养老保险公式定义”区域输入“0.08”，结果如图 7-4 所示。

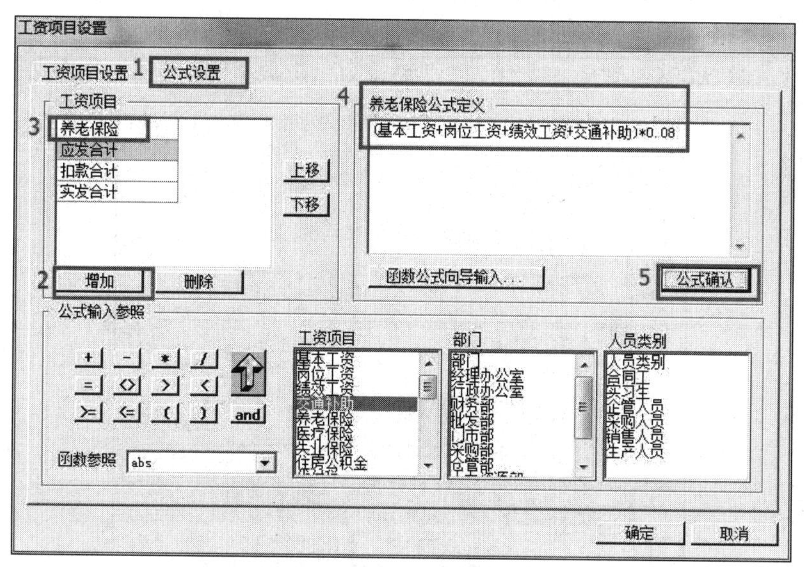

图 7-4 “养老保险公式定义”操作界面

（4）保存。单击“公式确认”按钮，完成“养老保险”的公式定义。

（5）编辑其他公式。重复步骤（2）～（4），完成“医疗保险”“失业保险”和“住房公积金”的公式定义。

（6）完成并退出。单击“工资项目设置”对话框的“确定”按钮，退出对话框。

小贴士

- 使用“公式设置”选项卡中的相关功能，可定义工资项目的计算公式。
- 不能删除已输入数据或已设置计算公式的工资项目。
- 工资项目不能重复选择。
- 没有选择的工资项目，不能在计算公式中使用。
- 按照财税字〔1997〕144 号文件的规定从 1998 年 1 月 1 日起，企业和个人按照国家或地方政府规定的比例提取并向指定金融机构实际缴付的住房公积金、医疗保险金、基本养老保险金，不计入个人当期的工资、薪金收入，免予征收个人所得税。

2）账套主管李吉棕进行工资的代扣代发设置

(1) 登录“企业应用平台”，在“业务导航视图”的“基础设置”导航条中选中“基础档案”|“收付结算”|“银行档案”，进入“银行档案”窗口；双击“中国工商银行”所在行，打开“修改银行档案”窗口。

(2) 选中“个人账户规则”区域的“定长”前的复选框，并修改“账号长度”为 19，“自动带出账号长度”为 16。

(3) 单击“退出”按钮，系统提示“是否保存对当前档案的编辑?”，单击“是”按钮完成设置，退出“修改银行档案”窗口；在“银行档案”窗口中，单击“退出”按钮退出。

(4) 打开“选项”对话框。登录“企业应用平台”，在“业务导航视图”的“业务工作”导航条中选中“人力资源”|“薪资管理”|“设置”|“选项”，打开“选项”对话框。

(5) 在“扣税设置”选项卡中单击“编辑”按钮。

(6) 再单击“税率设置”按钮，打开“个人所得税申报表——税率表”对话框。

(7) 修改并确认“基数”“附加费用”和税率表的相应数据，操作过程如图 7-5 所示。

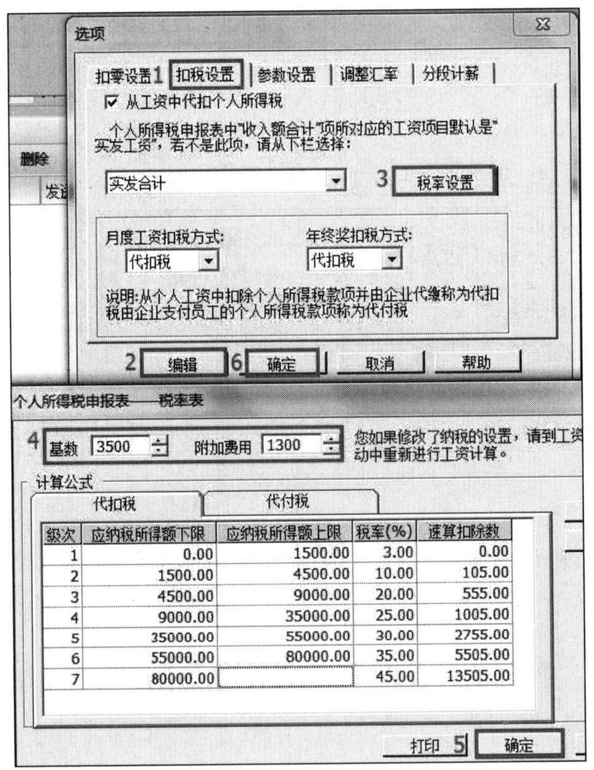

级次	应纳税所得额下限	应纳税所得额上限	税率(%)	速算扣除数
1	0.00	1500.00	3.00	0.00
2	1500.00	4500.00	10.00	105.00
3	4500.00	9000.00	20.00	555.00
4	9000.00	35000.00	25.00	1005.00
5	35000.00	55000.00	30.00	2755.00
6	55000.00	80000.00	35.00	5505.00
7	80000.00		45.00	13505.00

图 7-5　扣税设置

(8) 单击“确定”按钮，完成税率设置，返回“选项”对话框。

(9) 再单击“确定”按钮，完成设置，退出对话框。

小贴士

- 只有主管人员可以修改工资参数，工资参数调整包括扣零设置、扣税设置、参数设置和调整汇率。
- 已经进行过月结的工资类别或发放次数不能修改币种。
- 设置工资的扣税工资项目，系统默认为“实发合计”。在实际业务中，因可能存在免税收入项目（如政府特殊津贴、院士津贴等）和税后列支项目，可以单独设置一个工资项目来计算应纳税工资。
- 如果修改了“扣税设置”，需要进入“工资变动”执行“计算”和“汇总”功能，以保证“代扣税”工资项目正确地反映单位实际代扣个人所得税的金额。
- 工资和年终奖可采用不同的扣税方式，如工资为代扣税，而年终奖为代付税。
- 在本章 7.7 节的代扣个人所得税业务中，需要对银行档案、税率和基数信息进行输入。此时对以上参数进行设置，便于后续业务的操作。

7.1.3 期初工资数据录入

【业务描述】

根据表 7-2 进行期初工资数据录入。

表 7-2 期初工资数据

一级部门	二级部门	人员类别	人员编码及姓名	基本工资	岗位工资	绩效工资
1 公司总部	101 经理办公室	企管人员	0100 李吉棕	2000	1000	5000
	102 行政办公室	企管人员	0101 陈虹	2000	1000	3000
2 财务部		企管人员	0200 曾志伟	2000	1000	4000
		企管人员	0201 张兰	2000	900	3000
		企管人员	0202 罗迪	2000	900	3000
3 销售部	301 批发部	销售人员	0300 赵飞	2000	1000	4000
	301 批发部	销售人员	0301 夏于	2000	900	3000
	302 门市部	销售人员	0303 李华	2000	900	3000
4 采购部		采购人员	0400 刘静	2000	900	4000
		采购人员	0401 张新海	2000	500	3000
5 仓管部		企管人员	0500 李莉	2000	700	4000
		企管人员	0501 赵林	2000	700	3000
		企管人员	0502 李东	2000	700	3000
6 人力资源部		企管人员	0600 王军	2000	1000	4000
		企管人员	0601 梁京	2000	700	3000

续表

一级部门	二级部门	人员类别	人员编码及姓名	基本工资	岗位工资	绩效工资
7 生产部		生产人员	0700 刘正	2000	700	4000
		生产人员	0701 李江	2000	700	3000

【操作指导】

确认系统时间和操作日期为 2017 年 4 月 1 日。

视频观看：手机扫描二维码可观看相关操作。

任务说明：期初工资数据录入。

账套主管李吉棕进行期初工资数据录入的过程如下：

(1) 打开“人员档案”列表窗口。登录“企业应用平台”，在“业务导航视图”的“业务工作”导航条中选中“人力资源”|“薪资管理”|“设置”|“人员档案”，在打开的“人员档案”页签中显示了人员列表。

(2) 编辑一个员工的工资数据。双击“0100 李吉棕”所在的行，打开“人员档案明细”对话框，并显示李吉棕的详细档案，单击“数据档案”按钮，打开“工资数据录入—页编辑”对话框，然后设置“基本工资”为“2000”，“岗位工资”为“1000”，“绩效工资”为“5000”，其他数据项系统自动给出，如图 7-6 所示。

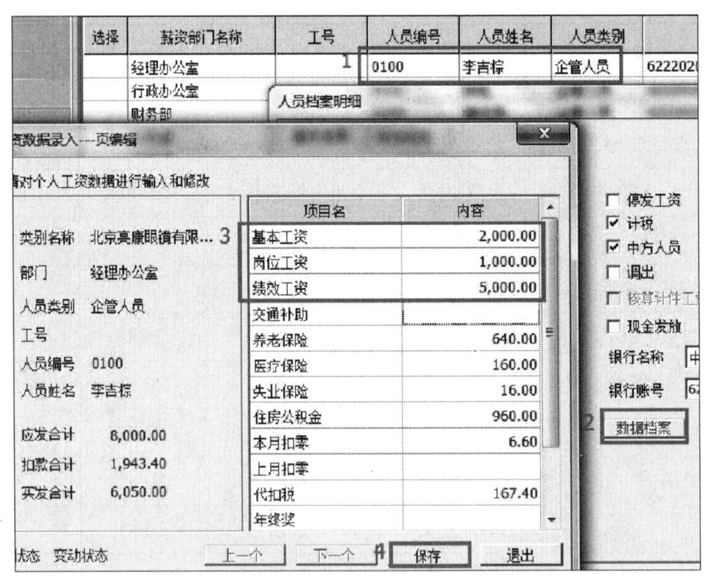

图 7-6　工资数据录入—页编辑

(3) 保存。单击“保存”按钮，返回“人员档案明细”对话框，再单击“确定”按钮，弹出消息框，提示“写入该人员档案信息吗?”，单击“确定”按钮，返回“人员档案明细”对话框，系统自动显示下一个员工的详细档案。

(4) 编辑其他员工的工资数据。重复步骤(2)和步骤(3)，将表 7-2 中所有的期初工资数据录入并保存。

(5) 退出。单击“取消”按钮,退出“人员档案明细”对话框。

7.2　新增在职人员和工资数据

【预备知识】

新员工的薪资处理业务,需要新增人员档案、新增在职人员和进行工资变动操作。在操作时,需要在基础档案的人员档案和薪资管理模块分别添加。

人力资源部主管王军(人员编码:0600)在基础档案的人员档案中新增人员档案,在薪资管理中新增在职人员和进行工资变动。

新员工的薪资处理业务的操作流程如图 7-7 所示。

图 7-7　操作流程

【业务描述】

2017 年 4 月 27 日,招聘林意(编号:0402,性别:女)到采购部作采购人员,本月为试用期且月末报到,所以仅发工资 2000 元的一半(1000 元),交通补助 50 元,银行代发工资账号为 6222020220332016018。

【操作指导】

确认系统时间和操作日期为 2017 年 4 月 27 日。

视频观看:手机扫描二维码可观看相关操作。

任务说明:新增在职人员和工资数据。

1) 人力资源部主管王军新增人员档案

(1) 打开“基础档案”的“人员档案”页签。登录“企业应用平台”,在“业务导航视图”的“基础设置”导航条中选中“基础档案”|“机构人员”|“人员档案”,打开“人员档案”页签。

(2) 编辑新增人员档案。单击工具栏中的“增加”按钮,在弹出的“人员档案”对话框中,做如下编辑:在“人员编码”栏输入“0402”,在“人员姓名”栏输入“林意”,选择“性别”为“女”,“行政部门”参照生成“采购部”,“雇佣状态”为“在职”,“人员类别”参照生成“采购人员”,在“银行名称”栏中选中“中国工商银行”,在“账号”栏输入“6222020220332016018”,选中“是否业务员”复选框。

(3) 保存新增人员档案。单击“保存”按钮,保存该人员档案,系统自动增加下一个单据。

(4) 退出。单击“人员列表”窗口工具栏的“退出”按钮,弹出消息框,询问“是否保存对当前单据的编辑?”,单击“否”按钮返回,再单击“人员档案”页签的“关闭”按钮,关闭页签。

小贴士

- 如果显示本案例中的人力资源部主管王军没有权限在“基础设置”中增加“人员档案”，则在“系统管理”的权限中给王军赋予相应的操作权限，如图 7-8 所示。

图 7-8　赋予操作员权限

- 要注意新聘员工的信息要先输入“基础设置”的“人员档案”，才能在“薪资管理”的“人员档案”中参照生成。

2）人力资源部主管王军新增在职人员

（1）打开薪资管理的“人员档案”页签。登录“企业应用平台”，在“业务导航视图”的“业务工作”导航条中选中“人力资源”|“薪资管理”|“设置”|“人员档案”，打开“人员档案”页签。

（2）编辑并保存在职人员信息。单击工具栏中的“增加”按钮，打开“人员档案明细”对话框，参照生成“人员姓名”为“林意”，单击“确定”按钮，返回“人员档案明细”对话框，再单击对话框的“取消”按钮，返回“人员档案”页签，结果如图 7-9 所示。

选择	薪资部门名称	工号	人员编号	人员姓名	人员类别	账号
	经理办公室		0100	李吉棕	企管人员	6222020220332016001
	行政办公室		0101	陈虹	企管人员	6222020220332016002
	财务部		0200	曾志伟	企管人员	6222020220332016003
	财务部		0201	张兰	企管人员	6222020220332016004
	财务部		0202	罗迪	企管人员	6222020220332016005
	批发部		0300	赵飞	销售人员	6222020220332016006
	批发部		0301	夏于	销售人员	6222020220332016007
	门市部		0302	李华	销售人员	6222020220332016008
	采购部		0400	刘静	采购人员	6222020220332016009
	采购部		0401	张新海	采购人员	6222020220332016010
	采购部		0402	林意	采购人员	6222020220332016018
	仓管部		0500	李莉	企管人员	6222020220332016011
	仓管部		0501	赵林	企管人员	6222020220332016012
	仓管部		0502	李东	企管人员	6222020220332016013
	人力资源部		0600	王军	企管人员	6222020220332016014
	人力资源部		0601	梁京	企管人员	6222020220332016015
	生产部		0700	刘正	生产人员	6222020220332016016
	生产部		0701	李江	生产人员	6222020220332016017

图 7-9　人员档案

(3) 退出。单击“人员档案”页签的“关闭”按钮,关闭页签。

小贴士

新增在职人员是为了把企业应用平台里新增的基础档案的人员信息传递到薪资管理系统。

3) 人力资源部主管王军做工资变动操作

(1) 打开“薪资管理”的“人员档案”页签。登录“企业应用平台”,在“业务导航视图”的“业务工作”导航条中选中“人力资源”|“薪资管理”|“设置”|“人员档案”,打开“人员档案”页签。

(2) 打开“人员档案明细”对话框。双击“林意”所在的行,打开“人员档案明细”对话框。

(3) 编辑“林意”的工资信息。单击“数据档案”按钮,弹出“工资数据录入-页编辑”对话框,编辑其“基本工资”为“1000”,“交通补助”为“50”,单击“保存”按钮,返回“人员档案明细”对话框。

(4) 保存“林意”的工资信息。单击“确定”按钮,弹出消息框,询问“写入该人员档案信息吗?”,单击“确定”按钮,返回“人员档案明细”对话框。

(5) 单击“人员档案明细”对话框的“取消”按钮,可返回“人员档案”页签。

(6) 退出。单击“人员档案”页签的“关闭”按钮,关闭页签。

7.3　工资数据变动与计算工资

【预备知识】

在设置工资项目公式和变更本月职工工资数据时,首先需要进行工资项目公式编辑(交通补助的公式设置),然后进行工资数据变动,最后计算与汇总工资。

工资数据变动与计算工资业务的操作流程如图 7-10 所示。

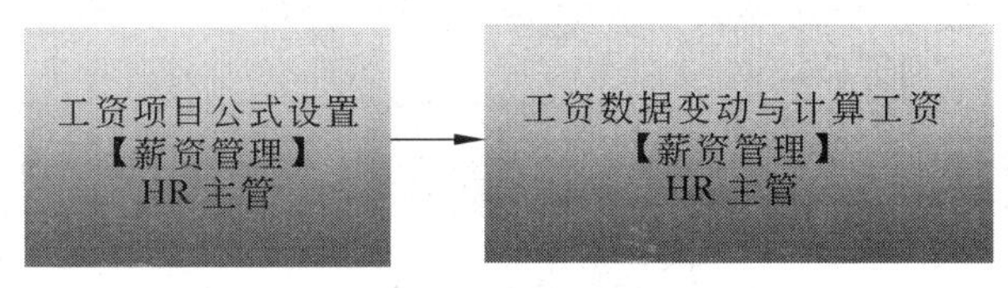

图 7-10　操作流程图

【业务描述】

2017 年 4 月 28 日,对本月的职工工资数据进行设置。在人力资源部进行绩效考核后,经总经理李吉棕批准,4 月份对销售部每人增加绩效工资 500 元,其他人按上月标准发放;自 4 月份开始,给每位职工发放交通补助,标准为“企管人员”和“销售人员”补助 100 元/月,其他人员补助 50 元/月。

【操作指导】

确认系统时间和操作日期为 2017 年 4 月 28 日。

视频观看：手机扫描二维码可观看相关操作。

任务说明：工资数据变动与计算工资。

1）人力资源部主管王军进行工资项目公式设置

(1) 打开“工资项目设置”对话框。登录“企业应用平台”，在“业务导航视图”的“业务工作”导航条中选中“人力资源”|“薪资管理”|“设置”|“工资项目设置”，打开“工资项目设置”对话框。

(2) 设置“交通补助”工资项目的公式。在“公式设置”选项卡中单击“增加”按钮，选中“工资项目”列表中的“交通补助”并做如下操作。

① 单击“函数公式向导输入”按钮，打开“函数向导——步骤之1”对话框，单击“函数名”列表中的“iff”函数。

② 单击“下一步”按钮，打开“函数向导——步骤之2”对话框，单击“逻辑表达式”栏的参照按钮，打开“参照”对话框，选中“参照列表”栏的“人员类别”，再选中“企管人员”，单击“确定”按钮，返回“函数向导——步骤之2”对话框，在“算术表达式1”文本框中输入“100”，单击“完成”按钮，返回“工资项目设置”对话框。

③ 将光标置于右括号左面，单击“函数公式向导输入”按钮，打开“函数向导——步骤之1”对话框，然后单击“函数名”列表中的“iff”函数。

④ 单击“下一步”按钮，打开“函数向导——步骤之2”对话框，单击“逻辑表达式”栏的参照按钮，打开“参照”对话框，选中“参照列表”栏的“人员类别”，再选中“销售人员”，单击“确定”按钮，返回“函数向导——步骤之2”对话框，在“算术表达式1”文本框中输入“100”，在“算术表达式2”文本框中输入“50”。

⑤ 单击“完成”按钮，返回“工资项目设置”对话框，此时“交通补助定义公式”为“iff(人员类别＝"企管人员",100,iff(人员类别＝"销售人员",100,50))”，结果如图7-11所示，单击“公式确认”按钮，完成“交通补助”的公式定义完成。

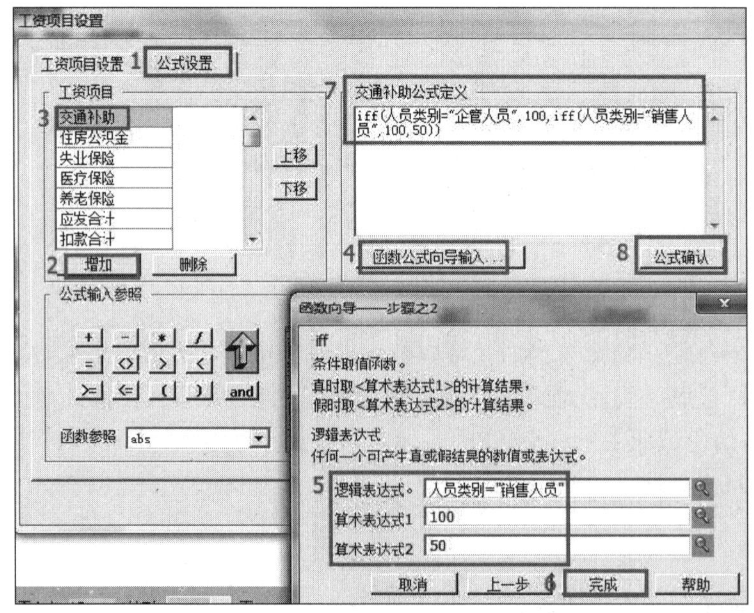

图7-11　工资项目公式设置的结果

（3）退出。在“工资项目设置”对话框中，单击“确定”按钮，退出该对话框。

小贴士

- 公式中的引号要在英文状态下半角输入。
- 定义公式时，需要注意括号的位置且括号要在英文状态下输入。
- 在编辑完公式之后单击“公式确认”按钮，就可以检验公式是否正确。如果公式不正确，会出现消息框。

2）人力资源部主管王军做工资数据变动并计算工资

（1）打开“工资变动”窗口。登录“企业应用平台”，在“业务导航视图”的“业务工作”导航条中选中“人力资源”|“薪资管理”|“业务处理”|“工资变动”，打开“工资变动”页签。

（2）打开“工资项数据更替”对话框。单击工具栏中的“全选”按钮，选中所有员工，然后单击“替换”按钮，弹出“工资项数据更替”对话框。

（3）编辑工资数据。选中“将工资项目”下拉列表中的“绩效工资”，在“替换成”栏输入“绩效工资＋500”，设置“替换条件”为“部门”“＝”“销售部”；再单击“确定”按钮，弹出消息框，询问“数据更替后将不可恢复，是否继续?”，单击“是”按钮，弹出消息框询问“3 条记录被替换，是否重新计算?”，单击“是”按钮，返回“工资变动”窗口。

（4）计算工资。再单击工具栏中的“全选”和“汇总”按钮，完成全部工资项内容的计算与汇总，结果如图 7-12 所示。

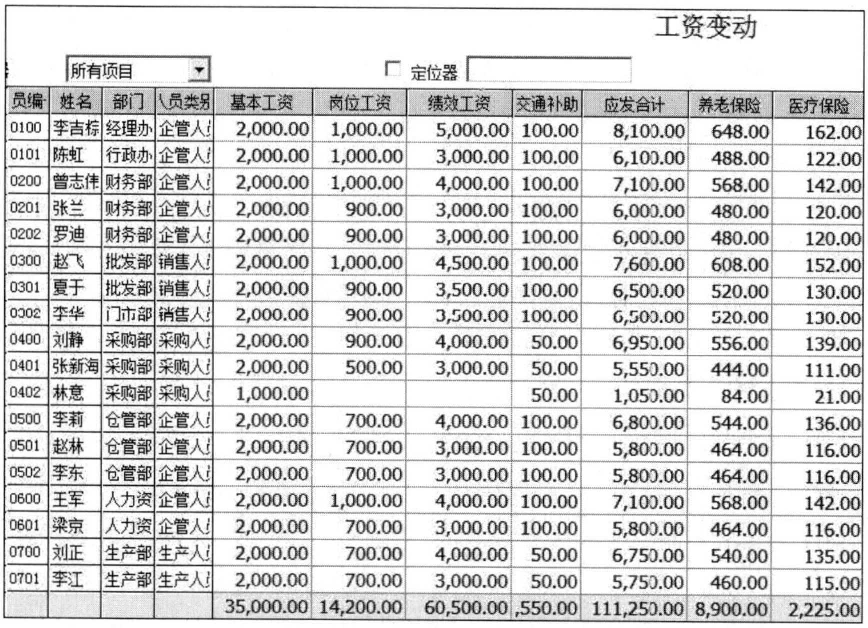

工资变动

所有项目　　定位器

员编	姓名	部门	人员类别	基本工资	岗位工资	绩效工资	交通补助	应发合计	养老保险	医疗保险
0100	李吉棕	经理办	企管人	2,000.00	1,000.00	5,000.00	100.00	8,100.00	648.00	162.00
0101	陈虹	行政办	企管人	2,000.00	1,000.00	3,000.00	100.00	6,100.00	488.00	122.00
0200	曾志伟	财务部	企管人	2,000.00	1,000.00	4,000.00	100.00	7,100.00	568.00	142.00
0201	张兰	财务部	企管人	2,000.00	900.00	3,000.00	100.00	6,000.00	480.00	120.00
0202	罗迪	财务部	企管人	2,000.00	900.00	3,000.00	100.00	6,000.00	480.00	120.00
0300	赵飞	批发部	销售人	2,000.00	1,000.00	4,500.00	100.00	7,600.00	608.00	152.00
0301	夏于	批发部	销售人	2,000.00	900.00	3,500.00	100.00	6,500.00	520.00	130.00
0302	李华	门市部	销售人	2,000.00	900.00	3,500.00	100.00	6,500.00	520.00	130.00
0400	刘静	采购部	采购人	2,000.00	900.00	4,000.00	50.00	6,950.00	556.00	139.00
0401	张新海	采购部	采购人	2,000.00	500.00	3,000.00	50.00	5,550.00	444.00	111.00
0402	林意	采购部	采购人	1,000.00			50.00	1,050.00	84.00	21.00
0500	李莉	仓管部	企管人	2,000.00	700.00	4,000.00	100.00	6,800.00	544.00	136.00
0501	赵林	仓管部	企管人	2,000.00	700.00	3,000.00	100.00	5,800.00	464.00	116.00
0502	李东	仓管部	企管人	2,000.00	700.00	3,000.00	100.00	5,800.00	464.00	116.00
0600	王军	人力资	企管人	2,000.00	1,000.00	4,000.00	100.00	7,100.00	568.00	142.00
0601	梁京	人力资	企管人	2,000.00	700.00	3,000.00	100.00	5,800.00	464.00	116.00
0700	刘正	生产部	生产人	2,000.00	700.00	4,000.00	50.00	6,750.00	540.00	135.00
0701	李江	生产部	生产人	2,000.00	700.00	3,000.00	50.00	5,750.00	460.00	115.00
				35,000.00	14,200.00	60,500.00	,550.00	111,250.00	8,900.00	2,225.00

图 7-12　本月工资变动的结果

（5）退出。单击“工资变动”页签的“关闭”按钮，关闭页签。

小贴士

- 所输入的替换表达式所含字符，此处需用双引号括起来。

- 表达式中可包含系统提供的函数。
- 如未输入替换条件而进行替换，则所选择人员都参与数据替换。

7.4 工资分摊设置与计提工资

【预备知识】

财会部门根据工资费用分配表，将工资费用根据用途进行分配并编制转账会计凭证，并将其传递到总账系统供登账处理之用。在“业务导航视图”的“业务工作”导航条中选中“人力资源”|“薪资管理”|“业务处理”|“工资分摊”，即可进行操作。工资分摊中能查询到无权限的部门工资数据，这里只受功能权限控制，不受数据权限控制。

工资是应付职工薪酬的一部分，应付职工薪酬包括工资、奖金、社保（医疗保险费、养老保险费、失业保险费和工伤保险费）、住房公积金、工会经费和职工教育经费等。

医疗保险、养老保险和失业保险通常被简称为“三险”，这 3 种保险是由企业和个人共同缴纳的保费；“一金”通常指住房公积金，也是由企业和个人共同缴纳。

公司规定，职工个人承担的养老保险、医疗保险和失业保险分别按照本人本月应发工资总额的 8%、2%和 0.2%计算，住房公积金按照本人本月应发工资总额的 12%计算。

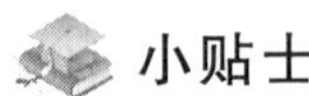
小贴士

企业一般都是先计提工资，再发放工资。工资的分录处理是本月计提下个月的工资，借记管理费用/职工薪酬，贷记应付职工薪酬；同时发放上个月的工资，借记应付职工薪酬，贷记银行存款。

【业务描述】

2017 年 4 月 30 日，分配和计提本月职工工资。计提工资的设置如表 7-3 所示。

表 7-3 “计提工资总额”中每个工资项目的分配科目设置

<table>
<tr><th colspan="2" rowspan="2">部门与人员类别</th><th colspan="2">工资总额 100%</th></tr>
<tr><th>借方科目</th><th>贷方科目</th></tr>
<tr><td>经理办公室
行政办公室
财务部
仓管部
人力资源部</td><td>企管人员</td><td>660201 管理费用/职工薪酬</td><td rowspan="5">221101 应付职工薪酬/工资</td></tr>
<tr><td>采购部</td><td>采购人员</td><td>660201 管理费用/职工薪酬</td></tr>
<tr><td>批发部</td><td rowspan="2">销售人员</td><td rowspan="2">660101 销售费用/职工薪酬</td></tr>
<tr><td>门市部</td></tr>
<tr><td>生产部</td><td>生产人员</td><td>50010101 直接人工</td></tr>
</table>

注：“工资总额”中，需要设置的工资项目为实发合计、养老保险、医疗保险、失业保险、住房公积金。

【操作指导】

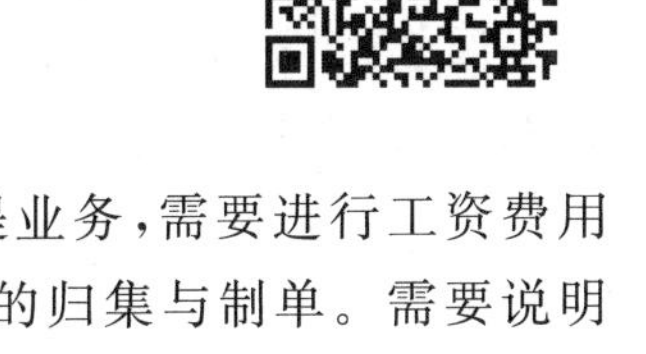

确认系统时间和操作日期为 2017 年 4 月 30 日。

视频观看：手机扫描二维码可观看相关操作。

任务说明：工资分摊设置与计提工资。

本笔业务是职工工资的分摊设置以及本月职工工资的计提业务，需要进行工资费用分摊科目设置，以及对职工应发工资与个人承担的“三险一金”的归集与制单。需要说明的是，个人承担的“三险一金”计提比例，是在账套初始设置时通过工资项目公式设置实现的。

财务部会计张兰进行工资分摊科目设置，归集职工实发工资与个人承担的“三险一金”及制单。

小贴士

在本案例中，工资分摊设置与计提工资总额是由财务部的记账会计张兰操作的。

1）财务部会计张兰进行工资分摊科目设置

（1）打开“工资分摊”对话框。登录“企业应用平台”，在“业务导航视图”的“业务工作”导航条中选中“人力资源”|“薪资管理”|“业务处理”|“工资分摊”，打开“工资分摊”对话框。

（2）工资总额分摊计提比例设置。在“工资分摊”对话框中，单击“工资分摊设置”按钮，打开“分摊类型设置”对话框。单击对话框中的“增加”按钮，打开“分摊计提比例设置”对话框。在“计提类型名称”栏输入“计提工资总额”，设置“分摊计提比例”为“100%”。

（3）工资总额分摊构成设置。单击“下一步”按钮，打开“分摊构成设置”对话框，根据表 7-3 的内容在对话框中输入“部门名称”“人员类别”“工资项目（应发合计）”“借方科目”和“贷方科目”信息，结果如图 7-13 所示。

分摊构成设置

部门名称	人员类别	工资项目	借方科目	借方...	借方项目	贷方科目
经理办公室,行...	企管人员	实发合计	660201			221101
经理办公室,行...	企管人员	养老保险	660201			221101
经理办公室,行...	企管人员	医疗保险	660201			221101
经理办公室,行...	企管人员	失业保险	660201			221101
经理办公室,行...	企管人员	住房公积金	660201			221101
采购部	采购人员	实发合计	660201			221101
采购部	采购人员	养老保险	660201			221101
采购部	采购人员	医疗保险	660201			221101
采购部	采购人员	失业保险	660201			221101
采购部	采购人员	住房公积金	660201			221101

图 7-13　工资总额分摊构成设置的结果

（4）退出。单击“分摊构成设置”对话框的“完成”按钮，返回“分摊类型设置”对话框，单击“返回”按钮，返回“工资分摊”对话框。

2）财务部会计张兰进行工资分配与制单

（1）打开"工资分摊"对话框。

（2）本月职工工资的分配归集。在"工资分摊"对话框中，选中"计提费用类型"栏的"计提工资总额"复选框，选中所有的核算部门，确认选中"明细到工资项目"和"按项目核算"复选框，最后单击"确定"按钮，如图 7-14 所示。

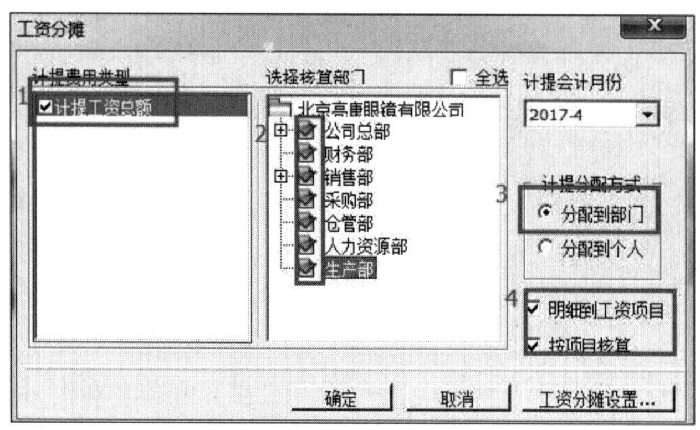

图 7-14　工资总额分摊设置

完成本月职工工资的分配归集工作，打开"工资分摊明细"窗口，显示的"计提工资总额一览表"如图 7-15 所示。

计提工资总额一览表

☑ 合并科目相同、辅助项相同的分录

类型 计提工资总额　　　　计提会计月份　4月

实发合计							养老保险	
分配金额	借方科目	借方项目大类	借方项目	贷方科目	贷方项目大类	贷方项目	分配金额	借方科目
6120.00	660201			221101			648.00	660201
4700.00	660201			221101			488.00	660201
14680.00	660201			221101			1528.00	660201
10770.00	660101			221101			1128.00	660101
5000.00	660101			221101			520.00	660101
10420.00	660201			221101			1084.00	660201
14170.00	660201			221101			1472.00	660201
9900.00	660201			221101			1032.00	660201
9620.00	50010101			221101			1000.00	50010101

图 7-15　计提工资总额一览表

（3）工资分配的制单。在"工资分摊明细"窗口中，选中"合并科目相同、辅助项相同的分录"，单击工具栏中的"制单"按钮，打开"填制凭证"页签，选择"凭证分类"为"记账凭证"，单击工具栏中的"保存"按钮，结果如图 7-16 所示。

（4）退出。单击"填制凭证"和"工资分摊明细"页签的"关闭"按钮，关闭页签。

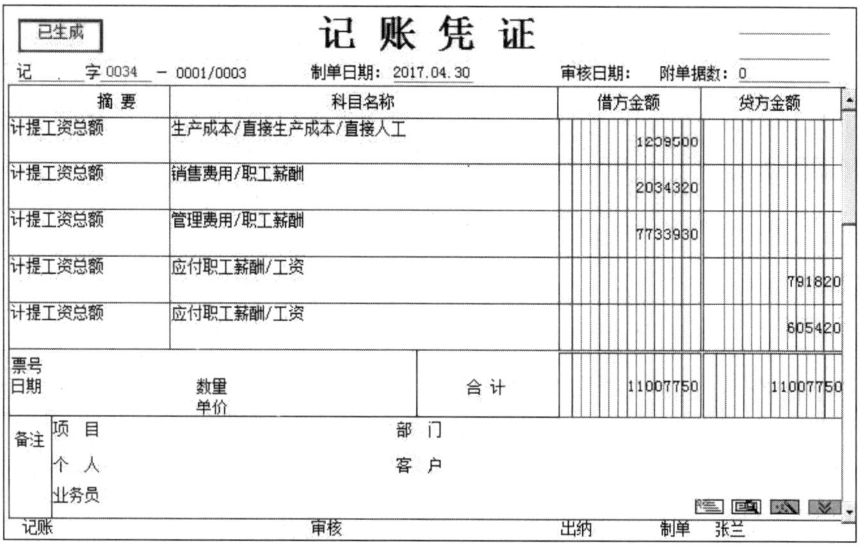

已生成

记 账 凭 证

记 字 0034 － 0001/0003 制单日期：2017.04.30 审核日期： 附单据数：0

摘要	科目名称	借方金额	贷方金额
计提工资总额	生产成本/直接生产成本/直接人工	1209500	
计提工资总额	销售费用/职工薪酬	2034320	
计提工资总额	管理费用/职工薪酬	7733930	
计提工资总额	应付职工薪酬/工资		791820
计提工资总额	应付职工薪酬/工资		605420
票号 日期	数量 单价　　合计	11007750	11007750

备注　项目　　部门

个人　　客户

业务员

记账　　审核　　出纳　　制单　张兰

图 7-16　工资总额制单结果

7.5　计提企业承担的五险一金

【预备知识】

公司规定，由单位承担并缴纳的养老保险、医疗保险、失业保险和工伤保险，分别按照职工本月应发工资的 20%、9.55%、1%和 1%计算；由单位承担并缴纳的住房公积金，按照职工本月应发的 12%计算。

小贴士

企业按照国家有关规定缴纳社会保险费和住房公积金，借记本科目，贷记“银行存款”科目。可见企业缴付的五险一金(不含代扣个人的部分)也应通过“应付职工薪酬”核算。正常情况下应进行如下会计处理。

(1) 个人负担部分(发放工资时扣个人负担部分)。

借：应付职工薪酬/社会保险费/养老、医疗、失业/个人

应付职工薪酬/住房公积金/个人

贷：其他应付款/住房公积金

其他应付款/社会保险费/养老、医疗、失业

现金(或银行存款，工资实际发放数)

(2) 企业负担部分。

借：管理费用/社会保险费

管理费用/住房公积金

贷：应付职工薪酬/社会保险费/养老、医疗、失业、工伤、生育/企业

应付职工薪酬/住房公积金/企业

(3) 上交五险一金。

借：其他应付款(代扣个人的三险一金)

应付职工薪酬/社会保险费/养老、医疗、失业、工伤、生育/企业(单位应承担部分)

应付职工薪酬/住房公积金/企业

贷：银行存款

【业务描述】

2017 年 4 月 30 日，计提单位承担的社会保险(应发合计的 31.55%，包括养老保险 20%、医疗保险 9.55%、失业保险 1%、工伤保险 1%)和住房公积金(应发合计的 12%)。单位承担社会保险和住房公积金的分摊科目如表 7-4 所示。

表 7-4　单位承担社会保险和住房公积金的分摊科目设置

部门与人员类别		单位承担社会保险(31.55%)		单位承担住房公积金(12%)	
		借方科目	贷方科目	借方科目	贷方科目
经理办公室 行政办公室 人力资源部 财务部 仓管部	企管人员	660201 管理费用/职工薪酬	221102 应付职工薪酬/社会保险费	660201 管理费用/职工薪酬	221103 应付职工薪酬/住房公积金
采购部	采购人员	660201 管理费用/职工薪酬		660201 管理费用/职工薪酬	
销售部(批发部和门市部)	销售人员	660101 销售费用/职工薪酬		660101 销售费用/职工薪酬	
生产部	生产人员	50010101 直接人工		50010101 直接人工	

本笔业务是单位承担社会保险费和住房公积金的设置、分摊与制单，需要进行单位承担社会保险和住房公积金费用分摊科目设置、工资费用分摊与制单。

【操作指导】

确认系统时间和操作日期为 2017 年 4 月 30 日。

视频观看：手机扫描二维码可观看相关操作。

任务说明：计提企业承担的五险一金。

1) 财务部会计张兰进行单位承担社会保险费和住房公积金的分摊科目设置

(1) 打开“工资分摊”对话框。登录“企业应用平台”，在“业务导航视图”的“业务工作”导航条中选中“人力资源”|“薪资管理”|“业务处理”|“工资分摊”，打开“工资分摊”对话框。

(2) 打开“分摊类型设置”对话框。在“工资分摊”对话框中，单击“工资分摊设置”按钮，打开“分摊类型设置”对话框。

(3) 单位承担社会保险计提比例设置。在“分摊类型设置”对话框中，单击“增加”按钮，打开“分摊计提比例设置”对话框，设置“计提类型名称”为“单位承担社会保险费”，“分摊计提比例”为“31.55%”。

(4) 单位承担社会保险费分摊构成设置。单击“下一步”按钮，打开“分摊构成设置”对话框，在该对话框中，根据表 7-4 录入“部门名称”“人员类别”“工资项目(应发合计)”“借方科目”和“贷方科目”信息，完成的结果如图 7-17 所示。

(5) 单击“完成”按钮，保存该分摊构成设置，返回“分摊类型设置”对话框。

分摊构成设置

部门名称	人员类别	工资项目	借方科目	贷方科目
经理办公室,行政办公室,财务部,仓管部,人力资源部	企管人员	应发合计	660201	221102
采购部	采购人员	应发合计	660201	221102
批发部,门市部	销售人员	应发合计	660101	221102
生产部	生产人员	应发合计	50010101	221102

图 7-17　单位承担社会保险费分摊科目设置的结果

(6) 重复步骤(3)～(5)，完成“单位承担住房公积金”分摊设置，“分摊比例”为 12%，结果如图 7-18 所示。

分摊构成设置

部门名称	人员类别	工资项目	借方科目	贷方科目
经理办公室,行政办公室,财务部,仓管部,人力资源部	企管人员	应发合计	660201	221103
采购部	采购人员	应发合计	660201	221103
批发部,门市部	销售人员	应发合计	660101	221103
生产部	生产人员	应发合计	50010101	221103

图 7-18　单位承担住房公积金分摊科目设置的结果

(7) 退出。单击“分摊构成设置”对话框中的“返回”按钮，返回“工资分摊”对话框。

2) 财务部会计张兰进行单位承担社会保险费和住房公积金的计提与制单

(1) 打开“工资分摊”对话框。

(2) 计提单位承担的社会保险费。在“工资分摊”窗口中，仅选中“单位承担社会保险费”，并选中所有的核算部门，确认选中“明细到工资项目”和“按项目核算”复选框，如图 7-19 所示。

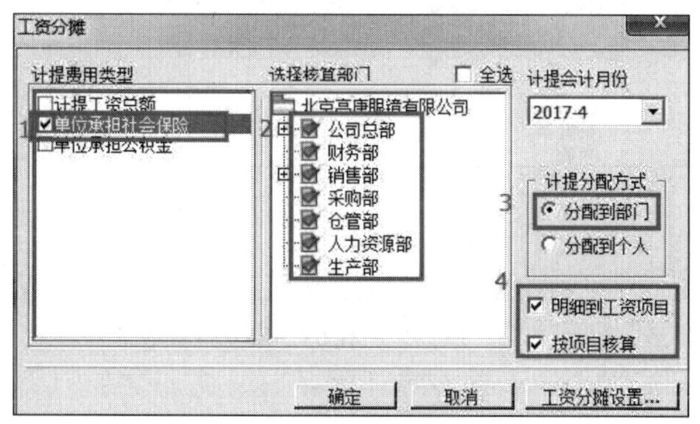

图 7-19　单位社会保险设置

单击“确定”按钮以完成计提工作，在打开的“工资分摊明细”窗口中会显示“单位承担社会保险费一览表”。

(3) 单位承担社会保险费的分摊制单。在“工资分摊明细”页签中选中“合并科目相同、辅助项相同的分录”复选框，单击工具栏中的“制单”按钮，打开“填制凭证”页签，选择“凭证分类”为“记账凭证”，单击“保存”按钮，结果如图 7-20 所示。

(4) 退出。单击“填制凭证”和“工资分摊明细”页签的“关闭”按钮，关闭窗口。

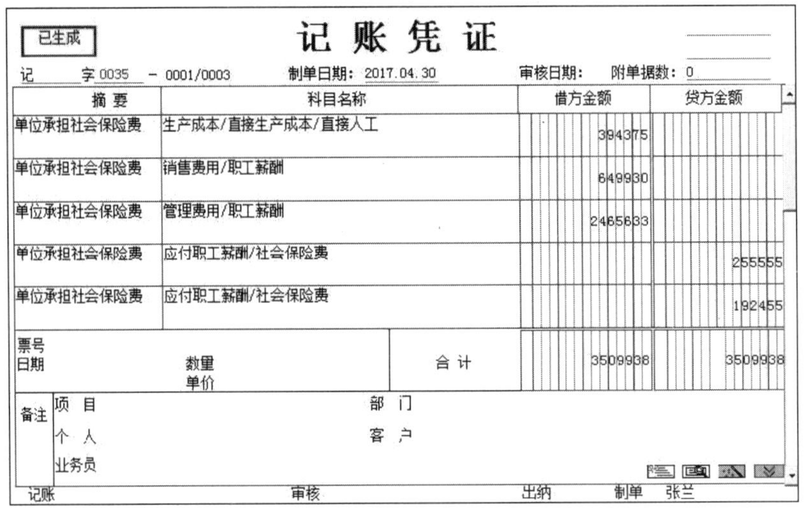

已生成

记账凭证

记 字 0035 - 0001/0003 制单日期：2017.04.30 审核日期： 附单据数：0

摘要	科目名称	借方金额	贷方金额
单位承担社会保险费	生产成本/直接生产成本/直接人工	394375	
单位承担社会保险费	销售费用/职工薪酬	649930	
单位承担社会保险费	管理费用/职工薪酬	2465633	
单位承担社会保险费	应付职工薪酬/社会保险费		255555
单位承担社会保险费	应付职工薪酬/社会保险费		192455
票号 日期 数量 单价	合计	3509938	3509938

备注 项目 部门 个人 客户 业务员

记账 审核 出纳 制单 张兰

图 7-20 单位承担社会保险费制单结果

(5) 计提单位承担的公积金。重复步骤(1)～(4)，完成单位承担住房公积金的计提和制单，制单结果如图 7-21 所示。

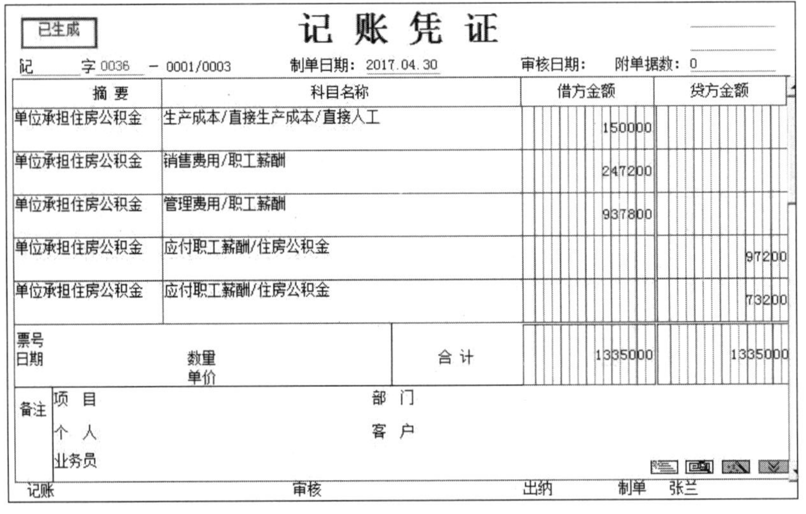

已生成

记账凭证

记 字 0036 - 0001/0003 制单日期：2017.04.30 审核日期： 附单据数：0

摘要	科目名称	借方金额	贷方金额
单位承担住房公积金	生产成本/直接生产成本/直接人工	150000	
单位承担住房公积金	销售费用/职工薪酬	247200	
单位承担住房公积金	管理费用/职工薪酬	937800	
单位承担住房公积金	应付职工薪酬/住房公积金		97200
单位承担住房公积金	应付职工薪酬/住房公积金		73200
票号 日期 数量 单价	合计	1335000	1335000

备注 项目 部门 个人 客户 业务员

记账 审核 出纳 制单 张兰

图 7-21 单位承担住房公积金制单结果

7.6 计提工会经费和职工教育经费

【预备知识】

工会经费是指工会依法取得并开展正常活动所需的费用，职工教育经费是指企业按工资总额的一定比例提取用于职工教育事业的一项费用，是企业为职工学习先进技术和提高文化水平而支付的费用。

公司规定，分别按应发工资总额的2%和2.5%计提工会经费和计提职工教育经费。

【业务描述】

2017年4月30日，计提本月工会经费(应发合计的2%)、职工教育经费(应发合计的2.5%)，单位计提工会经费和职工教育经费的分摊科目如表7-5所示。

表7-5 单位计提工会经费和职工教育经费的工资分摊科目

<table>
<tr><th colspan="2" rowspan="2">部门与人员类别</th><th colspan="2">工会经费(2%)</th><th colspan="2">职工教育经费(2.5%)</th></tr>
<tr><th>借方科目</th><th>贷方科目</th><th>借方科目</th><th>贷方科目</th></tr>
<tr><td>经理办公室
行政办公室
财务部
仓管部
人力资源部</td><td>企管人员</td><td>660201 管理费用/职工薪酬</td><td rowspan="4">221104 应付职工薪酬/工会经费</td><td>660201 管理费用/职工薪酬</td><td rowspan="4">221105 应付职工薪酬/职工教育经费</td></tr>
<tr><td>采购部</td><td>采购人员</td><td>660201 管理费用/职工薪酬</td><td>660201 管理费用/职工薪酬</td></tr>
<tr><td>销售部</td><td>销售人员</td><td>660101 销售费用/职工薪酬</td><td>660101 销售费用/职工薪酬</td></tr>
<tr><td>生产部</td><td>生产人员</td><td>50010101 直接人工</td><td>50010101 直接人工</td></tr>
</table>

本笔业务是单位计提工会经费和职工教育经费的设置、分摊与制单，需要进行计提工会经费和职工教育经费的科目设置、工资费用分摊与制单。

【操作指导】

确认系统时间和操作日期为2017年4月30日。

视频观看：手机扫描二维码可观看相关操作。

任务说明：计提工会经费和职工教育经费。

1) 财务部会计张兰进行工会经费和职工教育经费的分摊科目设置

(1) 打开“工资分摊”对话框。登录“企业应用平台”，在“业务导航视图”的“业务工作”导航条中选中“人力资源”|“薪资管理”|“业务处理”|“工资分摊”，打开“工资分摊”对话框。

(2) 打开“分摊类型设置”对话框。在“工资分摊”对话框，单击“工资分摊设置”按钮，打开“分摊类型设置”对话框。

(3) 工会经费的计提比例设置。在“分摊类型设置”对话框中，单击对话框中的“增加”按钮，打开“分摊计提比例设置”对话框，在“计提类型名称”栏输入“计提工会经费”并将“分摊计提比例”设为2%。

(4) 工会经费的分摊构成设置。单击“下一步”按钮，打开“分摊构成设置”对话框，在该对话框中，根据表7-5的内容逐一编辑“部门名称”“人员类别”“工资项目(应发合计)”“借方科目”和“贷方科目”。

(5) 单击“完成”按钮，保存该分摊构成设置，返回“分摊类型设置”对话框。

(6) 重复步骤(3)～(5)，完成“计提职工教育经费”分摊设置，“分摊比例”为“2.5%”。

(7) 退出。单击“分摊构成设置”对话框的“返回”按钮，返回“工资分摊”对话框。

2) 财务部会计张兰进行工会经费和职工教育经费的计提与制单

(1) 打开“工资分摊”对话框。

(2) 计提工会经费。在“工资分摊”对话框中，仅选中“计提工会经费”，并选中所有的核算部门，确认选中“明细到工资项目”和“按项目核算”复选框，单击“确定”按钮以完成计提工作，打开“工资分摊明细”窗口，显示“工会会费一览表”。

(3) 工会经费的分摊制单。在“工资分摊明细”窗口中选中“合并科目相同、辅助项相同的分录”复选框，单击工具栏中的“制单”按钮，打开“填制凭证”页签，选择“凭证分类”为“记账凭证”，单击“保存”按钮，结果如图 7-22 所示。

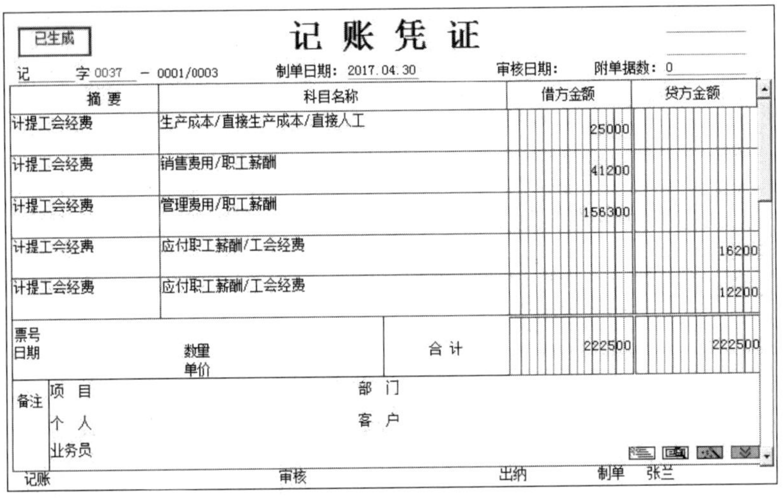

已生成

记账凭证

记 字 0037 － 0001/0003 制单日期：2017.04.30 审核日期： 附单据数：0

摘要	科目名称	借方金额	贷方金额
计提工会经费	生产成本/直接生产成本/直接人工	25000	
计提工会经费	销售费用/职工薪酬	41200	
计提工会经费	管理费用/职工薪酬	156300	
计提工会经费	应付职工薪酬/工会经费		16200
计提工会经费	应付职工薪酬/工会经费		12200
票号 日期	数量 单价 合计	222500	222500

备注 项目 部门 个人 客户 业务员

记账 审核 出纳 制单 张兰

图 7-22 工会经费制单结果

(4) 退出。单击“填制凭证”和“工资分摊明细”页签的“关闭”按钮，关闭页签。

(5) 计提职工教育经费。重复步骤(1)～(4)，完成职工教育经费的计提和制单，结果如图 7-23 所示。

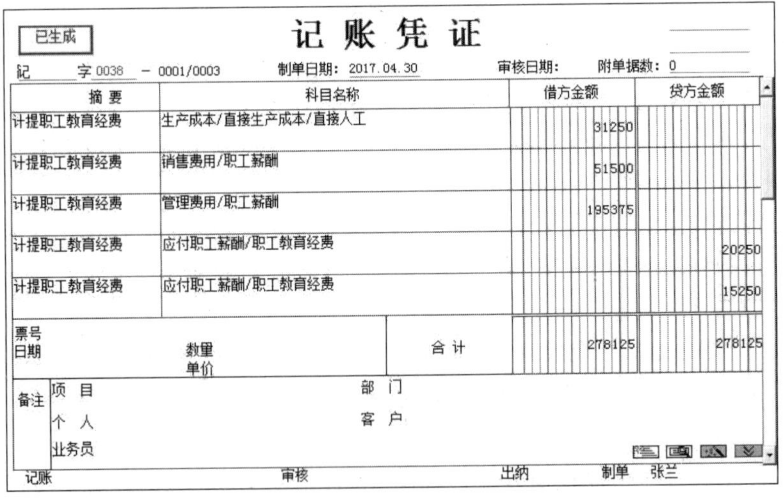

已生成

记账凭证

记 字 0038 － 0001/0003 制单日期：2017.04.30 审核日期： 附单据数：0

摘要	科目名称	借方金额	贷方金额
计提职工教育经费	生产成本/直接生产成本/直接人工	31250	
计提职工教育经费	销售费用/职工薪酬	51500	
计提职工教育经费	管理费用/职工薪酬	195375	
计提职工教育经费	应付职工薪酬/职工教育经费		20250
计提职工教育经费	应付职工薪酬/职工教育经费		15250
票号 日期	数量 单价 合计	278125	278125

备注 项目 部门 个人 客户 业务员

记账 审核 出纳 制单 张兰

图 7-23 职工教育经费制单结果

(6) 退出。单击"填制凭证"和"工资分摊明细"页签的"关闭"按钮,关闭页签。

7.7 结转代扣个人三险一金和所得税

【预备知识】

"三险一金"是指养老保险、失业保险、医疗保险和住房公积金。

个人所得税是国家对本国公民、居住在本国境内的个人的所得和境外个人来源于本国的所得征收的一种所得税。根据有关规定,公司代扣个人所得税,相关的设置和初始值详见本章的初始设置。

结转代扣个人三险一金和所得税业务的操作流程如图7-24所示。

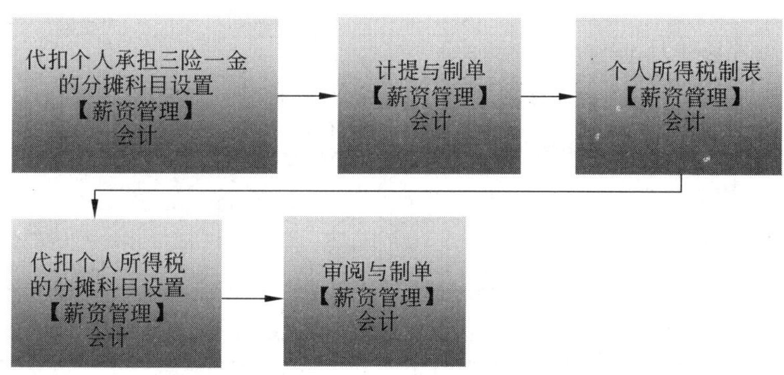

图7-24 操作流程图

【虚拟业务场景】

人物:

张兰(财务部会计)

罗迪(财务部出纳)

曾志伟(财务主管)

场景1:财务主管曾志伟提醒会计张兰进行个人承担的社会保险费和住房公积金分摊设置、计提与制单

曾志伟:小张,月末了,请设置个人承担的社会保险费和住房公积金的分摊科目,计提与制单本月职工个人承担的社会保险和住房公积金吧,辛苦了!

张兰:应该的,曾总,我马上办。

(张兰做分摊科目设置、计提与制单)

场景2:曾志伟提醒会计张兰进行个人所得税的制表与制单

曾志伟:小张,人力资源部已经完成本月的职工工资变动,请进行代扣个人所得税的制表与制单吧。

张兰:好的。(对代扣个人所得税进行制表、分摊设置、计算与制单)

【业务描述】

2017 年 4 月 30 日，结转代扣职工个人负担的社会保险费(应发合计的 10.2%，包括养老保险 8%、医疗保险 2%、失业保险 0.2%)、住房公积金(应发合计的 12%)，以及个人所得税。职工个人承担社会保险费和住房公积金的分摊科目如表 7-6 所示，个人所得税科目如表 7-7 所示。

表 7-6　职工个人承担社会保险和住房公积金的分摊科目

<table>
<tr><th colspan="2" rowspan="2">部门与人员类别</th><th colspan="2">个人承担社会保险费(10.2%)</th><th colspan="2">个人承担住房公积金(12%)</th></tr>
<tr><th>借方科目</th><th>贷方科目</th><th>借方科目</th><th>贷方科目</th></tr>
<tr><td>经理办公室
行政办公室
人力资源部
财务部
仓管部</td><td>企管人员</td><td rowspan="4">221101 应付职工薪酬/工资</td><td rowspan="4">224101 其他应付款/应付社会保险费</td><td rowspan="4">221101 应付职工薪酬/工资</td><td rowspan="4">224102 其他应付款/应付住房公积金</td></tr>
<tr><td>采购部</td><td>采购人员</td></tr>
<tr><td>销售部</td><td>销售人员</td></tr>
<tr><td>生产部</td><td>生产人员</td></tr>
</table>

表 7-7　个人所得税的分摊科目

<table>
<tr><th colspan="2" rowspan="2">部门与人员类别</th><th colspan="2">代扣个人所得税(100%扣税合计)</th></tr>
<tr><th>借方科目</th><th>贷方科目</th></tr>
<tr><td>经理办公室、行政办公室、财务部、仓管部、人力资源部</td><td>企管人员</td><td rowspan="4">221101 应付职工薪酬/工资</td><td rowspan="4">222104 应交税费/应交个人所得税</td></tr>
<tr><td>采购部</td><td>采购人员</td></tr>
<tr><td>销售部</td><td>销售人员</td></tr>
<tr><td>生产部</td><td>生产人员</td></tr>
</table>

本笔业务是代扣职工个人承担的三险(应发合计的 10.2%，包括养老保险 8%、医疗保险 2%、失业保险 0.2%)一金(住房公积金，应发合计的 12%)、个人所得税，需要进行计提个人承担的三险一金的科目设置、分摊与制单，以及凭证的主管签字、审核与记账。

【操作指导】

确认系统时间和操作日期为 2017 年 4 月 30 日。

视频观看：手机扫描二维码可观看相关操作。

任务说明：结转代扣个人三险一金和所得税。

1. 场景 1 的操作步骤

1) 财务部会计张兰进行个人承担社会保险费和住房公积金的分摊科目设置

(1) 打开“工资分摊”对话框。登录“企业应用平台”，在“业务导航视图”的“业务工作”导航条中选中“人力资源”|“薪资管理”|“业务处理”|“工资分摊”，打开“工资分摊”对话框。

(2) 打开“分摊类型设置”对话框。在“工资分摊”对话框中单击“工资分摊设置”按钮，打开“分摊类型设置”对话框。

(3) 个人承担社会保险费的计提比例设置。在“分摊类型设置”对话框中，单击对话框中的“增加”按钮，打开“分摊计提比例设置”对话框，在“计提类型名称”栏输入“个人承担社会保险费”，设置“分摊计提比例”为“10.2%”。

(4) 个人承担社会保险费的分摊构成设置。单击“下一步”按钮，打开“分摊构成设置”对话框，根据表 7-4 的内容输入“部门名称”“人员类别”“工资项目(应发合计)”“借方科目”和“贷方科目”信息，结果如图 7-25 所示。

分摊构成设置

部门名称	人员类别	工资项目	借方科目	贷方科目
经理办公室,行政办公室,财务部,仓管部,人力资源部	企管人员	应发合计	221101	224101
采购部	采购人员	应发合计	221101	224101
批发部,门市部	销售人员	应发合计	221101	224101
生产部	生产人员	应发合计	221101	224101

图 7-25　个人承担社会保险费分摊科目设置的结果

(5) 单击“完成”按钮，保存该分摊构成设置，返回“分摊类型设置”对话框。

(6) 重复步骤(3)～(5)，完成“个人承担住房公积金”分摊设置，“分摊比例”为 12%，输入的结果如图 7-26 所示。

分摊构成设置

部门名称	人员类别	工资项目	借方...	贷方科目
经理办公室,行政办公室,财务部,仓管部,人力资源部	企管人员	应发合计	221101	224102
采购部	采购人员	应发合计	221101	224102
批发部,门市部	销售人员	应发合计	221101	224102
生产部	生产人员	应发合计	221101	224102

图 7-26　个人承担住房公积金分摊科目设置的结果

(7) 退出。单击“分摊构成设置”对话框的“返回”按钮，返回“工资分摊”对话框。

2) 财务部会计张兰进行个人承担社会保险费和住房公积金的计提与制单

(1) 打开“工资分摊”对话框。登录“企业应用平台”，在“业务导航视图”的“业务工作”导航条中选中“人力资源”|“薪资管理”|“业务处理”|“工资分摊”，打开“工资分摊”对话框。

(2) 计提个人承担的三险。在“工资分摊”对话框中，仅选中“个人承担社会保险费”复选框，选中所有的核算部门，确认选中“明细到工资项目”和“按项目核算”复选框，单击“确定”按钮以完成计提工作，打开“工资分摊明细”窗口，显示“个人承担社会保险费一览表”。

(3) 个人承担的三险的分摊制单。在“工资分摊明细”窗口中，选中“合并科目相同、辅助项相同的分录”复选框，再单击工具栏中的“制单”按钮，打开“填制凭证”页签，选择“凭证分类”为“记账凭证”，单击“保存”按钮，结果如图 7-27 所示。

(4) 退出。单击“填制凭证”和“工资分摊明细”页签的“关闭”按钮，关闭页签。

(5) 计提个人承担住房公积金。重复步骤(1)～(4)，完成个人承担住房公积金的计提和制单，制单结果如图 7-28 所示。

(6) 退出。单击“填制凭证”和“工资分摊明细”页签的“关闭”按钮，关闭页签。

已生成

记 账 凭 证

记　字 0039 － 0001/0002　　制单日期：2017.04.30　　审核日期：　　附单据数：0

摘要	科目名称	借方金额	贷方金额
个人承担社会保险费	应付职工薪酬/工资	62820	
个人承担社会保险费	应付职工薪酬/工资	62220	
个人承担社会保险费	应付职工薪酬/工资	194820	
个人承担社会保险费	应付职工薪酬/工资	143820	
个人承担社会保险费	应付职工薪酬/工资	66300	
票号 日期	数量 单价　　合计	1134750	1134750

备注　项　目　　　部　门　经理办公室

个　人　　　客　户

业务员

记账　　审核　　出纳　　制单　张兰

图 7-27　个人承担社会保险费制单结果

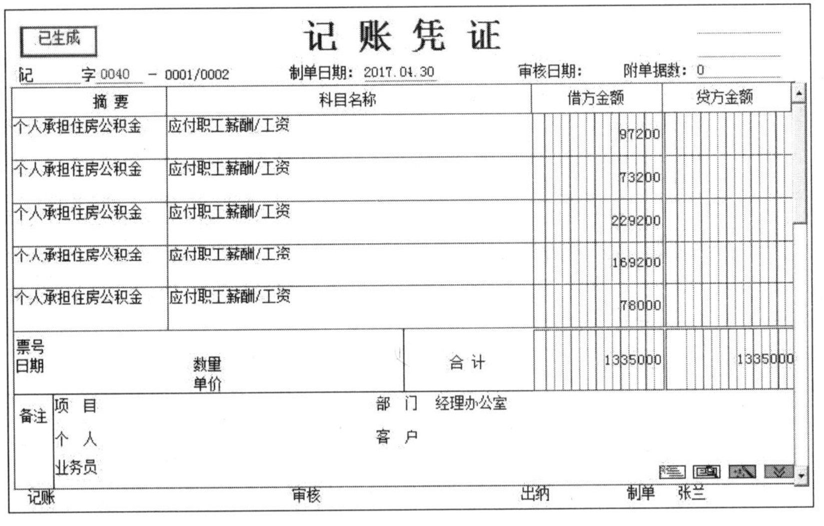

已生成

记 账 凭 证

记　字 0040 － 0001/0002　　制单日期：2017.04.30　　审核日期：　　附单据数：0

摘要	科目名称	借方金额	贷方金额
个人承担住房公积金	应付职工薪酬/工资	97200	
个人承担住房公积金	应付职工薪酬/工资	73200	
个人承担住房公积金	应付职工薪酬/工资	229200	
个人承担住房公积金	应付职工薪酬/工资	169200	
个人承担住房公积金	应付职工薪酬/工资	78000	
票号 日期	数量 单价　　合计	1335000	1335000

备注　项　目　　　部　门　经理办公室

个　人　　　客　户

业务员

记账　　审核　　出纳　　制单　张兰

图 7-28　个人承担住房公积金制单结果

2. 场景 2 的操作步骤

1）财务部会计张兰进行代扣个人所得税制表

（1）打开“个人所得税申报模板”对话框。登录“企业应用平台”，在“业务导航视图”的“业务工作”导航条中选中“人力资源”|“薪资管理”|“业务处理”|“扣缴所得税”，打开“个人所得税申报模板”对话框。

（2）所得税申报。在“个人所得税申报模板”对话框的“请选择所在地区名”下拉列表中选中“北京”，并在其表体中选中“北京扣缴个人所得税报表”，然后单击“打开”按钮，打开“所得税申报”对话框，单击“确定”按钮，打开“所得税申报”窗口，如图 7-29 所示，显示“北京扣缴个人所得税”，如图 7-30 所示。

（3）退出。单击“所得税申报”窗口的“关闭”按钮，关闭窗口；再单击“个人所得税申报模板”对话框的“取消”按钮，返回企业应用平台。

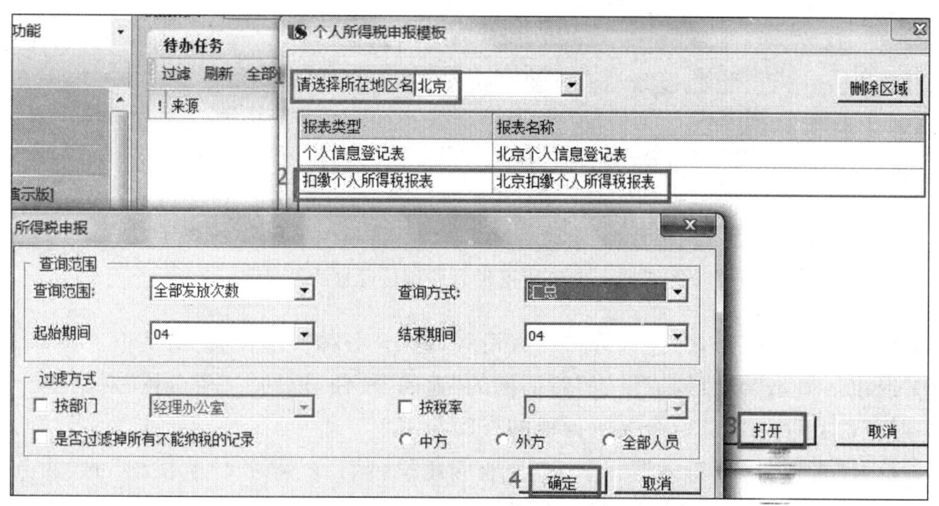

图 7-29　所得税申报窗

序号	纳税人姓名	身份证照...	所得项目	所得期间	收入额	费用扣除...	应纳税所...	税率	应扣税额	已扣税额
1	李吉综	身份证	工资	4	8100.00	3500.00	2801.80	10	175.18	175.18
2	陈虹	身份证	工资	4	6100.00	3500.00	1245.80	3	37.37	37.37
3	曾志伟	身份证	工资	4	7100.00	3500.00	2023.80	10	97.38	97.38
4	张兰	身份证	工资	4	6000.00	3500.00	1168.00	3	35.04	35.04
5	罗迪	身份证	工资	4	6000.00	3500.00	1168.00	3	35.04	35.04
6	赵飞	身份证	工资	4	7600.00	3500.00	2412.80	10	136.28	136.28
7	夏于	身份证	工资	4	6500.00	3500.00	1557.00	10	50.70	50.70
8	李华	身份证	工资	4	6500.00	3500.00	1557.00	10	50.70	50.70
9	刘静	身份证	工资	4	6950.00	3500.00	1907.10	10	85.71	85.71
10	张新海	身份证	工资	4	5550.00	3500.00	817.90	3	24.54	24.54
11	林意	身份证	工资	4	1050.00	3500.00	0.00	0	0.00	0.00
12	李莉	身份证	工资	4	6800.00	3500.00	1790.40	10	74.04	74.04
13	赵林	身份证	工资	4	5800.00	3500.00	1012.40	3	30.37	30.37
14	李东	身份证	工资	4	5800.00	3500.00	1012.40	3	30.37	30.37
15	王军	身份证	工资	4	7100.00	3500.00	2023.80	10	97.38	97.38
16	梁京	身份证	工资	4	5800.00	3500.00	1012.40	3	30.37	30.37
17	刘正	身份证	工资	4	6750.00	3500.00	1751.50	10	70.15	70.15
18	李江	身份证	工资	4	5750.00	3500.00	973.50	3	29.21	29.21
合计					111250.00	63000.00	26235.60		1089.83	1089.83

图 7-30　北京扣缴个人所得税报表

2）财务部会计张兰进行代扣个人所得税的分摊科目设置

（1）打开“工资分摊”对话框。登录“企业应用平台”，在“业务导航视图”的“业务工作”导航条中选中“人力资源”|“薪资管理”|“业务处理”|“工资分摊”，打开“工资分摊”对话框。

（2）打开“分摊类型设置”对话框。在“工资分摊”对话框，单击“工资分摊设置”按钮，打开“分摊类型设置”对话框。

（3）代扣个人所得税的计提比例设置。在“分摊类型设置”对话框中单击“增加”按钮，打开“分摊计提比例设置”对话框，输入“计提类型名称”为“代扣个人所得税”，设置“分摊计提比例”为“100％”。

（4）代扣个人所得税的分摊构成设置。单击“下一步”按钮，打开“分摊构成设置”对话框，根据表 7-7 的内容输入“部门名称”“人员类别”“工资项目(扣税合计)”“借方科目”和“贷方科目”信息，结果如图 7-31 所示。

分摊构成设置

部门名称	人员类别	工资项目	借方科目	贷方科目
经理办公室,行政办公室,财务部,仓管部,人力资源部	企管人员	扣税合计	221101	222104
采购部	采购人员	扣税合计	221101	222104
批发部,门市部	销售人员	扣税合计	221101	222104
生产部	生产人员	扣税合计	221101	222104

图 7-31 个人所得税分摊科目设置的结果

(5) 单击“完成”按钮，保存该分摊构成设置，返回“分摊类型设置”对话框。

(6) 退出。单击“分摊构成设置”对话框的“返回”按钮，返回“工资分摊”对话框。

3) 财务部会计张兰进行个人所得税的查阅与制单

(1) 打开“工资分摊”对话框。登录“企业应用平台”，在“业务导航视图”的“业务工作”导航条中选中“人力资源”|“薪资管理”|“业务处理”|“工资分摊”，打开“工资分摊”对话框。

(2) 查阅个人所得税。在“工资分摊”对话框中，仅选中“代扣个人所得税”，并选中所有的核算部门，确认选中“明细到工资项目”复选框，单击“确定”按钮，完成计提工作，在打开的“工资分摊明细”窗口中将显示“代扣个人所得税一览表”。

(3) 代扣个人所得税制单。在“工资分摊明细”窗口中，选中“合并科目相同、辅助项相同的分录”复选框，单击工具栏中的“制单”按钮，打开“填制凭证”页签，选择“凭证分类”为“记账凭证”，单击“保存”按钮，结果如图 7-32 所示。

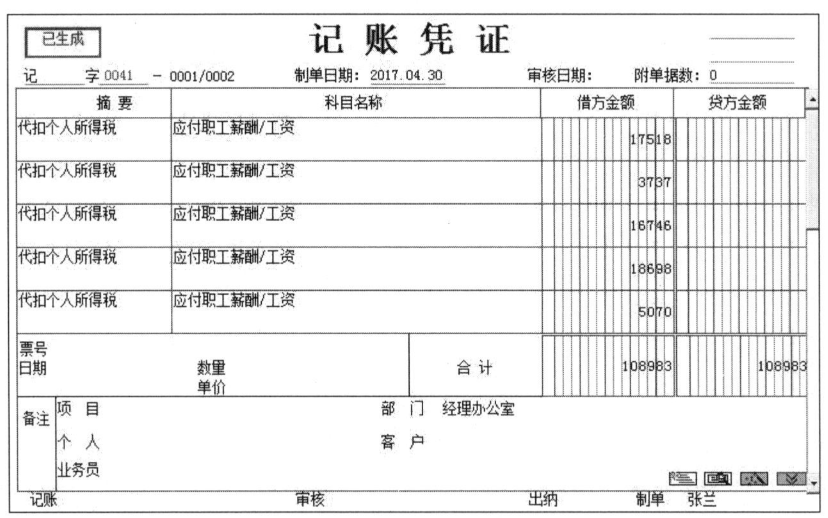
已生成

记账凭证

记 字 0041 - 0001/0002 制单日期：2017.04.30 审核日期： 附单据数：0

摘要	科目名称	借方金额	贷方金额
代扣个人所得税	应付职工薪酬/工资	17518	
代扣个人所得税	应付职工薪酬/工资	3737	
代扣个人所得税	应付职工薪酬/工资	16746	
代扣个人所得税	应付职工薪酬/工资	18698	
代扣个人所得税	应付职工薪酬/工资	5070	
票号 日期	数量 单价 合计	108983	108983

备注 项目 部门 经理办公室

个人 客户

业务员

记账 审核 出纳 制单 张兰

图 7-32 个人所得税制单结果

(4) 退出。单击“填制凭证”和“工资分摊明细”页签的“关闭”按钮，关闭页签。

小贴士

企业按应发工资扣除五险一金后的金额代扣代缴个人所得税。

7.8 委托银行发放工资与期末结账

【预备知识】

企业通常会通过银行代发职工薪酬。企业委托银行代发工资流程如图 7-33 所示。

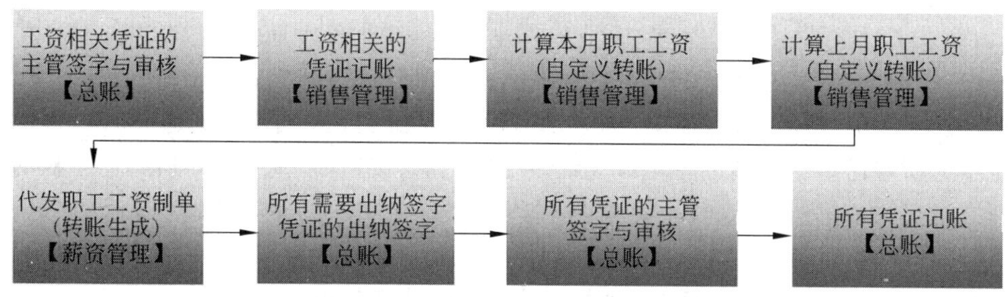

图 7-33　委托银行代发工资流程图

【业务描述】

财务主管曾志伟签字审核工资总额和个人承担三险一金的凭证，会计张兰记账，并进行委托银行代发工资的制单。本笔业务是委托银行代发本月工资的转账设置与制单(即自定义转账并生成凭证)，以及补发上月工资。

【操作指导】

确认系统时间和操作日期为 2017 年 4 月 30 日。

视频观看：手机扫描二维码可观看相关操作。

任务说明：委托银行发放工资。

1) 财务主管曾志伟对凭证进行主管签字

(1) 打开“主管签字列表”页签。登录“企业应用平台”，在“业务导航视图”的“业务工作”导航条中选中“财务会计”|“总账”|“凭证”|“主管签字”，弹出“主管签字”对话框，单击“确定”按钮，打开“主管签字列表”页签。

(2) 会计主管签字。在“主管签字列表”页签中，双击“工资总额凭证”所在的行，进入该凭证的“主管签字”页签，查阅信息无误后单击工具栏中的“签字”按钮，即在凭证右上方出现“曾志伟”的红字印章，表示该张凭证主管签字完成。单击工具栏中的 按钮，查阅到个人承担社会保险费和个人承担住房公积金、代扣个人所得税的凭证，审核信息无误后，逐一“签字”。

(3) 退出。单击“主管签字”和“主管签字列表”页签的“关闭”按钮，关闭页签。

2) 财务主管曾志伟对凭证进行主管审核

(1) 打开“凭证审核”列表对话框。登录“企业应用平台”，在“业务导航视图”的“业务工作”导航条中选中“财务会计”|“总账”|“凭证”|“审核凭证”，进入“凭证审核”对话框，单击“确定”按钮，打开“凭证审核列表”页签。

(2) 会计主管审核。在“凭证审核列表”页签中，双击“工资总额凭证”所在的行，进入该

凭证的“审核凭证”页签，查阅信息无误后单击工具栏中的“审核”按钮，在凭证下方的“审核”处显示“曾志伟”，表示该张凭证审核完成，系统自动打开下一张凭证。单击工具栏中的 |◆ ◆ ◆ ◆| 按钮，查阅个人承担社会保险费和个人承担住房公积金、代扣个人所得税的凭证，审核信息无误后，逐一“审核”。

（3）退出。单击“审核凭证”和“凭证审核列表”页签的“关闭”按钮，即可退出。

3）财务部会计张兰在总账中记账

（1）打开“记账”对话框。登录“企业应用平台”，在“业务导航视图”的“业务工作”导航条中选中“财务会计”|“总账”|“凭证”|“记账”，打开“记账”对话框。

（2）记账。在“记账”对话框中，选中“2017.04 月份凭证”，单击“全选”按钮，记账范围自动显示为所有已签字审核的待记账凭证，单击“记账”按钮，系统自动对所有已审核的未记账凭证进行记账，并弹出消息框和记账报告，单击“确定”按钮，退出消息框，返回“记账”对话框。

（3）退出。单击“记账”对话框的“退出”按钮，退出该对话框。

4）财务部会计张兰做代发本月职工工资的自定义转账

（1）打开“自定义转账设置”窗口。登录“企业应用平台”，在“业务导航视图”的“业务工作”导航条中选中“财务会计”|“总账”|“期末”|“转账定义”|“自定义转账”，打开“自定义转账设置”窗口。

（2）定义“代发本月职工工资”转账项目。单击工具栏中的“增加”按钮，在打开的“转账目录”对话框中设置“转账序号”为“0007”，“转账说明”为“代发本月职工工资”，单击“确定”按钮，返回“自定义转账设置”窗口。

（3）定义“代发本月职工工资”公式。在“自定义转账设置”的窗口中进行相关的后续操作。

（4）提取经理办公室的工资。单击工具栏中的“增行”按钮，然后在表体部分参照生成或直接输入“科目编码”为“221101(应付职工薪酬—工资)”，“部门”为“经理办公室”，“方向”为“借”；单击“金额公式”的参照按钮，在弹出的“公式向导”对话框中，选择“公式名称”为“期末余额”，单击“下一步”按钮，确认“科目”为“221101”，“部门”为“经理办公室”，选中“继续输入公式”复选框，选中“－(减)”单选按钮，单击“下一步”按钮，如图 7-34 所示。

在弹出的“公式向导”对话框中，选择“公式名称”为“期初余额”，确认“科目编码”为“221101”，“部门”为“经理办公室”，其他选项默认，单击“完成”按钮，返回“自定义转账设置”窗口，此时“金额公式”为“QM(221101,月,,101)-QC(221101,月,,101)”。

（5）提取其他部门的工资。重复步骤(4)，以提取其他部门的工资，其“科目编码”均为“221101”，“方向”均为“借”，“金额公式”分别为“QM(221101,月,,102)-QC(221101,月,,102)”“QM (221101,月,,2)-QC(221101,月,,2)”“QM (221101,月,,301)-QC(221101,月,,301)”“QM (221101,月,,302)-QC(221101,月,,302)”“QM (221101,月,,4)-QC(221101,月,,4)”“QM (221101,月,,5)-QC(221101,月,,5)”“QM (221101,月,,6)-QC(221101,月,,6)”“QM (221101,月,,7)-QC(221101,月,,7)”。

（6）设置结算方式。单击工具栏中的“增行”按钮，输入“科目编码”为“100201”(工行存款)，方向为“贷”，参照生成或输入“金额公式”为 JG( )(取对方科目计算结果)。操作结果如图 7-35 所示。

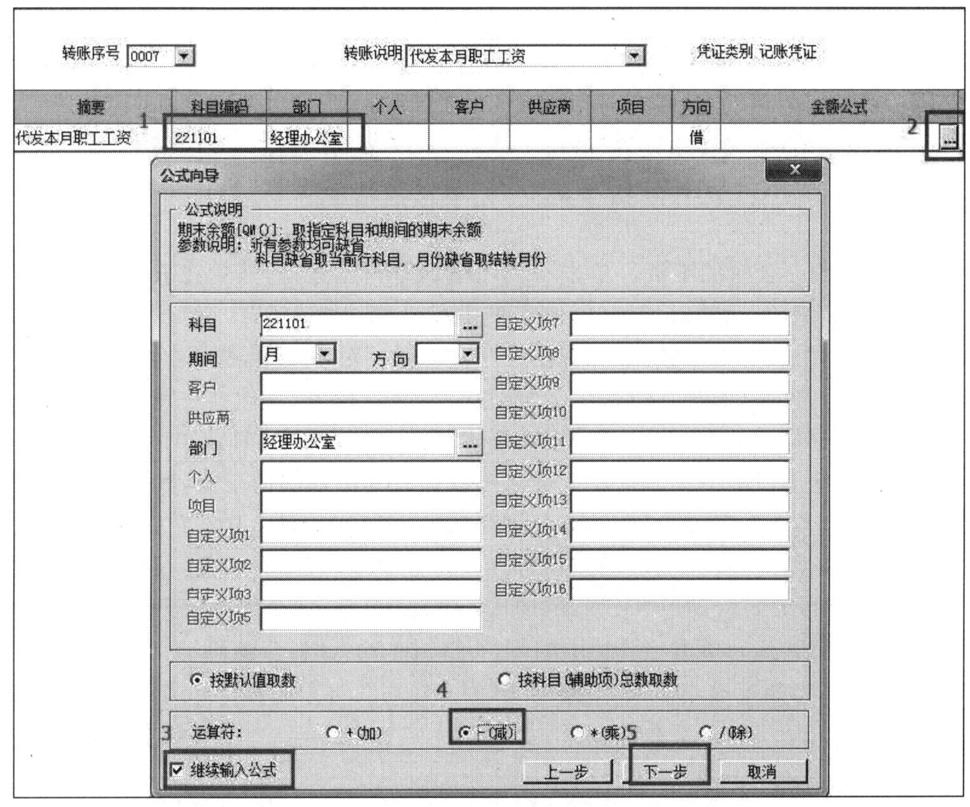

图 7-34　提取经理办公室的工资

自定义转账设置

设置　输出　增加　修改　删除　复制　放弃　增行　插行　删行

转账序号 0007　　转账说明 代发本月职工工资　　凭证类别 记账凭证

摘要	科目编码	部门	个人	客户	方向	金额公式
代发本月职工工资	221101	经理办公室			借	QM(221101,月,,101)-QC(221101,月,,101)
代发本月职工工资	221101	行政办公室			借	QM(221101,月,,102)-QC(221101,月,,102)
代发本月职工工资	221101	财务部			借	QM(221101,月,,2)-QC(221101,月,,2)
代发本月职工工资	221101	批发部			借	QM(221101,月,,301)-QC(221101,月,,301)
代发本月职工工资	221101	门市部			借	QM(221101,月,,302)-QC(221101,月,,302)
代发本月职工工资	221101	采购部			借	QM(221101,月,,4)-QC(221101,月,,4)
代发本月职工工资	221101	仓管部			借	QM(221101,月,,5)-QC(221101,月,,5)
代发本月职工工资	221101	人力资源部			借	QM(221101,月,,6)-QC(221101,月,,6)
代发本月职工工资	221101	生产部			借	QM(221101,月,,7)-QC(221101,月,,7)
代发本月职工工资	100201				贷	JG()

图 7-35　代发本月职工工资的自定义转账设置

(7) 保存。单击工具栏中的“保存”按钮，保存“代发本月职工工资”的公式定义。

(8) 退出。单击“自定义转账设置”窗口工具栏的“退出”按钮，退出窗口。

5) 财务部会计张兰做代发上月职工工资的自定义转账

(1) 打开“自定义转账设置”窗口。登录“企业应用平台”，在“业务导航视图”的“业务工作”导航条中选中“财务会计”|“总账”|“期末”|“转账定义”|“自定义转账”，打开“自定义转

账设置”窗口。

(2) 定义“代发上月职工工资”转账项目。单击窗口工具栏中的“增加”按钮，在打开的“转账目录”对话框中编辑“转账序号”为“0008”，“转账说明”为“代发上月职工工资”，单击“确定”按钮，返回“自定义转账设置”窗口。

(3) 定义“代发上月职工工资”公式。在“自定义转账设置”窗口中进行相关的后续操作。

(4) 提取经理办公室的工资。单击工具栏中的“增行”按钮，然后在表体部分参照生成或直接输入“科目编码”为“221101”(应付职工薪酬-工资)，“部门”为“经理办公室”，“方向”为“借”；单击“金额公式”参照按钮，在弹出的“公式向导”对话框中，选择“公式名称”为“期初余额”，单击“下一步”按钮，确认“科目”为“221101”，“部门”为“经理办公室”，单击“完成”按钮，返回“自定义转账设置”窗口，此时“金额公式”为“QC(221101,月,,101)”。

(5) 提取其他部门的工资。重复步骤(4)，以提取其他部门的工资，其“科目编码”均为“221101”，“方向”均为“借”，“金额公式”分别为“QC (221101,月,,102)”“QC (221101,月,,2)”“QC (221101,月,,301)”“QC (221101,月,,302)”“QC (221101,月,,4)”“QC (221101,月,,5)”“QC (221101,月,,6)”“QC (221101,月,,7)”。

(6) 设置结算方式。单击工具栏中的“增行”按钮，输入“科目编码”为“100201”(工行存款)，方向为“贷”，参照生成或输入“金额公式”为 JG()(取对方科目计算结果)。操作结果如图 7-36 所示。

自定义转账设置

设置 输出 增加 修改 删除 复制 放弃 增行 插行 删行 复制行

转账序号 0008　　转账说明 代发上月职工工资　　凭证类别 记账凭证

摘要	科目编码	部门	个人	客户	供应商	项目	方向	金额公式
代发上月职工工资	221101	经理办公室					借	QC (221101,月,,101)
代发上月职工工资	221101	行政办公室					借	QC (221101,月,,102)
代发上月职工工资	221101	财务部					借	QC (221101,月,,2)
代发上月职工工资	221101	批发部					借	QC (221101,月,,301)
代发上月职工工资	221101	门市部					借	QC (221101,月,,302)
代发上月职工工资	221101	采购部					借	QC (221101,月,,4)
代发上月职工工资	221101	仓管部					借	QC (221101,月,,5)
代发上月职工工资	221101	人力资源部					借	QC (221101,月,,6)
代发上月职工工资	221101	生产部					借	QC (221101,月,,7)
代发上月职工工资	100201						贷	JG ()

图 7-36　代发上月工资的自定义转账设置

(7) 保存。单击工具栏中的“保存”按钮，保存“代发上月职工工资”的公式定义。

(8) 退出。单击“自定义转账设置”窗口工具栏的“退出”按钮，退出窗口。

6) 财务部会计张兰对代发职工工资制单

(1) 打开“转账生成”对话框。登录“企业应用平台”，在“业务导航视图”的“业务工作”导航条中选中“财务会计”|“总账”|“期末”|“转账生成”，打开“转账生成”对话框。

(2) 转账生成并保存凭证。选中“自定义转账”单选按钮，双击“编号”为“0007”和“0008”的记录行(“是否结转”栏出现“Y”)，然后单击“确定”按钮，弹出消息框，提示“有未记账凭证”，单击“是”按钮，打开“转账”窗口(此时显示了第一张记账凭证)。

(3) 保存凭证。单击窗口工具栏中的“保存”按钮,保存该凭证,如图 7-37 所示。

已生成

记 账 凭 证

记 字 0042 — 0001/0002 制单日期: 2017.04.30 审核日期: 附单据数: 0

摘 要	科目名称	借方金额	贷方金额
代发本月职工工资	应付职工薪酬/工资	594482	
代发本月职工工资	应付职工薪酬/工资	466263	
代发本月职工工资	应付职工薪酬/工资	1451254	
代发本月职工工资	应付职工薪酬/工资	1058302	
代发本月职工工资	应付职工薪酬/工资	494930	
票号 日期	数量 单价 合 计	8429017	8429017

备注 项 目 部 门 经理办公室

个 人 客 户

业务员

记账 审核 出纳 制单 张兰

图 7-37 发本月职工工资凭证

(4) 在“转账”窗口中,单击➡按钮,此时显示了第二张记账凭证,然后单击工具栏中的“保存”按钮,保存该凭证,如图 7-38 所示。

已生成

记 账 凭 证

记 字 0043 — 0001/0002 制单日期: 2017.04.30 审核日期: 附单据数: 0

摘 要	科目名称	借方金额	贷方金额
代发上月职工工资	应付职工薪酬/工资	779600	
代发上月职工工资	应付职工薪酬/工资	599200	
代发上月职工工资	应付职工薪酬/工资	1859360	
代发上月职工工资	应付职工薪酬/工资	1281380	
代发上月职工工资	应付职工薪酬/工资	589980	
票号 日期	数量 单价 合 计	10621840	10621840

备注 项 目 部 门 经理办公室

个 人 客 户

业务员

记账 审核 出纳 制单 张兰

图 7-38 代发上月职工工资凭证

(5) 退出。单击“转账”窗口工具栏中的“退出”按钮,退出窗口;再单击“转账生成”对话框的“取消”按钮。

小贴士

企业实际工作中一般月初或月中对职工发放工资,此处对日期没再调整。

7) 财务部出纳罗迪对凭证进行出纳签字

(1) 打开“出纳签字列表”页签。登录“企业应用平台”,在“业务导航视图”的“业务工

作”导航条中选中“财务会计”|“总账”|“凭证”|“出纳签字”，弹出“出纳签字”对话框，单击“确定”按钮，打开“出纳签字列表”页签。

(2) 出纳签字。在“出纳签字列表”页签中可进行以下操作。

① 单张签字。双击任意凭证所在的行，进入该凭证的“出纳签字”页签，查阅信息无误后单击工具栏中的“签字”按钮，即在凭证下方的“出纳”处显示“罗迪”的名字，表示出纳签字完成。

② 成批签字。单击工具栏中的 ⇤ ← → ⇥ 按钮，查阅到其他凭证；审核信息无误后，单击工具栏中的“批处理”下拉按钮，选中“成批出纳签字”选项，以完成对所有未签字凭证的出纳签字工作。

(3) 退出。单击“出纳签字”页签和“出纳签字列表”页签的“关闭”按钮，关闭页签。

8) 财务主管曾志伟对凭证进行主管签字

(1) 打开“主管签字列表”页签。登录“企业应用平台”，在“业务导航视图”的“业务工作”导航条中选中“财务会计”|“总账”|“凭证”|“主管签字”，打开“主管签字”对话框，单击“确定”按钮，打开“主管签字列表”页签。

(2) 会计主管签字。在“主管签字列表”页签中可以进行以下操作。

① 单张签字。双击任意凭证所在的行，进入该凭证的“主管签字”页签，查阅信息无误后单击工具栏中的“签字”按钮，即在凭证右上方出现“曾志伟”的红字印章，表示该张凭证主管签字完成。

② 成批签字。单击工具栏中的 ⇤ ← → ⇥ 按钮，查阅到其他凭证；审核信息无误后，单击工具栏中的“批处理”下拉按钮，选中“成批主管签字”选项，以完成对所有未签字凭证的主管签字工作。

(3) 退出。单击“主管签字”和“主管签字列表”页签的“关闭”按钮，关闭页签。

9) 财务主管曾志伟对凭证进行主管审核

(1) 打开“凭证审核列表”页签。登录“企业应用平台”，在“业务导航视图”的“业务工作”导航条中选中“财务会计”|“总账”|“凭证”|“审核凭证”，进入“凭证审核”对话框，单击“确定”按钮，打开“凭证审核列表”页签。

(2) 会计主管审核。

① 单张审核。在“凭证审核列表”页签中双击任意凭证所在的行，进入该凭证的“审核凭证”页签，查阅信息无误后单击工具栏中的“审核”按钮，即在凭证下方“审核”处显示“曾志伟”的名字，并自动跳转到下一张凭证。

② 成批审核。在“凭证审核”列表对话框中单击工具栏中的 ⇤ ← → ⇥ 按钮，查阅到其他凭证；审核信息无误后，单击工具栏中的“批处理”下拉按钮，选中“成批审核凭证”选项，在弹出的“凭证”对话框中单击“确定”按钮，弹出“是否重新刷新数据”消息框，单击“是”按钮，以完成对所有已签字未审核凭证的审核工作。

(3) 退出。单击“审核凭证”和“凭证审核列表”页签的“关闭”按钮，关闭页签。

10) 财务部会计张兰在总账中记账

(1) 打开“记账”对话框。登录“企业应用平台”，在“业务导航视图”的“业务工作”导航条中选中“财务会计”|“总账”|“凭证”|“记账”，打开“记账”对话框。

(2) 记账。在“记账”对话框中，选中“2017.04 月份凭证”单选按钮，单击“全选”按钮，记账范围自动显示为所有已审核的待记账凭证，单击“记账”按钮，系统自动完成记账工作，并给出消息框显示记账完毕。

(3) 退出。单击消息框中的“确定”按钮，返回“记账”对话框，单击“记账”对话框的“退出”按钮，退出对话框。

7.9 查询并输出工资信息

【预备知识】

实际工作中，人力资源部门每月要向职工发放工资条，因此需要在用友 ERP-U8 中对工资明细进行输出。

【业务描述】

2017 年 4 月 30 日，人力资源部主管王军查看薪资发放条、部门工资汇总表等，输出“薪资发放条. XSL”“部门工资汇总表. XSL”。

【操作指导】

确认系统时间和操作日期为 2017 年 4 月 30 日。

视频观看：手机扫描二维码可观看相关操作。

任务说明：工资发放条的输出、查看部门工资汇总表。

人力资源部王军查看并输出薪资发放条、部门工资汇总表的过程如下。

(1) 打开“工资表”对话框。登录“企业应用平台”，在“业务导航视图”的“业务工作”导航条中选中“人力资源”|“薪资管理”|“统计分析”|“账表”|“工资表”，打开“工资表”对话框，如图 7-39 所示。

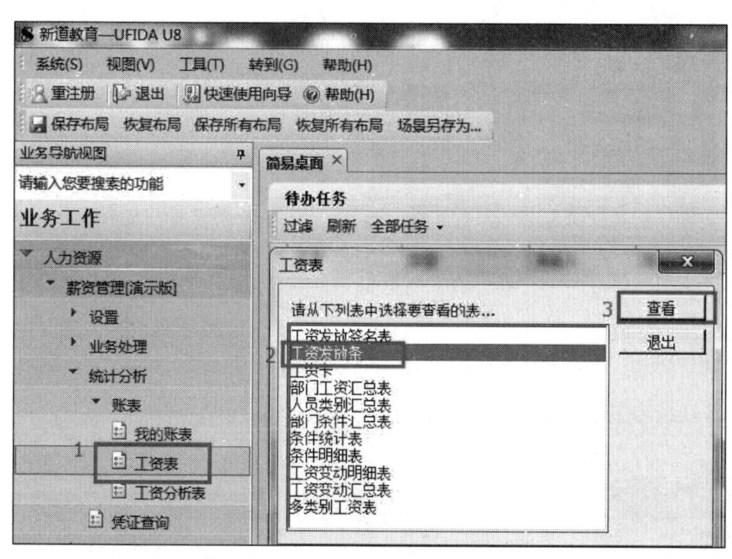

图 7-39 “工资表”对话框

(2) 打开“工资发放条”窗口。在“工资表”对话框中，选中“工资发放条”列表项，单击

“查看”按钮，打开“工资发放条”对话框，选中公司的所有部门和“选定下级部门”复选框，单击“确定”按钮，打开“工资发放条”窗口，如图 7-40 所示。

工资发放条
2017 年 04 月

部门 全部　　会计月份 四月

人员编号	姓名	应发合计	扣款合计	实发合计	本月扣零	上月扣零	代扣税	工资代扣税	扣税合计	基本工资	岗位工资	绩效工资	交通补助	养老保险	医疗保险
0100	李吉棕	8,100.00	1,973.38	6,120.00	6.62		175.18	175.18	175.18	2,000.00	1,000.00	5,000.00	100.00	648.00	162.00
0101	陈虹	6,100.00	1,391.57	4,700.00	8.43		37.37	37.37	37.37	2,000.00	1,000.00	3,000.00	100.00	488.00	122.00
0200	曾志伟	7,100.00	1,673.58	5,420.00	6.42		97.38	97.38	97.38	2,000.00	1,000.00	4,000.00	100.00	568.00	142.00
0201	张兰	6,000.00	1,367.04	4,630.00	2.96		35.04	35.04	35.04	2,000.00	900.00	3,000.00	100.00	480.00	120.00
0202	罗迪	6,000.00	1,367.04	4,630.00	2.96		35.04	35.04	35.04	2,000.00	900.00	3,000.00	100.00	480.00	120.00
0300	赵飞	7,600.00	1,823.48	5,770.00	6.52		136.28	136.28	136.28	2,000.00	1,000.00	4,500.00	100.00	608.00	152.00
0301	夏于	6,500.00	1,493.70	5,000.00	6.30		50.70	50.70	50.70	2,000.00	900.00	3,500.00	100.00	520.00	130.00
0302	李华	6,500.00	1,493.70	5,000.00	6.30		50.70	50.70	50.70	2,000.00	900.00	3,500.00	100.00	520.00	130.00
0400	刘静	6,950.00	1,628.61	5,320.00	1.39		85.71	85.71	85.71	2,000.00	900.00	4,000.00	50.00	556.00	139.00
0401	张新海	5,550.00	1,256.64	4,290.00	3.36		24.54	24.54	24.54	2,000.00	500.00	3,000.00	50.00	444.00	111.00
0402	林意	1,050.00	233.10	810.00	6.90					1,000.00			50.00	84.00	21.00
0500	李莉	6,800.00	1,583.64	5,210.00	6.36		74.04	74.04	74.04	2,000.00	700.00	4,000.00	100.00	544.00	136.00
0501	赵林	5,800.00	1,317.97	4,480.00	2.03		30.37	30.37	30.37	2,000.00	700.00	3,000.00	100.00	464.00	116.00
0502	李东	5,800.00	1,317.97	4,480.00	2.03		30.37	30.37	30.37	2,000.00	700.00	3,000.00	100.00	464.00	116.00
0600	王军	7,100.00	1,673.58	5,420.00	6.42		97.38	97.38	97.38	2,000.00	1,000.00	4,000.00	100.00	568.00	142.00
0601	梁京	5,800.00	1,317.97	4,480.00	2.03		30.37	30.37	30.37	2,000.00	700.00	3,000.00	100.00	464.00	116.00
0700	刘正	6,750.00	1,568.65	5,180.00	1.35		70.15	70.15	70.15	2,000.00	700.00	4,000.00	50.00	540.00	135.00
0701	李江	5,750.00	1,305.71	4,440.00	4.29		29.21	29.21	29.21	2,000.00	700.00	3,000.00	50.00	460.00	115.00
合计		111,250.00	25,787.33	85,380.00	82.67	0.00	1,089.83	1,089.83	1,089.83	35,000.00	14,200.00	60,500.00	1,550.00	8,900.00	2,225.00

图 7-40　工资发放条

(3) 打开“部门工资汇总表”窗口。在“工资表”对话框中，选中“部门工资汇总表”列表项，如图 7-41 所示。单击“查看”按钮，打开“部门工资汇总表”对话框，在“选定部门范围”列表中选中所有部门，再选定“选定下级部门”复选框，单击“确定”按钮。打开“部门工资汇总表”对话框，选中“一级部门”和“二级部门”复选框，单击“确定”按钮，打开“部门工资汇总表”窗口，如图 7-42 所示。

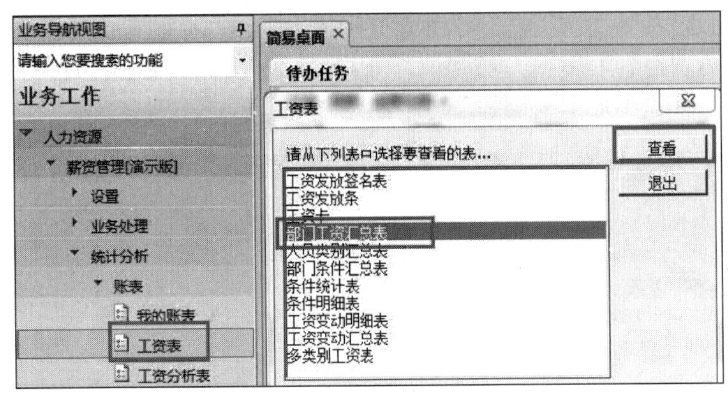

图 7-41　打开部门工资汇总表

部门工资汇总表
2017 年 4 月

会计月份 四月

部门	人数	应发合计	扣款合计	实发合计	本月扣零	上月扣零	代扣税	工资代扣税	扣税合计	基本工资	岗位工资	绩效工资	交通补助	养老保险	医疗保险	失业保险	住房公积金
公司总部	2	14,200.00	3,364.95	10,820.00	15.05		212.55	212.55	212.55	4,000.00	2,000.00	8,000.00	200.00	1,136.00	284.00	28.40	1,704.00
经理办公室	1	8,100.00	1,973.38	6,120.00	6.62		175.18	175.18	175.18	2,000.00	1,000.00	5,000.00	100.00	648.00	162.00	16.20	972.00
行政办公室	1	6,100.00	1,391.57	4,700.00	8.43		37.37	37.37	37.37	2,000.00	1,000.00	3,000.00	100.00	488.00	122.00	12.20	732.00
财务部	3	19,100.00	4,407.66	14,680.00	12.34		167.46	167.46	167.46	6,000.00	2,800.00	10,000.00	300.00	1,528.00	382.00	38.20	2,292.00
销售部	3	20,600.00	4,810.88	15,770.00	19.12		237.68	237.68	237.68	6,000.00	2,800.00	11,500.00	300.00	1,648.00	412.00	41.20	2,472.00
批发部	2	14,100.00	3,317.18	10,770.00	12.82		186.98	186.98	186.98	4,000.00	1,900.00	8,000.00	200.00	1,128.00	282.00	28.20	1,692.00
门市部	1	6,500.00	1,493.70	5,000.00	6.30		50.70	50.70	50.70	2,000.00	900.00	3,500.00	100.00	520.00	130.00	13.00	780.00
采购部	3	13,550.00	3,118.35	10,420.00	11.65		110.25	110.25	110.25	5,000.00	1,400.00	7,000.00	150.00	1,084.00	271.00	27.10	1,626.00
仓管部	3	18,400.00	4,219.58	14,170.00	10.42		134.78	134.78	134.78	6,000.00	2,100.00	10,000.00	300.00	1,472.00	368.00	36.80	2,208.00
人力资源部	2	12,900.00	2,991.55	9,900.00	8.45		127.75	127.75	127.75	4,000.00	1,700.00	7,000.00	200.00	1,032.00	258.00	25.80	1,548.00
生产部	2	12,500.00	2,874.36	9,620.00	5.64		99.36	99.36	99.36	4,000.00	1,400.00	7,000.00	100.00	1,000.00	250.00	25.00	1,500.00
合计	18	111,250.00	25,787.33	85,380.00	82.67		1,089.83	1,089.83	1,089.83	35,000.00	14,200.00	60,500.00	1,550.00	8,900.00	2,225.00	222.50	13,350.00

图 7-42　部门工资汇总表

第 8 章　月末业务与报表编制

总账的月末业务，一般有盘点业务、结转本月的制造费用、结转成本、计算应交增值税及结转未缴增值税、计算并结转城市维护建设税及教育费附加费、期间损益结转处理、计算并结转本月企业所得税，各个系统的结账以及所有凭证的出纳签字、会计主管签字与审核、会计记账，最后制作财务报表。

本章的操作业务特殊，所以在每一笔业务完成后，生成的凭证都必须进行签字、审核和记账，保证结转后科目的余额已经登记入账。本章的操作可按照业务描述中的系统日期(例如 2017 年 4 月 30 日)和操作员(例如财务部会计张兰)在第 7 章完成的基础上继续进行。

如果没有完成第 7 章的薪资管理业务的操作，可以到百度网盘空间(网盘地址：http://pan.baidu.com/s/1nuEQJ7j 访问密码：h7gs)的“实验账套数据”文件夹中，将“07 薪资管理.rar”下载到计算机上，然后引入用友 ERP-U8 中。此外，本章完成的账套，其输出压缩的文件名为“08 月末业务.rar”。

需要说明如下：

(1) 因网盘中的账套备份文件均为压缩文件，所以在下载完成后引入之前，需要用解压缩工具进行解压(建议用 WinRAR 3.42 或以上版本)，得到相应可以引入的账套数据文件。

(2) 本章的所有业务实验操作都有配套的微视频，可以通过扫描二维码或者到指定的网页去观看。本书配套的微视频均存放在网盘中。

8.1　存货盘点业务

【预备知识】

为了保证企业库存资产的安全和完整，做到账实相符，企业必须对存货进行定期或者不定期的清查，查明存货盘盈盘亏、损毁的数量以及造成的原因，并据以编制存货盘点报告表，按规定程序，报有关部门审批。

盘盈盘亏简单讲就是实物与账面的差异。盘点实物存数或价值大于账面存数或价值，就是盘盈；盘点实物存数或价值小于账面存数或价值就是盘亏。

对于存货的盘盈盘亏，应及时办理存货的账务手续，按盘盈盘亏存货的计划成本或估计成本，调整存货账面数，记入“待处理流动资产损溢”科目。

关于存货盘点的流程如图 8-1 所示。

具体的账务处理如下。

1. 存货的盘盈

1) 批准处理前

借：存货(如库存商品、塑料、硅胶等)

　贷：待处理财产损溢(待处理流动资产损溢)

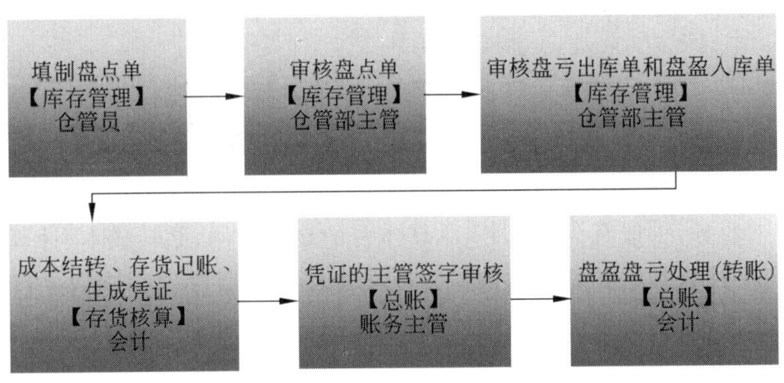

图 8-1　盘点的流程

2）查明原因后

借：待处理财产损溢—待处理流动资产损溢

　贷：管理费用/营业外收入(按照企业的规定)

2. 存货的盘亏

1）批准处理前

(1) 对于盘亏的存货，根据“存货盘存报告单”所列金额，做如下处理。

借：待处理财产损溢—待处理流动资产损溢

　贷：存货(如库存商品、塑料、硅胶等)

(2) 对于购进的存货，因发生非正常损失而引起的存货盘亏，做如下处理。

借：待处理财产损溢—待处理流动资产损溢

　贷：存货(如库存商品、塑料、硅胶等)

　　　应交税费—应交增值税(即进项税额转出)

2）查明原因后

借：管理费用(非正常损耗或管理不善)

　　其他应收款(保险公司或责任人赔偿)

　　营业外支出(非常损失)

　贷：待处理财产损溢—待处理流动资产损溢

【虚拟业务场景】

人物：

赵林(仓管部仓管员)

李莉(仓库主管)

张兰(财务部会计)

曾志伟(财务主管)

场景 1：盘点单的填制、审核与其他出入库单的审核

赵林：李总你好，按照公司的规定，我对各仓库进行了盘点。大运公司仓库盘盈男士普通太阳镜 2 副，产成品仓库盘亏亮康眼镜 5 副。盘点单我已经填制完毕，请您审核。

李莉：好的，我马上审核盘点单和相应的出库单、入库单。

场景 2：盘点的账务处理

赵林：张兰你好，我是仓管部的赵林，我们对仓库进行了盘点，有盘盈盘亏的情况，领导已经审批通过，请你做一下账务处理。

张兰：好的。

场景 3：对已生成凭证进行主管签字、审核，以及会计记账

（曾志伟作为财务主管，对本月已经生成的凭证进行会计主管签字、审核……）

曾志伟：小张，我已经把生成的凭证都签字、审核了，你做一下记账吧！

张兰：好的，我马上办。

（张兰在总账中进行凭证记账）

场景 4：盘盈盘亏转账处理

曾志伟：小张，你处理一下报批后的盘盈盘亏账务吧。把盘盈当作非正常收入转入营业外收入，盘亏当作仓库管理过程中的合理损耗转入管理费用。

张兰：那好，我马上做待处理流动资产损溢科目的转账工作。

【业务描述】

2017 年 4 月 30 日，仓管部对各个仓库进行盘点，发现大运公司仓库的男士普通太阳镜比账面多了 2 副，成本单价为 90 元，合计为 180 元；产成品仓库的亮康眼镜比账面少了 5 副，成本单价为 160 元，合计为 800 元。当日，经主管领导批示，盘盈的男士普通太阳镜作为非正常收入 180 元，转入营业外收入盘亏的亮康眼镜属于仓库管理的合理损耗 800 元，转入管理费用—其他（科目编码为 660206）。

【操作指导】

本笔是盘点业务，需要填制并审核盘点单，审核因盘盈盘亏系统自动生成的其他入库单和其他出库单；盘盈盘亏存货的记账与生成凭证。

1. 场景 1 的操作步骤

确认系统时间和操作日期为 2017 年 4 月 30 日。

视频观看：手机扫描二维码可观看相关操作。

任务说明：盘点单的填制、审核与其他出入库单的审核。

1）仓管部职员赵林填制盘点单

（1）打开“盘点单”窗口。登录“企业应用平台”，在“业务导航视图”的“业务工作”导航条中选中“供应链”|“库存管理”|“盘点业务”，打开“盘点单”页签。

（2）编辑并保存大运公司仓库的盘点单。单击工具栏中的“增加”按钮，新增一张盘点单，编辑的操作步骤如下：

① 参照生成表头的“盘点仓库”为“大运仓库”，“出库类别”为“盘亏出库”，“入库类别”为“盘盈入库”，“部门”为“仓管部”。

② 单击工具栏中的“盘库”按钮，弹出消息框，询问“盘库将删除未保存的所有记录，是否继续?”，单击“是”按钮，弹出“盘点处理”对话框，确认“盘点方式”为“按仓库盘点”，然后单击“确认”按钮，返回“盘点单”页签。

③ 编辑“男士普通太阳镜”的“单价”为“90”，实际的“盘点数量”为账面数量加 2，即

102.00，操作结果如图 8-2 所示。

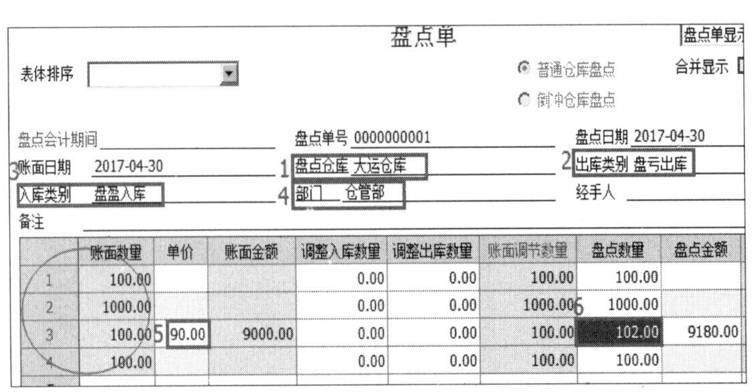

图 8-2　盘点单

④ 单击工具栏中的“保存”按钮，保存该盘点单。

(3) 编辑并保存产成品仓库的盘点单。单击工具栏中的“增加”按钮，再新增一张盘点单，编辑的操作步骤如下。

① 参照生成表头的“盘点仓库”为“产成品仓库”，“出库类别”为“盘亏出库”，“入库类别”为“盘盈入库”，“部门”为“仓管部”。

② 单击工具栏中的“盘库”按钮，弹出消息框，询问“盘库将删除未保存的所有记录，是否继续?”，单击“是”按钮，弹出“盘点处理”对话框，确认“盘点方式”为“按仓库盘点”，然后单击“确认”按钮，返回“盘点单”页签。

③ 编辑“亮康眼镜”的“单价”为“160”，实际的“盘点数量”为账面数量减 5，即 4995.00，单击工具栏中的“保存”按钮，保存该盘点单。

(4) 退出。单击“盘点单”页签的“关闭”按钮，关闭页签。

2) 仓库主管李莉审核盘点单

(1) 打开“盘点单”窗口。登录“企业应用平台”，在“业务导航视图”的“业务工作”导航条中选中“供应链”|“库存管理”|“盘点业务”，打开“盘点单”页签。

(2) 查阅并审核盘点单。单击工具栏中的 ⏮ ◀ ▶ ⏭ 按钮查阅相应的盘点单，然后在需要审核的盘点单窗口中(本业务有两笔盘点单)，单击工具栏中的“审核”按钮，弹出消息框提示审核成功，单击“确定”按钮，完成审核工作，系统自动生成盘盈入库单和盘亏出库。

(3) 退出。单击“盘点单”页签的“关闭”按钮，关闭页签。

3) 仓库主管李莉审核盘盈入库单

(1) 打开库存管理的“其他入库单”窗口。登录“企业应用平台”，在“业务导航视图”的“业务工作”导航条中选中“供应链”|“库存管理”|“入库业务”|“其他入库单”，打开“其他入库单”页签。

(2) 查阅并审核其他入库单。单击工具栏中的 ⏮ ◀ ▶ ⏭ 按钮查阅本业务的其他入库单，然后单击工具栏中的“审核”按钮，弹出消息框提示审核成功，单击“确定”按钮，完成审核工作。

(3) 退出。单击“其他入库单”页签的“关闭”按钮，关闭页签。

4）仓库主管李莉审核盘亏出库单

（1）打开库存管理的“其他出库单”窗口。登录“企业应用平台”，在“业务导航视图”的“业务工作”导航条中选中“供应链”|“库存管理”|“出库业务”|“其他出库单”，打开“其他出库单”页签。

（2）查阅并审核其他出库单。单击工具栏中的 按钮查阅到本业务的其他出库单，然后单击工具栏中的“审核”按钮，弹出消息框提示审核成功，单击“确定”按钮完成审核工作。

（3）退出。单击“其他出库单”页签的“关闭”按钮，关闭页签。

2. 场景2的操作步骤

确认系统时间和操作日期为2017年4月30日。

视频观看：手机扫描二维码可观看相关操作。

任务说明：盘点的账务处理。

1）财务部会计张兰进行盘点出入库记账

（1）打开“未记账单据一览表”页签。登录“企业应用平台”，在“业务导航视图”的“业务工作”导航条中选中“供应链”|“存货核算”|“业务核算”|“正常单据记账”，弹出“查询条件选择”对话框，单击“确定”按钮，打开“未记账单据一览表”页签。

（2）盘点出入库记账。在“未记账单据一览表”页签中，选中本业务生成的出入库单，然后单击工具栏中的“记账”按钮，弹出消息框提示记账成功，单击“确定”按钮，完成记账工作。

（3）退出。单击“未记账单据一览表”页签的“关闭”按钮，退出该页签。

2）财务部会计张兰生成盘点出入库凭证

（1）打开“生成凭证”页签。登录“企业应用平台”，在“业务导航视图”的“业务工作”导航条中选中“供应链”|“存货核算”|“财务核算”|“生成凭证”，打开“生成凭证”页签。

（2）打开“选择单据”窗口。单击工具栏中的“选择”按钮，弹出“查询条件”对话框，单击“确定”按钮，打开“选择单据”窗口。

（3）选择盘点出入库单。在“选择单据”窗口中，选中本笔业务生成的盘点出入库单，然后单击窗口工具栏中的“确定”按钮，返回“生成凭证”页签。

（4）生成并保存盘盈入库和盘亏出库的存货凭证。单击工具栏中的“生成”按钮，打开“填制凭证”页签，此时已默认生成了如图8-3和图8-4所示的两张凭证，修改盘盈盘亏商品的辅助核算项目，具体的操作步骤如下。

① 在盘盈入库的存货凭证上单击“库存商品”分录，然后将鼠标移至“项目”区域，待鼠标显示为“笔尖”图标时双击，系统将打开“辅助项”对话框；在该对话框中参照生成“项目名称”为“男士普通”，单击“确定”按钮，返回“填制凭证”页签；单击工具栏中的“保存”按钮，以保存该凭证，操作结果如图8-3所示。

② 单击工具栏中的 按钮，查找到下一张凭证（盘亏出库的存货凭证）。

③ 类似于步骤①，将该凭证的“库存商品”分录的“项目”设置为“亮康眼镜”，并单击工具栏中的“保存”按钮，结果如图8-4所示。

（5）退出。单击“填制凭证”和“生成凭证”页签的“关闭”按钮，关闭页签。

3. 场景3的操作步骤

确认系统时间和操作日期为2017年4月30日。

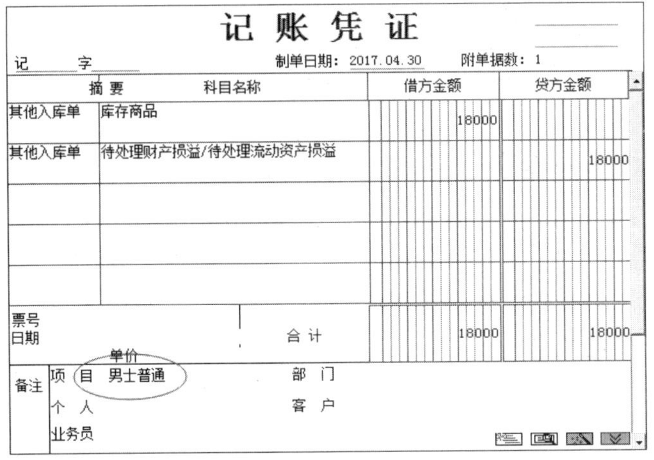

记 账 凭 证

记　　字　　　制单日期：2017.04.30　　附单据数：1

摘要	科目名称	借方金额	贷方金额
其他入库单	库存商品	18000	
其他入库单	待处理财产损溢/待处理流动资产损溢		18000
票号 日期	合计	18000	18000

备注　项目　单价　男士普通　　部门
　　　个人　　　　　　　　　　客户
　　　业务员

图 8-3　盘盈入库的存货凭证

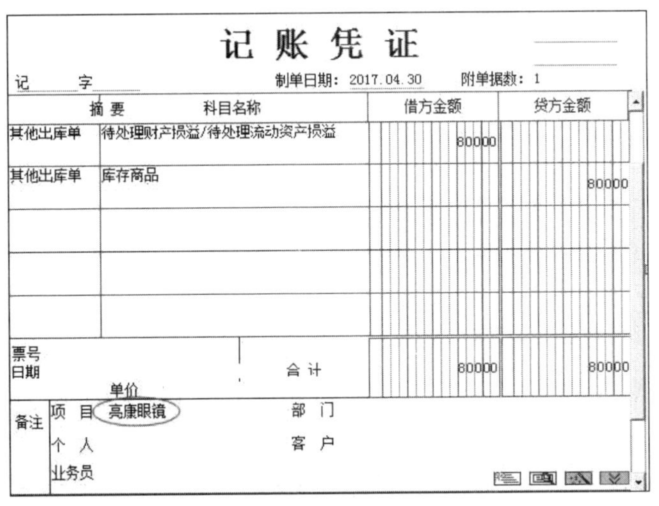

记 账 凭 证

记　　字　　　制单日期：2017.04.30　　附单据数：1

摘要	科目名称	借方金额	贷方金额
其他出库单	待处理财产损溢/待处理流动资产损溢	80000	
其他出库单	库存商品		80000
票号 日期	合计	80000	80000

备注　项目　单价　亮康眼镜　　部门
　　　个人　　　　　　　　　　客户
　　　业务员

图 8-4　盘亏出库的存货凭证

视频观看：手机扫描二维码可观看相关操作。

任务说明：凭证的主管签字、审核，以及会计记账。

1）财务主管曾志伟进行凭证的主管签字

（1）打开“主管签字列表”页签。登录“企业应用平台”，在“业务导航视图”的“业务工作”导航条中选中“财务会计”|“总账”|“凭证”|“主管签字”，打开“主管签字”对话框，单击“确定”按钮，打开“主管签字列表”页签。

（2）会计主管签字。双击预签字的凭证（例如金额为180的其他入库单）所在的行，进入该凭证的“主管签字”页签，查阅信息无误后单击工具栏中的“签字”按钮，完成对该凭证的主管签字工作；再单击按钮查阅到金额为800的其他出库单，然后“签字”完成。

（3）退出。单击“主管签字”和“主管签字列表”页签的“关闭”按钮，关闭页签。

2）财务主管曾志伟进行凭证的主管审核

（1）打开“凭证审核列表”页签。登录“企业应用平台”，在“业务导航视图”的“业务工

作"导航条中选中"财务会计"|"总账"|"凭证"|"审核凭证",打开"凭证审核"对话框,单击"确定"按钮,打开"凭证审核列表"页签。

(2) 会计主管审核。双击预审核的凭证(例如金额为 180 的其他入库单)所在的行,进入该凭证的"审核凭证"页签,查阅信息无误后单击工具栏中的"审核"按钮,完成对该凭证的主管审核工作系统自动打开下张凭证,若其是金额为 800 的其他出库单,则"审核"凭证;若不是,则可通过单击工具栏中的 ⏮ ⬅ ➡ ⏭ 按钮,查找相应凭证并完成"审核"。

(3) 退出。单击"审核凭证"和"凭证审核列表"页签的"关闭"按钮,关闭页签。

3) 财务部会计张兰进行凭证记账

(1) 打开"记账"凭证列表对话框。登录"企业应用平台",在"业务导航视图"的"业务工作"导航条中选中"财务会计"|"总账"|"凭证"|"记账",打开"记账"对话框。

(2) 会计记账。单击对话框中的"全选"和"记账"按钮,弹出消息框,显示记账完毕。

(3) 退出。单击消息框中的"确定"按钮,返回"记账"对话框,单击"记账"对话框的"退出"按钮,退出该对话框。

小贴士

经领导批准后的存货盘盈盘亏的账务处理,需要首先对生成的与待处理流动资产损溢科目(190101)相关的凭证进行会计主管签字、审核和记账,然后根据主管领导的批示,对待处理流动资产进行转账处理并在总账系统中填制转账凭证。

4. 场景 4 的操作步骤

确认系统时间和操作日期为 2017 年 4 月 30 日。

视频观看:手机扫描二维码可观看相关操作。

任务说明:盘盈盘亏转账。

财务部会计张兰处理报批后的盘盈业务和盘亏业务的过程如下。

(1) 打开"填制凭证"页签。登录"企业应用平台",在"业务导航视图"的"业务工作"导航条中选中"财务会计"|"总账"|"凭证"|"填制凭证",打开"填制凭证"页签。

(2) 填制凭证。单击"填制凭证"页签的"增加"按钮("+"标志),打开一张空白的记账凭证并做如下编辑。

① 编辑摘要。在其"摘要"栏中填入"盘盈"。

② 编辑第 1 笔分录。在第 1 行的"科目名称"栏中参照生成或输入"待处理财产损溢/待处理流动资产损溢"(190101),然后在第 1 行的"借方金额"中输入"180",然后按 Enter 键。

③ 编辑第 2 笔分录。在第 2 行的"科目名称"栏中输入"营业外收入"(6301),在"贷方金额"栏按"="按钮,由系统自动填充金额。

(3) 保存凭证。单击工具栏中的"保存"按钮,完成凭证填制,结果如图 8-5 所示。

(4) 重复步骤(2)和(3)填制盘亏的处理凭证。借记"管理费用/其他"(660206),贷记"待处理财产损溢/待处理流动资产损溢"(190101),"金额"为"800",如图 8-6 所示。

(5) 退出。单击"填制凭证"页签的"关闭"按钮,关闭页签。

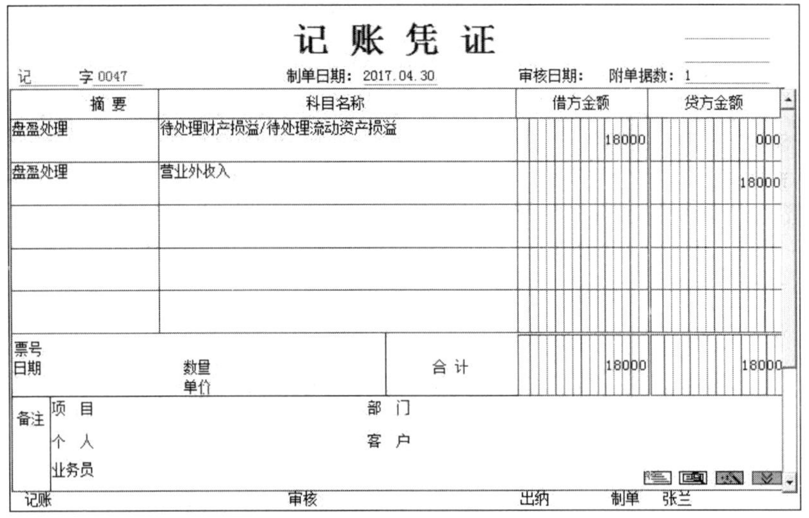

记账凭证

记 字 0047 制单日期：2017.04.30 审核日期： 附单据数：1

摘要	科目名称	借方金额	贷方金额
盘盈处理	待处理财产损溢/待处理流动资产损溢	18000	000
盘盈处理	营业外收入		18000
票号 日期 数量 单价	合计	18000	18000

备注 项目 部门 个人 客户 业务员

记账 审核 出纳 制单 张兰

图 8-5　盘盈处理的凭证

记账凭证

记 字 0048 制单日期：2017.04.30 审核日期： 附单据数：1

摘要	科目名称	借方金额	贷方金额
盘亏处理	管理费用/其他	80000	
盘亏处理	待处理财产损溢/待处理流动资产损溢		80000
票号 日期 数量 单价	合计	80000	80000

备注 项目 部门 个人 客户 业务员

记账 审核 出纳 制单 张兰

图 8-6　盘亏处理的凭证

8.2　期末结转制造费用

【预备知识】

一般地，总账系统的期末结转方式有两种：一种是人工查询账簿余额，然后填制结转的会计凭证；另一种是通过在总账系统自定义转账，然后“转账生成”系统自动结转。为了便于读者掌握两种结转方式，本节讲述人工结转的操作步骤，在8.3节讲述自定义结转。

制造费用的发生额和期末余额都在借方，期末必须把制造费用的余额从借方结转到生产成本中，才能真实地反映会计期间的产品成本。结转制造费用的会计分录如下。

借：生产成本 —制造费用
　贷：制造费用

小贴士

如果系统或者企业规定要记账后才能结转制造费用，应先做审核凭证、记账等步骤，然后结转制造费用、结转完工产品成本等。

【业务描述】

2017 年 4 月 30 日张兰结转本月发生的制造费用。

【操作指导】

确认系统时间和操作日期为 2017 年 4 月 30 日。
视频观看：手机扫描二维码可观看相关操作。
任务说明：结转本月发生的制造费用。

小贴士

首先由会计主管和会计进行主管签字、审核凭证、记账，保证前期的业务都已经登记入账，不会影响后期的结转。

财务部张兰结转制造费用的过程如下。

(1) 打开"发生额及余额表"窗口。登录"企业应用平台"，在"业务导航视图"的"业务工作"导航条中选中"财务会计"|"总账"|"账表"|"科目表"|"余额表"，打开"发生额及余额查询条件"对话框，在"科目"栏输入"5101"(只查询制造费用科目，所以科目栏的两个空格输入同一个科目)，"级次"选择"1-1"，选中"包含未记账凭证"，其他默认。单击"确定"按钮，打开制造费用的"发生及余额表"窗口，如图 8-7 所示。然后查询制造费用月末余额。(要记住制造费用的月末余额，手工结转会用到。)

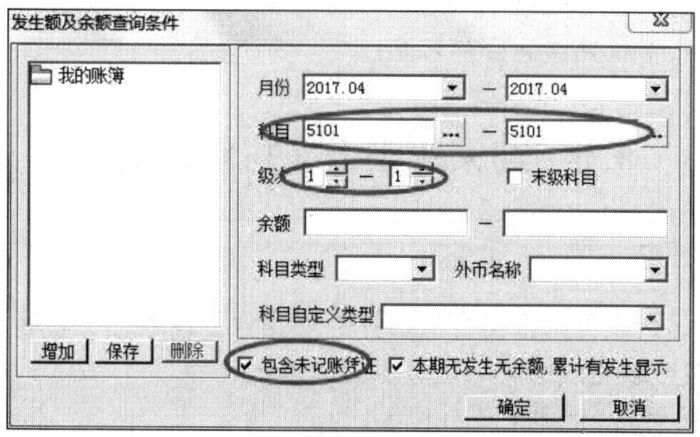

图 8-7　发生额及余额查询条件

(2) 填制结转凭证。登录"企业应用平台"，在"业务导航视图"的"业务工作"导航条中选中"财务会计"|"总账"|"凭证"|"填制凭证"，打开"填制凭证"页签。单击"填制凭证"页签

的“增加”按钮，打开一张空白的记账凭证，然后做如下编辑。

① 编辑摘要。在其“摘要”栏中参照生成或填入“结转制造费用”。

② 编辑第 1 行。在第 1 行的“科目名称”栏中参照生成或输入“500102”(生产成本/制造费用)，在第 1 行的“借方金额”中输入“1944”，然后按 Enter 键。

③ 编辑第 2 行。在第 2 行的“科目名称”栏中输入“5101”(制造费用)，然后在“贷方金额”栏按“＝”按钮，由系统自动填充金额 1944。

(3) 保存凭证。单击工具栏中的“保存”按钮，完成凭证填制，结果如图 8-8 所示。

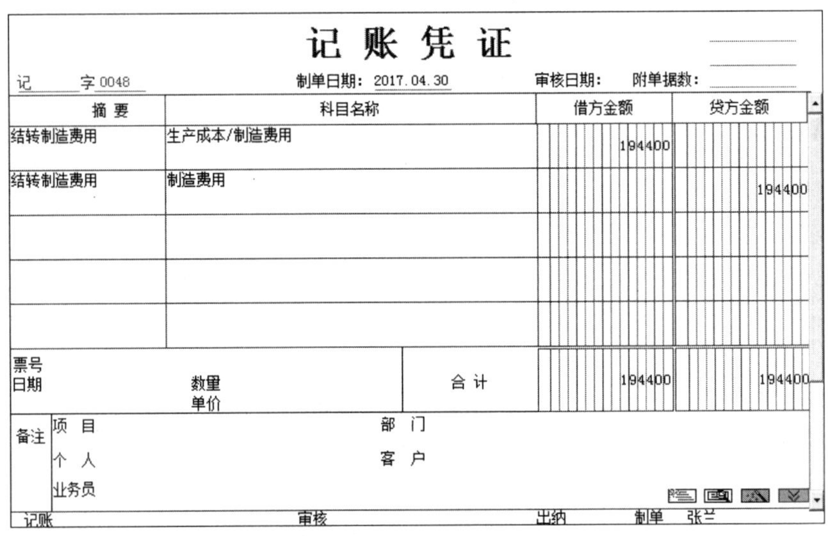

图 8-8　制造费用结转凭证

(4) 退出。单击“填制凭证”页签的“关闭”按钮，关闭页签。

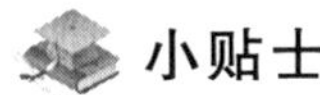 **小贴士**

期末业务的特殊性，会涉及很多科目余额的结转，所以在每一笔业务生成凭证后都需要进行主管签字、审核凭证，然后由会计进行记账，保证转入的科目中有相应的余额。这里千万不要忘记主管签字、审核凭证和会计记账。

8.3　期末转账定义与凭证生成

【预备知识】

通过自定义转账，企业可以根据自身核算的需要自行设置任意转账。

自定义转账功能可以完成的转账业务主要有以下几种。

- “费用分配”的结转，例如工资分配等。
- “费用分摊”的结转，例如制造费用等。
- “税金计算”的结转，例如增值税等。
- “提取各项费用”的结转，例如提取福利费等。
- “部门核算”的结转。

- “项目核算”的结转。
- “个人核算”的结转。
- “客户核算”的结转。
- “供应商核算”的结转。

 小贴士

如果客户和供应商使用本公司的应收、应付系统管理，那么在总账系统中就不能按客户、供应商辅助项进行结转，而只能按科目总数进行结转。

8.3.1 完工产品成本结转与凭证生成

【预备知识】

本月耗费的直接材料、直接人工和制造费用都已经结转到生产成本中，本月有完工产品，所以结转完工产品成本，会计分录如下。

借：库存商品

　贷：生产成本

【业务描述】

2017 年 4 月 30 日，总经理李吉棕查看生产部产品完工情况，发现产品全部完工。会计张兰根据表 8-1 结转完工产品成本。

表 8-1　完工产品成本结转（转账序号：0010）

摘　　要	方向	会计科目编码	项目	金额公式
结转亮康眼镜完工产品成本	借	1405	亮康眼镜	JG()
	贷	50010101		取 50010101 期末余额
	贷	50010102		取 50010102 期末余额
	贷	500102		取 500102 期末余额

【操作指导】

确认系统时间和操作日期为 2017 年 4 月 30 日。

视频观看：手机扫描二维码可观看相关操作。

任务说明：完工产品成本结转与凭证生成。

1）财务部会计张兰做自定义转账设置

（1）打开“自定义转账设置”窗口。登录“企业应用平台”，在“业务导航视图”的“业务工作”导航条中选中“财务会计”|“总账”|“期末”|“转账定义”|“自定义转账”，打开“自定义转账设置”窗口。

（2）定义转账项目。单击窗口工具栏中的“增加”按钮，弹出“转账目录”对话框，编辑“转账序号”为“0010”，编辑“转账说明”为“结转亮康眼镜完工产品成本”，单击“确定”按钮，

返回“自定义转账设置”窗口。

(3) 转账公式的第 1 行设置。增加并编辑第 1 行。单击工具栏中的“增行”按钮，编辑该行的“科目编码”为“1405”(库存商品)，设定“方向”为“借”，设定“项目”为“亮康眼镜”，单击“金额公式”参照按钮，弹出“公式向导”对话框，选中“公式名称”为“取对方科目计算结果”，单击“下一步”按钮，再单击“完成”按钮，将公式带回“自定义转账设置”窗口。

(4) 转账公式的第 2～4 行设置。单击工具栏中的“增行”按钮，编辑“科目编码”为“50010101”(直接人工)，设定“方向”为“贷”，设定“公式名称”为“期末余额”，单击“下一步”按钮，在“科目”栏输入“50010101”，然后单击“完成”按钮，将公式带回“自定义转账设置”窗口。依次录入表 8-1 中的剩余两行公式。

(5) 保存。单击工具栏中的“保存”按钮，保存转账公式设置，结果如图 8-9 所示。

转账序号 0010　　转账说明 结转亮康眼镜完工产品成本　　凭证类别 记账凭证

摘要	科目编码	部门	个人	客户	供应商	项目	方向	金额公
结转亮康眼镜完工产...	1405					亮康眼镜	借	JG()
结转亮康眼镜完工产...	50010101						贷	QM(50010101,月)
结转亮康眼镜完工产...	50010102						贷	QM(50010102,月)
结转亮康眼镜完工产...	500102						贷	QM(500102,月)

图 8-9　完工产品自定义结转结果图

(6) 退出。单击“自定义转账设置”窗口右上角的“退出”按钮，退出窗口。

2) 财务部会计张兰进行转账生成

(1) 打开“转账生成”对话框。登录“企业应用平台”，在“业务导航视图”的“业务工作”导航条中选中“财务会计”|“总账”|“期末”|“转账生成”，打开“转账生成”对话框。

(2) 转账生成。在“转账生成”对话框中，选中“自定义转账”单选按钮，双击“编号”为 0010 的记录行，使其“是否结转”栏出现“Y”字样，再单击“确定”按钮，弹出“转账”窗口，默认显示已生成的记账凭证。

(3) 保存凭证。单击“转账”窗口工具栏的“保存”按钮，结果如图 8-10 所示。

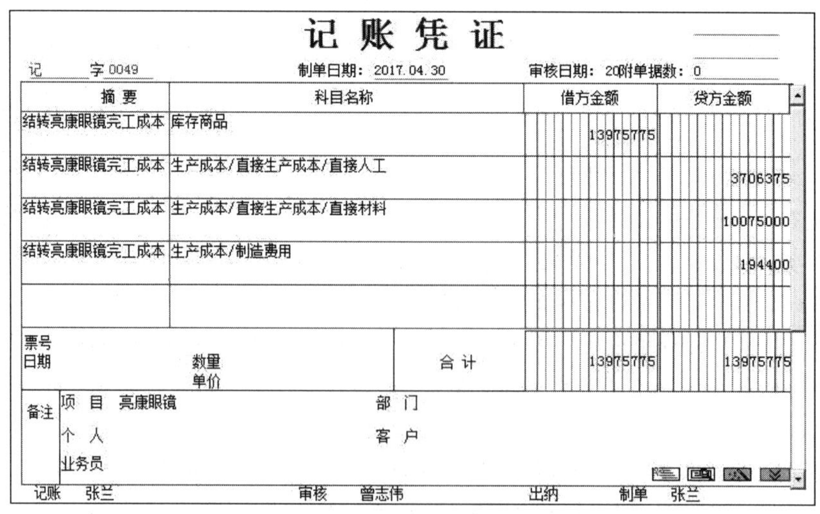

记 账 凭 证

记　字 0049　　制单日期：2017.04.30　　审核日期：20附单据数：0

摘要	科目名称	借方金额	贷方金额
结转亮康眼镜完工成本	库存商品	13975775	
结转亮康眼镜完工成本	生产成本/直接生产成本/直接人工		3706375
结转亮康眼镜完工成本	生产成本/直接生产成本/直接材料		10075000
结转亮康眼镜完工成本	生产成本/制造费用		194400
票号 日期　数量 单价	合计	13975775	13975775

备注　项目 亮康眼镜　　部门
个人　　客户
业务员

记账 张兰　　审核 曾志伟　　出纳　　制单 张兰

图 8-10　完工产品结转凭证

小贴士

千万不要忘记主管签字、审核凭证和会计记账。

8.3.2 税费结转与凭证生成

【预备知识】

企业需要缴纳的主要税种有增值税、城市维护建设税、教育费附加和地方教育费附加。

增值税是对销售货物或者提供加工、修理修配劳务以及进口货物的单位和个人就其实现的增值额征收的一个税种。增值税包括进项税额和销项税额，进项税额是指当期购进货物或应税劳务缴纳的增值税税额。进项税额是已经支付的钱，在编制会计账户的时候记在借方。销项税额是增值税纳税人销售货物和应交税劳务，按照销售额和适用税率计算并向购买方收取的增值税税额。企业的应交增值税是销项税额扣减进项税额后的数字，它专门用来核算未缴或多缴的增值税。本公司设置二级科目"应交税费—应交增值税"进行核算。

本公司设置了"未交增值税"，"未交增值税"是"应交税费"的二级明细科目，该科目专门用来核算未缴或多缴的增值税。平时无发生额，月末结账时，当"应交税费—应交增值税"为贷方余额时，为应缴增值税，应将其贷方余额转入该科目的贷方，反映企业未缴的增值税；当"应交税费—应交增值税"为借方余额(即多缴增值税)时，应将其多缴的增值税转入该科目的借方，反映企业多缴的增值税。

"未交增值税"明细科目，核算一般纳税人月份终了自"应交增值税"明细科目转入的未交或多交的增值税额。"未交增值税"明细科目期末可无余额，也可能有余额，可能是贷方余额，也可能是借方余额。"未交增值税"明细科目期末如借方余额，则反映企业多交的增值税额。

城市维护建设税(简称城建税)，是我国为了加强城市的维护建设，扩大和稳定城市维护建设资金的来源，对有经营收入的单位和个人征收的一个税种。城市建设维护税实行差别比例税率，即按照纳税人所在地的不同，实行了三档地区差别比例税率，具体如下：

(1) 纳税人所在地为城市市区的，税率为 7%，所以本公司的城建税税率为 7%。

(2) 纳税人所在地为县城、建制镇的，税率为 5%。

(3) 纳税人所在地不在城市市区、县城或者建制镇的，税率为 1%。

城市维护建设税的计算公式如下：

应纳税额=(实际缴纳的增值税税额+实际缴纳的消费税税额)×适用税率

教育费附加是对缴纳增值税、消费税的单位和个人征收的一种附加费，其作用是发展教育事业，扩大教育经费的资金来源。教育费附加的征收率为 3%。教育费附加的计算公式如下：

应纳教育费附加=实际缴纳的"三税"税额之和×3%

地方教育费附加也是对缴纳增值税、消费税的单位和个人征收的一种附加费，其征收率为 2%。计算公式如下：

应纳地方教育费附加=实际缴纳的"三税"税额之和×2%

结转未交增值税流程图如图 8-11 所示，生成凭证如图 8-16 所示。

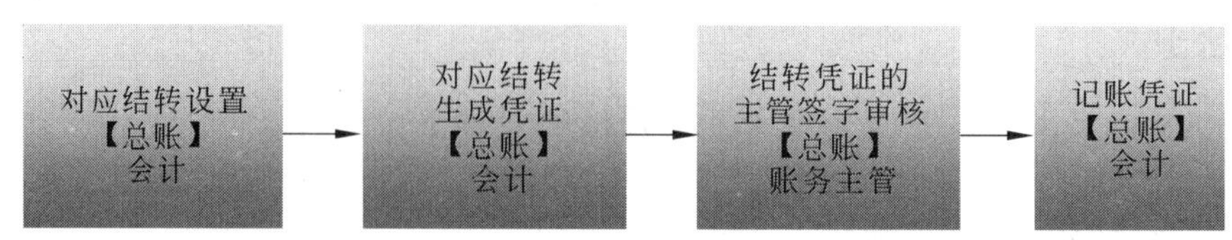

图 8-11　操作流程

计提并结转城市维护建设税和教育费附加流程如图 8-12 所示。

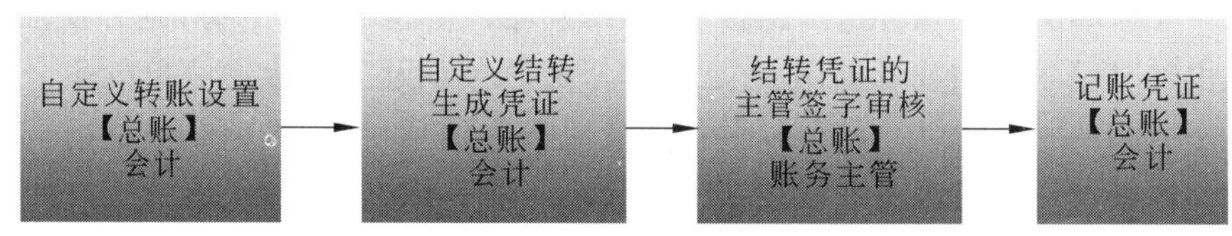

图 8-12　操作流程

期末税费结转的会计分录。

(1) 结转进项税额。

借：应交税费—应交增值税(转出未交增值税)

　贷：应交税费—应交增值税(进项税额)

(2) 结转销项税额。

借：应交税费—应交增值税(销项税额)

　贷：应交税费—应交增值税(转出未交增值税)

(3) 结转应缴纳增值税(即进、销差额)。

借：应交税费—应交增值税(转出未交增值税)

　贷：应交税费—未交增值税

(4) 计提某月的税金及附加。

借：税金及附加

　贷：应交税费—应交城建税

　　　应交税费—教育费附加

　　　应交税费—地方教育费附加

(5) 次月缴纳增值税等。

借：应交税费—未交增值税

　　应交税费—应交城建税

　　应交税费—教育费附加

　　应交税费—地方教育费附加

　贷：银行存款

【虚拟业务场景】

人物：

曾志伟(财务主管)

张兰(财务部会计)

场景 1：财务主管分配下属进行“转出未交增值税”的对应结转设置和本月的对应结转制单

曾志伟：小张，月末了，你把本月的“转出未交增值税”对应结转尽快完成了。

张兰：没问题，我现在就做。

（张兰做“销项税额”“进项税额转出”和“进项税额”转到“转出未交增值税”的对应结转设置和生成凭证）

场景 2：对应结转凭证的主管签字审核及记账，以及结转转出未交增值税

张兰：曾总，“转出未交增值税”对应结转的凭证已经生成，请您签字审核。

曾志伟：好。没问题，你可以记账了，然后做一下“未交增值税”的对应结转吧。

（签字审核完成）

张兰：好的。

（记账，然后进行“转出未交增值税”转到“未交增值税”的对应结转设置和生成凭证）

场景 3：计提并结转城市维护建设税和教育费附加并生成凭证

曾志伟：小张，我已经把未交增值税凭证签字、审核了，你可以记账了，想着把本月的结转城市维护建设税和教育费附加对应结转和生成凭证尽快完成。

张兰：好的。

【业务描述】

2017 年 4 月 30 日，计算并结转本月未交增值税、城市维护建设税和教育费附加。

按规定，本公司的城市维护建设税税率为 7%，教育费附加和地方教育费附加征收率分别为 3%和 2%。增值税对应结转如表 8-2 所示。

表 8-2　增值税对应结转

编　　码	摘　　要	转 出 科 目	转 入 科 目
0001	结转销项税额	22210103	22210105
0002	结转进项税额	22210101	22210105
0003	结转进项税额转出	22210102	22210105
0004	结转转出未交增值税	22210105	222102

【操作指导】

由于本公司的本月业务中没有进项税额转出业务，所以本笔业务也可以直接将“应交增值税”的科目余额转入“未交增值税”科目。为了更全面地学习相关操作，本业务将采用结转转出操作。

需要说明的是，在对应结转生成凭证之前，需要对相关的已有凭证做出纳签字（若需要）、会计主管签字、会计主管审核和记账操作。本节对应的结转生成凭证，也需要做会计主管签字、审核和凭证记账操作。

1. 场景 1 的操作步骤

确认系统时间和操作日期为 2017 年 4 月 30 日。

视频观看：手机扫描二维码可观看相关操作。

8-7

任务说明：对应结转设置和生成凭证。

1）财务部会计张兰进行对应结转设置

(1) 打开“对应结转设置”窗口。登录“企业应用平台”，在“业务导航视图”的“业务工作”导航条中选中“财务会计”|“总账”|“期末”|“转账定义”|“对应结转”，打开“对应结转设置”窗口。

(2) 结转销项税额设置的编辑与保存。在“对应结转设置”窗口中做如下编辑。

① 编辑表头。输入“编号”为“0001”，输入“摘要”为“结转销项税额”，在“转出科目”栏参照生成或直接输入“22210103”（应交税费/应交增值税/销项税额）。

② 编辑表体。单击“对应结转设置”窗口工具栏的“增行”按钮，在表体新增一行，在“转入科目编码”栏中参照生成或直接输入“22210105”（应交税费/应交增值税/转出未交增值税）。

③ 保存。单击“对应结转设置”窗口工具栏的“保存”按钮，保存该对应结转设置，结果如图 8-13 所示。

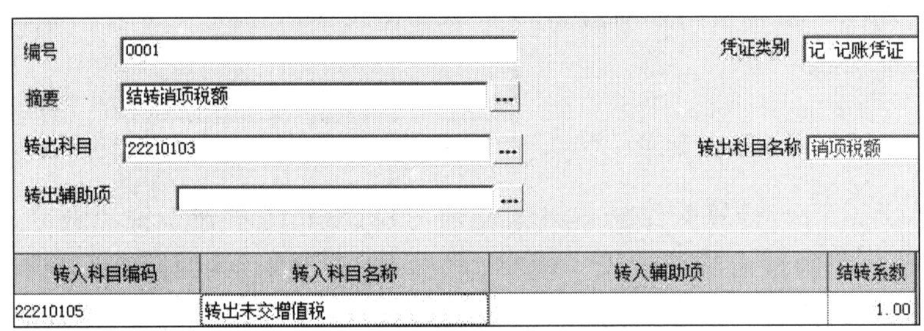

图 8-13　结转销项税额的设置结果

(3) 结转进项税额设置的编辑与保存。单击工具栏中的“增加”按钮，新增一张结转设置单据，然后在表头输入“编号”为“0002”，录入“摘要”为“结转进项税额”，输入“转出科目”为“22210101”（应交税费/应交增值税/进项税额）；单击工具栏中的“增行”按钮，在表体新增一行，设置“转入科目编码”为“22210105”（应交税费/应交增值税/转出未交增值税）；最后单击“保存”按钮，保存该对应结转设置。

(4) 结转进项税额转出设置的编辑与保存。在“对应结转设置”窗口中，首先单击窗口工具栏中的“增加”按钮，新增一张结转设置单据，然后在表头输入“编号”为“0003”，输入“摘要”为“结转进项税额转出”，输入“转出科目”为“22210102”（应交税费/应交增值税/进项税额转出）；单击“对应结转设置”窗口工具栏中的“增行”按钮，在表体中新增一行，设置“转入科目编码”为“22210105”（应交税费/应交增值税/转出未交增值税）；最后单击“保存”按钮，保存该对应结转设置。

(5) 结转转出未交增值税设置的编辑与保存。单击工具栏中的“增加”按钮，新增一张对应结转设置单据，在表头录入“编号”为“0004”，输入“摘要”为“结转转出未交增值税”，输入“转出科目”为“22210105”（转出未交增值税）。单击工具栏中的“增行”按钮，在表体中新增一行，设置“转入科目编码”为“222102”（应交税费/未交增值税）；最后单击工具栏中的“保存”按钮，保存该对应结转设置。

(6) 退出。在“对应结转设置”窗口的工具栏中单击“退出”按钮，退出该窗口。

2）财务部会计张兰进行对应结转凭证生成

小贴士

进行下列操作前，需要先对之前的相关凭证进行签字、审核与记账。

（1）打开“转账生成”对话框。登录“企业应用平台”，在“业务导航视图”的“业务工作”导航条中选中“财务会计”|“总账”|“期末”|“转账生成”，打开“转账生成”对话框。

（2）转账生成凭证。在“转账生成”对话框中，选中“对应结转”单选项，双击“编号”为“0001”“0002”和“0003”的记录所在行，使其“是否结转”栏出现“Y”字样，再单击“确定”按钮，系统弹出消息框，提示“第 0003 号凭证余额均为 0，不能生成凭证”，单击“确定”按钮，弹出“转账”窗口（此时生成了两张记账凭证，默认显示结转销项税额的凭证）。

（3）保存凭证。在“转账”窗口中，单击窗口工具栏中的“保存”按钮和 ➧ 按钮，再“保存”该张凭证，结果如图 8-14 和图 8-15 所示。

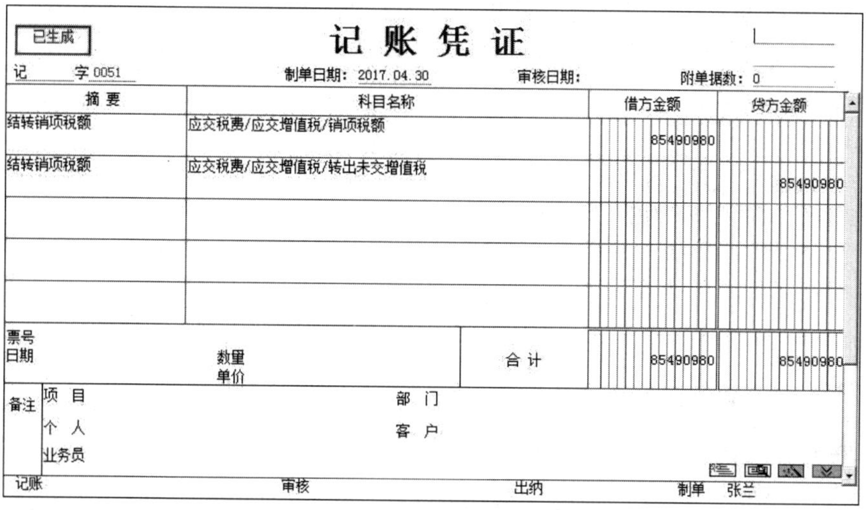

已生成

记 账 凭 证

记 字 0051　制单日期：2017.04.30　审核日期：　附单据数：0

摘要	科目名称	借方金额	贷方金额
结转销项税额	应交税费/应交增值税/销项税额	85490980	
结转销项税额	应交税费/应交增值税/转出未交增值税		85490980
票号 日期　数量 单价	合计	85490980	85490980

备注　项目　部门　个人　客户　业务员

记账　审核　出纳　制单　张兰

图 8-14　结转销项税额凭证

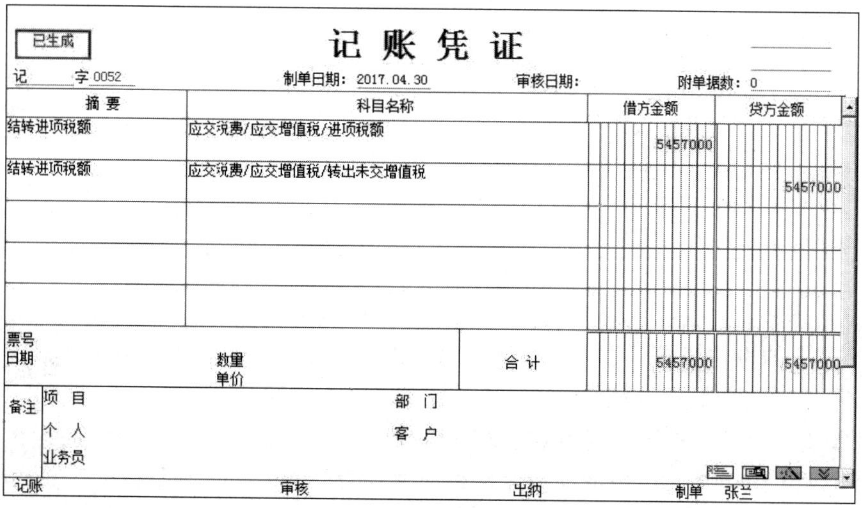

已生成

记 账 凭 证

记 字 0052　制单日期：2017.04.30　审核日期：　附单据数：0

摘要	科目名称	借方金额	贷方金额
结转进项税额	应交税费/应交增值税/进项税额	5457000	
结转进项税额	应交税费/应交增值税/转出未交增值税		5457000
票号 日期　数量 单价	合计	5457000	5457000

备注　项目　部门　个人　客户　业务员

记账　审核　出纳　制单　张兰

图 8-15　结转进项税额转出凭证（借贷方金额均为红字）

（4）退出。单击“转账”窗口工具栏中的“退出”按钮，退出该窗口；再单击“转账生成”对话框中的“关闭”按钮，关闭该对话框。

2. 场景2的操作步骤

确认系统时间和操作日期为2017年4月30日。

视频观看：手机扫描二维码可观看相关操作。

任务说明：未交增值税凭证生成。

小贴士

生成凭证之前，需要对相关的已有凭证做出纳签字（若需要）、会计主管签字、会计主管审核和记账操作。

财务部会计张兰进行“结转转出未交增值税”的凭证生成的过程如下。

（1）打开“转账生成”对话框。登录“企业应用平台”，在“业务导航视图”的“业务工作”导航条中选中“财务会计”|“总账”|“期末”|“转账生成”，打开“转账生成”对话框。

（2）转账生成凭证。在“转账生成”对话框中，选中“对应结转”单选项，双击“编号”为“0004”记录的所在行，使其“是否结转”栏出现“Y”字样，单击“确定”按钮，弹出已生成凭证的“转账”窗口。

（3）保存。在“转账”窗口中，单击工具栏中的“保存”按钮，凭证的左上角出现“已生成”字样，表明该凭证已保存，如图8-16所示。

（4）退出。单击“转账”窗口中的“退出”按钮，退出窗口；单击“转账生成”对话框的“关闭”按钮，关闭对话框。

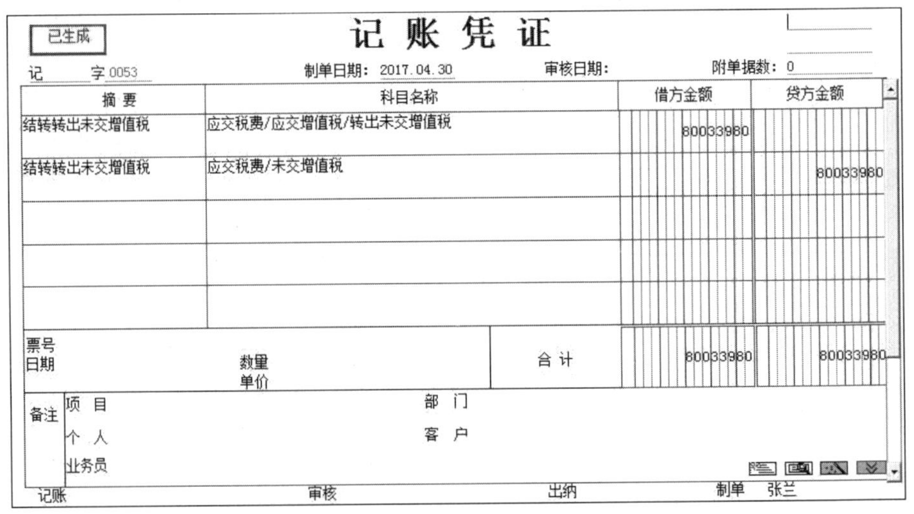

已生成

记账凭证

记 字 0053　　制单日期：2017.04.30　　审核日期：　　附单据数：0

摘要	科目名称	借方金额	贷方金额
结转转出未交增值税	应交税费/应交增值税/转出未交增值税	80033980	
结转转出未交增值税	应交税费/未交增值税		80033980
票号 日期	数量 单价 合计	80033980	80033980

备注　项目　部门　个人　客户　业务员

记账　审核　出纳　制单 张兰

图8-16　结转转出未交增值税凭证

3. 场景3的操作步骤

确认系统时间和操作日期为2017年4月30日。

视频观看：手机扫描二维码可观看相关操作。

任务说明：计提并结转城市维护建设税和教育费附加并生成凭证。

小贴士

对应结转设置之前，需要对已有的相关凭证做出纳签字(若需要)、会计主管签字、会计主管审核和记账操作。

1) 财务部会计张兰进行自定义转账设置

(1) 打开“自定义转账设置”窗口。登录“企业应用平台”，在“业务导航视图”的“业务工作”导航条中选中“财务会计”|“总账”|“期末”|“转账定义”|“自定义转账”，打开“自定义转账设置”窗口。

(2) 进行“计算城市维护建设税及教育费附加”转账设置。单击工具栏中的“增加”按钮，弹出“转账目录”对话框，编辑“转账序号”为“0011”，编辑“转账说明”为“计算城市维护建设税教育费附加”，单击“确定”按钮，返回“自定义转账设置”窗口。

(3) 转账公式的第1行设置。首先单击窗口工具栏中的“增行”按钮，然后编辑其“科目编码”为“222105”(应交城市维护建设税)，设定“方向”为“贷”；单击“金额公式”的参照按钮，在弹出的“公式向导”对话框中，选中“公式名称”为“期末余额”，单击“下一步”按钮，编辑“科目”为“222102”(未交增值税)，其他项默认，单击“完成”按钮，将公式带回“自定义转账设置”窗口，然后将光标移至公式末尾，在英文状态下输入“＊0.07”，此时“金额公式”一栏中显示“QM(222102,月)＊0.07”(期末余额的7%)；最后按Enter键完成第1行的编辑。

(4) 转账公式的第2行设置。单击工具栏中的“增行”按钮，然后编辑“科目编码”为“222106”(应交教育费附加)，“方向”为“贷”；再单击“金额公式”的参照按钮，在弹出的“公式向导”对话框中，选择“公式名称”为“期末余额”，单击“下一步”按钮，编辑“科目”为“222102”(未交增值税)，其他项默认，单击“完成”按钮，将公式带回“自定义转账设置”窗口，然后将光标移至公式末尾，输入“＊0.03”，此时“金额公式”一栏中显示“QM(222102,月)＊0.03”(期末余额的3%)，最后按Enter键，完成第2行的编辑。

(5) 转账公式的第3行设置。单击工具栏中的“增行”按钮，编辑“科目编码”为“222107”(应交地方教育费附加)，设定“方向”为“贷”；单击“金额公式”的参照按钮，在弹出的“公式向导”对话框中，选中“公式名称”为“期末余额”，单击“下一步”按钮，编辑“科目”为“222102”(未交增值税)，其他项默认，单击“完成”按钮，将公式带回“自定义转账设置”窗口，然后将光标移至公式末尾，输入“＊0.02”，此时“金额公式”一栏中显示“QM(222102,月)＊0.02”(期末余额的2%)，最后按Enter键，完成第3行的编辑。

(6) 转账公式的第4行设置。在“自定义转账设置”窗口中，单击工具栏中的“增行”按钮，编辑“科目编码”为“6403”(税金及附加)，方向为“借”，“金额公式”为“JG( )”(取对方科目计算结果)。

(7) 保存。单击“自定义转账设置”窗口工具栏的“保存”按钮，保存转账公式设置，其结果如图8-17所示。

(8) 退出。单击“自定义转账设置”窗口工具栏的“退出”按钮，退出该窗口。

2) 财务部会计张兰通过转账生成凭证

(1) 打开“转账生成”对话框。登录“企业应用平台”，在“业务导航视图”的“业务工作”导航条中选中“财务会计”|“总账”|“期末”|“转账生成”，打开“转账生成”对话框。

(2) 生成并保存转账凭证。在“转账生成”对话框中，选中“自定义转账”单选按钮，双

转账序号 0011						转账说明 计算城市维护建设税教育费附加		凭证类别 记账凭证
摘要	科目编码	部门	个人	客户	供应商	项目	方向	金额公式
计算城市维护建设税...	222105						贷	QM(222102,月)*0.07
计算城市维护建设税...	222106						贷	QM(222102,月)*0.03
计算城市维护建设税...	222107						贷	QM(222102,月)*0.02
计算城市维护建设税...	6403						借	JG()

图 8-17 “计算城市维护建设税教育费附加”转账自定义

击编号为“0011”记录行，使“是否结转”栏出现“Y”字样，单击“确定”按钮，弹出“转账”窗口，默认显示“计算城市维护建设税教育费附加”记账凭证，单击“保存”按钮，结果如图 8-18 所示。

记账凭证

记 字 制单日期：2017.04.30 审核日期： 附单据数：0

摘要	科目名称	借方金额	贷方金额
计算城市维护建设税教育费附加	应交税费/应交教育费附加		2420019
计算城市维护建设税教育费附加	应交税费/应交城市维护建设税		5665379
计算城市维护建设税教育费附加	应交税费/应交地方教育费附加		1618680
计算城市维护建设税教育费附加	税金及附加	9712078	
票号 日期 数量 单价	合计	9712078	9712078

备注 项目 部门 个人 客户 业务员

记账 审核 出纳 制单 张兰

图 8-18 城市维护建设税和教育费附加转账凭证

(3) 退出。单击“转账”窗口的“退出”按钮，退出窗口；单击“转账生成”对话框中的“关闭”按钮，关闭对话框。

小贴士

不要忘记凭证签字、审核和记账。

8.4 期间损益结转与凭证生成

【预备知识】

会计期末时，应将各损益类科目的余额转入“本年利润”科目，以反映企业在一个会计期间内实现的利润或亏损总额。

(1) 结转各项收入。

借：主营业务收入

其他业务收入

投资收益
补贴收入
营业外收入
贷：本年利润

(2) 结转各项成本费用。

借：本年利润
贷：主营业务成本
税金及附加
其他业务支出
销售费用
管理费用
财务费用
营业外支出
所得税

(3) 结转本年利润。

借：本年利润
贷：利润分配—未分配利润
借：利润分配—应付股利
贷：应付股利等

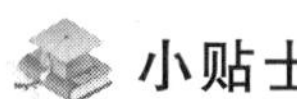

小贴士

全面施行营业税改征增值税后，“营业税金及附加”科目名称调整为“税金及附加”科目，该科目核算企业经营活动发生的消费税、城市维护建设税、资源税、教育费附加及房产税、土地使用税、车船使用税、印花税等相关税费。

【业务描述】

2017年4月30日，先通过自定义转账结转制造费用，再利用期间损益结转方式进行期间损益结转，要求收入和费用分别制单。

本笔业务是月末期间损益结转业务，需要先设置期间损益结转的科目，然后分别对收入和费用进行期间损益制单，最后进行相应凭证的主管签字、审核，以及凭证记账。

【操作指导】

将系统时间和操作日期修改为2017年4月30日。

视频观看：手机扫描二维码可观看相关操作。

任务说明：期间损益结转与凭证生成。

1) 财务部会计张兰进行期间损益结转设置

(1) 打开“期间损益结转设置”对话框。登录“企业应用平台”，在“业务导航视图”的“业务工作”导航条中选中“财务会计”|“总账”|“期末”|“转账定义”|“期间损益”，打开“期间损

益结转设置”对话框。

(2) 设置本年利润科目。在“期间损益结转设置”对话框中，参照生成或直接输入“本年利润科目”为“4103”(本年利润)，然后在对话框的列表区完成设置。

(3) 确定并退出。单击“期间损益结转设置”对话框的“确定”按钮，关闭对话框。

2) 财务部会计张兰进行期间损益结转凭证生成

(1) 打开“转账生成”对话框。登录“企业应用平台”，在“业务导航视图”的“业务工作”导航条中选中“财务会计”|“总账”|“期末”|“转账生成”，打开“转账生成”对话框。

(2) 设置收入结转项。在“转账生成”对话框中，选中左侧的“期间损益结转”单选按钮，选择对话框上方的“类型”为“收入”，单击“全选”按钮，使表体的所有记录行的“是否结转”栏，出现“Y”字样。

(3) 生成并保存收入转账凭证。单击“转账生成”对话框中的“确定”按钮，弹出“转账”窗口，默认显示“期间损益结转”收入的记账凭证，单击“保存”按钮，如图 8-19 所示。

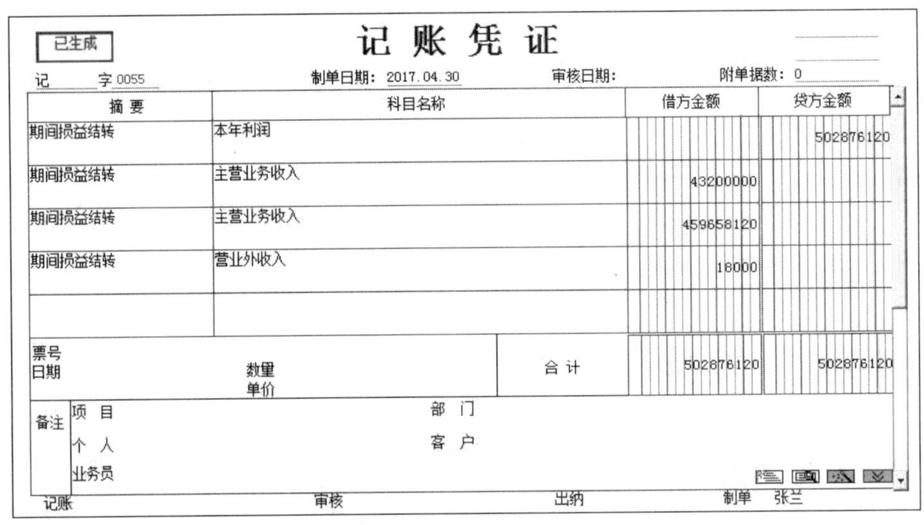

已生成

记账凭证

记　字 0055　　制单日期：2017.04.30　　审核日期：　　附单据数：0

摘要	科目名称	借方金额	贷方金额
期间损益结转	本年利润		502876120
期间损益结转	主营业务收入	43200000	
期间损益结转	主营业务收入	459658120	
期间损益结转	营业外收入	18000	
票号 日期	数量 单价 合计	502876120	502876120

备注　项目　部门　个人　客户　业务员

记账　审核　出纳　制单 张兰

图 8-19　本年利润转账凭证(1)

(4) 生成并保存支出转账凭证。单击“转账”窗口中的“退出”按钮，退出窗口，返回“转账生成”对话框，此时选择对话框上方的“类型”为“支出”，单击“全选”按钮，再单击“确定”按钮，弹出消息框，提示“有未记账凭证，是否继续结转?”，单击“是”按钮，弹出“转账”窗口，默认显示“期间损益结转”支出的记账凭证，单击“保存”按钮，如图 8-20 所示。

(5) 退出。单击“转账”窗口工具栏中的“退出”按钮，退出窗口；再单击“转账生成”对话框的“取消”按钮。

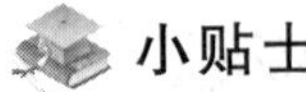

小贴士

期末业务具有特殊性，会涉及很多科目余额的结转，所以在每一笔业务生成凭证后，都需要进行主管签字、审核凭证，然后会计进行记账，保证转入的科目中有相应的余额。这里也不要忘记主管签字、审核凭证，会计记账。

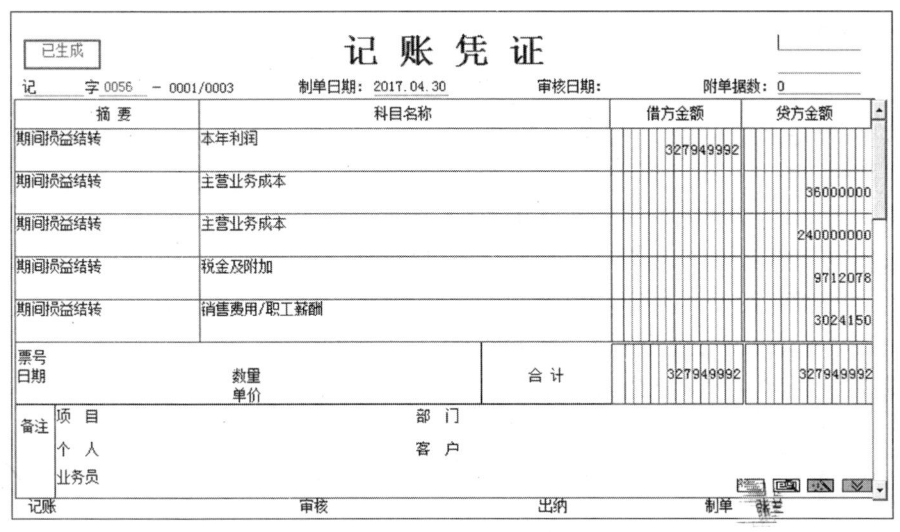

已生成

记账凭证

记 字 0056 - 0001/0003 制单日期：2017.04.30 审核日期： 附单据数：0

摘要	科目名称	借方金额	贷方金额
期间损益结转	本年利润	327949992	
期间损益结转	主营业务成本		36000000
期间损益结转	主营业务成本		240000000
期间损益结转	税金及附加		9712078
期间损益结转	销售费用/职工薪酬		3024150
票号 日期 数量 单价	合计	327949992	327949992

备注 项目 部门

个人 客户

业务员

记账 审核 出纳 制单

图 8-20 本年利润转账凭证(2)

8.5 计提并结转本月企业所得税

【预备知识】

根据会计制度，本公司的企业所得税税率为 25%，按月预计，按季预缴，全年汇总清缴，其计算公式为“本年利润 * 0.25”。业务 8.5 操作流程如图 8-21 所示。

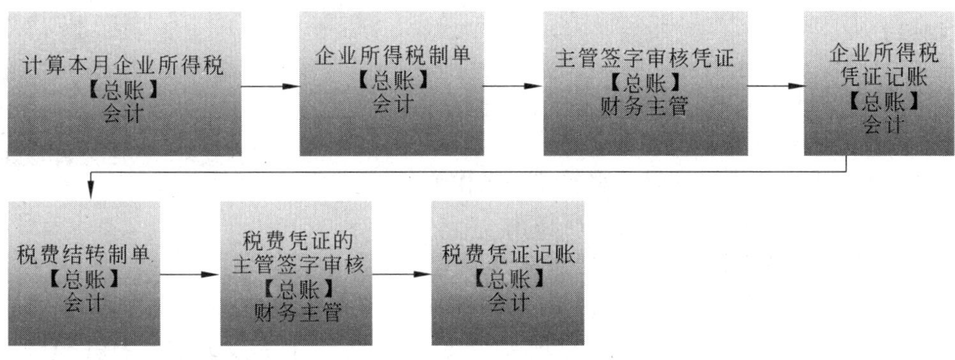

图 8-21 业务 8.5 操作流程

【业务描述】

2017 年 4 月 30 日，计提并结转本月企业所得税。

本笔业务是计提并结转本月企业所得税，需要使用自定义转账方式和期间损益结转方式生成企业所得税费的凭证并进行凭证的主管签字、审核与记账，具体的包括计算本月企业所得税的自定义转账设置与制单，所得税费结转的凭证生成，主管签字、审核凭证，以及会计对凭证进行记账。

【虚拟业务场景】

人物：

曾志伟(财务主管)

张兰(财务部会计)

场景1：财务主管分配下属计算本月企业所得税并制单

曾志伟：小张，月末了，你把本月的企业所得税尽快算出来吧。

张兰：没问题，我现在就做。

(张兰做“计算本月企业所得税”的自定义结转设置和生成凭证)

场景2：企业所得税凭证的主管签字审核及会计记账，以及结转所得税费用

张兰：曾总，企业所得税费用凭证已经生成了，请您签字审核。

曾志伟：好。没问题，你准备记账吧，然后做一下所得税费结转。

(签字审核完成)

张兰：好的。

(张兰记账，然后进行“所得税费用”的期间损益结转凭证生成)

场景3：结转所得税费用凭证的会计主管签字、审核，会计张兰记账

张兰：曾总，“所得税费用”的期间损益结转凭证已经生成好了，请您签字审核。

曾志伟：好的。凭证没问题，你去记账吧。

(签字审核完成)

张兰：好的。

(记账完成)

【操作指导】

1. 场景1的操作步骤

将系统时间和操作日期修改为2017年4月30日。

视频观看：手机扫描二维码可观看相关操作。

任务说明：计提并结转本月企业所得税。

1) 财务部会计张兰进行自定义转账设置

(1) 打开“自定义转账设置”窗口。登录“企业应用平台”，在“业务导航视图”的“业务工作”导航条中选中“财务会计”|“总账”|“期末”|“转账定义”|“自定义转账”，打开“自定义转账设置”窗口。

(2) 进行“计算本月企业所得税”转账设置。单击“自定义转账设置”窗口工具栏中的“增加”按钮，弹出“转账目录”对话框，编辑“转账序号”为“0005”，编辑“转账说明”为“计算本月企业所得税”，单击“确定”按钮，返回“自定义转账设置”窗口。

(3) 转账公式的第1行设置。

① 增加并编辑第1行。单击工具栏中的“增行”按钮，编辑该行的“科目编码”为“6801”(所得税费用)，设定“方向”为“借”，单击“金额公式”的参照按钮，弹出“公式向导”对话框，选择“公式名称”为“贷方发生额”，单击“下一步”按钮，编辑“科目”为“4103”(本年利润)，选中“继续输入公式”复选框，选中“—(减)”单选按钮，其他选项默认，单击“下一步”按钮，返回

“公式向导”对话框；选中“公式名称”为“借方发生额”，单击“下一步”按钮，编辑“科目”为“4103”(本年利润)，单击“完成”按钮，将公式带回“自定义转账设置”窗口。

② 设置征税税率。在“自定义转账设置”窗口表体的第 1 行，将公式用“( )”括起来，并在公式末尾输入“ * 0.25”，此时“金额公式”一栏中显示“(FS(4103，月，贷)-FS(4103，月，借)) * 0.25”；按 Enter 键，完成第 1 行的编辑。

(4) 转账公式的第 2 行设置。单击工具栏中的“增行”按钮，编辑“科目编码”为“222103”(应交所得税)，设定“方向”为“贷”，设定“金额公式”为“JG( )”(取对方科目计算结果)。

(5) 保存。单击工具栏中的“保存”按钮，保存转账公式设置。

(6) 退出。单击“自定义转账设置”窗口工具栏中的“退出”按钮，退出窗口。

2) 财务部会计张兰通过转账生成凭证

(1) 打开“转账生成”对话框。登录“企业应用平台”，在“业务导航视图”的“业务工作”导航条中选中“财务会计”|“总账”|“期末”|“转账生成”，打开“转账生成”对话框。

(2) 生成并保存转账凭证。双击编号为“0005”的记录所在行的“是否结转”栏，使其出现“Y”字样，然后单击“确定”按钮，弹出“转账”窗口，默认显示本月企业所得税凭证，单击“保存”按钮，结果如图 8-22 所示。

已生成

记 账 凭 证

记 字 0057　　制单日期：2017.04.30　　审核日期：　　附单据数：0

摘 要	科目名称	借方金额	贷方金额
计算本月企业所得税	所得税费用	43731532	
计算本月企业所得税	应交税费/应交所得税		43731532
票号 日期　数量 单价	合 计	43731532	43731532

备注　项 目　　部 门
个 人　　客 户
业务员

记账　审核　出纳　制单 张兰

图 8-22 “计算本月企业所得税”凭证

(3) 退出。单击在“转账”窗口工具栏中的“退出”按钮，退出窗口；再单击“转账生成”对话框的“取消”按钮，关闭对话框。

2. 场景 2 的操作步骤

将系统时间和操作日期修改为 2017 年 4 月 30 日。

视频观看：手机扫描二维码可观看相关操作。

任务说明：企业所得税的期间损益结转。

小贴士

不要忘记主管签字、审核凭证和会计记账。

财务部会计张兰进行期间损益结转凭证生成的过程如下。

(1) 打开“转账生成”对话框并选中相应的行。登录“企业应用平台”，在“业务导航视图”的“业务工作”导航条中选中“财务会计”|“总账”|“期末”|“转账生成”，打开“转账生成”对话框，选中“期间损益结转”选项，双击“所得税费用”科目所在的记录行，该行的“是否结转”栏，出现“Y”字样。

(2) 生成并保存转账凭证。单击“转账生成”对话框中的“确定”按钮，弹出“转账”窗口，默认显示“期间损益结转”记账凭证，修改其“摘要”为“所得税费用结转”，然后单击“保存”按钮。

(3) 退出。单击“转账”窗口工具栏中的“退出”按钮，退出窗口；再单击“转账生成”对话框中的“取消”按钮，关闭对话框。

3. 场景 3 的操作步骤

操作步骤参阅 3.5～3.8 节，在此不再赘述。

8.6 期末对账与结账

8.6.1 期末对账

【业务描述】

由财务主管曾志伟进行总账对账。

【操作指导】

将系统时间和操作日期修改为 2017 年 4 月 30 日。

视频观看：手机扫描二维码可观看相关操作。

任务说明：总账对账。

财务主管曾志伟进行总账对账的过程如下。

(1) 登录“企业应用平台”，在“业务导航视图”的“业务工作”导航条中选中“财务会计”|“总账”|“期末”|“对账”，打开“对账”窗口。

(2) 在“对账”窗口中，将光标置于要进行对账的月份“2017-04”，单击“选择”按钮。

(3) 单击“试算”按钮，弹出“2017-04 试算平衡表”对话框，其中显示了对各科目类别余额进行试算平衡的结果，如图 8-23 所示。

(4) 单击“对账”按钮，开始自动对账并在“对账”窗口中显示对账结果，如图 8-24 所示。

小贴士

在对账时，可以按 Ctrl＋H 键激活或隐藏恢复记账前功能。

8.6.2 各业务模块的月末处理

【业务描述】

2017 年 4 月 30 日，对公司账套的各个业务模块中的经济业务进行月末结账处理。

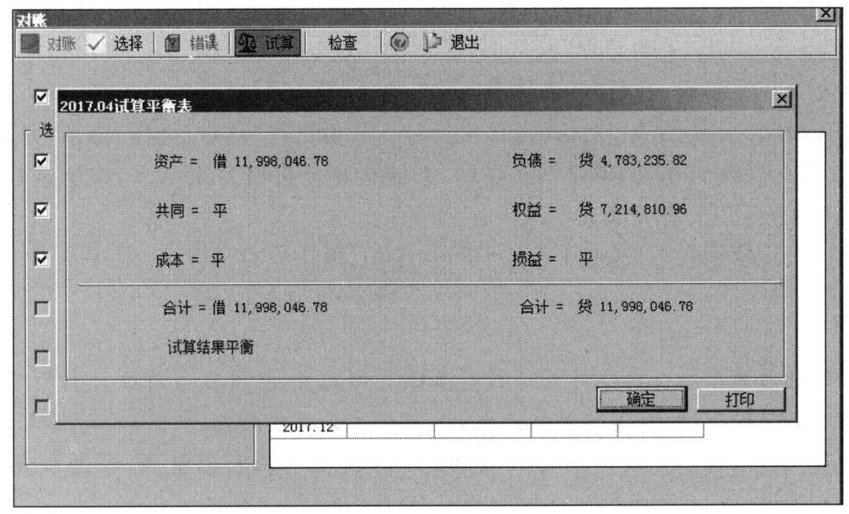

图 8-23　试算平衡表

图 8-24　对账

本笔业务是对采购、销售、库存、存货、固定资产和薪资管理模块的经济业务进行期末处理的业务，需要说明的是，存货核算系统的期末处理，需要首先进行仓库和存货的期末处理，然后才能进行月末结账处理。

【操作指导】

将系统时间和操作日期修改为 2017 年 4 月 30 日。

视频观看：手机扫描二维码可观看相关操作。

任务说明：各业务模块的月末处理。

1）采购主管刘静进行采购管理系统的月末结账

（1）打开采购“结账”对话框。登录“企业应用平台”，在“业务导航视图”的“业务工作”导航条中选中“供应链”|“采购管理”|“月末结账”，打开“结账”对话框。

（2）关闭所有的采购订单。

① 在“结账”对话框中，系统已经默认选中“会计月份”为“4”，单击“结账”按钮，弹出“月末结账”消息框，询问“是否关闭订单?”。

② 单击“是”按钮，弹出“查询条件选择-采购订单列表”对话框，“订单执行情况”默认为“入库完成”，“是否关闭”默认为“否”，即采购货物已经入库但订单没有关闭，单击“确定”按

钮,并打开的“订单列表”页签,单击工具栏中的“全选”按钮,选中所有未关闭的采购订单,再单击“批关”按钮,弹出“采购管理”消息框,提示操作成功。

③ 单击“确定”按钮,返回“订单列表”页签,单击“关闭”按钮,关闭页签。

(3) 再次打开采购“结账”对话框,再次针对4月份进行“结账”操作,弹出“月末结账”消息框,提示“是否关闭订单?”,单击“否”按钮,系统会自动进行月末结账,将所选月份采购单据按会计期间分月记入有关账表中。

(4) 退出。在“结账”对话框中单击“退出”按钮,退出该对话框。

小贴士

- 结账前用户应检查本会计月工作是否已全部完成,只有在当前会计月所有工作全部完成的前提下,才能进行月末结账,否则会遗漏某些业务。
- 月末结账之前一定要进行数据备份,否则数据一旦发生错误,将造成无法挽回的后果。
- 没有期初记账,将不允许月末结账。
- 不允许跳月结账,只能从未结账的第一个月逐月结账;不允许跳月取消月末结账,只能从最后一个月逐月取消。
- 上月未结账,本月单据可以正常操作,不影响日常业务的处理,但本月不能结账。
- 月末结账后,已结账月份的“采购管理”入库单、采购发票不可修改、删除。

2) 销售主管赵飞进行销售管理系统的月末结账

(1) 打开销售“结账”对话框。登录“企业应用平台”,在“业务导航视图”的“业务工作”导航条中选中“供应链”|“销售管理”|“月末结账”,打开“结账”对话框。

(2) 关闭“委托代销”订单之外的其他销售订单。

① 在“结账”对话框中,默认选中“会计月份”为“4”,单击“对账”按钮,弹出“销售管理”消息框并询问“是否关闭订单?”。

② 单击“是”按钮,弹出“查询条件选择—销售订单查询条件”对话框,默认“订单执行情况”为“出库已完成”且“是否关闭”为“否”,即销售货物已经出库但订单没有关闭。单击“确定”按钮,打开“销售订单列表”页签。

③ 在“销售订单列表”页签中,通过双击“选择”栏,选中“业务类型”为“委托代销”所在行之外的所有行,单击工具栏中的“批关”按钮,弹出“销售管理”消息框,提示操作成功,单击“确定”按钮,返回“销售订单列表”页签,单击“关闭”按钮,关闭页签。

(3) 再次打开销售“结账”对话框,并再次对4月份进行“结账”操作,系统再次弹出消息框,询问“是否关闭订单”,单击“否”按钮,会自动进行月末结账,将所选月的销售单据按会计期间分月记入有关账表中。

(4) 退出。单击“结账”对话框中的“退出”按钮,退出对话框。

3) 仓库主管李莉进行库存管理系统的月末结账

(1) 打开库存“结账”对话框。登录“企业应用平台”,在“业务导航视图”的“业务工作”导航条中选中“供应链”|“库存管理”|“月末结账”,打开“结账”对话框。

(2) 在“结账”对话框中,默认选中“会计月份”为“4”,单击“结账”按钮,系统提出“库存管理”消息框,询问“结账后将不能修改期初数据,是否继续结账”。

(3) 单击“是”按钮,系统自动完成月末结账。

(4) 退出。单击“结账”对话框中的“退出”按钮,退出对话框。

4) 财务部会计张兰做仓库和存货的期末处理

(1) 打开“期末处理”对话框。登录“企业应用平台”,在“业务导航视图”的“业务工作”导航条中选中“供应链”|“存货核算”|“业务核算”|“期末处理”,打开“期末处理-4 月”对话框。

(2) 在“期末处理-4 月”对话框中,系统已经默认选中了所有的仓库,单击“处理”按钮,系统自动完成各个仓库的期末处理任务并弹出“库存核算”消息框,提示期末处理完毕,单击“确定”按钮返回。

(3) 退出“期末处理”对话框。单击“期末处理-4 月”对话框的“关闭”按钮,关闭对话框。

5) 财务部会计张兰做存货核算的月末结账

(1) 打开存货核算“结账”对话框。登录“企业应用平台”,在“业务导航视图”的“业务工作”导航条中选中“供应链”|“存货核算”|“业务核算”|“月末结账”,打开“结账”对话框。

(2) 月结检查。单击“结账”对话框中的“月结检查”按钮,系统开始进行合法性检查;若检查通过,则弹出消息框提示“检测成功!”,单击“确定”按钮即可关闭消息框。

(3) 月结结账。在“结账”对话框中,单击“结账”按钮,系统完成月末结账并弹出消息框提示“月末结账完成”,单击“确定”按钮退出消息框和“结账”对话框。

6) 人力资源部主管王军做薪资管理的月末结账

(1) 打开“月末处理”对话框。登录“企业应用平台”,在“业务导航视图”的“业务工作”导航条中选中“人力资源”|“薪资管理”|“业务处理”|“月末处理”,打开“月末处理”对话框。

(2) 结账。在“月末处理”对话框中单击“确定”按钮,弹出消息框,询问“月末处理之后,本月工资将不许变动! 继续月末处理吗?”,单击“是”按钮,弹出消息框,询问“是否选择清零项?”,单击“否”按钮,弹出消息框,提示“月末处理完毕!”。

(3) 完成。单击消息框中的“确定”按钮,即可完成薪资管理系统的月末结账。

8.6.3 各财务模块的月末处理

【业务描述】

各财务模块的月末处理。

【操作指导】

将系统时间和操作日期修改为 2017 年 4 月 30 日。

视频观看:手机扫描二维码可观看相关操作。

任务说明:应收款管理、应付款管理、固定资产月末结账。

1) 财务部会计张兰做应收款管理系统的月末结账

(1) 打开“月末结账”对话框。登录“企业应用平台”,在“业务导航视图”的“业务工作”导航条中选中“财务会计”|“应收款管理”|“期末处理”|“月末结账”,打开“月末处理”对话框。

(2) 结账。在“月末处理”对话框中,双击“四月”所在的行,使对应的“结账标志”栏,出现“Y”字样，单击“下一步”按钮和“完成”按钮，弹出“4 月份结账成功”消息框，表示系统已经自动结账完成。

(3) 退出。单击消息框中的“确定”按钮，完成月末结账。

小贴士

- 应收款管理系统与销售管理系统集成使用，应在销售管理系统结账后，才能对应收系统进行结账处理。
- 当选项中设置审核日期为单据日期时，本月的单据(发票和应收单)在结账前应该全部审核。
- 当选项中设置审核日期为业务日期时，截至本月末还有未审核单据(发票和应收单)，照样可以进行月结处理。
- 如果还有合同结算单未审核，仍然可以进行月结处理。
- 如果本月还有收款单未审核完，则不能结账。
- 当选项中设置月结时必须将当月单据以及处理业务全部制单，则月结时若检查出当月有未制单的记录后，不能进行月结处理。
- 当选项中设置月结时不用检查是否全部制单，则无论当月有无未制单的记录，均可以进行月结处理。
- 如果是本年度最后一个期间结账，建议将本年度进行的所有核销、坏账、转账等处理全部制单。
- 如果是本年度最后一个期间结账，建议本年度外币余额为 0 的单据的本币余额结转为 0。

2) 财务部会计张兰做应付款管理系统的月末结账

(1) 打开“月末结账”对话框。登录“企业应用平台”，在“业务导航视图”的“业务工作”导航条中选中“财务会计”|“应付款管理”|“期末处理”|“月末结账”，打开“月末结账”对话框。

(2) 结账。在“月末结账”对话框中，双击“四月”所在的行，使“结账标志”栏出现“Y”字样，单击“下一步”和“完成”按钮，弹出“4 月份结账成功”消息框，表示系统已经自动结账完成。

(3) 退出。单击消息框中的“确定”按钮，再单击“月末结账”对话框中的“退出”按钮，退出对话框。

小贴士

应付款管理系统与采购管理系统集成使用，应在采购管理系统结账后，才能对应付款系统进行结账处理。

3) 财务部会计张兰做固定资产模块的月末结账

(1) 打开“月末结账”对话框。登录“企业应用平台”，在“业务导航视图”的“业务工作”导航条中选中“财务会计”|“固定资产”|“处理”|“月末结账”，打开“月末结账”对话框。

(2) 结账。在“月末结账”对话框中，单击“开始结账”按钮，弹出“与账务对账结果”消息框。

(3) 确认。单击消息框中的“确定”按钮,弹出消息框,提示“月末结账完毕!”,表示系统已自动结账完成。

(4) 退出。单击消息框中的“确定”按钮,再单击“月末结账”对话框中的“退出”按钮,退出该对话框。

8.6.4 总账结账

【业务描述】

由财务主管曾志伟对总账进行结账。

【操作指导】

将系统时间和操作日期修改为 2017 年 4 月 30 日。

视频观看:手机扫描二维码可观看相关操作。

任务说明:总账月末结账。

财务主管曾志伟做总账系统的月末结账的过程如下。

(1) 打开“结账”对话框。登录“企业应用平台”,在“业务导航视图”的“业务工作”导航条中选中“财务会计”|“总账”|“期末”|“结账”,打开“结账”对话框。

(2) 对账。在“结账”对话框中,单击要结账月份“2017.04”,单击“下一步”按钮,再单击“对账”按钮,系统对要结账的月份进行账账核对。

(3) 结账。单击“下一步”按钮,系统显示“4 月工作报告”。

(4) 查看“4 月工作报告”后,再单击“下一步”按钮,若符合结账要求,则系统自动进行结账,否则不予结账。

(5) 结账并退出。单击“结账”对话框中的“结账”按钮,退出该对话框。

小贴士

- 期末结账处理必须由拥有相应权限的部门负责人或其授权的人进行操作,需要频繁更换操作员,否则找不到相应的功能。
- 结账的顺序首先是供应链中的销售管理、采购管理、库存管理、存货核算及薪酬管理,然后是财务会计模块的应付款管理、应收款管理、固定资产管理,最后是总账的结账。在其他模块没有完成结账前,总账系统提示有未结账的模块,无法完成最后的结账处理。

8.7 财务报表的编制

8.7.1 利用 UFO 报表模板制作资产负债表

【业务描述】

利用 UFO 报表模板制作资产负债表。

【操作步骤】

将系统时间和操作日期修改为 2017 年 4 月 30 日。

视频观看：手机扫描二维码可观看相关操作。

任务说明：利用 UFO 报表模板制作资产负债表。

1）财务主管曾志伟调用“资产负债表”报表模板

(1) 打开“UFO 报表”窗口。登录“企业应用平台”，在“业务导航视图”的“业务工作”导航条中选中“财务会计”|“UFO 报表”，打开“UFO 报表”窗口；选中窗口菜单中的“文件”|“新建”选项，新建一个报表，默认报表名为“report1”。

(2) 调用“资产负债表”模板格式。

① 选中“格式”|“报表模板”菜单项，打开“报表模板”对话框。

② 在“报表模板”对话框中，选中“您所在的行业”为“2007 年新会计制度科目”，选中“财务报表”为“资产负债表”，单击“确认”按钮，在弹出的“用友软件”消息框中询问“模板格式将覆盖本表格式！是否继续”。

③ 单击“确定”按钮，打开“资产负债表”模板，返回“report1”窗口，此时处于格式状态(该窗口的左下角有“格式”字样)。

2）财务主管曾志伟调整报表模板格式并保存

(1) 删除“编制单位：”。在“report1”窗口(此时处于格式状态)中，选中 A3 单元格，按 Delete 键，将“编制单位：”删除。

(2) 打开“设置关键字”对话框。选中“数据”|“关键字”|“设置”菜单项，打开“设置关键字”对话框。

(3) 设置关键字“单位名称”。在“设置关键字”对话框中，选中“单位名称”单选项(系统已默认选中)，然后单击“确定”按钮，返回“report1”窗口，此时 A3 单元格的内容已经改为“单位名称：”。

(4) 保存报表模板。在“report1”窗口中，选中“文件”|“保存”菜单项，如果是第一次保存，则打开“另存为”对话框；在“另存为”对话框中，选中要保存的文件夹，并输入报表的“文件名”为“资产负债表”，选中“文件类型”为“*.rep”，然后单击“另存为”按钮，保存报表格式，此时“report1”窗口的标题变为“资产负债表”，现在“report1”窗口已经变为“资产负债表”窗口。

3）财务主管曾志伟生成资产负债表数据并保存

(1) 切换状态为“数据”状态。在“资产负债表”窗口中，单击其左下角的“格式”按钮，将该按钮切换为“数据”，表明当前状态是“数据”状态。

(2) 设置提示选择账套。选中“数据”|“计算时提示选择账套”菜单项，设置在进行报表的数据计算时，提示选择账套。

(3) 打开“录入关键字”对话框。选中“数据”|“关键字”|“录入”菜单项，打开“录入关键字”对话框。

(4) 录入关键字。在“录入关键字”对话框中，输入关键字“单位名称”为“北京亮康眼镜有限公司”，“年”为“2017”，“月”为“4”，“日”为“30”，如图 8-25 所示。

(5) 打开选择账套窗口。在“录入关键字”对话框中，单击“确认”按钮，弹出消息框，询

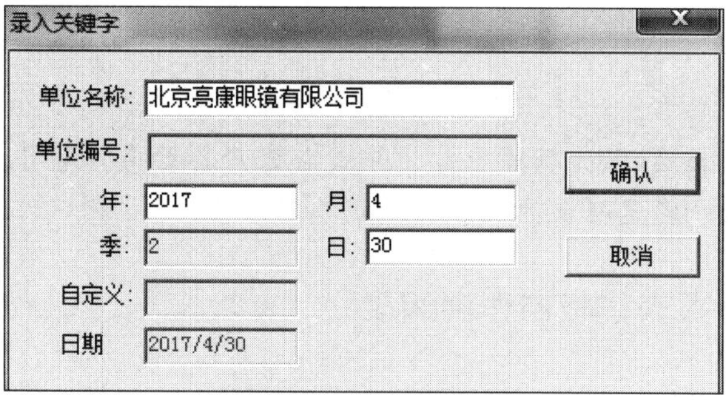

录入关键字

单位名称：北京亮康眼镜有限公司

单位编号：

年：2017　　月：4

季：2　　日：30

自定义：

日期　2017/4/30

确认　　取消

图 8-25　录入关键字

问“是否重算第 1 页”，单击“是”按钮，结果如图 8-26 所示。

资产负债表

会企01表

单位名称：北京亮康眼镜有限公司　　2017 年　　4 月　　19 日　　单位：元

资　产	行次	期末余额	年初余额	负债和所有者权益（或股东权益）	行次	期末余额	年初余额
流动资产：				流动负债：			
货币资金	1	6,339,498.87	1,011,326.44	短期借款	32		
交易性金融资产	2			交易性金融负债	33		
应收票据	3	3,229,200.00		应付票据	34	2,992,000.00	
应收账款	4	507,816.16	3,717,555.42	应付账款	35	150,000.00	2,841,000.00
预付款项	5			预收款项	36		
应收利息	6			应付职工薪酬	37	106,896.83	159,659.60
应收股利	7			应交税费	38	1,485,576.69	149,710.96
其他应收款	8	7,246.00		应付利息	39		
存货	9	1,278,137.75	3,709,412.50	应付股利	40		
一年内到期的非流动资产	10			其他应付款	41	48,762.30	24,064.80
其他流动资产	11			一年内到期的非流动负债	42		
流动资产合计	12	11,361,898.78	8,438,294.36	其他流动负债	43		
非流动资产：				流动负债合计	44	4,783,235.82	3,174,435.36
可供出售金融资产	13			非流动负债：			
持有至到期投资	14			长期借款	45		
长期应收款	15			应付债券	46		
长期股权投资	16			长期应付款	47		
投资性房地产	17			专项应付款	48		
固定资产	18	588,898.00	591,756.00	预计负债	49		
在建工程	19			递延所得税负债	50		
工程物资	20			其他非流动负债	51		
固定资产清理	21			非流动负债合计	52		
生产性生物资产	22			负债合计	53	4783235.82	3174435.36
油气资产	23			所有者权益（或股东权益）：			
无形资产	24			实收资本（或股本）	54	5,247,408.00	5,247,408.00
开发支出	25			资本公积	55		
商誉	26	47,250.00	47,250.00	减：库存股	56		
长期待摊费用	27			盈余公积	57	59,857.00	59,857.00
递延所得税资产	28			未分配利润	58	1,907,545.96	595,600.00
其他非流动资产	29			所有者权益（或股东权益）合计	59	7,214,810.96	5,902,865.00
非流动资产合计	30	636148.00	639006.00				
资产总计	31	11998046.78	9077300.36	负债和所有者权益（或股东权益）总计	60	11,998,046.78	9,077,300.36

图 8-26　资产负债表

(6) 保存 4 月份的资产负债表数据。选中“文件”|“保存”菜单项或单击工具栏中的“保

存”按钮，保存该文件。

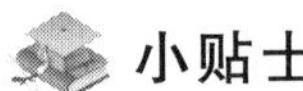

小贴士

如何看报表是否正确，首先根据会计恒等式看资产总计是否等于负债和所有者权益总计，如果不等，则报表一定是错误的。

8.7.2 利用 UFO 报表模板制作利润表

【业务描述】

利用 UFO 报表模板制作利润表。

【操作指导】

将系统时间和操作日期修改为 2017 年 4 月 30 日。

视频观看：手机扫描二维码可观看相关操作。

任务说明：利用 UFO 报表模板制作利润表。

1）财务主管曾志伟调用“利润表”报表模板

（1）打开“UFO 报表”窗口。登录“企业应用平台”，在“业务导航视图”的“业务工作”导航条中选中“财务会计”|“UFO 报表”，打开“UFO 报表”窗口；选中“文件”|“新建”菜单项，系统新建一个报表，报表名默认为“report1”。

（2）调用“利润表”模板格式。

① 选中“格式”|“报表模板”菜单项，打开“报表模板”对话框。

② 在“报表模板”对话框中，选中“您所在的行业”为“2007 年新会计制度科目”，设置“财务报表”为“利润表”，单击“确认”按钮，弹出消息框，询问“模板格式将覆盖本表格式！是否继续”。

③ 单击消息框中的“确认”按钮，即可打开“利润表”模板，返回 report1 窗口，此时处于格式状态（该窗口的左下角有“格式”字样）。

2）财务主管曾志伟调整报表模板格式并保存

（1）删除“编制单位：”。在“report1”窗口（此时处于格式状态）中，选中 A3 单元格，按 Delete 键将“编制单位：”删除。

（2）打开“设置关键字”对话框。选中“数据”|“关键字”|“设置”菜单项，打开“设置关键字”对话框。

（3）设置关键字“单位名称”。在“设置关键字”对话框中，系统已默认选中“单位名称”单选项，单击“确定”按钮，返回“report1”窗口，此时 A3 单元格的内容已经改为“单位名称：”。

（4）保存报表模板。选中“文件”|“保存”菜单项或单击工具栏中的“保存”按钮，如果是第一次保存，则打开“另存为”对话框：在“另存为”对话框中，选中要保存的文件夹，并输入报表的“文件名”为“利润表”，选择“文件类型”为“*rep”，然后单击“另存为”按钮，保存报表格式，此时“report1”窗口的标题变为“利润表”。

3）财务主管曾志伟生成利润表数据并保存

（1）切换状态为“数据”状态。在“利润表”窗口中，单击其左下角的“格式”按钮，则该按钮切换为“数据”，表明当前状态是“数据”状态。

（2）设置提示选择账套。选中“数据”|“计算时提示选择账套”菜单项，设置在进行报表的数据计算时，提示选择账套。

（3）打开“录入关键字”对话框。选中“数据”|“关键字”|“录入”菜单项，打开“录入关键字”对话框。

（4）录入关键字。在“录入关键字”对话框中，输入关键字“单位名称”为“北京亮康眼镜有限公司”，“年”为“2017”，“月”为“4”。

（5）打开选择账套窗口。在“录入关键字”对话框中，单击“确认”按钮，弹出消息框，询问“是否重算第 1 页”，单击“是”按钮，弹出企业应用平台的“登录”界面。

（6）选择账套。在“操作员”编辑栏中输入“0200”，选中账套“[917]”，单击“登录”按钮，系统会自动根据单元公式计算 4 月份的数据，结果如图 8-27 所示。

（7）保存 4 月份的利润表数据。单击工具栏中的“保存”按钮，保存该文件。

（8）退出。选中“文件”|“退出”菜单项，退出窗口。

利润表

会企02表

单位名称：北京亮康眼镜有限公司　2017 年　4 月　单位:元

项　　目	行数	本期金额	上期金额
一、营业收入	1	5,028,581.20	
减：营业成本	2	2,760,000.00	
营业税金及附加	3	97,120.78	
销售费用	4	33,103.50	
管理费用	5	116,500.38	
财务费用	6	46,640.00	
资产减值损失	7	221,339.26	
加：公允价值变动收益（损失以“-”号填列）	8		
投资收益（损失以“-”号填列）	9		
其中:对联营企业和合营企业的投资收益	10		
二、营业利润（亏损以“-”号填列）	11	1753877.28	
加：营业外收入	12	180.00	
减：营业外支出	13	4,796.00	
其中：非流动资产处置损失	14		
三、利润总额（亏损总额以“-”号填列）	15	1749261.28	
减：所得税费用	16	437,315.32	
四、净利润（净亏损以“-”号填列）	17	1311945.96	
五、每股收益：	18		
（一）基本每股收益	19		
（二）稀释每股收益	20		

图 8-27　利润表

参 考 文 献

[1] 李吉梅,刘大斌,等.企业会计信息化应用——基于用友 ERP 产品微课教程[M].北京:清华大学出版社,2017.

[2] 李吉梅,李康,等.企业供应链高级应用——基于用友 ERP 产品微课教程[M].北京:清华大学出版社,2017.

[3] 李吉梅、杜美杰,等.企业财务业务综合应用——基于用友 ERP 产品微课教程[M].北京:清华大学出版社,2016.

[4] 张莉莉,李吉梅,等.企业财务业务一体化实训教程(用友 ERP-U8.72 版)[M].北京:清华大学出版社,2013.

[5] 王成.财务与供应链综合实践教程(用友 ERP-U8 V10.1)[M].北京:机械工业出版社,2014.

[6] 牛永芹,刘大斌,等.ERP 供应链管理系统实训教程(用友 U8 V10.1 版)[M].北京:高等教育出版社,2015.

[7] 陈国平,张燕,等.会计综合模拟实验(手工账务处理)[M].北京:立信会计出版社,2014.

[8] 王新玲.财务业务一体化实战演练(用友 ERP-U8.72 版)[M].北京:清华大学出版社,2013.

[9] 龚中华,何平,等.用友 ERP-U8 完全使用详解[M].北京:人民邮电出版社,2013.

[10] 龚中华,何平,等.用友 ERP-U8(V8.72)模拟实战——财务、供应链和生产制造[M].北京:人民邮电出版社,2012.

[11] 何平,龚中华,等.用友培训教程——财务核算/供应链管理/物料需求计划[M].2 版.北京:人民邮电出版社,2010.

[12] 李爱红.用友 ERP-U8.72 财务业务一体化实训教程[M].郑州:郑州大学出版社,2013.

图 书 资 源 支 持

感谢您一直以来对清华版图书的支持和爱护。为了配合本书的使用，本书提供配套的资源，有需求的读者请扫描下方的“书圈”微信公众号二维码，在图书专区下载，也可以拨打电话或发送电子邮件咨询。

如果您在使用本书的过程中遇到了什么问题，或者有相关图书出版计划，也请您发邮件告诉我们，以便我们更好地为您服务。

资源下载、样书申请

书圈

扫一扫，获取最新目录

课 程 直 播

我们的联系方式：

地　　址：北京市海淀区双清路学研大厦 A 座 701

邮　　编：100084

电　　话：010-83470236　010-83470237

资源下载：http://www.tup.com.cn

客服邮箱：tupjsj@vip.163.com

QQ：2301891038（请写明您的单位和姓名）

用微信扫一扫右边的二维码，即可关注清华大学出版社公众号“书圈”。